U0117248

孙培青
文　集

第五卷

隋唐五代
考试文献集成（下）

孙培青　编

上海教育出版社
SHANGHAI EDUCATIONAL
PUBLISHING HOUSE

第六章

科举考试管理

一、考场设置

（一）常科的考场

进士旧例于都省考试。南院放榜，南院乃礼部主事受领文书于此，凡板样及诸色条流，多于此列之。张榜墙乃南院东墙也。别筑起一堵，高丈余，外有墙垣，未辨色，即自北院将榜就南院张挂之。

《唐摭言》卷一五《杂记》

高宗显庆四年二月，引诸色目举人谒见，下诏策问之，凡九百余人。

《册府元龟》卷六四三《贡举部·考试一》

则天载初元年，太后临朝。二月十四日，试贡举人于络城殿前，数日毕。臣钦若等曰：殿前试人自兹始也。

《册府元龟》卷六四三《贡举部·考试一》

二月辛酉，太后策贡士于洛城殿。贡士殿试自此始。

《资治通鉴》卷二○四《唐纪二十·则天后天授元年》

开元四年，尚书考功院厅前一双桐树忽然枯死。旬日，考功员外郎邵某卒。

《朝野佥载》卷六

开元二十四年，考功郎中李昂，为士子所轻诋，天子以郎署权轻，移职礼部，始置贡院。天宝中，则有刘长卿、袁成①用分为朋头，是时常重东府西监。至贞元八年，李观、欧阳詹犹以广文生登第，自后乃群奔于京兆矣。

《唐国史补》卷下

承天门街之东，第五横街之北。

……次东，礼部南院。四方贡举人都会所也。《摭言》：进士旧例于都省考试，南院放榜，张榜墙乃南院东墙也。别筑起一堵，高丈余，外有墙垣，未辨色即自北院将榜就南院张挂之。元和六年，为监生郭东里决破棘篱，坼裂文榜，因之后来多以虚榜自省门而出，正榜张亦稍晚。

《唐两京城坊考》卷一《西京·皇城》

李揆字端卿，……拜中书舍人。……俄兼礼部侍郎。揆病取士不考实，徒露搜索禁所挟，而迁学陋生，菲枕图史，且不能自措于词。乃大陈书廷中，进诸儒约曰："上选士，弟务得才，可尽所欲言。"由是人人称美。

《新唐书》卷一五○《李揆传》

---

① "成"，他本或作"咸"。

齐相公映，应进士举，至省访消息，歇礼部南院。遇雨未食，傍徨不知所之。

《太平广记》卷三五《神仙三十五·齐映》

黎逢气貌山野，及第年，初场后至，便于帘前设席。主司异之，诮其生疏，必谓文词称是，专令人伺之，句句来报。初闻云："何人徘徊？"曰："亦是常言。"既而将及数联，莫不惊叹，遂擢为状元。

《唐摭言》卷五《以其人不称才试而后惊》

舒元舆，……元和中，举进士，见有司钩校苛切，既试尚书，虽水炭脂炬餐具，皆人自将，吏一倡名乃得入，列棘围，席坐庑下。

《新唐书》卷一七九《舒元舆传》

韦承贻咸光中策试，夜潜纪长句于都堂西南隅曰："褒衣博带满尘埃，独上都堂纳试回。蓬巷几时闻吉语，棘篱何日免重来？三条烛尽钟初动，九转丸成鼎未开。残月渐低人扰扰，不知谁是谪仙才？白莲千朵照廊明，一片升平雅韵声。才唱第三条烛尽，南宫风景画难成。"光化初，几为圬墁者有所废，杨洞见而勉之，遂留之如故。

《唐摭言》卷一五《杂记》

礼部贡院试进士日，设香案于阶前，主司与举人对拜。此唐故事也。所坐设位供张甚盛，有司具茶汤饮浆。至试经生，则悉彻帐幕、毡席之类，亦无茶汤，渴则饮砚水，人人皆黔其吻。非故欲困之，乃防毡幕及供应人私传所试经义。盖尝有败者，故事为之防。欧文忠有诗："焚香礼进士,彻幕待经生。"以为礼数重轻如此,其实自有谓也。

《梦溪笔谈》卷一《故事一》

（二）制科的考场

又有制诏举人,皆标其目而搜扬之,……始于显庆,盛于开元、贞元,皆试于殿廷,乘舆亲临观之。

《册府元龟》卷六三九《贡举部·总序》

韩休,京兆长安人。……休工文辞,举贤良。玄宗在东宫,令条对国政,与校书郎赵冬曦并中乙科,擢左补阙,判主爵员外郎。

《新唐书》卷一二六《韩休传》

〔开元九年夏四月〕甲戌,上亲策试应制举人于含元殿,谓曰:"古有三道,今减二策。近无甲科,朕将存其上第,务收贤俊,用宁军国。"仍令有司设食。

《旧唐书》卷八《玄宗本纪上》

〔开元十五年〕九月庚辰,帝御雒城南门,亲试沉沦草泽、诣阙自举文武人等。

《册府元龟》卷六四三《贡举部·考试一》

天宝十三载十月一日,御勤政楼,试四科举人。其辞藻宏丽,问策外更试诗、赋各一道。制举试诗赋从此始。

《唐会要》卷七六《贡举中·制科举》

〔宝应二年〕五月癸卯朔。丙寅，尚书省试制举人，命左右丞、侍郎对试，赐食如旧仪。

《旧唐书》卷——《代宗本纪》

大历二年十月，御紫宸殿，策试茂才异行、安贫乐道、孝悌力田、高道不仕等四科举人。

《册府元龟》卷六四三《贡举部·考试一》

〔大历〕六年四月戊午，御宣政殿，亲试讽谏主文、茂才异等、智谋经武、博学专门等四科举人。

《册府元龟》卷六四三《贡举部·考试一》

唐德宗正元元年九月乙巳，御宣政殿策贤良方正能直言极谏等三科举人。

《册府元龟》卷六四四《贡举部·考试二》

宪宗元和元年四月丙午，命宰臣已下监试应制举人于尚书省，以制举人皆先朝所征，故不亲言试。制曰："朕以寡薄，获奉睿图，严恭寅畏，不敢暇逸。永惟万邦之广，庶务之殷，而烛理未明，体道未至。思欲复三代之盛烈，显十圣之耿光，是用详求正言，思继先志。子大夫等藏器斯从，贲然而来，白驹就维，洪钟待扣，膺兹献纳，朕甚嘉之。言观国光，宜有廷试。本将询事，岂忘临轩？

园邑有期,营奉是切。求言诚感,未暇躬亲。爰命公相,泊于卿士,亲谕朕意,延访嘉谋。至于兴化之源,才识攸重,练达吏理,详明儒术。当是三道,副朕旁求。意或开予,靡有所隐。条例所问,毕志尽规。当酌古而参今,使文约而意备。朕将亲览,择善而行。并宜坐食,食讫就试。"

《册府元龟》卷六四四《贡举部·考试二》

〔宝历元年春三月辛未,〕上御宣政殿试制举人二百九十一人,以中书舍人郑涵、吏部郎中崔琯、兵部郎中李虞仲并充考制策官。

《旧唐书》卷一七上《敬宗本纪》

文宗太和二年三月辛巳,御宣政殿亲策试制举人。

《册府元龟》卷六四四《贡举部·考试二》

大和二年二月,上试制举人,命〔庞〕严与左散骑常侍冯宿、太常少卿贾𫗧为试官,以裴休为甲等制科之首。

《旧唐书》卷一六六《庞严传》

二、 指派贡举考试官

有官阶出身者,吏部主之;白身者,礼部主之。其吏部科目、礼部贡举,皆各有考官。大抵铨选属吏部,贡举属礼部,崇文馆生属门下省,国子学生属国子监,州府乡贡属长官,职司在功曹司功。五代因之。

《册府元龟》卷六三九《贡举部·总序》

韦贯之本名纯，……转礼部员外郎。……〔元和〕三年，复策贤良之士，又命贯之与户部侍郎杨于陵、左司郎中郑敬、都官郎中李益同为考策官。贯之奏居上第者三人，言实指切时病，不顾忌讳。虽同考策者皆难其词直，贯之独署其奏。

《旧唐书》卷一五八《韦贯之传》

大和二年，以左散骑常侍冯宿、太常少卿贾𫗧、库部郎中庞严为考策官，第二十二人，而前进士刘蕡策果切直，不居是选。

《唐会要》卷七六《贡举中·制科举》

大和七年八月，敕：每年试帖经官，以国子监学官充，礼部不得别更奏请。其宏文、崇文两馆生、斋郎，并依令试经毕，仍差都省郎官两人覆试。

《唐会要》卷五九《尚书省诸司下·礼部尚书》

初，卫公与宗闵早相善，中外致力。后位高，稍稍相倾。及宗闵在位，卫公为兵部尚书。次当大用，宗闵沮之，未效。卫公知而忧之。京兆尹杜悰即宗闵党。一日，见宗闵，曰："何慼慼也？"宗闵曰："君揣我何念？"杜曰："非大戎乎？"曰："是也。何以相救？"曰："某即有策，顾相公不能用。"曰："请言之。"杜曰："大戎有词学而不由科第，至今怏怏。若令知贡举，必喜。"宗闵默然，曰："更思其次。"曰："与御史大夫，亦可平治慊恨。"宗闵曰："此即得。"

《唐语林》卷七《补遗》

天成二年正月二十七日，尚书礼部贡院奏："五经考试官，先在吏部日,《长定格》合请两员数属,贡院准新定格文,只令奏请一员,兼充考试。伏缘今年科目,人数转多,却欲依旧,请考试官各一员。如蒙允许,续具所请官名衔申奏。"奉敕:"宜依。"

《五代会要》卷二三《科目杂录》

其年①十月一日,中书门下条流贡举人事件如后:……贡院合请考官、试官,今后选学业精通、廉慎有守者充。如在朝臣门馆人,不得奏请。

《五代会要》卷二三《缘举杂录》

三、 考场条规

（一） 试卷印发

比榜出,某滥忝第,与状头同参座主。座主曰:"诸公试日,天寒急景,写札杂文,或有不如法。今恐文书到西京,须呈宰相,请先辈等各买好纸,重来请印,如法写净送纳,抽其退本。"诸公大喜。

《太平广记》卷一七九《贡举二·阎济美》

其年②十月一日,中书门下条流贡举人事件如后:……应诸色举人,至入试之时前,照日内据所纳到试纸,本司印署讫,送中书门下,取中书省印印过,却付所司给散,逐人就试。

《五代会要》卷二三《缘举杂录》

---

① 天成四年。
② 天成四年。

清泰二年九月,礼部贡院奏:……又奉天成四年敕:"诸色举人入试前五日纳试纸,用中书印印讫,付贡院司。缘五科所试场数极多,旋印纸锁宿内,中书往来不便,请只用当司印。"从之。

《五代会要》卷二三《缘举杂录》

　　长兴二年正月,诏:"每年落第举人,免取文解。今欲依元格,诸科并再取解,以十月一十五日到省毕,违限不收。以天成四年诏,诸色举人入试前五日纳试纸,用中书省印讫,付贡院。院司缘五科所试场数极多,旋用纸镰宿内,中书往来不便。请只用当司印。"从之。

《册府元龟》卷六四二《贡举部·条制四》

(二) 考场管理

　　先试之期,命举人谒于先师,有司卜日,宿张于国学,宰辅以下皆会而观焉。博集群议讲论,而退之礼部。阅试之日,皆严设兵卫,荐棘围之,搜索衣服,讥诃出入,以防假滥焉。

《通典》卷一五《选举三·历代制下》

　　李揆取士,不禁挟书,大陈书于庭,多得实才。和凝知举,撤棘闱,大开门,士皆肃然无哗。上下相应,故可书。今为二公之所为,则不成礼闱矣。

《猗觉寮杂记》卷下

　　穆质初应举,试毕,与杨凭数人会。穆策云:"防贤甚于防奸。"杨曰："公不得矣。今天子方礼贤,岂有防贤甚于防奸?"穆曰："果如此是矣。"遂出谒鲜于弁。

《太平广记》卷七九《方士四·贾笼》

郭侍郎承暇尝宝惜书法一卷,每携随身。初应举,就杂文试,写毕,夜色犹早,以纸缄里置于箧中。及纳试,而误纳所宝书帖。却归铺,于烛笼下取书帖观览,则程试宛在箧中,忽遽惊嗟,计无所出。来往于棘围门外,见一老吏,询其事,具以实告。吏曰:"某能换之。然某家贫,居兴道里。傥换得,愿以钱三万见酬。"公悦而许之。逡巡,赍程试往而易书帖出,授公,公愧谢而退。明日归亲仁里,自以钱送诣兴道。款关久之,吏有家人出,公以姓氏质之。对曰:"主父死三日,方贫,未办周身之具。"公惊叹久之,方知棘围所见乃鬼也,遂以钱赠其家而去。余在京,曾侍太傅相国卢公宴语,亲闻其事。今又得于张公,方审其异也云耳。

《尚书故实》

舒元舆,婺州东阳人。……元和中,举进士,见有司钩校苛切,既试尚书,虽水炭脂炬餐具,皆人自将,吏一倡名乃得入,列棘围,席坐庑下。

《新唐书》卷一七九《舒元舆传》

试之日,见八百人尽手携脂烛水炭,泊朝晡餐器,或荷于肩,或提于席,为吏胥纵慢声大呼其名氏。试者突入,棘围重重,乃分坐庑下,寒余雪飞,单席在地。呜呼!唐虞辟门,三代贡士,未有此慢易者也。

《全唐文》卷七二七《舒元舆·上论贡士书》

大和元年,举进士及第,乡贡上都,有司试于东都,在二都群进士中,往往有言前十五年有进士李飞自江西来,貌古文高。始就礼部试赋,吏大呼其姓名,熟视符验,然后入。飞曰:"如是选贤耶? 即求贡,如是自以为贤耶?"因袖手不出,明日径返江东。某曰:"诚有是人,吾辈不得与为伍矣。"后二年,事故吏部沈公于钟陵、宣城为幕吏,两府凡五年间,同舍生兰陵萧置、京兆韩义、博陵崔寿,每品量人之等第,必曰:"有道有学有文,如李处士戡者寡矣,是卑进士不举尝名飞者。"某益恨未面其人,且喜其人之在世也。

《樊川文集》卷九《唐故平卢军节度巡官陇西李府君墓志铭》

大中三年,李褒侍郎知举,试《尧仁如天赋》。宿州李使君弟渎不识题,讯同铺,或曰:"止于'尧之如天'耳。"渎不悟,乃为句曰:"云攒八彩之眉,电闪重瞳之目。"赋成将写,以字数不足,忧甚。同辈绐之曰:"但一联下添一'者也',当足矣。"褒览之大笑。

《唐语林》卷七《补遗》

唐东市铁行有范生,卜举人连中成败,每卦一缣。秀才郑群玉短于呈试,家寄海滨,颇有生涯,献赋之来,下视同辈,意在必取。仆马鲜华,遂赍缣三千,并江南所出,诣范生。范喜于异礼,卦成乃曰:"秀才万全矣。"群玉之气益高。比入试,又多赍珍品,烹之坐享,以至继烛。见诸会赋,多有写净者,乃步于庭曰:"吾今下笔，一字不得生，铁行范生，须一打二十。"突明，竟掣白而去。

《太平广记》卷二六一《嗤鄙四·郑群玉》

长须云："数年来在长安，蒙乐游王引至南宫，入都堂，与刘公干、鲍明远看试秀才。予窃入司文之室，于烛下窥能者制作。见属对颇切，而赋有蜂腰鹤膝之病，诗有重头重尾之犯。"

《太平广记》卷三四九《鬼三十四·韦鲍生妓》

乾宁二年，崔凝榜放，贬合州刺史。先是李滚附于中贵，既愤退黜，自计推之。上亦深器滚文学，因之蕴怒，密旨令内人于门搜索怀挟，至于巾屦，靡有不至。

《唐摭言》卷一四《主司失意》

长兴二年二月，敕："其进士并令排年齐入就试，至闭门试毕。内有先了者，上历□时□旋令先出。其入策亦须昼试。应诸科第对策并依此例，其余唯准前敕处分。"

《五代会要》卷二二《进士》

清泰二年九月，礼部贡院奏："奉长兴二年二月敕，进士引试，早入晚出。今请依旧例，进士试杂文，并点门入省，经宿就试。"从之。

《五代会要》卷二二《进士》

〔清泰二年〕九月，礼部贡院言："……长兴二年二月，诏：进士引试，早入试晚出者。今请依旧例，进士试杂文，并点门入省，经宿就试。……"从之。

《册府元龟》卷六四二《贡举部·条制四》

（三）帖经及经义当众考定

〔开元〕二十五年二月，敕：……其所问明经大义日，须对同举
人考试。应能否共知，取舍无愧，有功者达。可不勉欤！

《唐会要》卷七五《贡举上·帖经条例》

天宝十一载七月，举人帖及口试，并宜对众考定，更唱通否。

《唐会要》卷七五《贡举上·帖经条例》

李迥秀任考功员外，知贡举。有进士姓崔者，文章非佳，迥秀
览之良久，谓之曰："第一清河崔郎，仪貌不恶，须眉如戟，精彩甚
高，出身处可量，岂必要须进士？"再三慰谕而遣之，闻者大噱焉。

《大唐新语》卷七《知微》

周咸通中，举人李云翰行口脂赋，又罗虬诗云："窗前远岫悬
生碧，帘外残霞挂熟红。"又，李罕《披云雾见青天》诗："颜回似青
天。"皆遭主司庭责面遣。举子中有每年撰"无名子"。前有举人
露布。后皇甫松作《齐夔凌纂要》。又，李云翰作《吴王□□李谒
天帝记》，无名子。萧相知举年，裴裕所制尤名，近千余首。裕遂
罢举。是年，卢庸连旁文宣王庙前哭半日。

《太平广记》卷二六一《嗤鄙四·李云翰》

（四）夜试给烛

〔大历六年〕夏四月丁巳，上御宣政殿试制举人，至夕，策未成者，令太官给烛，俾尽其才。

《旧唐书》卷一一《代宗本纪》

元和三年三月，敕："制举人试讫，有逼夜纳策，计不得归者，并于光宅寺止宿。应巡检勾当官吏并随从人等，待举人纳策毕，并赴保寿寺止宿。仍各仰金吾卫使差人监引，送至宿所。如勾当，勿令喧杂。"

《唐会要》卷七六《贡举中·制科举》

右，臣等伏料，自欲重试进士已来，论奏者甚众，伏计烦黩圣听之外，必以为或亲或故，同为党庇。臣今非不知此，但以避嫌事小，隐情责深，所以冒犯天威，不敢不奏。伏希圣鉴，试详臣言。伏以陛下虑今年及第进士之中，子弟得者侥幸，平人落者受屈，故令重试重考。此乃至公至平，凡是平人，孰不庆幸？况臣等才识浅劣，谬蒙选充考官。自受命已来，夙夜惶惧，实忧愚昧，不副天心。敢不尽力竭诚，苦考得失？其间瑕病，纤毫不容，犹期再三，知臣恳尽。然臣等别有愚见，上神圣聪，反覆思量，辄敢密奏。伏准礼部试进士例：许用书策，兼得通宵。得通宵则思虑必周，用书策则文字不错。昨重试之日，书策不容一字，木烛只许两条，迫促惊忙，幸皆成就。若比礼部所试，事校不同。虽诗赋之间，皆有瑕病；在与夺之际，或可称量。倘陛下垂仁察之心，降特达之命；明示瑕病，以表无私；特全身名，以存大体。如此，则进士等知非而愧耻，其父兄等感激而戴恩。至于有司，敢不惩革？臣等皆蒙宠擢，又忝职司，实愿裨补圣明，敢不罄竭肝胆？谨具奏闻，伏待圣裁。谨奏。

《白居易集》卷六〇《论重考试进士事宜状》

唐人尝有题诗试闱者，曰："三条烛尽钟初动，九转丹成鼎未开。残月渐低人扰扰，不知谁是谪仙才。"读此知其为夜试矣，而未知自夜以始耶，抑通昼夜也？

《白乐天集》，长庆元年，《重考试进士事宜状》："伏准礼部试进士例，许用书策，兼得通宵。得通宵则思虑精，用书策则文字不错。然重试之日，书策不容一字，给烛①只许两条，迫促惊忙，幸皆成就。与礼部所试不同，纵有瑕病，或可矜量。"其曰通宵，则知自昼达夜。前诗言尽三烛，而此止得两烛，皆可略存唐制也。

《考古编》卷七《唐试通昼夜》

唐制，礼部试举人，夜试以三鼓为定。无名子嘲之曰："三条烛尽，烧残学士之心；八韵赋成，笑破侍郎之口。"后唐长兴，改令昼试。侍郎窦贞固以短晷难成，文字不尽意，非取士之道，奏复夜试。本朝引校多士，率用白昼，不复继烛。

《渑水燕谈录》卷六《贡举》

〔后唐长兴二年春二月〕癸巳，诏：贡院旧例，夜试进士，今后昼试，排门齐入，即日试毕。

《旧五代史》卷四二《唐书·明宗纪第八》

---

① "给烛"，原本作"错烛"。

〔长兴〕二年二月，礼部贡院奏："当司奉堂帖，夜试进士，有何条格者？敕旨，秋来赴举，备有常程，夜后为文，曾无旧制。王道以明规是设，公事须白昼显行，冀盛观光，犹敦劝善。每取翰林学士，往例皆试五题，共观笔下摛词，不俟烛前构思。其进士并令排门齐入就试，至门开时试毕。内有先了者，上历昼时，旋令先出。其入策亦须昼试。应诸科对策，并依此例，余准前后敕格处分。夜试进士非前例也。"

《册府元龟》卷六四二《贡举部·条制四》

〔后唐清泰二年九月〕己酉，礼部贡院奏："进士请夜试，童子依旧表荐，重置明算道举。举人落第后，别取文解。五科试纸，不用中书印，用本司印。"并从之。

《旧五代史》卷四七《唐书·末帝纪中》

〔开运元年〕十一月，工部尚书权知贡举窦贞固奏："进士考杂文及与诸科举人入策，历代已来，皆以三条烛尽为限。长兴二年，改令昼试。伏以悬科取士，有国常规，沿革之道虽殊，公共之情难失。若使就试两廊之下，挥毫短景之中，视晷刻而惟畏稽迟，演词藻而难求妍丽，未见观光之美，但同款答之由，既非师古之规，恐失取人之道。今欲考试之时，准旧例以三条独为限。其进士并诸色举贡人等，有怀藏书册入院者，旧例扶出，不令就试。近年以来，虽见怀藏，多是容纵。今欲振举弛紊，明辨臧否，冀在必行，庶为定式。"

《旧五代史》卷一四八《选举志》

〔后晋开运元年闰十二月乙酉，〕工部尚书权知贡举窦贞固奏："试进士诸科举人入策，旧例夜试，以三条烛尽为限，天成二年改令昼试，今欲依旧夜试。"从之。

《旧五代史》卷八三《晋书·少帝纪第三》

〔后晋开运元年〕十一月，工部尚书权知贡举窦贞固奏："进士考试杂文及与诸科举人入策，历代已来，皆以三条烛尽为限。长兴二年，改令昼试。伏以悬科取士，有国常规，沿革之道虽殊，公共之情难失。若使就试两廊之下，挥毫短景之中，视晷刻而惟畏稽迟，演词藻而难求妍丽，未见观光之美，但同款答之由，既非师古之规，恐失取人之道。今于考试之时，准旧例以三条烛为限。其进士并诸色举贡人等，有怀藏书册入院者，旧例扶出，不令就试。近年以来，虽见怀藏，多是容纵。今欲振举弛紊，明辨臧否，冀有必行，庶为定式。"

十二月，敕："礼部贡院自前考试进士，皆以三条烛为限。并诸色举人等，有怀藏书册，不令就试。宜并准旧施行，从窦贞固奏也。"

《册府元龟》卷六四二《贡举部·条制四》

（五）查卷与陈诉

刘仁范青衿胄子，黄卷书生，非应奉之五行，异王充之一览。天下第一，希闻胡广之才；日下无双，罕见黄童之誉。春秋一月，徒弃光阴；文史三冬，虚淹岁月。有司试策，无晃错之中科；主者铨量，落公孙之下第。理合逡巡敛分，退坐受铨，岂得俯仰自强，肆情挝鼓？伏称问头付晚，策自难周，铨退者即恨独迟，简得者不应偏早。诉人之口，皆有爱憎；试官之情，终无向背。傲不可长，骄不可盈，若引窥觎之门，恐开侥幸之路。豸冠奏劾，自合甘从；马喙无冤，何烦苦诉？宜从明典，勿信游辞。

《全唐文》卷一七三《张鷟·太学生刘仁范等省试

落第挝鼓申诉准式卯时付问头酉时收策试日

晚付问头不尽经业更请重试台付法不伏》

长兴四年二月十六日，礼部贡院奏：

新立条件如后：

一、九经、五经、明经呈帖由之时，试官书通不后，有不及格者，喝落后请置笔砚，将所纳帖由分明，却令自阅。或是试官错书通不，当行改正。如怀疑者，便许请本经当面检对。如实是错，即便于帖由上书名而退。

一、五科常年驳榜出，多称屈塞，今年并明书所对经书墨义，云"第几道不通，第几道粗，第几道通"，任将本经书疏照证。如考试官去留不当，许将状陈诉，再加考校。如合黜落，妄有披述，当行严断。

一、今年举人有抱屈落第者，许将状披诉于贡院官，当与重试。如贡院不理，即诣御史台论诉。请自试举人日，令御史台差人受举人诉屈文状，并引本身勘问所论事件。或知贡举之官及考试之官已下，敢有受货赂，升擢亲朋，屈抑艺能，阴从请托，及不依格去留者，一事有违，请行朝典。

一、怀挟书策，旧例禁止，请自今后入省门搜得文书者，不计多少，准例扶出，殿将来两举。

一、遥口受人回换试处，及抄义题帖书时，诸般相救，准例扶出，请殿将来三举。

一、艺业未精，准格落下，耻见同人，妄扇屈声，拟为将来基址，及他人帖对过场数多者，便生诬玷，或罗织殴骂者，并当收禁，牒送御史台，请赐勘鞫。如知贡举官及考试官事涉私徇，屈塞艺士，请行朝典。若虚妄者，请严行科断，牒送本道重处色役，仍永不得入举场。同保人亦请连坐，各殿三举。

奉敕："宜依。"

《五代会要》卷二三《科目杂录》

是月^①，礼部贡院奏新立条件："一、九经、五经、明经呈帖经之时，试官书通不后，有不及格者，唱落后请置笔砚，将所纳由分明，却令自看。或是试官错书通不，当与改正。如怀疑者，使许请本经书面前检对。如实是错误，即更于帖上书名而退。一、五科常年驳榜出，多称屈塞。今年并明书所对经书墨义，云'第几道不，第几道粗，第几道通'，任将本经书疏照证。如考试官错书不、粗，请别将状陈诉，当再加考较。如实错误，妄陈文状，当行严断。一、今年举人有抱屈落第者，许将状披诉，贡院当与重试。如贡院不理，即诣御史台论诉。请自试举人日，令御史台差人受举人诉屈文状，并引本身勘问所论事件。或知贡举官及考试官已下取受货赂，升擢亲情，屈塞艺能，应副嘱托，及不依格去留，一事有违，请行朝典。一、怀挟书策，旧例禁止，请自今年后入省门搜得文书者，不计多少，准例扶出，殿将来一举。上铺后搜得文书者，准例

<hr>

① 长兴四年二月。

扶出，殿将来两举。一、遥口授人回授试处，及抄义题帖书时，诸般相救，准例扶出，请殿将来三举。一、自是艺业未精，准格落下，出外及见驳榜后，羞见同人，妄扇屈声，拟为将来基址，及别人帖对过场数多者，便生诬玷坠陷，或罗织殴骂者，并当收禁，榜送御史台，请赐勘穷。如知贡举官及考试官事涉徇私，屈塞艺士，请行朝典。若虚妄者，请痛行科断，牒送本道重处色役，仍永不得入举场，同保人亦请连坐，各殿三举。"奉敕："宜依。"

《册府元龟》卷六四二《贡举部·条制四》

其年①十月一日，中书门下条流贡举人事件如后：

．．．．．．．．．．．．

一、应诸色落第人，此后所司具所落事由，别张文榜，分明晓示。除诸州府解送举人外，余有于河南府寄应，及宗正寺、国子监生等，亦须准上指挥。其中有依托朝臣者，于解内具言在某官姓名门馆，考试及第后，并据姓名覆试。

《五代会要》卷二三《缘举杂录》

晋天福三年三月，翰林学士承旨、兵部侍郎权知贡举崔棁奏："臣谬蒙眷渥，叨掌文衡，实忧庸懦之材，不副搜罗之旨，敢不揣摩顽钝，杜绝阿私，上则显陛下求贤，次则使平人得路。但以今年就举，比常岁倍多，科目之中，凶豪甚众。每驳榜出后，则时有喧张，不自省循，但言屈塞，互相朋扇，各出言词，或云主司不公，或云试官受赂。实虑上达圣听，微臣无以自明，昼省夜思，临深履薄。今

① 天成四年。

臣欲请令举人落第之后，或不甘心，任自投状披陈，却请所试，与疏义对证，兼令其日一甲同共校量。若独委试官，恐未息词理。傥是实负抑屈，则所司固难逭宪章；如其妄有陈论，则举人乞痛加惩断。冀此际免虚遭谤议，亦将来可久远施行。傥蒙圣造允俞，伏乞降敕处分。"从之。

《旧五代史》卷一四八《选举志》

〔广顺三年九月，〕敕："国家开仕进之路，设儒学之科，较业抡才，登贤举俊。其或艺能素浅，履行无闻，来造科场，要求侥幸。及当试落，便起怨嗟，谤议沸腾，是非蜂起。至有伪造制敕之语，扇惑侪流，巧为诬毁之言，隐藏名姓。以兹取事，得非薄徒！宜立宪章，以示澄汰。其礼部贡院条奏宜依，仍于引试之时，精详考较，逐场去留。无艺者，虽应年深，不得饶僭场数。若有艺者，虽当黜落，并许诉陈，只不得于街市省门故为喧竞，及投无名文字讪毁主司。如有故违，必行严断。本司镇宿后，御史台、开封府所差守当人，专切觉察。其有不自苦辛，只凭势援，潜求荐托，俯拾科名，致使孤寒滞于进取。起今后，主司不得受荐托书题。如有书题，密具姓名闻奏，其举人不得就试。今后举人须取本乡贯文解，若乡贯阻隔，只许两京给解。"

《册府元龟》卷六四二《贡举部·条制四》

四、呈榜

进士王如泚者，妻公以伎术供奉玄宗。欲与改官，拜谢而请曰："臣女婿王如泚见应进士举，伏望圣恩回授，乞一及第。"上许之,宣付礼部宜与及第。侍郎李昕以谘执政,右相曰:"王如泚文章堪及第否?"昕曰:"与亦得。"右相曰:"若尔,未可与之。明经、进士,国家取材之地。若圣恩优异,差可与官。今以及第与之,将何以观材?"即令奏闻。居二日,如泚宾朋宴贺,车骑盈门。忽中书门下牒礼部:"王如泚可依例考试。"闻之,罔然自失。

《唐语林》卷一《政事上》

岳州刺史李公俊,兴元中举进士,连不中第。次年,有故人国子祭酒通春官包佶者,援成之。榜前一日,例以名闻执政。

《续玄怪录》卷二《李岳州》

每岁仪曹献贤能之书于王,然后列于禄仕,宣其续用耳。小司徒以楚金余刃受诏兼领,彭城刘禹锡实首是科。

《权载之文集》卷三八《送刘秀才登科后侍从赴东京觐省序》

〔长庆〕三年,礼部侍郎王起掌贡举。先是,贡举偎滥,势门子弟交相酬酢,寒门俊造十弃六七。及元稹、李绅在翰林,深怒其事,故有覆试之科。及起考贡士,奏曰:"伏以礼部放榜,已是成名,中书重覆,尚未及第。若重覆之中,万不一定,则放榜之后,远近误传。其于事理,实为非便。请今年进士堪及第者,本司考试讫,其诗赋先送中书门下详覆,候敕却下本司,然后准例,大字放榜。"从之。

《册府元龟》卷六四〇《贡举部·条制二》

长庆三年,侍郎王起言:"故事,礼部已放榜,而中书门下始详覆。今请先详覆，而后放榜。"议者以起虽避嫌，然失贡职矣。……〔大和〕八年，宰相王涯以为："礼部取士，乃先榜示中书，非至公之道。自今一委有司，以所试杂文、乡贯、三代名讳送中书门下。"

《新唐书》卷四四《选举志上》

是月[1]，中书门下奏："进士放榜，旧例，礼部侍郎皆将及第人名先呈宰相，然后放榜。伏以委在有司，固宜精慎，宰臣先知取舍，事匪至公。今年已后，请便令放榜，不用先呈人名。其及第人所试杂文及乡贯、三代名讳，并当日送中书门下，便令定例。"敕旨："依奏。"

《册府元龟》卷六四一《贡举部·条制三》

旧例，进士未放榜前，礼部侍郎遍到宰相私第，先呈及第人名，谓之呈榜。比闻多有改换，颇致流言。宰相稍有寄情，有司固无畏忌，取士之滥，莫不繇斯。将务责成，在于不挠，既无取舍，岂必预知？臣等商量，今年便任有司放榜，更不得先呈臣等，仍向后便为定例。如有固违，御史纠举。

《李卫公会昌一品集》补遗卷一《请罢呈榜奏》

是月[2]，宰臣李德裕等奏："旧例，进士未放榜前，礼部侍郎遍到宰相私第，先呈及第人名，谓之呈榜。比闻多有改换，颇致流言。宰相稍有寄情，有司固无畏忌，取士之滥，莫不繇斯。将务责

---

[1]　大和八年正月。
[2]　会昌三年正月。

成，在于不挠，既无取舍，岂必预知？臣等商量，今年便任有司放榜，更不得先呈臣等，仍向后便为定例。如有固违，御史纠举奏者。"

《册府元龟》卷六四一《贡举部·条制三》

李相德裕抑退浮薄，奖拔孤寒。于时朝贵朋党，德裕破之，由是结怨而绝于附会，门无宾客。惟进士卢肇，宜春人，有奇才。德裕尝左宦宜阳，肇投以文卷，由此见知。后随计京师，每谒见，待以优礼。旧制，礼部放榜，先呈宰相。会昌三年，王起知举，问德裕所欲。答曰："安用问为？如卢肇、丁棱、姚鹄，岂可不与及第耶？"起于是依其次而放。

《玉泉子》

〔显德六年正月〕乙亥，诏曰："礼部贡院起今后应合及第举人，委知举官依逐科等第，定人数姓名，并所试文字闻奏，候敕下后放榜。"

《册府元龟》卷六四二《贡举部·条制四》

五、 试卷送中书详覆

〔开元〕二十五年二月，敕：……其应试进士等唱第讫，具所试杂文及策，送中书门下详覆。

《唐会要》卷七五《贡举上·帖经条例》

其进士唱及第讫，具所试杂文及策，送中书门下详覆。

《唐六典》卷四《尚书礼部》

座主曰:"诸公试日,天寒急景,写札杂文,或有不如法。今恐文书到西京,须呈宰相,请先辈等各买好纸,重来请印,如法写净送纳,抽其退本。"诸公大喜。及某撰本却请出,驷字上朱点极大。

《太平广记》卷一七九《贡举二·阎济美》

〔建中〕三年四月,敕礼部:"应进士举人等,自今以后,如有试官并不合选,并诸色出身人有应举者,先于举司陈状,准例考试。如才堪及第者,送名中书门下,重加考核。如实才堪,即令所司进纳告身,注毁官甲,准例与及第。至选日,仍稍优与处分。其正员官不在举限。"

《册府元龟》卷六四〇《贡举部·条制二》

穆宗长庆元年三月,敕:"今年礼部侍郎钱徽下进士及第郑朗等一十四人,重试闻奏。"

四月丁丑,诏曰:"国家设文学之科,本求实才,苟容侥幸,则异至公。访闻近日浮薄之徒,扇为朋党,谓之关节,干挠主司。每岁策名,无不先定,永言败俗,深用兴怀。郑朗等昨令重试,意在精核艺能,不于异书之中固求深僻题目,贵令所试成就,以观学艺浅深。孤竹管是祭天之乐,出于《周礼》正经,阅其呈试之文,都不知其本事。词律鄙浅,芜累至多。亦令宣示钱徽,庶其深自怀愧。诚宜尽弃,以警将来。但以四海无虞,人心方泰,用引宁僭,式示殊恩。特掩尔瑕,庶明予志。孔温业、赵存约、窦洵直所试粗通,与及第。卢公亮等十人并落下。今自以后,礼部举人,宜准开元二十五年敕,及第讫,所试杂文并策送中书门下详覆。"贬礼部侍郎钱徽为江州刺史。

《册府元龟》卷六四四《贡举部·考试二》

初，开元中，礼部考试毕，送中书门下详覆，其后中废。是岁，侍郎钱徽所举送，覆试多不中选，由是贬官，而举人杂文复送中书门下。长庆三年，侍郎王起言："故事，礼部已放榜，而中书门下始详覆。今请先详覆，而后放榜。"议者以起虽避嫌，然失贡职矣。

《新唐书》卷四四《选举志上》

〔长庆〕三年正月，礼部侍郎王起奏曰："伏以礼部放榜，已是成名，中书重覆，尚未及第。重覆之中，万一不定，则放榜之后，远近误传。其于事理，实为非便。臣伏请今年进士堪及第者，本司考试讫，其诗赋先送中书门下详覆，候敕却下本司，然后准旧例大字放榜。"从之。

《唐会要》卷七六《贡举中·进士》

〔大和〕八年正月，中书门下奏："进士放榜，旧例，礼部侍郎皆将及第人名先呈宰相，然后放榜。伏以委任有司，固当精慎，宰相先知取舍，事匪至公。今年以后，请便令放榜，不用先呈人名。其及第人所试杂文，及乡贯三代名讳，并当日送中书门下，便合定例。"敕旨："依奏。"

《唐会要》卷七六《贡举中·进士》

杨严等，会昌四年王起奏五人：杨知至、刑部尚书汝士之子。源重、故相牛僧孺之甥。郑朴、河东节度使崔元式女婿。杨严、监察御史发之弟。窦缄，故相易直之子。恩旨令，送所试杂文付翰林重考覆，续奉进。止杨严一人宜与及第，源重四人落下。时杨知至因以长句呈同年曰："由来梁燕与冥鸿，不合翩翩向碧空。寒谷谩劳邹氏律，长天独遇宋都风。此时泣玉情虽异，他日衔环事亦同。三月春光正摇荡，无因得醉杏园中。"

《唐摭言》卷八《别头及第》

张渍，会昌五年陈商下状元及第，翰林覆落渍等八人。赵渭南贻渍诗曰："莫向春风诉酒杯，谪仙真个是仙才。犹堪与世为祥瑞，曾到蓬山顶上来。"

《唐摭言》卷一一《已得复失》

郑畋字台文，系出荥阳。……畋举进士，时年甚少，有司上第籍，武宗疑，索所试自省，乃可奏。为宣武推官，以书判拔萃擢渭南尉。

《新唐书》卷一八五《郑畋传》

〔后唐长兴元年六月〕壬子，中书门下奏："详覆到礼部院今年及第进士李飞、樊吉、夏侯琪、吴泅、王德柔、李谷等六人，望放及第。其卢价等七人及宾贡郑朴，望许令将来就试。知贡举张文宝试士不得精当，望罚一季俸。"从之。

《旧五代史》卷四一《唐书·明宗纪第七》

〔后周广顺三年二月〕癸酉，以户部侍郎、知贡举赵上交为太子詹事。是岁，新进士中有李观者，不当策名，物议喧然。中书门下以观所试诗赋失韵，勾落姓名，故上交移官。

《旧五代史》卷一一二《周书·太祖纪第三》

显德二年三月，敕：

礼部贡院奏，今年新及第进士李覃、严说、何俨、武允成、王汾、闾丘舜卿、杨徽之、任惟吉、赵邻几、周度、张慎微、王翥、马文、刘选、程浩然、李震等一十六人所试诗赋、文论、策文等。国家设贡举之司，求俊茂之士，务询文行，以中科名。比闻近年以来，多有滥进，或以年劳而得第，或因媒势以出身。今岁所贡举人，试令看详，果见纰缪，须至去留。

其李覃、何俨、杨徽之、赵邻几等四人，宜放及第。其严说、武允成、王汾、闾丘舜卿、任惟吉、周度、张慎微、王翥、马文、刘选、程浩然、李震等一十二人，艺学未精，并宜黜落，且令苦学，以俟再来。礼部侍郎刘温叟失于选士，颇属因循，据其过尤，宜行谴谪，尚示宽恕，特与矜容。刘温叟放罪。将来贡举公事，仍令所司据条理闻奏。

《五代会要》卷二二《进士》

〔后周显德二年三月〕壬辰，尚书礼部贡院进新及第进士李覃等一十六人所试诗赋、文论、策文等。诏曰："国家设贡举之司，求英俊之士，务询文行，方中科名。比闻近年以来，多有滥进，或以年劳而得第，或因媒势以出身。今岁所放举人，试令看验，果见纰缪，须至去留。其李覃、何旰①、杨徽之、赵邻几等四人，宜放及第。其严说、武允成、王汾、闾丘舜卿、任惟吉、周度、张慎徽②、王翥、马文、刘选、程浩然、李震等一十二人，艺学未精，并宜勾落，且令苦学，以俟再来。礼部侍郎刘温叟失于选士，颇属因循，据其过

---

① "旰"，他本或作"俨"。
② "徽"，他本或作"微"。

尤,合行遣谪,尚视宽恕,特与矜容。刘温叟放罪。其将来贡举公事,仍令所司别具条理以闻。"

《旧五代史》卷一一五《周书·世宗纪第二》

〔显德〕五年三月,诏曰:"比者以近年贡举,颇是因循,频诏有司,精加试练,所冀去留无滥,优劣昭然。昨贡举院奏,今年新及第进士等所试文书,或有臧否,爰命词臣,再加考核,庶泾、渭之不杂,免玉石之相参。其刘坦、单贻庆、李庆、徐纬、张觐等诗赋稍优,宜放及第。王汾据其文词,未至精敏,念以顷曾驳落,特与成名。熊若谷、陈保衡皆是远人,深可嗟念,亦放及第。郭峻、赵保雍、杨丹、安玄度、张助、董咸则、杜思道等未甚精者,并从退落,更宜修进,以俟将来。知贡举、右谏议大夫刘涛选人不当,有失用心,可责授右赞善大夫,俾令省过,以戒当官。"

《五代会要》卷二二《进士》

〔显德〕五年三月,诏曰:"比者以近年贡举,颇是因循,频诏有司,精加试练。所冀去留无滥,优劣昭然。昨据贡院奏,今年新及第进士等所试文字,或有否臧,爰命词臣,再令考覆,庶泾渭不杂,免玉石之相参。其刘垣、戴贻庆、李颂、徐纬、张觐等,诗赋稍优,宜放及第。王汾,据其文字,亦未精当,念以顷曾剥落,特与成名。熊若谷、陈保衡,皆是远人,深可嗟念,亦放及第。郭峻、赵保雍、杨丹、安玄度、张昉、董咸则、杜思道等,未甚苦辛,并从退落,更宜修进,以俟将来。知贡院右谏议大夫刘涛,选士不当,有失用心,可责授右赞善大夫,俾令省过,以诫当官。"先是,涛于东京放榜后,率新及第进士刘垣已下一十五人,来赴行在,以其所试诗赋进呈。上以其词纰缪,命翰林学士李昉覆试,故有是命。

《册府元龟》卷六四二《贡举部·条制四》

六、 重试

张柬之进士擢第,为清源丞,年且七十余。永昌初,勉复应制策。试毕,有传柬之考入下课者。柬之叹曰:"余之命也。"乃委归襄阳。时中书舍人刘允济重考,自下第升甲科,为天下第一。擢第,拜监察,累迁荆州长史。

《大唐新语》卷六《举贤》

崔沔,京兆长安人,……父皑,库部员外郎、汝州长史。沔淳谨,口无二言,事亲至孝,博学,有文词。初应制举,对策高第。俄被落第者所援,则天令所司重试,沔所对策,又工于前,为天下第一,由是大知名。再转陆浑主簿。

《旧唐书》卷一八八《崔沔传》

崔沔字善冲,京兆长安人,……擢进士。举贤良方正高第,不中者诵訾之。武后敕有司核试,对益工,遂为第一。再补陆浑主簿。

《新唐书》卷一二九《崔沔传》

公讳九龄,字子寿,一名博物,其先范阳方城人。……弱冠试进士,考功郎沈佺期尤所激扬,一举高第。时有下等,谤议上闻。中书令李公,当代词宗,诏令重试,再拔其萃,擢秘书省校书郎。

应道侔伊吕科,对策第二等,迁左拾遗。

《全唐文》卷四四《徐浩·唐尚书右丞相中书令张公神道碑》

〔储〕光羲,兖州人。开元十四年严迪榜进士。有诏中书试文章。尝为监察御史。

《唐才子传校笺》卷一《储光羲》

天宝二年,吏部侍郎宋遥、苗晋卿等主试,禄山请重试,制举人第一等人十无二。御史中丞张倚之子奭,手持试纸,竟日不下一字,时人谓之拽帛。

《唐摭言》卷一五《没用处》

〔长庆元年三月,〕敕:今年钱徽下进士及第郑朗等一十四人,宜令中书舍人王起、主客郎中知制诰白居易等重试以闻。

《旧唐书》卷一六《穆宗本纪》

右,臣等伏料自欲重试进士已来,论奏者甚众,伏计烦黩圣听之外,必以为或亲或故,同为党庇。臣今非不知此,但以避嫌事小,隐情责深,所以冒犯天威,不敢不奏。伏希圣鉴,试详臣言。伏以陛下虑今年及第进士之中,子弟得者侥幸,平人落者受屈,故令重试重考。此乃至公至平,凡是平人,孰不庆幸?况臣等才识浅劣,谬蒙选充考官。自受命已来,夙夜惶惧,实忧愚昧,不副天心。敢不尽力竭诚,苦考得失?其间瑕病,纤毫不容,犹期再三,知臣恳尽。然臣等别有愚见,上裨圣聪,反覆思量,辄敢密奏。伏准礼部试进士例:许用书策,兼得通宵。得通宵则思虑必周,用书策则文字不错。昨重试之日，书策不容一字，木烛只许两条，迫促惊忙，幸皆成就。若比礼部所试，事校不同。虽诗赋之间，皆有瑕病；在与夺之际，或可矜量。傥陛下垂仁察之心，降特达之命：明示瑕病，以表无私；特全身名，以存大体。如此，则进士等知非而愧耻，其父兄等感激而戴恩。至于有司，敢不惩革？臣等皆蒙宠擢，又忝职司，实愿裨补圣明，敢不罄竭肝胆？谨具奏闻，伏侍圣裁。谨奏。

长庆元年四月十日，重考试进士官、朝议郎守尚书主客郎中知制诰臣白居易等奏。

重考试进士官、朝散大夫守中书舍人上轻车都尉臣王起。

《白居易集》卷六○《论重考试进士事宜状》

长庆元年，敕：今年礼部侍郎钱徽下进士郑朗等一十四人，宜令中书舍人王起、主客郎中知制诰白居易重试。覆落十三人。三月丁未，诏：国家设文学之科，本求实才，苟容侥幸，则异至公。访闻近日浮薄之徒，扇为朋党，谓之关节，干扰主司。每岁策名，无不先定，眷言败俗，深用兴怀。郑朗等昨令重试，乃求深僻题目，贵观学艺浅深。孤竹管是祭天之乐，出于《周礼》正经，阅其呈试之文，都不知其本事。辞律鄙浅，芜累至多。其孔温业等三人，粗通可与及第。其余落下。今后礼部举人，宜准开元二十五年敕，及第人所试杂文，先送中书门下详覆。侍郎钱徽贬江州刺史。

《唐会要》卷七六《贡举中·进士》

〔长庆元年四月〕丁丑，诏："国家设文学之科，本求才实，苟容侥幸，则异至公。访闻近日浮薄之徒，扇为朋党，谓之关节，干扰主司。每岁策名，无不先定，永言败俗，深用兴怀。郑朗等昨令重试，意在精核艺能，不于异常之中固求深僻题目，贵令所试成就，以观学艺浅深。孤竹管是祭天之乐，出于《周礼》正经，阅其呈试之文，都不知其本事。辞律鄙浅，芜累何多！亦令宣示钱徽，庶其深自怀愧。诚宜尽弃，以警将来。但以四海无虞，人心方泰，用弘宽假，式示殊恩。孔温业、赵存约、窦洵直所试粗通，与及第。卢公亮等十一人可落下。自今后礼部举人，宜准开元二十五年敕，及第人所试杂文并策，送中书门下详覆。"贬礼部侍郎钱徽为江州刺史，中书舍人李宗闵为剑州刺史，右补阙杨汝士为开州开江令。

《旧唐书》卷一六《穆宗本纪》

〔王〕起字举之，……长庆元年，迁礼部侍郎。其年，钱徽掌贡士，为朝臣请托，人以为滥。诏起与同职白居易覆试，覆落者多。徽贬官，起遂代徽为礼部侍郎，掌贡二年，得士尤精。先是，贡举猥滥，势门子弟，交相酬酢；寒门俊造，十弃六七。及元稹、李绅在翰林，深怒其事，故有覆试之科。及起考贡士，奏当司所选进士，据所考杂文，先送中书，令宰臣阅视可否，然后下当司放榜。从之。议者以为起虽避是非，失贡职也，故出为河南尹。

《旧唐书》卷一六四《王起传》

长庆中，青龙寺僧善知人之术，知名之士，靡不造焉。进士郑朗特谒，了不与语。及放榜，朗首登第焉，朗未之信也。累日，内索重试，朗果落。后却谒青龙僧，怡然相接，礼过前时，朗诘之。僧曰："前时以朗君无名，若中第，却不嘉，自此位极人臣。"其后果历台铉。

《太平广记》卷一五五《定数十·郑朗》

〔会昌五年二月戊寅，〕谏议大夫权知礼部贡举陈商选士三十七人中第，物论以为请托，令翰林学士白敏中覆试，落张渎、李圩、薛忱、张觌、崔凛、王谌、刘伯刍等七人。

《旧唐书》卷一八上《武宗本纪》

〔会昌〕五年二月，左谏议大夫陈商知举，放进士二十八人，覆落八人。时以去年仆射王起知举，放二十五人，续奏江陵节度使崔元式甥郑起、东都留守牛僧孺①女婿源重、故相窦易直子缄、监察御史杨收弟严。敕遣户部侍郎、翰林学士白敏中覆试，落下三人，唯放杨严一人。至是，又遣敏中覆试，落下八人。议者以为公。

《册府元龟》卷六四四《贡举部·考试二》

宣宗大中元年正月，礼部侍郎魏扶放及第二十三人。续奏："其放及第三人封彦卿、崔琢、郑延休等，皆以文艺为众所知，其父皆在重任，不敢选取。其所试诗赋并封进，奏进止。"令翰林学士、户部侍郎、知制诰韦琮等考，尽合程度。其月二十五日，奉进止，并赴所司放及第。"有司考试，只合在公，如涉徇私，自有刑典。从今以后，但依常例取舍，不得别有奏闻。"

《册府元龟》卷六四一《贡举部·条制三》

---

① "孺"，原本作"儒"。

乾宁二年二月乙未，敕："高宗梦傅说，周文遇子牙，列位则三公，弼谐则四辅。朕纂承鸿绪，克绍宝图，思致理平，未臻至化。今大朝方兴文物，须择贤良，冀于金选之间，以观廊庙之器。今年新及第进士张贻宪等二十五人，并指挥取今月九日于武德殿祗候。委中书门下准此处分，仍付所司。"

丙申，试新及第进士张贻宪等于武德殿东廊。内一人卢赓称疾不至，宣令舁入。又云华阴省亲，其父偓进状乞落下。分二十五铺分，不许往来。内出四题：《曲直不相入赋》，取"曲直"二字为韵。《良弓献问赋》，以"太宗问工人：本心不正，脉理皆邪，若何道理"，取五声字轮次，各双用为韵。《询于刍荛诗》，回纹，正以"刍"字、倒以"荛"字为韵。《品物咸熙诗》，七言八韵成。令至九日午后一刻进纳。

丁酉，宣翰林学士承旨、户部侍郎、知制诰陆良，秘书监冯渥，于云韶殿考所试，各赐衣一袭、毡被等。

己亥，敕："朕自君临寰海，八载于兹。梦寐英贤，物色岩野，思名实相符之士、艺文具美之人，用立于朝，庶裨于理。且令每岁乡里贡士，考核求才。必在学贯典坟，词穷教化，然后升于贤良之籍，登诸俊造之科。如闻近年已来，兹道浸坏，鹦多披于隼翼，羊或服于虎皮。未闻一卷之师，已在迁乔之列，永言其蒸，得不以惩！昨者崔凝所考定进士张贻宪等二十五人，观其所进文书，虽合程度，必虑或容请托，莫致精研。朕是以召至前轩，观其实艺，爰于经史，自择篇题。今者比南郭之竽者，果分一一；慕西汉之辞彩，无愧彬彬。既鉴妍媸，须有升黜。其赵观文、程晏、崔赏、崔仁宝等四人，才藻优赡，义理昭宣，深穷体物之能，曲尽缘情之妙。所试诗赋，辞艺精通，皆合本意。其卢赡、韦说、封渭、韦希震、张蟆、黄滔、卢鼎、王贞白、沈崧、陈晓、李龟祯等十一人，所试诗赋，义理精通，用振儒风，且蹑异级。其赵观文等四人，并卢赡等十一人，并与及第。其张贻宪、孙溥、李光序、李枢、李途等五人，所试诗赋，不副题目，兼句稍次，且令落下，许后再举。其崔砺、苏楷、杜承昭、郑稼等四人，诗赋最下，不及格式，芜类颇甚，曾无学业，敢窃科名？浼我至公，难从滥进。宜令所司落下，不令再举。其崔凝爵秩已崇，委寄殊重，司吾取士之柄，且乖慎选之图，辜朕明恩，自贻伊咎。委中书门下行敕处分奏来。其进士张贻宪等二十四人名，准此处分。赐陆宸、冯渥银器分物，其落下举人并赐绢三匹。"

•••••••••••

丁未，敕："国家文学之科，以革隋弊。岁登俊造，委之春官。盖欲华实相符，为第一用。近浸讹谬，虚声相高。朕所以思得贞正之儒，以掌其事。而闻刑部尚书、知贡举崔凝，百行有常，中年无党，学窥典奥，文赡菁英。洎遍践清华，多历年数，累更显重，积为休声。遂辍其宪纲，任之文柄，宜求精当，稍异平常。朕昨者以听政之余，偶思观阅，临轩比试，冀尽其才。及览成文，颇多芜类。岂宜假我公器，成彼私荣？既观一一之吹，尽乏彬彬之美。且乖朕志，宜示朝章。尚遵含垢之恩，俾就专城之任，勉加自省，勿谓无恩。可贬合州刺史。"

《莆阳黄御史集》附录《唐昭宗实录》

后唐庄宗同光三年三月，敕："今年新及第进士符蒙正等，宜令翰林学士承旨卢质就本院覆试，仍令学士使杨彦珞监试。"其月，敕："礼部所放进士符蒙正等四人，既慊群情，实干浮议，近令覆试,俾塞舆言。及再览符蒙正、庀成僚等程试诗赋,果有疵瑕,若便去留,虑乖激劝,倪无升降,即昧甄明。况王彻体物可嘉,属辞甚妙;桑维翰若无庀缪,稍有功夫。其王彻升为第一,桑维翰第二,符蒙正第三,成僚第四。礼部侍郎裴皞放。"

《册府元龟》卷六五一《贡举部·谬滥》

后唐同光三年四月,敕:"今年新及第进士符蒙正等,宜令翰林学士承旨卢质就本院覆试,仍令学士使杨彦璐监试。"其月,敕:"礼部所放进士符蒙正等四人,既慊群情,实干浮议,诗赋果有疵瑕。若便去留,虑乖激劝,倘无升降,即昧甄明。况王彻体物可嘉,属词甚妙;桑维翰差无纰缪,稍有词华。其王彻升为第一,桑维翰第二,符蒙正第三,成僚第四。礼部侍郎裴皞放。今后应礼部每年所试举人杂文策等,候过堂日,委中书门下子细详覆奏闻。"

《五代会要》卷二二《进士》

〔后周世宗显德〕四年,屯田员外郎、知制诰扈蒙试进策入乡贡进士段宏等,内段宏试同三传出身。先是,诣匦言事者甚众,命蒙以时务策试之。蒙选中者四人,帝览之,命枢密副使王朴覆试,唯留宏一人而已。蒙由是坐夺俸一月。

《册府元龟》卷六五一《贡举部·谬滥》

〔后周显德五年三月〕庚子,诏曰:"比者以近年贡举,颇是因循,频诏有司,精加试练,所冀去留无滥,优劣昭然。昨据贡院奏,今年新及第进士等,所试文字,或有否臧,爰命辞臣,再令考覆,庶泾渭之不杂，免玉石之相参。其刘坦、单贻庆、李颂、徐纬、张觐等诗赋稍优，宜放及第。王汾据其文辞，亦未精当，念以顷曾剥落，特与成名。熊若谷、陈保衡皆是远人，深可嗟念，亦放及第。郭峻、赵保雍、杨丹、安玄度、张昉、董咸则、杜思道等，未甚辛苦，并从退黜，更宜修进，以俟将来。知贡举、右谏议大夫刘涛选士不当，有失用心，责授右赞善大夫，俾令省过，以戒当官。"先是，涛于东京放榜后，引新及第进士刘坦已下一十五人赴行在，帝命翰林学士李昉覆试，故有是命。

《旧五代史》卷一一八《周书·世宗纪第五》

〔南唐〕乾德二年春三月，……命吏部侍郎、修国史韩熙载知贡举，放进士王崇古等九人；既又命中书舍人徐铉覆舒雅等五人，雅等不就，乃御殿命题亲试，以中书官莅其事，五人皆见黜。

《十国春秋》卷一七《南唐·后主本纪》

〔南唐〕开宝五年春二月，……内史舍人张佖知礼部贡举，放进士杨遂等三人。清耀殿学士张洎言佖多遗才，国主命洎考覆遗不中第者，又放王伦等五人。

《十国春秋》卷一七《南唐·后主本纪》

七、 别头试

开元二十九年十一月十九日，礼部侍郎韦陟奏："准旧例，掌举官亲族，皆于本司差郎中一人考试，有及第者，尚书覆定，然后附奏。臣本司今阙尚书，纵差郎官，是臣麾下，事在嫌疑，所望厘革。伏望天恩，许臣移送吏部，差考功员外郎试拣，侍郎覆定，任所在闻奏。即望浮议止息。"敕旨："依。"

《唐会要》卷五八《尚书省诸司中·考功员外郎》

别头及第，始于上元二年钱令绪、郑人政、王恺、崔志恂等四人，亦谓之承优及第。

《唐摭言》卷八《别头及第》

初，天官氏每岁表他曹郎二人，阅多士试言，第其甲乙。春官氏俾考功郎选孝秀之亲故者而进退之。

《权载之文集》卷一四《唐故中书侍郎同中书门下平章事太子宾客赠户部尚书齐成公神道碑铭并序》

〔贞元十六年〕十二月戊寅，罢吏部复考判官及礼部别头贡举。

《旧唐书》卷一三《德宗本纪下》

〔贞元〕十六年十二月，敕礼部："别头举人，宜委礼部考试，不须置别头。"

《唐会要》卷七六《贡举中·缘举杂录》

齐抗字遏举，……代郑余庆为中书侍郎、同中书门下平章事。……故事，礼部侍郎掌贡举，其亲故即试于考功，谓之别头举人。抗亦奏罢之。

《旧唐书》卷一三六《齐抗传》

〔贞元〕十〔六〕年，中书侍郎平章事齐抗奏罢礼部别头举人。故事，礼部侍郎掌贡举，其亲故即试于考功，谓之别头举人。抗奏罢之。

《册府元龟》卷六四〇《贡举部·条制二》

初，礼部侍郎亲故移试考功，谓之别头。十六年，中书舍人高郢奏罢，议者是之。

《新唐书》卷四四《选举志上》

元和十三年十月，权知礼部侍郎庾承宣奏："臣有亲属应明经、进士举者，请准旧例送考功试。"从之。自贞元十六年，高郢掌贡举，请权停考功别试，识者是之。自今始复。

《唐会要》卷七六《贡举中·缘举杂录》

〔元和〕十三年十月，权知礼部侍郎庾承宣奏："臣有亲属应明经、进士举者，请准旧例送考功试之。"先是，贞元十六年，高郢掌贡，请停考功别试，识者是之。至是始复。

《册府元龟》卷六四〇《贡举部·条制二》

大和三年，准敕试别头进士明经郑齐之等十八人。榜出之后，语辞纷竞，监察御史姚中立以闻，诏错审定，乃升李景、王淑等，人以为公。

《旧唐书》卷一六八《高锴传》

〔太和〕三年三月，御史台据吏部分察姚中立称："准敕考试别头进士、明经等考官,考功员外郎高锴,考试礼部关送到进士郑齐之、李①景素两人,明经王淑等十八人,并及第。放榜之后,群议沸腾,职当分察,不敢缄默。及得高锴状,伏以进士、明经并先无格限,其所送进士二人,文艺并堪与及第。明经比年所送不过三五人,今年礼部开送十一人,及考试帖义,十一人并堪与及第。"敕:"郑齐之、李景素,据所试比校常例得者,不甚过差,宜并与及第。明经王淑等五人,覆试帖义,通数高,并与及第。余落之。"

《册府元龟》卷六四四《贡举部·考试二》

大和三年,高锴为考功员外郎,取士有不当,监察御史姚中立又奏停考功别头试。六年,侍郎贾𫗧又奏复之。

《新唐书》卷四四《选举志上》

八、 当朝重臣子弟避嫌

宣宗大中元年正月,礼部侍郎魏扶放〔进士〕及第二十三人,续奏其放及第三人,封彦卿、崔琢、郑延休等,皆以文艺为众所知,其父皆在重任,不敢选取。其所试诗赋并封进,奏进止。令翰林学士、户部侍郎、知制诰韦琮等考,尽合程度。其月二十五日,奉进止,并赴所司放及第。有司考试,只合在公,如涉徇私,自有刑典。从今以后,但依常例取舍,不得别有奏闻。

《册府元龟》卷六四一《贡举部·条制三》

---

① "李",原本作"孝"。

〔令狐〕滈避嫌不举进士。绹辅政，而滈与郑颢为姻家，怙势骄偃，通宾客，招权，以射取四方货财，皆侧目无敢言。懿宗嗣位，数为人白发其罪，故绹去宰相。因丐滈与群进士试有司，诏可，是岁及第。谏议大夫崔瑄劾奏绹以十二月去位，而有司解牒尽十月，屈朝廷取士法为滈家事，请委御史按实其罪。不听。滈乃以长安尉为集贤校理。

《新唐书》卷一六六《令狐滈传》

令狐滈，绹子也。绹为河中尹。宣宗大中十三年，绹以其子滈求应进士举，表曰："臣有男滈，爰自孩提，便从训教。至于词艺，颇及辈流。会昌二年，臣任户部员外郎日，即应举。大中二年，犹未成名。臣自湖州刺史，蒙先下擢授考功郎、知制诰，转充翰林学士。累叨宠泽，遂忝枢衡，事体有妨，因令罢举，自当废绝，十九年。每遣退藏，更令勤励。窃以禄位逾分，齿发已衰。男滈年过长成，未沾一第。犬马私爱，实切悯伤。臣三年来频乞罢免，每年与男取得文解，意望才离中书郎，却令赴举。昨蒙恩诏，许宠近藩。伏缘已逼礼部试期，便令就试。至于临时与夺，即在省司，固不敢辄有干挠。但以初离机务，合具上闻。臣近于延英奉辞，辄拟面对。伏以恋主方切，深识至难。伏冀睿慈，察臣丹恳。"敕曰："令狐滈多时举人，极有文学，流辈所许，合得科名。比以父绹职在枢衡，避嫌不赴。今因出镇，却就举场。况谐通规，合试至艺。宜令主司，准大中六年敕考试。只在至公，如涉徇情，自有刑典。从今已后，但依常例放榜。本司取士，贵在得人，去留之间，惟理所在。"

《册府元龟》卷六五〇《贡举部·应举》

〔王龟〕子荛，力学，有文辞，以铎当国，不贡进士。[①] 终右司员外郎。

《新唐书》卷一六七《王龟传》

〔天祐三年三月〕壬戌，全忠奏河中判官刘崇子匡图，今年进士登第，遽列高科，恐涉群议，请礼部落下。

《旧唐书》卷二〇《哀帝本纪》

近代设词科，选胄子，盖所以纲维名教，崇树邦本者也。曩时进士，不下千人，岭徼海隅，偃风向化。近岁观光之士，人数不多，加以在位臣僚，罕有子弟，就其寡少，复避嫌疑。实恐因循，渐为废坠。今在朝公卿亲属、将相子孙，有文行可取者，请许所在州府荐送，以广毓才之义。

《全唐文》卷八四一《姚洎·请令公卿子弟准赴贡举奏》

梁太祖开平三年五月，敕："礼部所放进士薛钧，是左司侍郎薛延珪男。方持省辖，固合避嫌。其薛钧宜令所司落下。"

《册府元龟》卷六五一《贡举部·谬滥》

九、 两都试贡举人及因故停试

（一） 两都试人

广德二年，转礼部侍郎。是岁，〔贾〕至以时艰岁歉，举人赴省

---

① 王铎为宰相，其从子王荛避嫌，不敢举进士。

者，奏请两都举人，自此始也。

《旧唐书》卷一九〇中《贾至传》

代宗广德二年，……是岁，贾至为侍郎，建言岁方艰歉，举人赴省者，两都试之。两都试人自此始。

《新唐书》卷四四《选举志上》

永徽元年①，始置两都举，礼部侍郎官号，皆以两都为名，每岁两地别放及第。自大历十二年，停东都举，是后不置。

《唐会要》卷七五《选部下·东都选》

永泰元年七月，以京师米贵，遂分两京集举人。至大历十年五月十九日，敕："今年诸色举人，悉赴上都。准旧例，十月二十五日随考试，户部著到。"

《唐会要》卷七六《贡举中·缘举杂录》

阎济美，前朝公司卿许与定分，一志不为，某三举及第。初举，刘单侍郎下杂文落第。二举，坐王侍郎杂文落第。某当是时，年已蹭蹬，常于江激往径山钦大师处问法。是春，某既下第，又将出关，因献座主六韵律诗曰："謇谔王臣直，文明雅量全。望炉金自跃，应物镜何偏。南国幽沉尽，东堂礼乐宣。转今游昇士，更昔至公年。芳树欢新景，青云泣暮天。唯愁凤池拜，孤贱更谁怜。"座主览焉，问某："今年何者退落？"具以实告，先榜落第。座主愀然变色，深有遗才之叹，乃曰："所投六韵，必展后效。足下南去，

① 《唐摭言》卷一《两都贡举》作"永泰元年"。

幸无疑将来之事。"某遂出关。秋月,江东求荐,名到省后,两都置举,座主已在洛下。比某到洛,更无相知,便投迹清化里店。属时物翔贵,囊中但有五缗,策蹇驴而已。有举公卢景庄,已为东府首荐,亦同处焉,仆马甚豪,与某相揖,未交一言。久乃问某曰:"阁子自何至?"止对曰:"从江东来。"敬奉不敢怠。景庄一旦际暮醉归,忽蒙问某行第,乃曰:"阁二十,消息绝好,景庄大险。"某对曰:"不然。必先大府首荐,声价已振东洛。如某远地一送,岂敢望有成哉!"景庄曰:"足下定矣。"十一月下旬,遂试杂文。十二月三日,天津桥放杂文榜,景庄与某俱过,其日苦寒。是月四日,天津桥作铺帖经,景庄寻被绌落。某具前白主司曰:"某早留心章句,不工帖书,必恐不及格。"主司曰:"可不知礼闱故事,亦许诗赎?"某致词后,纷纷去留。某又遽前白主司曰:"侍郎开奖劝之路,许作诗赎帖,未见题出。"主司曰:"赋天津桥望洛城残雪诗。"某只作得二十字。某诗曰:"新霁洛城端,千家积雪寒。未收清禁色,偏向上阳残。"已闻主司催约诗甚急,日势又晚,某告主司:"天寒地冻,书不成字。"便闻主司处分:"得句见在将来。"主司一览所纳,称赏再三,遂唱过。其夕,景庄相贺云:"前与足下并铺,试《蜡日祈天宗赋》,窃见足下用鲁丘对卫赐。据义,卫赐则子贡也。足下书卫赐作驷马字,唯以此奉忧耳。"某闻是说,反思之,实作驷马字,意甚惶骇。比榜出,某滥忝第,与状头同参座主。座主曰:"诸公试日,天寒急景,写札杂文,或有不如法。今恐文书到西京,须呈宰相,请先辈等各买好纸,重来请印,如法写净送纳,抽其退本。"诸公大喜。及某撰本却请出,驷字上朱点极大。座主还阙之日,独揖前曰:"春间遗才,所投六韵,不敢惭忘,聊副素约耳。"

〔大历〕十年五月,诏:"今年诸色举人并赴上都集。"……时礼部侍郎常衮以贡举人合谒见,异于选人,并合上都集,举旧章也。是后不置东都贡举。

《册府元龟》卷六四〇《贡举部・条制二》

其年[1]七月,敕:"今年宜权于东都置举,其明经、进士,便在东都赴集。其上都国子监举人等,合在上都试,及节目未尽者,条流奏闻。"

《唐会要》卷七六《贡举中・缘举杂录》

〔大和元年〕八月,礼部贡院奏东都置举条件。其上都国子监、宗正寺、鸿胪寺举人,并请待东都考试毕,却回就上都考试。从之。

《册府元龟》卷六四一《贡举部・条制三》

是月[2],京兆府乡贡明经孙延嗣等三百人进状,举大历六年七年例,请同国子监生上都考试。许之。

《册府元龟》卷六四一《贡举部・条制三》

进士郑滂,在名场岁久,流辈多已崇达,常有后时之叹。一夕忽梦及第,而与韦周方同年。当时韦氏先期举人,无周方之名者,益闷闷。太和元年秋,移举洛中,时韦景方居守,尚书族弟也。赴举过陕。尚书时廉察陕郊,诘景方曰:"我名弘景,汝兄弘方,汝名

---

① 大和元年。
② 大和元年十月。

景方,兄弟各分吾名一字名之,殊无义也。"遂更名周方。滂闻之,极喜曰:"吾及第有望矣。"四年,周方果同年焉。滂登朝,至殿中侍御史。……子溥又自说应举时,曾梦看及第榜,榜上但见大书"凤"字。大中元年冬,求解凤翔,偶看本府乡贡士纸之首,便是"凤"字。至东都试猴山月,"月"下当脱"夜"字。闻王子晋吹笙诗,坐侧诸诗,悉有"凤"字。明年,果登第焉。子溥,郑公之子。

《因话录》卷六

中和末,有明经李生应举如长安,途遇道士同行宿。

《太平广记》卷八五《异人五·李生》

〔天成〕四年二月,贡院虽锁,未试举人,敕先往雒京,赴本省就试。

《册府元龟》卷六四一《贡举部·条制三》

(二) 因故权停

〔贞元十四年九月〕癸酉,谏议大夫田登奏言:"兵部武举人持弓挟矢,数千百人入皇城,恐非所宜。"上闻之瞿然,乃命停武举。

《旧唐书》卷一三《德宗本纪下》

〔贞元〕十九年,敕:"礼部举人,自春以来,久愆时雨。念其旅食京邑,资用屡空。其礼部举人,今年宜权停。"

《唐会要》卷七六《贡举中·缘举杂录》

〔贞元〕十九年六月，敕礼部举人："自春以来，久愆时雨。念其旅食京邑，资用屡空。其礼部举人，今年宜权停。"

《册府元龟》卷六四〇《贡举部·条制二》

右，臣伏见今月十日敕，今年诸色举选宜权停者。道路相传，皆云以岁之旱，陛下怜悯京师之人，虑其乏食，故权停举选以绝其来者，所以省费而足食也。

臣伏思之：窃以为十口之家益之以一二人，于食未有所费。今京师之人，不啻百万，都计举者不过五七千人，并其僮仆畜马，不当京师百万分之一。以十口之家计之，诚未为有所损益。又，今年虽旱，去岁大丰，商贾之家，必有储蓄，举选者皆赍持资用，以有易无，未见其弊。今若暂停举选，或恐所害实深，一则远近惊惶，二则人士失业。臣闻古之求雨之词曰："人失职欤！"然则人之失职，足以致旱。今缘旱而停举选，是使人失职而召灾也。

《韩昌黎文集校注》卷八《论今年权停举选状》

唐监察御史李顾言，贞元末，应进士举，甚有名称。岁暮，自京西客游回，诣南省，访知己郎官。适至日已晚，省吏告郎官尽出。顾言竦辔而东，见省东南街中，有一人挈小囊，以乌纱蒙首北去，徐吟诗曰："放榜只应三月暮，登科又校一年迟。"……明年，京师自冬雨雪甚，畿内不稔，停举。贞元二十一年春，德宗皇帝晏驾，果三月下旬放进士榜。顾言元和元年及第。

《太平广记》卷一五四《定数九·李顾言》

〔元和十五年〕三月戊午，吏部尚书赵宗儒等奏："应制科人等,伏奉今月十一日敕,比者先朝征集应制人等,已及时限,恐皆来自远方,难于久住,酌宜审事,遂委有司定日就试。如闻所集之人多已分散,须知审的,然后裁定,其令所司商量闻奏者。伏以制科所设,本在亲临南省策试,亦非旧典。今覃恩既毕,庶政维新。况山陵日近,庶务繁迫,待问之士,就试非多。臣等商量,恐须停罢。"从之。

《册府元龟》卷六四四《贡举部·考试二》

　　穆宗即位,以初释服,令尚书省官试先朝所征集应制举人,宗儒奏曰:"准今月十五日敕:比者先朝征集应制人等,已及时限,恐皆来自远方,难于久住,酌宜审事,遂委有司定日就试。如闻所集之人多已分散,须知审的,然后裁定,宜令所司商量闻奏者。伏以制科所设,本在亲临,南省试人,亦非旧典。今覃恩既毕,庶政惟新。况山陵日近,公务繁迫,待问之士,就试非多。臣等商量,恐须权罢。"从之。

《旧唐书》卷一六七《赵宗儒传》

　　〔大和元年七月〕辛巳,敕今年权于东都置举。

《旧唐书》卷一七《文宗本纪上》

　　〔大和〕八年正月,礼部侍郎李汉奏:"准太和七年八月敕,贡举人不要试诗赋策,且先帖大经、小经,共二十帖,次对正义十道,次试议论各一首讫,考核,放及第。"其月,敕吏部、礼部、兵部:"今年选近,缘秋末虫旱相因,恐致灾荒,权令停罢。及敛藏之后,物力且任,念彼求名之人,必怀觖望之志,宁违我令,以慰其心,宜依常例却置。应缘所纳文状及铨试等期限,仍准今年格文,递延一月。"

《唐会要》卷七六《贡举中·缘举杂录》

〔文宗大和八年〕八月丙申,诏罢诸色选举,以岁旱故也。

九月,敕吏部、礼部、兵部:"今年选举,并缘秋末虫旱相因,恐致灾荒,权令停罢。及敛藏之后,物力且任,念彼求名之人,必怀觖望之念,宁违我令,以慰其心,宜依常例却置。应缘所纳文状及铨试等期限,仍准今年格文,递延一月。"

《册府元龟》卷六四一《贡举部·条制三》

〔咸通十年十二月,〕诏以兵戈才罢,且务抚宁,其礼部贡举,宜权停一年。

《旧唐书》卷一九上《懿宗本纪》

咸通十一年,以庞勋盗据徐州,久屯戎卒,连年飞挽,物力方虚,因诏权停贡举一年。是岁,进士卢尚卿自远至关,闻诏而回,乃赋东归诗曰:"九重丹诏下尘埃,深琐文闱罢选才。桂树放教遮月长,杏园终待隔年开。自从玉帐论兵后,不许金门谏猎来。今日霸陵桥上过,关人应笑腊前回。"

《太平广记》卷一八三《贡举六·卢尚卿》

去年属以用军之际,权停贡举一年。今既偃戈,却宜仍旧。来年宜别许三十人及第,进士十人,明经二十人,已后不得援例。(咸通十一年四月)

《全唐文》卷八四《懿宗·增制举及第敕》

〔后〕唐同光二年十月,中书奏请停举选一年。敕:"举、选二门,国朝之重事,但要精确,难议权停,宜准常例处分。"

《旧五代史》卷一四八《选举志》

〔后晋天福四年六月〕辛卯,诏礼部贡举宜权停一年。

《旧五代史》卷七八《晋书·高祖纪第四》

尚书礼部:历代悬科,为时取士,任使贵期于称职,搜罗每虑于遗才。其如铨司注官,员阙有限;贡闱考第,人数不常。虽大朝务广于选求,而常调颇闻于淹滞。每候一阙,或经累年,遂令羁旅之人,多起怨咨之论。将令通济,须识从权,庶几进取之流,更励专勤之业。其贡举公事,宜权停一年。

《全唐文》卷一一六《晋高祖·权停贡举敕》

十、 考试不实者法办

诸贡举非其人,及应贡举而不贡举者,一人徒一年,二人加一等,罪止徒三年。非其人,谓德行乖僻,不如举状者。若试不及第,减二等。率五分得三分及第者,不坐。

疏议曰:依令,诸州岁别贡人,若别敕令举,及国子诸馆年常送省者为举人,皆取方正清循,名行相副。若德行无闻,妄相推荐,或才堪利用,蔽而不举者,一人徒一年,二人加一等,罪止徒三年。注云:非其人,谓德行乖僻,不如举状者。若使名实乖违,即是不如举状,纵使试得及第,亦退而获罪。如其德行无亏,唯只策不及第,减乖僻者罪二等。率五分得三分及第者,不坐。谓试五得三，试十得六之类，所贡官人，皆得免罪。若贡五得二，科三人之罪；贡十得三，科七人之罪。但有一人德行乖僻，不如举状，即以乖僻科之。纵有得第者多，并不合共相准折。

若考校、课试而不以实，及选官乖于举状，以故不称职者，减一等。负殿应附而不附，及不应附而附，致考有升降者，罪亦同。

疏议曰：考校，谓内外文武官僚年终应考校功过者。其课试，谓贡举之人艺业技能，依令课试有数。若其官司考试不以实，及选官乖于所举本状，以故不称职者，谓不习典宪，任以法官。明练经史，授之武职之类，各减贡举非其人罪一等。负殿应附不附者，依令，私坐每一斤为一负，公罪二斤为一负，各十负为一殿。校考之日，负殿皆悉附状。若故违不附及不应附而附者，谓蒙别敕放免。或经恩降，公私负殿并不在附限，若犯免官以上及赃贿入己，恩前狱成，仍附景迹，除此等罪。并不合附而故附，致使考校有升降者，得罪亦同，谓与考校、课试不实罪同，亦减贡举非其人罪一等。

失者各减三等。余条失者准此。承言不觉，又减一等。知而听行，与同罪。

疏议曰：失者各减三等，谓意在堪贡，心不涉私，不审德行有亏，得减故罪三等。自试不及第以下，应附不附以上，失者又各减三等。余条失者准此，谓一部律内，公事错失，本条无失减之文者，并准此减三等。承言不觉，亦从贡举以下承校试人言，不觉差失。从失减三等上更减一等，故云又减一等。知而听行，亦从贡举以下，知非其人，或试不及第，考校、课试知其不实，或选官乖状，各与同罪，谓各与初试者同罪。

《唐律疏议》卷九《贡举非其人》

进贤匡国，先典攸高；求贤审官，前王所重。或学兼马郑，蕴万卷于胸中；或业亚班扬，包九流于掌内。总斯群艺，乃应宾庭。岂得举不求才，惟力是荐；贡不求器，惟赇是闻？徒招画饼之讥，终致举肥之谤。兔丝燕麦，竟是虚名；草狗泥龙，终非实用。鸡冠比玉，乍可依稀；鱼目参珠，曾何仿佛？贡人不充分数，举目自合征科，法有常刑，理难逃责。

《全唐文》卷一七二《张鹭·诸州贡举悉有保明及其简试芜滥极多若不量殿举主或恐奸源渐盛并仰折中处分》

古之学者，始入小学见小节，大学见大节，知父子长幼之序，君臣上下之位。然后师逸功倍，化人成俗，莫不繇之。子不云乎，"远而有光者饰也，近而愈明者学也"，故道行于上，禄在其中。所谓贵于有成，不唯于迟达。自顷州里所荐，公卿之绪，门人众矣，孰嗣子音？国胄颓然，未臻吾道。致使钻仰之地，寂寥厥化，贵于责实，务于求仕。将去圣兹远，尚沿浇薄；为敦儒未弘，不行劝沮？朕承百王之末，居四海之尊，惟怀永图，思革前弊。何以发后生之智虑，垂先王之法则？朕甚惧之，敢忘于是。天下有业擅专门，学优重席，□堪师授者，所在具以名闻。自今以后，贡举人等，宜加勖勉，须获实才。如有义疏未详，习读未遍，辄充举送，以希侥幸，所由官并寘彝宪。有司更申明条例，称朕意焉。（开元二年五月）

《唐大诏令集》卷一〇六《令贡举人勉学诏》

〔天宝十载九月〕丙申，举人并下第。敕曰："朕祗膺宝历，殷鉴远图，虑草泽之遗贤，降弓旌于屡辟。是以三纪于兹，群材辐凑。或一言可纪，必适轮辕；一善有经，每加奖进。庶六合之内，靡然同风；四科之门，咸能一贯。何兹意之缅邈，而增修之寂寥。今者举人，深乖宿望。朕之所问，必正经史，卿等所答，咸皆少通。所问多否，以独鉴未周，必资佥议，爰命朝贤三事，精加详择。咸以为阙于聚学，莫可登科。至于每岁秀才，有司考试，帖经问策，兼以杂文，假如及第，在阶选序。今之将举，待以荣班，各非异才，孰可超奖？垦凿经传，且未精勤；俯拾青紫，岂宜幸觊？其怀才抱器举人，并放更习，学即好去。其有不对策罗嘉茂，既是白丁，宜于剑南效力。全不答所问崔慎惑、刘湾等，勒为本郡充学生之数，勿许东西。其所举官，各量贬殿，以示惩诫。"

《册府元龟》卷六四三《贡举部・考试一》

推荐之道，必务于至公；赏罚之间，亦资于不滥。其诸色举人等，须有处分，令荐所知。实伫才能，用施政理，自宜慎择，以副虚怀。古者效官，三岁考绩，善恶既著，褒贬斯存。举之得人，必受旌能之赏；举之失选，亦加惩过之罚。赏罚之典，期于必行，凡百具僚，宜知朕意。（宝应元年七月）

《唐大诏令集》卷一〇三《处分举荐人诏》

自今以后，州府所送进士，如迹涉疏狂，兼亏礼教，或曾为官司科罚，或曾任州府小吏，有一事不合入清流者，虽薄有词艺，并不得申送入。如举送以后事发，长吏奏停见任。如已停替者，殿二年。本试官及司功官见任及已停替，并量事轻重贬降。仍委御史台常加察访。

《全唐文》卷六一《宪宗・严定应试人事例敕》

其年①十月一日，中书门下条流贡举人事件如后：……一、今后主司不得受内外官寮书题荐托举人及安排考官。如或实在知有才学精博者，任具奏闻。若受书题嘱托，致有屈人，其主司与发书人并加黜责，其所举人别行朝典。三铨南曹亦不得受诸色官员荐托选人。如违，并准前指挥。

《五代会要》卷二三《缘举杂录》

显德二年三月，礼部侍郎窦仪奏："请诸科举人，若合解不解、不合解而解者，监试官为首罪，勒停见任，举送长官，奏闻取裁。监试官如受赂，及今后进士，如有情人述作文字应举者，许人言告，送本处色役，永不进仕。"

《旧五代史》卷一四八《选举志》

其年②五月，尚书礼部侍郎、知贡举窦仪奏："其进士请今后省卷限纳五卷已上，于中须有诗、赋、论各有一卷，余外杂文、歌篇，并许同纳，只不得有神道碑、志文之类。其帖经、对义，并须实考，通三已上为合格。将来却覆画试，候考试终场，其不及人以文艺优劣，定为五等。取文字乖舛、词理纰缪最甚者为第五等，殿五举；其次者为第四等，殿三举；以次者稍优，为第三等、第二等、第一等，并许次年赴举。其所殿举数，并于所试卷子上朱书，封送中书门下，请行指挥及罪发解试官、监官等。其诸科举人若合解不解、不合解而解者，监官、试官为首罪，勒停见任，举送长官闻奏取裁。监官、试官如受赂，及今后进士如有情人述作文字应举者，许人

---

① 天成四年。
② 显德二年。

言告，送本处色役，永不进仕。同保人知者殿四举，不知者殿两举。受倩者如见任官停任，选人殿三选，举人殿五举，诸色人量事科罪。"

从之。

《五代会要》卷二二《进士》

十一、 科举考试中的舞弊行为

董思恭者，苏州吴人。所著篇咏，甚为时人所重。初为右史，知考功举事，坐预泄问目，配流岭表而死。

《旧唐书》卷一九〇上《董思恭传》

龙朔中，敕右史董思恭与考功员外郎权原崇同试贡举。思恭，吴士，轻脱，泄进士问目，三司推，赃污狼藉。后于西堂朝次告变，免死，除名，流梧州。

《封氏闻见记校注》卷三《贡举》

宋之问字延清，……景龙中，迁考功员外郎，诣事太平公主，故见用。及安乐公主权盛，复往谐结，故太平深疾之。中宗将用为中书舍人，太平发其知贡举时赇饷狼藉，下迁汴州长史，未行，改越州长史。

《新唐书》卷二〇二《宋之问传》

〔宋〕之问字延清，汾州人。上元二年进士。……迁考功郎。复媚太平公主。以知举贿赂狼藉，下迁越州长史。

《唐才子传校笺》卷一《宋之问》

唐玄宗开元八年，考功员外郎李纳以举人不实，贬泌①州司马。时北军勋臣葛福顺有子举明经。帝闻之，故试其子，墙面不知所对，由是坐贬。

《册府元龟》卷六五一《贡举部·谬滥》

王维右丞，年未弱冠，文章得名。性闲音律，妙能琵琶，游历诸贵之间，尤为岐王之所眷重。时进士张九皋声称籍甚，客有出入于公主之门者，为其致公主邑司牒京兆试官，令以九皋为解头。维方将应举，具其事言于岐王，仍求庇借。岐王曰："贵主之强，不可力争，吾为子画焉。子之旧诗清越者，可录十篇，琵琶之新声怨切者，可度一曲。后五日，当诣此。"维即依命，如期而至。岐王谓曰："子以文士请谒贵主，何门可见哉？子能如吾之教乎？"维曰："谨奉命。"岐王则出锦绣衣服，鲜华奇异，遣维衣之。仍令赍琵琶，同至公主之第。岐王入曰："承贵主出内，故携酒乐奉宴。"即令张筵，诸伶旅进。维妙年洁白，风姿都美，立于前行。公主顾之，谓岐王曰："斯何人哉？"答曰："知音者也。"即令独奏新曲，声调哀切，满座动容。公主自询曰："此曲何名？"维起曰："号《郁轮袍》。"公主大奇之。岐王曰："此生非止音律，至于词学，无出其右。"公主尤异之，则曰："子有所为文乎？"维即出献怀中诗卷。公主览读，惊骇曰："皆我所诵习者，常谓古人佳作，乃子之为乎！"因令更衣，升之客右。维风流蕴藉，语言谐戏，大为诸贵之钦瞩。岐王因曰："若使京兆今年得此生为解头，诚为国华矣。"公主乃曰："何不遣其应举？"岐王曰："此生不得首荐，义不就试。然已承贵

第六章　科举考试管理

主论托张九皋矣。"公主笑曰："何预儿事，本为他人所托。"顾谓维曰："子诚取解，当为子力。"维起谦谢。公主则召试官至，第遣官婢传教。维遂作解头，而一举登第。

《集异记》卷二《王维》

玄宗时，士子殷盛，每岁进士到省常不减千余人。在馆诸生更相造诣，互结朋党以相渔夺，号之为"棚"，推声望者为棚头。权门贵盛，无不走也，以此荧惑主司视听。其不第者，率多喧讼，考功不能御。开元二十四年冬，遂移贡举属于礼部，侍郎姚奕颇振纲纪焉。

《封氏闻见记校注》卷三《贡举》

〔天宝〕十载九月辛卯，御勤政楼试怀才抱器举人，命有司供食。有举人私怀文策，坐殿三举，并贬所保之官。

《册府元龟》卷六四三《贡举部·考试一》

崔元翰为杨崖州所知，欲拜补阙，恳曰："愿得进士。"由此独步场中，然亦不晓呈试，故先求题目为地。崔敖知之。旭日都堂始开，敖盛气白侍郎曰："若试'白云起封中'赋，敖请退！"侍郎为其所中，愕然换其题。是岁，二崔俱捷。

《唐国史补》卷下

刘太真，宣州人。……累历台阁，自中书舍人转工部、刑部二侍郎。性怯懦诡随。及转礼部侍郎，掌贡举，宰执姻族、方镇子弟，先收擢之。

《旧唐书》卷一三七《刘太真传》

德宗贞元五年，礼部侍郎刘太真贬信州刺史。太真性怯懦诡随，其掌贡举，宰臣姻族、方镇子弟，先收擢之。

《册府元龟》卷六五一《贡举部·谬滥》

〔贞元〕六年九月，敕：“本置两馆学生，皆选勋贤胄子，盖欲令其讲艺，绍袭家风，固非开此幸门，隳紊典教。且令式之内，具有条章，考试之时，理须精核。比闻此色，幸冒颇深，或假市门资，或变易昭穆，殊愧教化之本，但长侥竞之风。未补者务取阙员，已补者自然登第，用荫既已乖实，试艺又皆假人。诱进之方，岂当如此！自今已后，所司宜据式文考试，定其升黜。如有假贷，并准法处分。”

《唐会要》卷七七《贡举下·宏文崇文生举》

贞元中，有举人李顗，方就举，声价极振。忽梦一人紫衣云：“当礼部侍郎顾少连下及第。”寐觉，省中朝并无姓顾者。及顷，有人通刺，称进士顾少连谒。顗惊而见之，具述当为门生。顾曰：“某才到场中，必无此事。”来年，顗果落第，自此不入试，罢归。至贞元九年，顾少连自户部侍郎权知贡举，顗犹未第，因潜往造焉。临放榜，时相特嘱一人，顗又落，但泣而已。来年秋，少连拜礼部侍郎，顗乃登第。

《太平广记》卷一五一《定数六·李顗》

吕渭字君载，河中人。……授太子右庶子、礼部侍郎。……渭又结附裴延龄之子操，举进士，文词非工，渭擢之登第，为正人嗤鄙。

《旧唐书》卷一三七《吕渭传》

〔贞元〕十一年，礼部侍郎吕渭知贡举，结附户部侍郎、判度支裴延龄。延龄之子操举进士，文词非工，渭擢之登弟，为正人嗤鄙。渭连知三举，后因入阁，遗失请托文记，遂出为潭州刺史。

《册府元龟》卷六五一《贡举部·谬滥》

上策贤良方正之士，有怀书策入者，将深罪之。坦奏言："四方不明知所犯，必以为策词抵忤，宜轻其责。"上从之。

《李文公集》卷一二《故东川节度使卢公传》

穆宗元和十五年正月即位。是年，礼部侍郎李建知贡举，进取信非其人。又惑于请托，故其年不为得士。竟以人情不洽，遽改为刑部侍郎。

《册府元龟》卷六五一《贡举部·谬滥》

太和中，苏景胤、张元夫为翰林主人，杨汝士与弟虞卿及汉公，尤为文林表式。故后进相谓曰："欲入举场，先问苏、张；苏、张犹可，三杨杀我。"

············

太平王崇、窦贤二家，率以科目为资，足以升沉后进，故科目举人相谓曰："未见王窦，徒劳漫走。"

《唐摭言》卷七《升沉后进》

杨虞卿字师皋，虢州弘农人。……虞卿性柔佞，能阿附权幸以为奸利。每岁铨曹贡部，为举选人驰走取科第，占员阙，无不得其所欲，升沉取舍，出其唇吻。而李宗闵待之如骨肉，以能朋比唱和，故时号党魁。

《旧唐书》卷一七六《杨虞卿传》

〔杨〕虞卿佞柔，善谐丽权幸，倚为奸利。岁举选者，皆走门下，署第注员，无不得所欲，升沉在牙颊间。当时有苏景胤、张元夫，而虞卿兄弟汝士、汉公为人所奔向，故语曰："欲趋举场，先问苏、张；苏、张犹可，三杨杀我。"宗闵待之尤厚，就党中为最能唱和者，以口语轩轾事机，故时号党魁。

《新唐书》卷一七五《杨虞卿传》

后有东西二甲，东呼西为"茫茫队"，言其无艺也。

开成、会昌中，又曰："郑、杨、段、薛，炙手可热。"又有薄徒，多轻侮人。故裴泌应举，行《美人赋》以讥之。又有大小二甲，又有汪巳甲，又有四字，言"深耀轩庭"也。又有四凶甲，又芳林十哲，言其与内臣交游，若刘晔、任息、姜垍、李岩士、蔡铤、秦韬玉之徒。铤与岩士，各将两军书题，求状元，时谓之对军解头。太和中，又有杜颛、窦纮、萧嶰，极有时称，为后来领袖。文宗曾言进士之盛，时宰相对曰："举场中自云乡贡进士，不博上州刺史。"上笑之曰："亦无奈何。"

《太平广记》卷一八一《贡举四·苏景、张元夫》

邓敞，封敖之门生，初随计，以孤寒不中第。牛蔚兄弟，僧孺之子，有势力且富于财。谓敞曰："吾有女弟未出门，子能婚乎？当为君展力，宁靳一第乎？"时敞已婚李氏矣，其父尝为福建从事，官至评事。有女二人，皆善书，敞之所行卷，多二女笔迹。敞顾己寒贱，必不能致腾踔，私利其言，许之。既登第，就牛氏亲，不日挈牛氏而归。将及家，绐牛氏曰："吾久不到家，请先往俟卿，可乎？"牛氏许之。洎到家，不敢泄其事。明日，牛氏奴驱其辎橐直入，即出居常牛氏所玩用供帐帷幌杂物，列于庭庑之间。李氏惊曰："此何为？"奴曰："夫人将到，令具陈之。"李氏曰："吾即妻也，又何夫人为！"即抚膺大哭。顷之，牛氏至，知其卖己也，请见李氏，曰："吾父为宰相，兄弟皆在郎省，纵嫌不能富贵，岂无嫁处耶？其不幸，岂唯夫人乎？今愿一切与夫人同之。夫人纵憾于邓郎，宁忍不为二女计耶？"时李氏将列于官，二女方牵挽其袖而止。后敞以秘书少监分司，悭啬尤甚。

《玉泉子》

〔大中九年三月，〕御史台据正月八日礼部贡院捉到明经黄续之、赵弘成、全质等三人伪造堂印、堂帖、兼黄续之伪著绯衫，将伪帖入贡院，令与举人虞蒸、胡简、党赞等三人及第，许得钱一千六百贯文。据勘黄续之等罪款，具招造伪，所许钱未曾入手，便事败。奉敕并准法处死。主司以自获奸人，并放。

《旧唐书》卷一八下《宣宗本纪》

山北①沈侍郎主文年，特召温飞卿于帘前试之，为飞卿爱救人故也。适属翌日飞卿不乐，其日晚请开门先出，仍献启千余字。或曰潜救八人矣！

《唐摭言》卷一三《敏捷》

---

① "山北"，他本或作"北山"。

〔温〕彦博裔孙廷筠，少敏悟，工为辞章，与李商隐皆有名，号"温李"。然薄于行，无检幅。又多作侧辞艳曲，与贵胄裴诚、令狐滈等蒲饮狎昵。数举进士不中第。思神速，多为人作文。大中末，试有司，廉视尤谨，廷筠不乐，上书千余言。然私占授者已八人，执政鄙其为，授方山尉。

《新唐书》卷九一《温廷筠传》

崔起居雍，甲族之子，雍字顺中，礼部尚书戎之子。少高令闻。举进士，擢第之后，蔼然清名喧于时，与郑颢同为流品所重。颢，太傅絪之子，宣宗时尚万寿公主，恩宠无比。终礼部尚书、河南尹。举子公车得游历其门馆者，则登第必然矣。时人相语为"崔、郑世界"，虽古之龙门，莫之加也。

《金华子杂编》卷上

是岁，中书舍人裴坦权知贡举，登第者三十人。有郑羲者，故户部尚书瀚之孙，裴弘余故相休之子，魏筹故相扶之子，及滈，皆名臣子弟，言无实才。谏议大夫崔瑄上疏论之曰："令狐滈昨以父居相位，权在一门。求请者诡党风趋，妄动者群邪云集。每岁贡闱登第，在朝清列除官，事望虽出于绹，取舍全由于滈。喧然如市，旁若无人，权动寰中，势倾天下。及绹罢相作镇之日，便令滈纳卷贡闱。岂可以父在权衡，独挠文柄？请下御史台按问文解日月者。"奏疏不下。

《旧唐书》卷一七二《令狐滈传》

伏见新及第进士令狐滈，是河中节度使、检校司空、同中书门下平章事令狐绹男，旧名寿，改名滈。窃闻顷年，暂曾罢举。自父当重位，而权在一门，求请者诡党风趋，妄动者邪朋云集。每岁春闱登第，在朝清列除官，事望虽出于绹，取舍悉由于滈。喧然如市，傍若无人，威振寰中，势倾天下。及绹去年罢相出镇，其日令狐滈于礼部纳卷。伏以举人文卷，皆须十月已前送纳，岂可父身尚居枢务，男私挟其解名，干挠主司，侮弄文法？若宰相子弟总合应举，即不合继绝数年；如宰相子弟不合应举，即何预有文解？公然轻易，隐蔽圣聪，将陛下朝廷，为绹、滈家事。伏恐奸欺得路，孤直杜门，非惟取笑士流，抑亦大伤风教。伏请下御史台，子细推勘纳卷及取解月日闻奏。臣职当谏署，分合上闻。

《全唐文》卷八〇六《崔瑄·论令狐滈及第疏》

刘虚白与太平裴坦相知。坦知举，虚白就试，因投诗曰："三十年前此夜中，一般灯烛一般风。不知人世能多许，犹著麻衣待至公。"坦感之，与及第。

《唐语林》卷六《补遗》

翁彦枢，苏州人也，应进士举。有僧与彦枢同乡，出入故相国裴公坦门下。以年老优恤之，虽中门内，亦不禁其出入。手持贯珠，闭门以诵经，非寝食，未尝辍也。坦主文柄，入贡院，子勋、质日议榜于私室。僧多处其间，二子不之虞也。拟议名氏，迨与夺径路，僧悉熟之。归寺而彦枢诣焉。僧问彦枢将来得失之耗。彦枢具对以无有成遂状。僧曰："公成名须第几人？"彦枢谓僧戏己，答曰："第八人足矣。"即复往裴氏家，二子所议如初。僧忽张目谓之曰："侍郎知举耶？郎君知举耶？夫科第，国家重事，朝廷委之侍郎，意者欲侍郎划革前弊，孤平得路。今之与夺，悉由郎君，侍郎宁偶人耶？且郎君所与者，不过权豪子弟，未尝以一平人艺士议之，郎君可乎？”即屈其指，自首及末，不差一人。其豪族私仇曲折，必中二子所讳。勋等大惧，即问僧所欲，且以金帛啖之。僧曰：“贫僧老矣，何用金帛为？有乡人翁彦枢者，陡要及第耳。”勋等即列丙科。僧曰：“非第八人不可也！”勋不得已，许之。僧曰："与贫僧一文书来。”彦枢其年及第，竟如其言，一无差忒。

《玉泉子》

刘允章祖伯刍、父宽夫，皆有重名。允章少孤自立，以臧否为己任。及掌贡举，尤恶朋党。初，进士有"十哲"之号，皆通连中官，郭缥、罗虬皆其徒也。每岁，有司无不为其干挠，根蒂牢固，坚不可破。都尉于琮，方以恩泽主盐铁，为缥极力，允章不应，缥竟不就试。比考帖，虬居其间，允章诵其诗，有"帘外桃花晒熟红"。不知"熟红"何用？虬已具在去留中，对曰：“《诗》云：‘关关雎鸠，在河之洲；窈窕淑女，君子好逑。’侍郎得不思之？”顷之唱落，众莫不失色。及出榜，惑于浮说，予夺不能塞时望。允章自鄂渚分司东都，其制，中书舍人孔晦之辞。弟纾为谏官，乃允章门生，率同年送于坡下。纾犹欲前行，允章正色曰：“请违公不去。”故事：门生无答拜者，允章于是答拜，同行皆愕然。

《唐语林》卷三《方正》

刘仁表，刘允章门生。初，允章知举，仁表与李都善，即访之，而谓都曰："仪之某为朝廷委任，何以见裨少塞责乎？”都欲荐其所知者，允章迎谓之曰：“谓不言牛、孔，安得岁岁须人？”先是牛、孔数家，凭势力，每岁主司为其所制，故允章亦云，适中都所欲言者。都曰："蕴中错也，愿其往之。"案：此句文义难明，疑有脱误。以与允章雅熟，都纳焉，即孔纾也。复授允章以文一轴，发之且大半，曰："此可以与否？"允章佳赏，比及卷首，乃仁表也。允章鄙其轻薄而辞之。都曰："公是遭罹者，奈何复听谗言乎？"于是皆许之。仁表后为华州赵骘幕，尝饮酒，骘命欧阳琳作录事，酒不中者罚之。仁表酒不能满饮，琳罚之。仁表曰："鄂渚尚书解取录事，不解放门生。"时允章镇江夏，仁表皆自谓也。

《唐语林》卷三《赏誉》

杜让能，丞相审权之子。韦相保衡，审权之甥。保衡少不为让能所礼。保衡为相，让能久不中第。及登科，审权愤其沉厄，以一子出身奏监察御史。

《唐语林》卷七《补遗》

于悦旧名韬玉，长兴相国兄子。贵主视之如己子，莫不委之家政，往往与于关节，由是众议喧然。

《唐摭言》卷九《恶得及第》

高锴侍郎第一榜，裴思谦以仇中尉关节取状头，锴庭谴之。思谦回顾厉声曰："明年打脊取状头。"明年，锴戒门下不得受书题。思谦自怀土良一缄入贡院，既而易以紫衣，趋至阶下，白锴曰："军容有状，荐裴思谦秀才。"锴不得已，遂接之。书中与思谦求巍峨。锴曰："状元已有人，此外可副军容意旨。"思谦曰："卑吏面奉军容处分，裴秀才非状元，请侍郎不放。"锴俯首良久曰："然则略要见裴学士。"思谦曰:"卑吏便是。"思谦词貌堂堂,锴见之改容,不得已遂礼之矣。

黄郁,三衢人,早游田令孜门,擢进士第,历正郎金紫。李端,曲江人,亦受知于令孜,擢进士第,又为令孜宾佐,俱为孔鲁公所嫌。文德中,与郁俱陷刑网。

《唐摭言》卷九《恶得及第》

刘纂者,高州刘舍人蜕之子也,嗣为文亦不恶。乾宁中,寒栖京师,偶与一医工为邻,纂待之甚至,往往假贷于其人,其人即上枢吴开府门徒。嗣薛王为大京兆,医工因为知柔诊脉,从容之际,言纂之穷且屈,知柔甚领览。会试官以解送等第禀于知柔,知柔谓纂是开府门人来嘱,斯必开府之意也,非解元不可。由是以纂居首送,纂亦不知其由。自是,纂落数举,方悟,万计莫能雪之。

《唐摭言》卷九《误掇恶名》

裴筠婚萧楚公女,言定未几,便擢进士。罗隐以一绝刺之,略曰:"细看月轮还有意,信知青桂近嫦娥。"

《唐语林》卷七《补遗》

乾宁中,驾幸三峰。殷文圭者,携梁王表荐及第,仍列于榜内。时杨令公行密镇维扬,奄有宣、浙、杨、汴,榛梗久矣。文圭家池州之青阳,辞亲间道至行在。无何,随榜为吏部侍郎裴枢宣谕判官。至大梁,以身事叩梁王,王乃上表荐之。文圭复拟饰非,遍投启事于公卿间,略曰:"于菟猎食,非求尺璧之珍;鸡鹙避风,不望洪钟之乐。"既擢第,由宋、汴驰过,俄为多言者所发。梁王大怒,亟遣追捕,已不及矣。然是屡言措大率皆负心,常以文圭为证。白马之诛,靡不由此也。

《唐摭言》卷九《表荐及第》

　　牛生自河东赴举,行至华州,去三十里,宿一村店。……昏时,有一人穷寒,衣服褴褛,亦来投店。牛生见而念之,要与同食。……此人令牛生远立,自坐树下,袖中出一卷书,牒之,看数张,即书两行。如此三度讫,求纸封之,书云"第一封""第二封""第三封"。谓牛生曰:"公若遇灾难危笃不可免者,即焚香以次开之视;若或可免,即不须开。"……及至京,止客户坊,饥贫甚,绝食,忽忆此书,故开第一封。……又以求名失路,复开第二封书,题云:"西市食店张家楼上坐。"牛生如言,诣张氏,独止于一室,下帘而坐。有数人少年上楼来,中有一人白衫,坐定,忽曰:"某本只有五百千,令请添至七百千,此外即力不及也。"一人又曰:"进士及第,何惜千缗?"牛生知其货及第矣。及出揖之,白衫少年即主司之子。生曰:"某以千贯奉郎君,别有二百千奉诸公酒食之费,不烦他议也。"少年许之,果登上第,历台省,后为河中节度副使。

《太平广记》卷三四八《鬼三十三·牛生》

　　乾化中,翰林学士郑珏连知贡举。邺中人聂屿与乡人赵都俱随乡荐。都纳贿于珏,人报翌日登第。屿闻不捷,诟来人以吓之。珏惧,亦俾成名。

《册府元龟》卷六五一《贡举部·谬滥》

桑维翰字国侨，洛阳人也。父拱，事河南尹张全义为客将。……唐同光中，登进士第。^案：张齐贤《张齐王全义外传》云：桑魏公将应举，父乘间告王云："某男粗有文性，今被同人相率取解，俟王旨。"齐王曰："有男应举，好事，将卷轴来，可令秀才来。"桑相之父趋下再拜。既归，令子侵早投书启，献文字数轴。王令请桑秀才，其父教之趋阶，王曰："不可，既应举，便是贡士。"以客礼见，王一见奇之，礼待颇厚。是年，王力言于当时儒臣，且推荐之，由是擢上第。

《旧五代史》卷八九《晋书·桑维翰传》

崔棁字子文，博陵安平人。……天福初，以户部侍郎为学士承旨。尝草制，为宰相桑维翰所改。棁以唐故事，学士草制有所改者，当罢职，乃引经据争。维翰不能诘，命权知二年贡举。时有进士孔英者，素有丑行，为当时所恶。棁受命往见维翰，维翰语素简，谓棁曰："孔英来矣。"棁不谕其意，以谓维翰以孔英为言，乃考英及第，物议大以为非，遂罢学士，拜尚书左丞，迁太常卿。

《旧五代史》卷九三《晋书·崔棁传》

晋高祖天福三年，崔棁权知贡举。时有进士孔英者，行丑而才薄。宰相桑维翰素知其为人，深恶之。及棁将锁院，礼辞于维翰。维翰性语简止，谓棁曰："孔英来也。"盖虑棁误放英，故言其姓名，以扼之也。棁性纯直，不复禀覆，因默记之。时英又自称是宣尼之后，每凌轹于方场。棁不得已，遂放英登第。榜出，人皆喧笑。维翰闻之，举手自抑其口者数四，盖悔言也。

《册府元龟》卷六五一《贡举部·谬滥》

王峻字秀峰，相州安阳人也。……是岁[①]，户部侍郎赵上交权知贡举。上交尝诣峻，峻言及一童子，上交不达其旨。榜出之日，童子不第，峻衔之。及贡院申中书门下，取日过堂，峻知印，判定过日。及上交引新及第人至中书，峻在政事堂厉声曰："今岁选士不公，当须覆试。"诸相曰："但缘已行指挥行过，临事不欲改移，况未敕下，覆试非晚。"峻愈怒，诟责上交，声闻于外。少顷，竟令引过。及罢，上交诣本厅谢峻，峻又延之饮酌从容。翼日，峻奏上交知举不公，请致之于法，太祖颔之而已。

《旧五代史》卷一三○《周书·王峻传》

〔显德〕二年三月，敕："尚书礼部贡院奏，今年新及第进士李覃、严说、何晔、武允成、王汾、闾丘舜卿、杨徽之、任惟吉、赵邻几、周度、张慎微、王翥、马文、刘选、程浩然、李震等一十六人，所试诗赋、文论、策文等。国家设贡举之司，求英俊之士，务询文行，方中科名。比闻近年以来，多有滥进，或以年劳而得第，或因媒势以出身。今岁所放举人，试令看验，果然纰缪，须至去留。其李覃、何晔、杨徽之、赵邻几等四人，宜放及第。其严说、武允成、王汾、闾丘舜卿、任惟吉、周度、张慎微、王翥、马文、刘选、程浩然、李震等一十二人，艺学未精，并宜勾落，且令苦学，以俟再来。礼部侍郎刘温叟，失于选士，颇属因循，据其过尤，合行遣谪，尚示宽恕。别具条理闻奏。"

《册府元龟》卷六四二《贡举部·条制四》

范禹偁，九陇人也。……后主嗣位，累迁翰林学士。……俄

掌贡举，贿厚者登高科，面评其直，无有愧色。举子冯赞尧，故布衣交也，家贫，窘于赀，终不放登第。

《十国春秋》卷五三《后蜀·范禹偁传》

十二、 科场案

及建中初，〔令狐〕峘为礼部侍郎，炎为宰相，不念旧事。有士子杜封者，故相鸿渐子，求补弘文生。炎尝出杜氏门下，托封于峘。峘谓使者曰："相公诚怜封，欲成一名，乞署封名下一字，峘得以志之。"炎不意峘卖，即署名托封。峘以炎所署奏论，言宰相迫臣以私，臣若从之，则负陛下，不从则炎当害臣。德宗出疏问炎，炎具言其事。德宗怒甚，曰："此奸人，无可奈何。"欲决杖流之，炎苦救解，贬衡州别驾。

《旧唐书》卷一四九《令狐峘传》

大历十四年改元建中，礼部侍郎令狐峘下二十二人及第。时执政间有怒荐托不得，势拟倾覆。峘惶恐甚，因进其私书。上谓峘无良，放榜日窜逐，并不得与生徒相面。后十年，门人田敦为明州刺史，峘量移本州别驾，敦始陈谢恩之礼。

《唐摭言》卷一四《主司失意》

裴垍字弘中，……元和初，召入翰林为学士，转考功郎中、知制诰，寻迁中书舍人。……三年，诏举贤良，时有皇甫湜对策，其言激切，牛僧孺、李宗闵亦苦诋时政。考官杨于陵、韦贯之升三子之策皆上第，垍居中覆视，无所同异。及为贵幸泣诉，请罪于上，宪宗不得已，出于陵、贯之官，罢垍翰林学士，除户部侍郎。

《旧唐书》卷一四八《裴垍传》

初，〔李〕宗闵与牛僧孺同年登进士第，又与僧孺同年登制科。应制之岁，李吉甫为宰相当国，宗闵、僧孺对策，指切时政之失，言甚鲠直，无所回避。考策官杨于陵、韦贯之、李益等又第其策为中等，又为不中第者注解牛、李策语，同为唱诽。又言翰林学士王涯甥皇甫湜中选，考核之际，不先上言。裴垍时为学士，居中覆视，无所异同。吉甫泣诉于上前，宪宗不获已，罢王涯、裴垍学士，裴守户部侍郎，涯守都官员外郎；吏部尚书杨于陵出为岭南节度使，吏部员外郎韦贯之出为果州刺史。王涯再贬虢州司马，贯之再贬巴州刺史，僧孺、宗闵亦久之不调，随牒诸侯府。七年，吉甫卒，方入朝为监察御史，累迁礼部员外郎。

《旧唐书》卷一七六《李宗闵传》

〔宪宗元和三年〕夏，四月，上策试贤良方正直言极谏举人，伊阙尉牛僧孺、陆浑尉皇甫湜、前进士李宗闵皆指陈时政之失，无所避；吏部侍郎杨于陵、吏部员外郎韦贯之为考策官，贯之署为上第。上亦嘉之，诏中书优与处分。李吉甫恶其言直，泣诉于上，且言："翰林学士裴垍、王涯覆策。湜，涯之甥也，涯不先言；垍无所异同。"上不得已，罢垍、涯学士，垍为户部侍郎，涯为都官员外郎，贯之为果州刺史。后数日，贯之再贬巴州刺史、涯贬虢州司马。乙亥，以杨于陵为岭南节度使，亦坐考策无异同也。僧孺等久之不调，名从辟于藩府。僧孺，弘之七世孙；宗闵，元懿之玄孙；贯之，福嗣之六世孙；湜，睦州新安人也。……五月，翰林学士、左拾遗白居易上疏，以为："牛僧孺等直言时事，恩奖登科，而更遭斥逐，并出为关外官。杨于陵等以考策敢收直言，裴垍等以覆策不退直言，皆坐谴谪。卢坦以数举职事黜庶子。此数人皆今之人望，天下视其进退以卜时之否臧者也。一旦无罪悉疏弃之，上下杜口，众心汹汹，陛下亦知之乎？且陛下既下诏征之直言，索之极谏，僧孺等所对如此，纵未能推而行之，又何忍罪而斥之乎！昔德宗初即位，亦征直言极谏之士，策问天旱，穆质对云：'两汉故事，三公当免；卜式著议，弘羊可烹。'德宗深嘉之，自畿尉擢为左补阙。今僧孺等所言未过于穆质，而遽斥之，臣恐非嗣祖宗之道也！"质，宁之子也。

《资治通鉴》卷二三七《唐纪五十三·
宪宗昭文章武大圣至神孝皇帝上之上》

　　钱徽字蔚章，……长庆元年，为礼部侍郎。时宰相段文昌出镇蜀川，文昌好学，尤喜图书古画。故刑部侍郎杨凭兄弟以文学知名，家多书画，钟、王、张、郑之迹在《书断》《画品》者，兼而有之。凭子浑之求进，尽以家藏书画献文昌，求致进士第。文昌将发，面托钱徽，继以私书保荐。翰林学士李绅亦托举子周汉宾于徽。及榜出，浑之、汉宾皆不中选。李宗闵与元稹素相厚善。初，稹以直道谴逐久之，及得还朝，大改前志，由径以徼进达，宗闵亦急于进取，二人遂有嫌隙。杨汝士与徽有旧。是岁，宗闵子婿苏巢及汝士季弟殷士俱及第。故文昌、李绅大怒。文昌赴镇，辞日，内殿面奏，言徽所放进士郑朗等十四人，皆子弟艺薄，不当在选中。穆宗以其事访于学士元稹、李绅，二人对与文昌同。遂命中书舍人王起、主客郎中知制诰白居易，于子亭重试，内出题目《孤竹管赋》、

《鸟散余花落》诗，而十人不中选。诏曰：

国家设文学之科，本求实才，苟容侥幸，则异至公。访闻近日浮薄之徒，扇为朋党，谓之关节，干挠主司。每岁策名，无不先定，永言败俗，深用兴怀。郑朗等昨令重试，意在精核艺能，不于异书之中，固求深僻题目，贵令所试成就，以观学艺浅深。孤竹管是祭天之乐，出于《周礼》正经，阅其呈试之文，都不知其本事，辞律鄙浅，芜累亦多。比令宣示钱徽，庶其深自怀愧，诚宜尽弃，以警将来。但以四海无虞，人心方泰，用弘宁抚，式示殊恩，特掩尔瑕，庶明予志。孔温业、赵存约、窦洵直所试粗通，与及第；裴譔特赐及第，郑朗等十人并落下。自今后，礼部举人，宜准开元二十五年敕，及第讫，所试杂文并策，送中书门下详覆。

寻贬徽为江州刺史，中书舍人李宗闵剑州刺史，右补阙杨汝士开江令。初议贬徽，宗闵、汝士令徽以文昌、李绅私书进呈，上必开悟。徽曰："不然。苟无愧心，得丧一致，修身慎行，安可以私书相证耶？"令子弟焚之，人士称徽长者。

《旧唐书》卷一六八《钱徽传》

钱徽字蔚章。……入拜礼部侍郎。宰相段文昌以所善杨浑之、学士李绅以周汉宾并诿徽求到第籍。浑之者凭子也，多纳古帖秘画于文昌，皆世所宝。徽不能如二人请，自取杨殷士、苏巢。巢者，李宗闵婿，殷士者汝士之弟，皆与徽厚。文昌怒，方帅剑南西川，入辞，即奏徽取士以私。访绅及元稹，时稹与宗闵有隙，因是共挤其非。有诏王起、白居易覆试，而黜者过半，遂贬江州刺史。汝士等劝徽出文昌、绅私书自直，徽曰："苟无愧于心，安事辨证邪？"敕子弟焚书。

《新唐书》卷一七七《钱徽传》

长庆元年,子婿苏巢于钱徽下进士及第。其年,巢覆落。宗闵涉请托,贬剑州刺史。时李吉甫子德裕为翰林学士,钱徽榜出,德裕与同职李绅、元稹连衡言于上前,云徽受请托,所试不公,故致重覆。比相嫌恶,因是列为朋党,皆挟邪取权,两相倾轧。自是纷纭排陷,垂四十年。

《旧唐书》卷一七六《李宗闵传》

长庆初,钱徽典贡举,〔李〕宗闵托所亲于徽,而李德裕、李绅、元稹在翰林,有宠于帝,共白徽纳干丐,取士不以实,宗闵坐贬剑州刺史。由是嫌忌显结,树党相磨轧,凡四十年,搢绅之祸不能解。

《新唐书》卷一七四《李宗闵传》

刘蕡字去华,昌平人。父勉。蕡宝历二年进士擢第。博学,善属文,尤精《左氏春秋》。与朋友交,好谈王霸大略,耿介嫉恶,言及世务,慨然有澄清之志。自元和末,阉寺权盛,握兵宫闱,横制天下,天子废立,由其可否,干挠庶政。当时目为南北司,爱恶相攻,有同水火。蕡草泽中居常愤惋。文宗即位,恭俭求理,大和二年策试贤良曰:

朕闻古先哲王之理也,玄默无为,端拱思道,陶民心以居简,凝日用而不宰,厚下以立本,推诚而建中。由是天人通,阴阳和,俗跻仁寿,物无疵疠。噫!盛德之所臻,夐乎莫可及也。三代令王,质文迭究,百伪滋炽,风流浸微,自汉而降,足征盖寡。朕顾惟昧道,祇荷丕构,奉若谟训,不敢怠荒。任贤惕厉,宵衣旰食,讵追三五之遐轨,庶绍祖宗之鸿绪。而心有所未达,行有所未孚,由中及外，阙政斯广。是以人不率化，气或埋厄，灾旱竟岁，播植愆时。国廪罕蓄，乏九年之储；吏道多端，微三载之绩。京师，诸夏之本也，将以观理，而豪猾时逾检；太学，明教之源也，期于变风，而生徒多堕业。列郡在乎颁条，而干禁或未绝；百工在乎按度，而淫巧或未衰。俗堕风靡，积讹成蠹。其择官济理也，听人以言，则枝叶难辨；御下以法，则耻格不形。其阜财发号也，生之寡而食之众，烦于令而鲜于理。思所以究此缪盩，致之治平，兹心浩然，若涉泉水。故前诏有司，博延群彦，伫启宿懵，冀臻时雍。子大夫识达古今，明于康济，造廷待问，副朕虚怀。必当箴主之阙，辨政之疵，明纲条之致紊，稽富庶之所急。何施斯革于前弊，何泽斯惠乎下土，何修而理古可近，何道而和气克充，推之本源，著于条对。至于夷吾轻重之权，孰辅于理；严尤底定之策，孰叶于时；元凯之考课何先，叔子之克平何务。推此龟镜，择乎中庸，期在洽闻，朕将亲览。

时对策者百余人，所对止循常务，唯蕡切论黄门太横，将危宗社。对曰：

臣诚不佞，有匡国致君之术，无位而不得行；有犯颜敢谏之心，无路而不得进。但怀愤郁抑，思有时而一发耳。常欲与庶人议于道，商旅谤于市，得通上听，一悟主心，虽被妖言之罪，无所悔焉。况逢陛下以至德嗣兴，以大明垂照，询求过阙，咨访谟猷，制诏中外，举直言极谏者。臣既辱斯举，专承大问，敢不悉意以言？至于上之所忌，时之所禁，权幸之所讳恶，有司之所与夺，臣愚不识。伏惟陛下少加优容，不使圣朝有谠直而受戮者，乃天下之幸也。谨昧死以对。

伏惟圣策，有思先古之理，念玄默之化，将欲通天人以齐俗，和阴阳以煦物，见陛下慕道之深也。臣以为哲王之理，其则不远，惟陛下致之之道何如耳！

伏惟圣策，有祗荷丕构而不敢荒宁，奉若谟训而罔有怠忽，见陛下忧劳之志也。若夫任贤惕厉，宵衣旰食，宜黜左右之纤佞，进股肱之大臣；若夫追踪三五，绍复祖宗，宜鉴前古之兴亡，明当时之成败。心有所未达，以下情塞而不得上通；行有所未孚，以上泽壅而不得下浃。欲人之化也，在修己以先之；欲气之和也，在遂性以导之。救灾患在致乎精诚，广播植在视乎食力。国廪罕蓄，本乎冗食尚繁；吏道多端，本乎选用失当。豪猾逾制，由中外之法殊；生徒堕业，由学校之官废。列郡干禁，由授任非人；百工淫巧，由制度不立。

伏以圣策，有择官济理之心，阜财发号之叹，见陛下教化之本也。且进人以行，则枝叶安有难别乎？防下以礼，则耻格安有不形乎？念生寡而食众，可罢斥惰游；念令烦而理鲜，要察其行否。博延群彦，愿陛下必纳其言；造廷待问，则小臣安敢爱死？

伏以圣策，有求贤箴阙之言，审政辨疵之念，见陛下咨访之勤也。遂小臣屏奸豪之志，则弊革于前；守陛下念康济之心，则惠敷于下。邪正之道分，则理古可近；礼乐之方著，而和气克充。至若夷吾之法，非皇王之权；严尤所陈，无最上之策。元凯之所先，不若唐虞之考绩；叔子之所务，不若重华之舞干。且俱非大德之中庸，未为上圣之龟鉴，何足以为陛下道之哉！或有以系安危之机，兆存亡之变者，臣请披沥肝胆，为陛下别白而重言之。

臣前所谓"哲王之理，其则不远"者，在陛下慎思之，力行之，终始不懈而已。臣谨按《春秋》："元者，气之始也；春者，岁之始也。"《春秋》以元加于岁，以春加于王，明王者当奉若天道，以谨其始也。又举时以终岁，举月以终时，《春秋》虽无事，必书首月以存时，明王者当奉若天道，以谨其终也。王者动作终始必法于天者，以其运行不息也。陛下既能谨其始，又能谨其终，懋而修之，勤而行之，则可以执契而居简，无为而不宰，广立本之大业，崇建中之盛德矣。又安有三代循环之弊，而为百伪滋炽之渐乎？臣故曰"惟陛下致之之道何如耳"。

臣前所谓"若夫任贤惕厉，宵衣旰食，宜罢①黜左右之纤佞，进股肱之大臣"者，实以陛下忧劳之至也。臣闻不宜忧而忧者，国必衰；宜忧而不忧者，国必危。今陛下不以国家存亡之事、社稷安危之策，而降于清问。臣未知陛下以布衣之臣不足以定大计耶？或万机之勤，而圣虑有所未至耶？不然，何宜忧而不忧者乎？臣以为陛下宜先忧者，宫闱将变，社稷将危，天下将倾，海内将乱。此四者，国家已然之兆，故臣谓圣虑宜先及之。夫帝业既艰难而成之，故不可容易而守之。昔太祖肇其基，高祖勤其绩，太宗定其业，玄宗继其明，至于陛下，二百有余载矣。其间明圣相因，忧乱继作，未有不委用贤士，亲近正人，而能绍兴其徽烈者也。或一日不念，则颠覆大器，宗庙之耻，万古为恨。

臣谨按《春秋》，人君之道在体元以居正，昔董仲舒为汉武帝言之略矣。其所未尽者，臣得为陛下备而论之。夫继故必书即位，所以正其始也；终必书所终之地，所以正其终也。故为君者，所发必正言，所履必正道，所居必正位，所近必正人。

臣又按《春秋》"阍弑吴子余祭"，不书其君。《春秋》讥其疏远贤士，昵近刑人，有不君之道矣。伏惟陛下思祖宗开国之勤，念《春秋》继故之诚。将明法度之端，则发正言而履正道；将杜篡弑

① "罢"，前文无此字。

之渐，则居正位而近正人。远刀锯之贱，亲骨鲠之直，辅相得以专其任，庶职得以守其官。奈何以亵近五六人，总天下大政，外专陛下之命，内窃陛下之权，威慑朝廷，势倾海内，群臣莫敢指其状，天子不得制其心。祸稔萧墙，奸生帷幄，臣恐曹节、侯览，复生于今日，此宫闱之所以将变也。

臣谨按《春秋》，鲁定公元年春王不言正月者，《春秋》以其先君不得正其终，则后君不得正其始，故曰定无正也。今忠贤无腹心之寄，阉寺持废立之权，陷先君不得正其终，致陛下不得正其始。况皇储未建，郊祀未修，将相之职不归，名分之宜不定，此社稷之所以将危也。

臣谨按《春秋》"王札子杀召伯、毛伯"。《春秋》之义，两下相杀不书。而此书者，重其专王命也。且天之所授者在君，君之所授者在命。操其命而失之者，是不君也；侵其命而专之者，是不臣也。君不君，臣不臣，此天下所以将倾也。

臣谨按《春秋》，晋赵鞅以晋阳之兵叛入于晋。书其归者，以其能逐君侧恶人以安其君，故《春秋》善之。今威柄凌夷，藩臣跋扈。或有不达人臣之节，首乱者以安君为名；不究《春秋》之微，称兵者以逐恶为义。则政刑不由乎天子，攻伐必自于诸侯，此海内之所以将乱也。又，樊哙排闼而雪涕，爰盎当车以抗词，京房发愤以殒身，窦武不顾而毕命，此皆陛下明知之矣。

臣谨按《春秋》，晋狐射姑杀阳处父。书襄公杀之者，以其上漏言也。襄公不能固阴重之机，处父所以及戕贼之祸，故《春秋》非之。夫上漏其情，则下不敢尽意；上泄其事，则下不敢尽言。《传》有"造膝""诡辞"之文，《易》有"杀身""害成"之戒。今公卿大臣，非不能为陛下言之，虑陛下必不能用之。陛下既忽之而不用，必泄其言；臣下既言之而不行，必婴其祸。适足以钳直臣之口，重奸臣之威。是以欲尽其言，则起失身之惧；欲尽其意，则有害成之忧。故徘徊郁塞，以俟陛下感悟，然后尽其启沃耳。陛下何不以听朝之余，时御便殿，召当时贤相与旧德老臣，访持变扶危之谋，求定倾救乱之术？塞阴邪之路，屏亵狎之臣，制侵凌迫胁之心，复门户扫除之役，戒其所宜戒，忧其所宜忧。既不能治于前，当治于后；既不能正其始，当正其终。则可以虔奉典谟，克承丕构，终任贤之效，无旰食之忧矣。

臣前所谓"若夫追踪三五，绍复祖宗，宜鉴前古之兴亡，明当时之成败"者。臣闻尧、舜之为君而天下之人理者，以其能任九官四岳十二牧，不失其举，不贰其业，不侵其职。居官惟其能，左右惟其贤。元凯在下，虽微必举；四凶在朝，虽强必诛。考其安危，明其取舍。至秦之二代，汉之元、成，咸欲措国如唐虞，致身如尧、舜，而终败亡者，以其不见安危之机，不知取舍之道，不任大臣，不辨奸人，不亲忠良，不远谗佞。伏惟陛下察唐虞之所以兴，而景行于前；鉴秦、汉之所以亡，而戒惧于后。陛下无谓庙堂无贤相，庶官无贤士。今纪纲未绝，典刑犹在，人谁不欲致身为王臣，致时为太平，陛下何忽而不用之耶？又有居官非其能，左右非其贤，其恶如四凶，其诈如赵高，其奸如恭、显，陛下又何惮而不去之耶？神器固有归，天命固有分，祖庙固有灵，忠臣固有心，陛下其念之哉！昔秦之亡也，失于强暴；汉之亡也，失于微弱。强暴则贼臣畏死而害上，微弱则奸臣窃权而震主。伏见敬宗皇帝不虞亡秦之祸，不翦其萌；伏惟陛下深轸亡汉之忧，以杜其渐。则祖宗之鸿业可绍，三五之遐轨可追矣。

臣前所谓"陛下心有所未达，以下情塞而不能上通；行有所未孚，以上泽壅而不得下浃"者。且百姓涂炭之苦，陛下无由而知，则陛下有子育之心，百姓无由而信。臣谨按《春秋》书"梁亡"，不书取者，梁自亡也，以其思虑昏而耳目塞，上出恶政，人为寇盗，皆不知其所以然，以自取其灭亡也。臣闻国君之所以尊者，重其社稷也；社稷之所以重者，存其百姓也。苟百姓之不存，则社稷不得固其重；苟社稷之不重，则国君不得保其尊。故治天下不可不知百姓之情。夫百姓者，陛下之赤子也。陛下宜令仁慈者亲育之，如保傅焉，如乳哺焉，如师之教导焉。故人信于上也，敬之如神明，爱之如父母。今或不然。陛下亲近贵幸，分曹补署，建除卒吏，召致宾客，因其货贿，假其气势。大者统藩方，小者为牧守。居上无清惠之政，而有饕餮之害；居下无忠诚之节，而有奸欺之罪。故人之于上也，畏之如豺狼，恶之如仇敌。今海内困穷，处处流散，饥者不得食，寒者不得衣，鳏寡孤独者不得存，老幼疾病者不得养。加以国之权柄，专在左右，贪臣聚敛以固宠，奸吏因缘而弄法。冤痛之声，上达于九天，下流于九泉，鬼神怨怒，阴阳为之愆错。君门万里而不得告诉，士人无所归化，百姓无所归命。官乱人贫，盗贼并起，土崩之势，忧在旦夕。即不幸因之以疾疠，继之以凶荒，臣恐陈胜、吴广不独起于秦，赤眉、黄巾不独起于汉，故臣所以为陛下发愤扼腕，痛心泣血尔。如此，则百姓有涂炭之苦，陛下何由而知之？陛下有子育之心，百姓安得而信之乎？致使陛下"行有所未孚，心有所未达"者，固其然也。

臣闻昔汉元帝即位之初，更制七十余事，其心甚诚，其称甚美。然而纪纲日紊，国祚日衰，奸宄日强，黎元日困者，以其不能择贤明而任之，失其操柄也。即陛下御宇，忧勤兆庶，屡降德音，四海之内，莫不抗首而长思，自喜复生于死亡之中也。伏惟陛下慎终如始，以塞万方之望。诚能揭国权以归其相，持兵柄以归其将，去贪臣聚敛之政，除奸吏因缘之害，惟忠贤是近，惟正直是用，内宠便僻，无所听焉。选清慎之官，择仁惠之长，敏之以利，煦之以仁，教之以孝慈，导之以德义，去耳目之塞，通上下之情，俾万国欢康，兆民苏息，则心无不达，行无不孚矣。

臣前所谓"欲兆人之化也，在修己以先之"者。臣闻德以修己，教以导人，修之也则人不劝而自至，导之也则人敦行而率从。是以君子欲政之必行也，故以身先之；欲人之从化也，故以道御之。今陛下先之以身而政未必行，御之以道而人未从化，岂不以立教之旨未尽其方也？夫立教之方，在乎君以明制之，臣以忠行之。君以知人为明，臣以匡时为忠，知人则任贤而去邪，匡时则固本而守法。贤不任则重赏不足以劝善，邪不去则严刑不足以禁非，本不固则民流，法不守则政散，而欲教之使必至，化之使必行，不可得也。陛下能斥奸邪不私其左右，举贤正不遗其疏远，则化浃于朝廷矣；爱人以敦本，分职而奉法，修其身以及其人，始于中而成于外，则化行于天下矣。

臣前所谓"欲气之和也，在于遂性以导之"者，当纳人于仁寿也。夫欲人之仁寿也，在乎立制度，修教化。夫制度立则财用省，财用省则赋敛轻，赋敛轻则人富矣；教化修则争竞息，争竞息则刑罚清，刑罚清则人安矣。即富矣，则仁义兴焉；即安矣，则寿考至焉。仁寿之心感于下，和平之气应于上，故灾害不作，休祥荐臻，四方底宁，万物咸遂矣。

臣前所谓"救灾旱[①]在致乎精诚"者。臣谨按《春秋》，鲁僖公

① "旱"，前文作"患"。

七月之中，三书不雨者，以其君有恤人之志也；鲁文公三年之中，一书不雨者，以其君无悯人之心。故僖公致精诚而旱不害物，文公无恤悯而旱则成灾。陛下诚能有恤人之心，则无成灾之变矣。

臣前所谓"广播植在视乎食力"者。臣谨按《春秋》："君人者，必时视人之所勤。人勤于力，则功筑罕；人勤于财，则贡赋少；人勤于食，则百事废。"今财食与人力皆勤矣，愿陛下废百事之劳，广三时之务，则播植不愆矣。

臣前所谓"国廪罕蓄，本乎冗食尚繁"者。臣谨按《春秋》："臧孙辰告籴于齐"，《春秋》讥其国无九年之蓄，一年不登而百姓饥。臣愿斥游惰之人以笃其耕植，省不急之费以赡其黎元，则廪蓄不乏矣。

臣前所谓"吏道多端，本乎选用失当"者，由国家取人不尽其才，任人不明其要故也。今陛下之用人也，求其声而不得其实，故人之趋进也，务其末而不务其本。臣愿核考课之实，定迁序之制，则多端之吏息矣。

臣前所谓"豪猾逾检①，由中外之法殊"者，以其官禁不一也。臣谨按《春秋》，齐桓公盟诸侯不以日，而葵丘之盟特以日者，美其能宣明天子之禁，率奉王官之法，故《春秋》备而书之。夫官者，五帝、三王之所建也；法者，高祖、太宗之所制也。法宜画一，官宜正名。今又分外官、中官之员，立南司、北司之局，或犯禁于南，则亡命于北；或正刑于外，则破律于中。法出多门，人无所措，实由兵农势异，而中外法殊也。臣闻古者因井田而制军赋，间农事以修

---

① "检"，前文作"制"。

武备，提封约卒乘之数，命将在公卿之列，故兵农一致而文武同方，可以保乂邦家，式遏祸乱。暨太宗皇帝肇建邦典，亦置府兵，台省军卫，文武参掌，居闲岁则橐弓力穑，将有事则释耒荷戈，所以修复古制，不废旧物。今则不然。夏官不知兵籍，止于奉朝请；六军不主兵事，止于养勋阶。军容合中官之政，戎律附内臣之职。首一戴武弁，嫉文吏如仇雠，足一蹈军门，视农夫如草芥。谋不足以翦除凶逆，而诈足以抑扬威福；勇不足以镇卫社稷，而暴足以侵轶里闾。羁绁藩臣，干凌宰辅，隳裂王度，汩乱朝经。张武夫之威，上以制君父；假天子之命，下以御英豪。有藏奸观衅之心，无伏节死难之义。岂先王经文纬武之旨耶！臣愿陛下贯文武之道，均兵农之功，正贵贱之名，一中外之法，选军卫之职，修省署之官，近崇贞观之规，远复成周之制，自邦畿以刑于下国，始天子以达于诸侯，则可以制豪猾之强，无逾检之患矣。

臣前所谓"生徒堕业，由学校之官废"者，盖以国家贵其禄而贱其能，先其身而后其行，故庶官乏通经之学，诸生无修业之心矣。臣前所谓"列郡干禁，由授任非其人"者。臣以为刺史之任，理乱之根本系焉，朝廷之法制在焉，权可以抑豪猾，恩可以惠孤寡，强可以御奸寇，政可以移风俗。其将校有曾经战阵，及功臣子弟，各请随宜酬赏。如无治人之术者，不当授任此官，则绝干禁之患矣。臣前所谓"百工淫巧，由制度不立"者。臣请以官位禄秩，制其器用车服，禁人金银珠玉锦绣雕镂不蓄于私室，则无荡心之巧矣。臣前所谓"辨枝叶"者，考其言以询行也。臣前所谓"形于耻格"者，导德而齐礼也。臣前所谓"念生寡而食众，可罢斥惰游"者，已备之于前矣。臣前所谓"令烦而理鲜，要察其行否"者。臣闻号令者，乃理国之具也，君审而出之，臣奉而行之，或亏上旨，罪在不赦。今陛下令烦而理鲜，得非持之者有所蔽欺乎？

臣前所谓"博延群彦，愿陛下必纳其言；造廷待问，则小臣不^①敢爱死"者。臣闻晁错为汉画削诸侯之策，非不知祸之将至也。忠臣之心，壮夫之节，苟利社稷，死无悔焉。今臣非不知言发而祸应，计行而身戮，盖所以痛社稷之危，哀生人之困，岂忍姑息时忌，窃陛下一命之宠哉！昔龙逢死而启殷，比干死而启周，韩非死而启汉，陈蕃死而启魏。今臣之来也，有司或不敢荐臣之言，陛下又无以察臣之心，退必受戮于权臣之手。臣幸得从四子于地下，固臣之愿也。所不知杀臣者，臣死之后，将孰为启之哉？至于人主之阙，政教之疵，前日之弊，臣既言之矣。若乃流下土之惠，修近古之理，而致其和平者，在陛下行之而已。然上之所陈者，实以臣亲奉圣问，敢不条对？虽臣之愚，以为未极教化之大端，皇王之要道。伏惟陛下事天地以教人敬，奉宗庙以教人孝，养高年以教人悌长，字百姓以教人慈幼，调元气以煦育，扇大和于仁寿，可以逍遥无为，垂拱成化。至若念陶钧之道，在择宰相而任之，使权造物之柄；念保定之功，在择将帅而任之，使修分阃之寄；念百度之未贞，在择庶官而任之，使专职业之守；念百姓之愁痛，在择长吏而任之，使明惠育之术。自然言足以为天下教，行足以为天下法，仁足以劝善，义足以禁非，又何必宵衣旰食，劳神惕虑，然后以致其理哉！

是岁，左散骑常侍冯宿、太常少卿贾𫗧、库部郎中庞严为考策官。三人者，时之文士也，睹蒉条对，叹服嗟悒，以为汉之晁、董，无以过之。言论激切，士林感动。时登科者二十二人，而中官当

---

① "不"，前文作"安"。

途,考官不敢留蕡在籍中,物论喧然不平之。守道正人,传读其文,至有相对垂泣者。谏官御史,扼腕愤发,而执政之臣,从而弭之,以避黄门之怨。唯登科人李郃谓人曰:"刘蕡不第,我辈登科,实厚颜矣。"请以所授官让蕡,事虽不行,人士多之。令狐楚在兴元,牛僧孺镇襄阳,辟为从事,待如师友。位终使府御史。

《旧唐书》卷一九〇下《刘蕡传》

太和二年,裴休等二十三人登制科。时刘蕡对策万余字,深究治乱之本,又多引《春秋》大义,虽公孙弘、董仲舒不能肩也。自休以下,靡不敛衽。然亦指斥贵幸,不顾忌讳,有司知而不取。时登科人李郃诣阙进疏,请以己之所得,易蕡之所失。疏奏留中。蕡期月之间,屈声播于天下。

《唐摭言》卷一〇《载应不捷声价益振》

〔大中〕十四年,中书舍人裴坦知贡举,奏放进士三十人。考试官库部员外郎崔𣹢言放宏词登科一人。时举子尤盛,进士过千人,然中第者皆衣冠士子。是岁,有郑义则,故户部尚书瀚之孙;裴弘,故相依之子;魏当,故相扶之子;令狐滈,故相绹之子。余不能遍举,皆以门阀取之。惟陈河一人,孤平负艺,第于榜末。谏议大夫崔瑄上疏曰:"伏见新及第进士令狐滈,是河中节度使、检校司空、同中书门下平章事令狐绹男,旧名寿,改名滈。窃闻顷年暂曾罢举,自父当重位而权在一门,求请者诡党风趋妄动者,邪朋云集。每岁春闱登第,在朝清列,除官事望。虽出于绹,取舍悉由于滈。喧然如市,傍若无人,威振寰中,势倾天下。及绹去年罢相出镇,其曰:"令狐滈于礼部纳卷。"伏以举人文卷,皆须十月已前送纳,岂可父身尚居枢务,

男私挟其解名干挠主司,侮弄文法? 若宰相子弟总合应举,即不合
继绝数年。如宰相子弟不合应举,即何预有文解? 公然轻易,隐
蔽圣聪,将陛下朝廷为绚、滈家事。伏恐奸欺得路,孤直杜门,非
唯取笑士流,抑亦大伤风教。伏请下御史台,子细推勘纳卷及取
解月日闻奏。臣职当谏署,分合上闻。"疏留中不出。

《册府元龟》卷六五一《贡举部·谬滥》

　　唐大中末,相国令狐绚罢相。其子滈应进士举,在父未罢相
前,预拔文解及第。谏议大夫崔瑄上疏,述滈弄父权,势倾天下。
以举人文卷须十月前送纳,岂可父身尚居于枢务? 男私拔其解
名,干挠主司,侮弄文法,恐奸欺得路,孤直杜门云云,请下御史台
推勘。请下御史台推勘。疏留中不出。

《北梦琐言》卷一《令狐滈预拔文解》

　　朝廷设进士之科,本求才彦,镇其浮滥,属自宰臣。陛下御极
之初,大臣仪刑百辟,岂为绚言出镇,滈便策名,放榜宣麻? 相去
二十三日,绚既公然进状,请试春官。滈则元在京都,不经举进,
明言拔解,傍若无人。滈为宰臣之子,不患无位,且合简身慎行,
以成父业,有何急切? 如此攫拿! 使天下孤寒,人人怨叹,谓之无
解及第,实则有耳未闻。不惧人言,一至于此。

《全唐文》卷八〇六《张云·复论令狐滈疏》

　　〔大中〕十三年十二月,河中节度使令狐绚以其子滈求应进士
举,敕曰:"令狐滈多时举人,极有文学,流辈所许,合得科名。比
以父绚职在枢衡,避嫌不赴。今因出镇,却就举场,况谐通规,合

试至艺。宜令主司准大中六年敕。考试只在至公，如涉徇情，自有刑典。从今已后，但依常例放榜。本司举士，贵在得人。去留之间，惟理所在。"

《册府元龟》卷六四一《贡举部·条制三》

咸通四年，萧仿杂文榜中，数人有故，放榜后发觉，责受蕲州刺史主司。其年二月十三日得罪，贬蕲州刺史。五年五月，量移虢略。中书舍人、知制诰宇文瓒制敕："朕体至公以御极，推至理以临人，举必任才，黜皆由过，二者之命，吾何敢私？中散大夫、守左散骑常侍、权知礼部贡举、上柱国、赐紫金鱼袋萧仿，早以艺文，荐升华显，清贞不磷，介洁无徒，居多正直之容，动有休嘉之称。近者擢司贡籍，期尽精研，既紊官常，颇兴物论。经询大义，去留或致其纷拿，榜挂先场，进退备闻其差互。且昧泉鱼之察，徒怀冰蘗①之忧，岂可尚列貂蝉，复延骑省！俾分郡牧，用示朝章。勿谓非恩，深宜自励！可守蕲州刺史，散官勋赐如故。仍驰驿赴任！"

萧仿《蕲州刺史谢上兼知贡举败阙表》："臣某言：臣谬掌贡闱，果兹败失，上负圣奖，下乖人情，实省己以兢②惭，每自咎而惶灼。犹赖陛下猥矜拙直，特贷刑书，不夺金章，仍付符竹。荷恩宥而感恋，奉严谴以奔驰，不驻羸骖，继持舟楫。臣二月十三日当日于宣政门外谢讫，便辞进发，今月一日到任上讫。臣诚惶诚惧，顿首顿首！臣性禀朴愚，材昧机变，皆为叨据，果窃显荣，一心唯知效忠，万虑未尝念失。是以顷升谏列，已因论事去官，后忝琐闱，

① "蘗"，原本作"孽"。
② "兢"，原本作"竞"。

亦缘举职统旃。身流岭外，望绝中朝，甘于此生，不到上国。伏遇陛下临御大宝，恭行孝思，询以旧臣，遍沾厚渥。臣远从海峤，首还阙廷，才拜丹墀，俄捧紫诏。任抡材于九品，位超冠于六曹，家与国而同归，官与职而俱盛。常思惕厉，粗免悔尤，已尘铨衡，复忝贡务。昨虽有过，今合具陈：臣伏以朝廷所大者，莫过文柄；士林所重者，无先辞科。推公过即怨谤并生，行应奉即语言皆息，为日虽久，近岁转难。如臣孤微，岂合操剸！徒以副陛下振用，明时至公，是以不听嘱论，坚收沉滞，请托即绝，求瑕者多。臣昨选择，实其不屈人，杂文之中，偶失详究。扇众口以腾毁，致朝典以指名。缄深恳而得敷陈，奉诏命而须乘邮传。罢远藩赴阙，还乡国而只及一年。自近侍谪官，历江山而又三千里。泣别骨肉，愁涉险艰。今则已达孤城，唯勤郡政，缉绥郭邑，训整里闾，必使狱绝冤人，巷无横事。峻法钤辖于狡吏，宽宏抚育于疲农，粗立微劳，用赎前过。伏乞陛下特开睿鉴，俯察愚衷。臣前后黜责，多因奉公；秉持直诚，常逢于党与。分使如此，时亦自嗟。写肝胆而上告明君，希衰残而得还帝里，岂望复升荣级，更被宠光！愿受代于蕲春，遂闲散于辇下。臣官为牧守，不同镇藩，谢上之后，他表无因，达天听而知在何时，备繁辞而并陈今日。驰魂执笔，流血拜章，形神虽处于遐陬，梦寐尚驰于班列。臣无任感恩、惶恐涕泣，望阙屏营之至！谨差军事押衙某奉表陈谢以闻。"

仿《与浙东郑商绰大夫雪门生薛扶状》："某昨者出官之由，伏计尽得于邸吏，久不奉荣问，惶惧实深！某自守孤直，蒙大夫眷奖最深，辄欲披陈其事，略言首尾，冀当克副虚襟，鉴雪幽抱。伏以近年贡务，皆自阁下权知。某叨历清崇，不掌纶诰。去冬遽因铨衡，叨主文柄，珥貂载笔，忝幸实多。遂将匪石之心，冀伸藻镜之用，壅遏末俗，荡涤讹风。刈楚于庭，得人之举，而腾口易唱，长舌莫箝，吹毛岂惜其一言，指颊何啻于十手！即速官谤，皆由拙直。窃以常年主司，亲属尽得就试。某敕下后，榜示南院，外内亲族具有约勒，并请不下文书，敛怨之语，日已盈庭。复礼部旧吏云，当年例得明经一人，某面责其事，即严厘革。然皆阴蓄狡恨，求肆蠹言，致杂文之差互悉，群吏之构成，失于考议，敢不引过？又，常年榜帖，并他人主张，凡是旧知，先当垂翅；灵蛇在握，弃而不收；璞鼠韬怀，疑而或取。致使主司胁制于一时，遗恨遂流于他日。今春此辈亦有数人，皆朝夕相门，月旦自任，共相犄角，直索文书。某坚守不听，唯运独见。见在子弟无三举，门生旧知才数人，推公擢引，且既在门馆，日夕即与子弟不生，为轻小之徒，望风传说曰，笔削重事，闺门得专。某但不欺知白之诚，岂畏如簧之巧！顷年赴广州日，外生薛廷望荐一李仲将外生薛扶秀才云，负文业，穷寄岭峤。到镇日，相见之后，果有辞藻，久与宴处，端厚日新。成名后，人传是蕃夷外亲，岭南巨富，发身财赂，委质科名。扶即薛谓近从兄弟班行，内外亲族绝多，岭表之时，寒苦可悯，曾与月给。虚说蕃商，据此谤言，岂粗相近？况孔振是宣父胄绪，韩绾即文公令孙，苏蔿故奉常之后，雁序双高，而风埃久处。柳告是柳州之子，凤毛殊有，而名字陆沉。其余四面搜罗，皆有久居艺行之士，繁于简牍，不敢具载。某裁断自己，实无愧怀，敦朝廷厚风，去士林时态。此志惶挠，岂惮悔尤！今则公忠道消，奸邪计胜，众情犹有愧叹，深分却无悯嗟。何直道而遽不相容，岂正德而亦同浮议！久猜疑闷，莫喻尊崇，幸无大故之嫌，勿信小人之论。粗陈本末，希存旧知。临纸写诚，含毫增叹：特垂鉴宥，无轻弃遗，幸甚！”

《唐摭言》卷一四《主司失意》

十三、 其他

贞元四年，刘太真侍郎入贡院，寄前主司萧昕尚书诗曰：“独坐贡闱里，愁心芳草生。山公昨夜事，应见此时情。”

《唐语林》卷四《伤逝》

愈与李贺书，劝贺举进士。贺举进士有名，与贺争名者毁之，曰：“贺父名晋肃，贺不举进士为是，劝之举者为非。”听者不察也，和而唱之，同然一辞。皇甫湜曰：“若不明白，子与贺且得罪！”

愈曰：“然。”律曰：“二名不偏讳。”释之者曰：谓若言“征”不称“在”，言“在”不称“征”是也。律曰：“不讳嫌名。”释之者曰：谓若“禹”与“雨”、“丘”与“蕈”之类是也。今贺父名晋肃，贺举进士，为犯“二名律”乎？为犯“嫌名律”乎？父名晋肃，子不得举进士；若父名“仁”，子不得为人乎？

夫讳始于何时？作法制以教天下者，非周公、孔子欤？周公作诗不讳；孔子不偏讳二名；《春秋》不讥不讳嫌名；康王钊之孙实为昭王；曾参之父名晳，曾子不讳“昔”。周之时有骐期，汉之时有杜度，此其子宜如何讳？将讳其嫌，遂讳其姓乎？将不讳其嫌者乎？汉讳武帝名彻为“通”，不闻又讳“车辙”之“辙”为某字也；讳吕后名雉为“野鸡”，不闻又讳“治天下”之“治”为某字也。今上章及诏不闻讳“浒”“势”“秉”“饥”也，惟宦官宫妾乃不敢言“谕”及“机”，以为触犯。士君子言语行事，宜何所法守也？今考之于经，质之于律，稽之以国家之典，贺举进士为可邪，为不可邪？

凡事父母得如曾参，可以无讥矣；作人得如周公、孔子，亦可以止矣。今世之士，不务行曾参、周公、孔子之行，而讳亲之名则务胜于曾参、周公、孔子，亦见其惑也！夫周公、孔子、曾参卒不可胜，胜周公、孔子、曾参，乃比于宦者宫妾，则是宦者宫妾之孝于其亲，贤于周公、孔子、曾参者耶？

《韩昌黎文集校注》卷一《讳辩》

咸通末，执政病举人仆马太盛，奏请进士举人许乘驴。郑光业材质瑰伟，或嘲之曰："今年敕下尽骑驴，短辔长鞭满九衢，清瘦儿郎犹自可，就中愁杀郑昌图。"

《唐摭言》卷一二《轻佻》

咸通中，上以进士车服僭差，不许乘马。时场中不减千人，虽势可热手，亦皆跨长耳。或嘲之曰："今年敕下尽骑驴，短辔长鞭满九衢，清瘦儿郎犹自可，就中愁杀郑昌图。"

《唐摭言》卷一五《条流进士》

传科不精《公》《穀》，虚有其名；礼科未达《周》《仪》，如何登第？兼知前后空闻定制，去留皆在终场，博通者混杂以进身，肤浅者侥求而望事。须颁明敕，俾叶公途。自此后，贡院应试三传、三礼，宜令准进士、九经、五经、明经例，逐场皆须去留，不得候终场方定。仍具所通否粗，一一旋于榜内告示。其学究不在念书，可特示墨义三十道，亦准上指挥。如此，则人知激劝，事有区分，主司免致于繁忙，举子不兴于僭滥。

《全唐文》卷一一〇《后唐明宗·三传
三礼科准明经例逐场去留敕》

第七章

科举考试录取与出路

一、 录取名额与等第

（一）常科录取名额

1. 录取名额的变动

乡贡里选，盛于中古乎！今之所称，盖本同而末异也。今之解送，则古之上计也。汉武帝置五经博士，博士奉常，通古今，员数十人。汉置五经而已。太常选民年一十八已上好学者，补弟子。郡国有好文学，敬顺于乡党者，令与计偕，受业太常，如弟子。一岁辄课通经艺，补文学掌故。上第为郎。其秀异等，太常以名闻。其下材不事学者，罢之。若等虽举于乡，亦由于学。两汉之制，盖本乎《周礼》者也。有唐贞元已前，两监之外，亦颇重郡府学生，然其时亦由乡里所升，直补监生而已。尔后膏粱之族，率以学校为鄙事。若乡贡，盖假名就贡而已。景云之前，乡贡岁二三千人，盖用古之乡贡也。咸亨五年，七世伯祖鸾台凤阁龙石白水公，时任考功员外郎，下覆试十一人，内张守贞一人乡贡。开耀二年，刘思立下五十一人,内雍思泰一人。永淳二年,刘廷奇下五十五人,内元求仁一人。光宅元年闰七月二十四日,刘廷奇重试下十六人,内康庭芝一人。长安四年,崔湜下四十一人,李温玉称苏州乡贡。景龙元年,李钦让称定州乡贡附学。尔来乡贡渐广,率多寄应者,故不甄别于榜中。信本同而末异也明矣。大历中,杨绾疏请复旧章,贵全乎实。寻亦浸于公族,垂空言而已。

《唐摭言》卷一《乡贡》

庠序者,风化之本,人伦之先。仰州县劝导,令知礼节。每年贡明经、进士,不须限数,贵在得人。……明经及第,每至选时,量加优赏。若属停选,并听赴集。

《全唐文》卷一九《睿宗·申劝礼俗敕》

〔开元〕十七年三月,国子祭酒杨玚上言曰:"伏闻承前之例,每年应举,常有千数,及第两监不过一二十人。臣恐三千学徒虚费官廪,两监博士滥糜天禄。臣窃见入仕诸色出身,每岁向二千余人,方于明经、进士,多十余倍。自然服勤道业之士,不及胥吏,以之效官,岂识先王之礼义?陛下设学校,务以劝进之;有司为限约,务以黜退之。臣之微诚,实所未晓。今监司课试,已退其八九,考功及第,十又不收一二,若长以此为限,恐儒风渐坠,小道将兴。若以出身人多,应须诸色都减,岂在独抑明经、进士也?"

《唐会要》卷七五《贡举上·帖经条例》

太学者,教人务《礼》《乐》,敦《诗》《书》也。古制,卿大夫子弟及诸侯岁贡小学之异者咸造焉，故曰：十五入太学，学先圣礼乐，而朝廷君臣之礼，班以品类，分以师长，三德以训之，四教以睦之。人既知劝，且务通经，学成业著，然后爵命加焉。以之效职，则知礼节，以之莅人，使识廉让，则《棫朴》之咏兴也。伏闻承前之例，监司每年应举者，尝有千数，简试取其尤精，上者不过二三百人。省司重试，但经明行修，即与擢第，不限其数。自数年以来，省司定限，天下明经、进士及第，每年不过百人，两监惟得一二十人。若常以此数而取，臣恐三千学徒虚废官廪，两监博士滥縻天禄。臣窃见流外入仕，诸色出身，每岁尚二千余人，方于明经、进士，多十余倍。则是服勤道业之士，不及胥吏浮虚之徒，以其效官，岂识于先王之礼义？国家大启庠序，广置教道，厚之以政始，训之以士先，岂徒然哉？将有以也。陛下设学校，务以劝进之；有司为限约，务以黜退之。臣之微诚，实所未晓。臣伏见承前以来，制举遁迹丘园、孝悌力田者，或试时务策一道，或通一经，粗明文义，即放出身，亦有与官者，此国家恐其遗才。至于明经、进士，服道日久，请益无倦，经策既广，文辞极难。监司课试，十已退其八九，考功及第，十又不收其一二。若长以为限，恐儒风渐坠，小道将兴。若以出身人多，应须诸色都减，岂在独抑明经、进士也？

《全唐文》卷二九八《杨玚·谏限约明经进士疏》

开元二十五年二月，敕："应诸州贡士，上州岁贡三人，中州二人，下州一人。必有才行，不限其数。所宜贡之解送之日，行乡饮礼，牲用少牢，以官物充。"

《唐摭言》卷一《贡举厘革并行乡饮酒》

天宝十二载,礼部侍郎杨浚①四榜,共放一百五十人。后除左丞。

《唐摭言》卷一四《主司称意》

玄宗时,士子殷盛,每岁进士到省者常不减千余人。

《封氏闻见记校注》卷三《贡举》

至德二年②,驾临岐山,右补阙兼礼部员外薛邕下二十一人。后至大历二年,拜礼部侍郎,联翩四榜,共放八十人。

《唐摭言》卷一四《主司称意》

大历十四年,改元建中,礼部侍郎令狐峘下二十二人及第。

《唐摭言》卷一四《主司失意》

〔贞元〕十年九月丁丑,以官授贤良方正能直言极谏前进士裴垍等一十人。

《册府元龟》卷六四四《贡举部·考试二》

〔贞元〕十八年五月,敕:"明经、进士,自今以后,每年考试所收入,明经不得过一百人,进士不得过二十人。如无其人,不必要满此数。"

《册府元龟》卷六四〇《贡举部·条制二》

---

① "杨浚",他本或作"阳浚"。
② "年",应作"载"。

〔贞元〕十八年五月，敕："明经、进士，自今已后，每年考试所拔人，明经不得过一百人，进士不得过二十人。如无其人，不必要补此数。"

《唐会要》卷七六《贡举中·缘举杂录》

其进士，大抵千人得第者百一二；明经倍之，得第者十一二。

《通典》卷一五《选举三·历代制下》

〔李〕绛曰："进士、明经，岁大抵百人，吏部得官至千人，私谓为同年，本非亲与旧也。"

《新唐书》卷一六二《许季同传》

元和十一年，岁在丙申，李凉公下三十三人皆取寒素。时有诗曰："元和天子丙申年，三十三人同得仙。袍似烂银文似锦，相将白日上青天。"

《唐摭言》卷七《好放孤寒》

元和十五年闰正月十五日，太常少卿、知贡举李建下二十九人。至二月二十九日，拜礼部侍郎。

《唐摭言》卷一四《主司称意》

长庆元年二月十七日，侍郎钱徽下三十三人。三月二十三日重试，落第十人，徽贬江州刺史。

《唐摭言》卷一四《主司失意》

〔杨〕嗣复与牛僧孺、李宗闵皆权德舆贡举门生,情义相得,进退取舍,多与之同。〔长庆〕四年,僧孺作相,欲荐拔大用,又以于陵为东都留守,未历相位,乃令嗣复权知礼部侍郎。宝历元年二月,选贡士六十八人,后多至达官。

《旧唐书》卷一七六《杨嗣复传》

杨嗣复字继之。……迁累中书舍人。嗣复与牛僧孺、李宗闵雅相善,二人辅政,引之,然不欲越父当国,故权知礼部侍郎。凡二期,得士六十八人,多显宦。

《新唐书》卷一七四《杨嗣复传》

〔大和〕三年三月,御史台据吏部分察姚中立称:"准敕考试别头进士、明经等官考功员外郎高锴,考试礼部关送到进士郑齐之、李景素两人,明经王淑等十八人,并及第。放榜之后,群议沸腾,职当分察,不敢缄默。及得高锴状,伏以进士、明经并先无格限,其所送进士二人,文艺并堪与及第。明经比年所送不过三五人,今年礼部开送十一人,及考试帖义,十一人并堪与及第。"敕:"郑齐之、李景素,据所试比较尝例得者,不甚过差,宜并与及第。明经王淑等五人,覆试帖义通数高,并与及第。余落之。"

《册府元龟》卷六四四《贡举部·考试二》

贾𫗧字子美,河南人。……〔大和〕三年七月,拜中书舍人。四年九月,权知礼部贡举。五年,榜出后,正拜礼部侍郎。凡典礼闱三岁,所选士七十五人,得其名人多至公卿者。七年五月,转兵部侍郎。

《旧唐书》卷一六九《贾𫗧传》

〔大和〕九年十二月，中书门下奏：今月九日，阁内面奉进止，令条流进士人数，及减下诸色入仕人等。准太和四年格，及第不得过二十五人，今请加至四十人。明经准太和八年正月敕，及第不得过一百一十人，今请再减下十人。

《唐会要》卷七六《贡举中·进士》

〔大和〕九年十二月，中书门下奏："今月九日，阁内面奉进止，今条流进士人数，及诸色人等。进士元格，不得过二十五人，今请加至四十人。明经元格，不得过一百一十人，今请减十人。伏以国家取士，远法前代，进士之科，得人为盛。然于入仕，须更指抟，必使练达，固在经历。起来年进士及第后，三年任选，委吏部依资尽补州府参军、紧县簿尉。官满之后，来年许选。三考后，听诸使府奏用，便入协律郎、四卫佐。未满三考，不在奏改限。如任江淮官，特与勉其纲使。又闻每年贡士，常仅千人，据格所取，其数绝少。强学待用，常年不试，孤贞介士，老而无成，甚可惜之。臣等商量，望付所司，精求行艺，起来年添满四十人及第。仍委礼部于所试诸色贡举人元格数内，共减一十五人，都守每年放出身黄衣人数，永为定制，编入常格。庶令才人，速得自效，经于下位，以致上达。"可之。

《册府元龟》卷六四一《贡举部·条制三》

〔高〕锴字弱金，……迁中书舍人。

开成元年，权知贡举。文宗自以题界有司，锴以籍上，帝语侍臣曰："比年文章卑弱，今所上差胜于前。"郑覃曰："陛下矫革近制，以正颓俗，而锴乃能为陛下得人。"帝曰："诸镇表奏太浮华，宜责掌书记，以诚流宕。"李石曰："古人因事为文，今人以文害事，惩弊抑末，诚如圣训。"即以锴为礼部侍郎。阅三岁，颇得才实。始，岁取四十人，才益少，诏减十人，犹不能满。

《新唐书》卷一七七《高锴传》

开成元年、二年、三年，并高锴知贡举，每年皆恩赐题目，及第并四十人。

《唐会要》卷七六《贡举中·进士》

乃以锴为礼部侍郎。凡掌贡部三年，每岁登第者四十人。三年榜出后，敕曰："进士每岁四十人，其数过多，则乖精选。官途填委，要窒其源，宜改每年限放三十人，如不登其数，亦听。"然锴选擢虽多，颇得实才，抑豪华，擢孤进，至今称之。寻转吏部侍郎。

《旧唐书》卷一六八《高锴传》

〔开成〕二年五月，礼部奏请每年进士以三十人为限。从之。

《册府元龟》卷六四一《贡举部·条制三》

开成四年十月，敕：每年明经及第，宜更与十人。

《唐会要》卷七五《贡举上·明经》

〔开成〕四年十月，敕：每年明经及第，宜更与十人。

《册府元龟》卷六四一《贡举部·条制三》

会昌三年正月，敕："礼部所放进士及第人数，自今后，但据才堪即与,不要限人数每年止于二十五人。"

《唐会要》卷七六《贡举中·进士》

　　武宗会昌三年正月,敕:"礼部所放进士及第人数,自今后,但据才堪者即与,不要限人数每年止于十人、五人总得。"

《册府元龟》卷六四一《贡举部·条制三》

　　〔会昌〕四年二月,权知贡举左仆射太常卿王起,放及第二十五人。续奏五人堪放及第:杨质至、窦绲、杨严、郑朴、源重。奉敕,只放杨严及第,余并落下。

《唐会要》卷七六《贡举中·进士》

　　〔杨〕严字凛之,会昌四年进士擢第。是岁,仆射王起典贡部,选士三十人,严与杨知至、窦绲、源重、郑朴五人试文合格,物议以子弟非之,起覆奏。武宗敕曰:"杨严一人可及第,余四人落下。"

《旧唐书》卷一七七《杨严传》

　　〔会昌〕五年二月,谏议大夫权知贡举陈商,放及第三十七人。其年三月,敕户部侍郎翰林学士白敏中重试,覆落七人。

《唐会要》卷七六《贡举中·进士》

　　公卿百寮子弟及京畿内士人、寄客外州府举士人等修明经、进士业者,并隶名所在监及官学,仍精加考试。所送人数:其国子监明经,旧格每年送三百五十人,今请送二百人;进士,依旧格送三十人;其隶名明经,亦请送二百人;其宗正寺进士,送二十人;其东监、同、华、河中，所送进士不得过三十人，明经不得过五十人。其凤翔、山南西道东道、荆南、鄂岳、湖南、郑滑、浙西、浙东、鄜坊、宣商、泾邠、江南、江西、淮南、西川、东川、陕虢等道，所送进士不得过一十五人，明经不得过二十人。其河东、陈许汴、徐泗、易定、齐德、魏博、泽潞、幽孟、灵夏、淄青、郓曹、衮海、镇冀、麟胜等道，所送进士不得过一十人，明经不得过十五人。金汝、盐丰、福建、黔府、桂府、岭南、安南、邕容等道，所送进士不得过七人，明经不得过十人。其诸支郡所送人数，请申观察使为解都送，不得诸州各自申解。诸州府所试进士杂文，据元格并合封送省。准开成三年五月三日敕落下者，今缘自不送所试以来，举人公然拔解；今诸州府所试，各须封送省司检勘，如病败不近词理，州府妄给解者，试官停见任用阙。

《唐摭言》卷一《会昌五年举格节文》

大中元年正月，礼部侍郎魏扶放及第二十三人，续奏堪放及第三人封彦卿、崔琢、郑延休等。皆以文艺为众所知，其父皆在重任，不敢选，取其所试诗赋封进，奏进止。令翰林学士、户部侍郎、知制诰韦琮等考，尽合程度。

其月二十五日，奉进止，并付所司放及第。有司考试，只合在公，如涉徇私，自有典刑。从今已后，但依常例取舍，不得别有奏闻。

《唐会要》卷七六《贡举中·进士》

〔大中〕十年四月，礼部侍郎郑颢，进《诸家科目记》十三卷，敕付翰林。自今放榜后，仰写及第姓名，及所试诗赋题目进入内，仍付所司,逐年编次。

《唐会要》卷七六《贡举中·缘举杂录》

咸通十一年四月,敕:"去年属以用军之际,权停贡举一年。今既偃戈,却宜仍旧。来年宜别许三十人及第,进士十人,明经二十人,已后不得援例。"

《唐会要》卷七六《贡举中·缘举杂录》

〔咸通十一年〕四月癸未朔。戊子,敕:"去年属以用军之际,权停贡举一年。今既去戈,却宜仍旧。来年宜别许三十人及第,进士十人,明经二十人,已后不得援例。"

《旧唐书》卷一九上《懿宗本纪》

懿宗咸通十一年四月,敕:"去年属以用军之际,权停贡举一年。今既偃戈,却宜仍旧。来年宜别许三十人及第,进士二十人,明经一十人,已后不得援例。"

《册府元龟》卷六四一《贡举部·条制三》

景宗天祐三年正月,国子监奏:"得监生郭应图等六十人状称:'伏睹今年六月五日敕文,应国学与诸道等,明经一例解送两人者。应图等早辞耕稼,夙慕《诗》《书》,自抛乡邑之中,便忝国庠之内。栖迟守学,辗轲于时,未谐升进之期,却抱减退之患。苟或诸道解送,监府同条,实谓首尾难分,本枝无异。伏请闻奏,俾遂渥恩者。'"又,河南府奏:"当府取解明经举人周定言等二十七人,各据取解,差司录参军崔蕴考试,并已及格。伏缘明经举人,先准敕诸州府解送不得过二人者。今当府除去留外，见在二十七人考试并已及格，若只送二人，必恐互有争论，难以指挥者。"敕曰："取士之科，明经极重，每年人数，已有旧规。去夏虽举条流，盖虑所司逾滥。今者国子监既有闻奏，河南府亦具陈论，不念远人，何以诱进？只在乎升陟之际，切务公平，又何必解送之时，便为沙汰？将免遗才之叹，须开汲善之门，特改旧条，俾循往例。国子监、河南府所试明经，并依准常例解送。礼部所放人数，亦许酌量施行。但不得苟徇嘱求，遂致侥幸。兼下诸道准此。"

《册府元龟》卷六四一《贡举部·条制三》

〔天祐三年〕二月，礼部奏："伏以朝廷，累年多事，道途艰辛，在远举人，并阻随计。逐年所司放榜，人数不常，量其多少，临事增减。今者干戈稍弭，水陆渐通，举人等皆负笈担簦，裂裳裹足，来求试艺，竞切观光。虽人数不广于近年，而贡籍颇甚其屈誉，至于俊造，亦有其人。臣今欲去年数外，更放三数人，仵开劝诱之门，以赞文明之运。已选今月二十一日放榜，伏候进止者。"敕曰："朝廷取士之科，每岁择才之重，必资艺实，以副勤求。或来自远途，或久稽乡荐。今年就试，多有屈人，所司奏论，是宜俞允。苟叶无私之道，必开振滞之门。切在精详，仵观公当。其礼部所放进士，于旧年人数外，宜令更添两人。"

《册府元龟》卷六四一《贡举部·条制三》

〔开平〕三年，敕："条流礼部贡院，每年放明经及第不得过二十人。"

《册府元龟》卷六四一《贡举部·条制三》

长兴元年六月，中书门下奏："此后宾贡，每年只请放一人。……"从之。

《五代会要》卷二三《缘举杂录》

长兴二年二月，诏进士引试早入试晚出者，……就往例，童子表荐不解送，每年所放不过十人。长兴四年三月，诏许放二十人。应顺元年正月，诏许放十五人。今请如最后敕人数。

《册府元龟》卷六四二《贡举部·条制四》

伏见新定格文：三礼、三传，每科只放两人。方今三传一科五十余人，三礼三十余人，三史、学究一十人。若每年止放两人及一人，逐年又添初举，纵谋修进，皆恐滞留。臣伏见长庆、咸通年放举人，元无定式。又，同光元年春榜，亦是一十三人。请依此例，以劝进修。

《全唐文》卷八四四《许维岳·
科举额数请依长庆咸通事例状》

〔保大十年春〕二月甲辰，……以翰林学士江文蔚知礼部贡举，放进士王克贞等三人及第。旋复停贡举。此后凡十七榜。

《十国春秋》卷一六《南唐·元宗本纪》

乔匡舜字亚元，高邮人。弱冠能属文，以典瞻称。……后主嗣位，复起为司农少卿，历侍中、监修国史、给事中、兼献纳使。知贡举，放及第乐史辈五人，多见滞名场者，时称得人；而少年轻薄子嘲之，谓之"陈橘皮榜"。

《十国春秋》卷二五《南唐·乔匡舜传》

论曰：永徽之后，以文儒亨达，不由两监者稀矣。于时场籍，先两监而后乡贡，盖以朋友之臧否，文艺之优劣，切磋琢磨，匪朝伊夕，抑扬去就，与众共之。有如赵、邵、萧、李，赵骅、邵轸、萧颖士、李华。娄、郭、苑、陈，娄师德、郭元振、苑咸、陈子昂。靡不名遂功成，交全契分。泊乎近代，厥道浸微，玉石不分，薰莸错杂。

《唐摭言》卷一《进士归礼部》

天宝九年①七月，诏于国子监别置广文馆，以举常修进士业者，斯亦救生徒之离散也。始，其春官氏擢广文生者，名第无高下。贞元八年，欧阳詹第三人，李观第五人。迩来此类不乏。暨大中之末，咸通、乾符以来，率以为末第。或曰：乡贡，宾也；学生，主也。主宜下于宾，故列于后也。大顺二年，孔鲁公在相位，思矫其弊，故特置吴仁璧于蒋肱之上。明年，公得罪去职，及第者复循常而已。悲夫！

《唐摭言》卷一《广文》

〔后唐天成四年五月，〕奉敕："凡登科第，皆免征徭，如或雷同，虑伤风化，兼缘近有敕命，不合更乞蠲符。所宜特示明规，务在劝人为学，除新敕前已给蠲符外，应礼部贡院，每年诸道及第人等，宜令逐道审验，春关冬集，不得一例差徭，其及第人亦不得虚影占户名。"

《五代会要》卷一五《户部》

① "年"，应作"载"。

2. 登科记总目

(1) 唐代《登科记》总目

高祖武德元年，上书拜官一人。

二年、三年、四年，不贡举。

五年，秀才一人，进士四人。

六年，进士四人。

七年，秀才二人，进士六人。

八年，秀才一人，进士五人。

九年，秀才二人，进士七人。

太宗贞观元年，秀才二人，进士四人。

二年，米贵，不贡举^①。

三年，秀才二人，进士五人。

四年，秀才一人，进士九人。

五年，秀才一人，进士十五人。

六年，秀才一人，进士十二人。

七年，秀才二人，进士十三人。

八年，秀才一人，进士九人。

九年，进士六人。

十年，进士十一人。

十一年，秀才一人，进士八人。

十二年，秀才一人，进士十一人。

---

① "贡举"，原本作"举贡"。

十三年,秀才二人,进士十七人。

十四年,秀才一人,进士五人。

十五年,秀才一人,进士十四人。

十六年,不贡举。

十七年,进士十五人。

十八年,秀才一人,进士二十四人。

十九年,秀才三人,上书拜官一人。

二十年,秀才一人,进士三人。

二十一年,进士七人。

二十二年,进士九人。

二十三年,秀才一人,进士八人。

高宗永徽元年,秀才一人,进士十四人。

二年,进士二十五人。其年始停秀才举。

三年、四年不贡举,应制及第三人。

五年,进士一人。

六年,进士四十三人,应制〔及第〕一人。

显庆元年,进士三人。

二年,进士二十二人。

三年,进士十七人,诸科一人。

四年,进士二十人。

五年,进士十四人,上书拜官一人。

六年,进士五人,召拜官一人。

龙朔二年,进士八人。

三年,不贡举。

麟德元年,进士三人,诸科二人。

二年,进士并落下。

乾封元年,幽素举十二人。

二年,进士五人。

总章元年,进士二十六人。

二年,不贡举。

咸亨元年,进士五十四人。

二年、三年,不贡举。

四年,进士七十九人。

〔上元〕元年,进士五十七人,重试及第十一人。

上元二年,进士四十五人,别敕二人,续试三人。

仪凤元年,不贡举,诸科四人。

二年,不贡举,上封拜官一人。

三年,不贡举,诸科一人。

调露元年,不贡举。

二年,进士一人。

永隆二年,进士一人。

开耀二年,进士五十五人,重试及第十八人。

永淳二年,进士五十五人。

嗣圣二年,进士十三人,重试三十六人。

武后光宅元年,进士十六人,上书拜官并诸科九人。

二年,进士五十九人。

垂拱元年,进士二十二人,再取五人。

二年,进士四人。

三年,进士六十五人。

四年,进士二十四人,诸科三十人。

永昌元年，进士神都六人，西京二人，诸科一人。

二年，神都十二人，西京四人，诸科五人。

三年，进士十六人。

长寿二年，进士十八人，减策及第二人。

三年，不贡举，诸科二人。

延载二年，进士二十二人。

证圣元年，不贡举，诸科一人。

天册万岁二年，进士二十七人，南郊举及第三人。

万岁通天二年，进士二十七人，诸科十人。

三年，不贡举，诸科二人。

圣历元年，进士二十二人。

二年，进士十六人，诸科一人。

三年，进士二十人。

久视二年，进士十九人，诸科二人。

大足元年，进士二十七人。

二年，不贡举，诸科十人。

长安二年，进士二十一人。

三年，进士三十一人，诸科四人。

四年，四十一人，续奏四人。

中宗神龙元年，进士六十一人，重试及第十二人，诸科二十九人。

二年，进士三十二人，诸科三十九人。

景龙元年，进士四十八人，诸科三人。

二年，进士四十人，诸科六人。

三年，不贡举，诸科八人。

睿宗景云元年,进士五十二人。

二年,诸科五十六人。

延和元年,进士三十七人。

玄宗先天元年,诸科二十七人。

开元元年,进士七十一人,重奏六人。

二年,进士十七人,诸科十二人。

三年,进士二十一人。

四年,进士十六人,上书及第一人。

五年,进士二十五人。

六年,进士三十二人。

七年,进士二十五人,诸科八人。

八年,进士五十七人。

九年,进士三十八人。

十年,进士三十三人。

十一年,进士三十一人。

十二年,进士二十一人。

十四年,进士三十一人。

十五年,进士十九人,诸科三人。

十六年,进士二十人。

十七年,进士二十六人,诸科一人。

十八年,进士二十六人。

十九年,进士二十三人,诸科二人。

二十年,进士二十四人。

二十一年,进士二十五人,诸科一人。

二十二年,进士二十九人,诸科九人。

二十三年，进士二十七人，诸科五人。

二十四年，进士二十人，诸科七人。

二十五年，进士二十七人，诸科三人。

二十六年，进士二十三人，诸科二十一人。

二十七年，进士二十四人，诸科五人。

二十八年，进士十五人，诸科五人。

二十九年，进士十三人，诸科四人。

天宝元年，进士二十三人，诸科二人。

二年，进士二十六人。

三载，进士二十九人。

四载，进士二十五人。

五载，进士二十一人。

六载，进士二十三人，诸科一人。

七载，进士二十四人。

八载，进士二十人。

九载，进士二十一人。

十载，进士二十人。

十一载，进士二十六人。

十二载，进士五十六人。

十三载，进士三十五人，诸科一人。

十四载，进士二十四人。

十五载，进士三十三人。

肃宗至德二载，进士二十二人，江淮六人，成都府十六人，江东七人。

乾元元年，进士二十三人。

二年,进士二十五人。

三年,进士二十六人。

上元元年,进士二十九人。

代宗宝应元年,停贡举。

二年,进士二十七人。

广德二年,进士十三人,又十二人。

永泰元年,进士二十七人。

二年,两都共二十六人。

大历二年,进士二十人,诸科一人。

三年,进士十九人,诸科三人。

四年,进士二十六人,诸科二人。

五年,进士二十六人。

六年,进士二十八人,诸科二人。

七年,进士三十三人,诸科四人。

八年,进士三十四人,诸科五人。

九年,进士三十二人。

十年,进士二十七人,诸科一人。

十一年,进士十四人。

十二年,进士十二人。

十三年,进士二十一人,诸科二人。

十四年,进士二十人。

德宗建中元年,进士二十一人,诸科二十七人。

二年,进士十七人,诸科二人。

三年,进士二十八人,诸科一人。

四年,进士二十七人,诸科三人。

兴元元年，进士五人。

贞元元年，进士三十三人，诸科二十一人。

二年，进士二十七人，诸科一人。

三年，进士三十三人，诸科五人。

四年，进士三十一人，诸科二十六人。

五年，进士三十六人，诸科六人。

六年，进士二十九人，诸科五人。

七年，进士三十人，诸科二十二人。

八年，进士二十三人，诸科八人。

九年，进士三十二人，诸科八人。

十年，进士二十八人，诸科二十六人。

十一年，进士二十七人，诸科八人。

十二年，进士三十人，诸科四人。

十三年，进士二十人，诸科六人。

十四年，进士二十人，诸科九人。

十五年，进士十七人，诸科四人。

十六年，进士十九人，诸科八人。

十七年，进士十八人，诸科八人。

十八年，进士二十三人，诸科三人。

十九年，进士二十人，诸科六人。

顺宗永贞元年，进士二十九人，诸科十人。

宪宗元和元年，进士二十三人，诸科三十六人。

二年，进士二十八人，诸科十一人。

三年，进士十九人，诸科二十四人。

四年，进士二十八人，诸科七人。

五年,进士三十二人,诸科十二人。

六年,进士二十人,诸科十三人。

七年,进士二十九人,诸科十四人。

八年,进士三十人,诸科十二人。

九年,进士二十七人,诸科十一人。

十年,进士三十人,诸科十三人。

十一年,进士三十三人,诸科十四人。

十二年,进士三十五人,诸科十四人。

十三年,进士三十二人,诸科十三人。

十四年,进士三十一人,诸科十二人。

十五年,进士二十九人,诸科十三人。

穆宗长庆元年,进士三十三人,驳下十人,重试十四人,诸科三十八人。

二年,进士二十九人,诸科十人。

三年,进士二十八人,诸科十九人。

四年,进士三十三人,诸科十五人。

敬宗宝历元年,进士三十三人,诸科三十二人。

二年,进士三十五人,诸科十二人。

文宗太和元年,进士三十三人,诸科十五人。

二年,进士三十七人,诸科三十六人。

三年,进士二十五人,诸科二十六人。

四年,进士二十五人,诸科七人。

五年,进士二十五人,诸科六人。

六年,进士二十五人,诸科五人。

七年,进士二十五人,诸科五人。

八年,进士二十五人,诸科十一人。

九年,进士二十五人,诸科五人。

开成元年,进士四十人,诸科九人。

二年,进士四十人,诸科三人。

三年,进士四十人,诸科七人。

四年,进士三十人,诸科二人。

五年,进士三十人,诸科十八人。

武宗会昌元年,进士三十人,诸科十六人。

二年,进士三十人,诸科十三人。

三年,进士二十二人,诸科十四人。

四年,进士二十五人,续放一人,诸科七人。

五年,进士二十七人,覆试落下八人,诸科五人。

六年,进士十六人,诸科五人。

宣宗大中元年,进士二十三人,诸科二十人。

二年,进士二十二人,诸科十七人。

三年,进士三十人,诸科十人。

四年,进士三十人,诸科十三人。

五年,进士二十七人,又三十人,诸科二十二人。

六年,进士二十八人,诸科九人。

七年,进士三十人,诸科十一人。

八年,进士三十人,诸科十五人。

九年,进士三十人,诸科六人。

十年,进士三十人,诸科五人。

十一年,进士三十人,诸科三人。

十二年,进士三十人,诸科四人。

十三年,进士三十人,诸科三人。

十四年,进士三十人,诸科三人。

懿宗咸通二年,进士三十人,诸科十二人。

三年,进士三十人,诸科十一人。

四年,进士三十五人,诸科十一人。

五年,进士二十五人,诸科九人。

六年,进士二十五人,诸科十八人。

七年,进士二十五人,诸科十七人。

八年,进士三十人,诸科二十人。

九年,进士三十人,诸科十一人。

十年,进士三十人,诸科十人。

十一年,停举。

十二年,进士四十人,诸科九人。

十三年,进士三十人,诸科十一人。

十四年,进士三十人,诸科十人。

十五年,进士三十人,诸科十一人。

僖宗乾符二年,进士三十人,诸科九人。

三年,进士三十人,诸科十一人。

四年,进士三十人,诸科十人。

五年,进士三十人,诸科八人。

六年,进士三十人,诸科九人。

七年,进士三十人,诸科十四人。

广明二年,进士十二人,续赐第二人。

中和二年,进士二十八人,诸科二人。

三年,进士三十人,诸科二人。

四年,停举。

五年,进士三十五人,诸科二人。

光启二年,进士九人,诸科二人。

三年,进士二十五人,诸科一人。

四年,进士二十八人,诸科一人。

昭宗龙纪元年,进士二十五人,诸科七人。

大顺元年,进士二十一人,诸科一人。

二年,进士二十七人,诸科六人。

三年,进士三十人,诸科六人。

景福二年,进士二十八人,诸科十二人。

乾宁元年,进士二十八人,诸科三人。

二年,进士二十五人,重放一十五人,落下十人,诸科三人。

三年,进士十二人,诸科四人。

四年,进士二十人,诸科三人。

五年,进士二十人,诸科一人。

光化二年,进士二十七人,诸科一人。

三年,进士三十六人,诸科二人。

四年,进士二十六人,诸科三人。

天复二年、三年,停举。

四年,进士二十六人,诸科一人。

天祐二年,进士二十三人,诸科二人。

三年,进士二十五人,诸科四人。

四年,进士二十人,诸科二人。

右唐二百八十九年逐岁所取进士之总目。

（2）五代《登科记》总目

梁太祖开平二年，进士十八人，诸科五人。

三年，进士十九人，诸科四人。

四年，进士十五人，诸科一人。

五年，进士二十人，诸科十人。

乾化二年，进士十一人，诸科一人。

三年，进士十五人。

四年，停举。

五年，进士十三人，诸科二人。

贞明二年，进士十二人，诸科一人。

三年，进士十五人，诸科二人。

四年，进士十二人，诸科二人。

五年，进士十三人，诸科一人。

六年，进士十二人，诸科三人。

七年，停举。

龙德二年，进士十四人，诸科二人。

三年，停举。

唐庄宗同光二年，进士十四人，诸科二人。

三年，进士四人。

四年，进士八人，诸科二人。

明宗天成二年，进士二十三人，诸科九人。

三年，进士十五人，诸科四人。

四年，进士十三人，诸科二人。

长兴元年，进士十五人，重试落下八人，诸科一人。

二年，进士四人。

三年,进士八人,诸科八十一人。

四年,进士二十四人,诸科一人。

愍帝长兴五年,进士十七人,诸科一人。

废帝清泰二年,进士十四人,诸科一人。

三年,进士十三人。

晋高祖天福二年,进士十九人。

三年,进士二十人。

四年、五年,停贡举。

六年,进士十一人,诸科四十五人。

七年,进士七人。

八年,进士七人。

九年,进士十三人,诸科五十六人。

开运二年,进士十五人,诸科八十八人。

三年,进士二十人,诸科九十二人。

汉高祖天福十二年,进士二十五人,诸科一百五十五人。

隐帝乾祐元年,进士二十三人,诸科一百七十九人。

二年,进士十九人,诸科八十人。

三年,进士十七人,诸科八十四人。

周高祖广顺元年,进士十三人,诸科八十七人。

二年,进士十三人,诸科六十六人。

三年,进士十人,内落下二人,诸科八十三人。

世宗显德元年,进士二十人,诸科一百二十一人。

二年,进士十六人,诸科一百十六人。

三年,进士六人,诸科二十九人。

四年,进士十人,诸科三十五人。

五年,进士十五人,内落下七人,诸科七十二人。

六年,进士十人,诸科五十人。

《文献通考》卷三〇《选举三》

上雅尚文学,听政之暇,常赋诗,尤重科名。大中十年,郑颢知举后,宣宗索《科名记》。颢表曰:"自武德已后,便有进士诸科。出莺谷而飞鸣,声华虽茂;经凤池而阅视,史策不书。所传前代姓名,皆是私家记录。虔承圣旨,敢不讨论。臣寻委当行祠部员外赵璘,采访诸家科目记,撰成十三卷。自武德元年至于圣朝,谨专上进,方俟无疆。"敕:"宜付翰林,自今放榜后,并写及第人姓名及所试诗赋题目,进入内。仍仰所司逐年编次。"

《东观奏记》卷上

故当代以进士登科为登龙门,……好事者纪其姓名,自神龙以来迄于兹日,名曰《进士登科记》,亦所以昭示前良,发起后进也。

《封氏闻见记校注》卷三《贡举》

进士张绅,汉阳王柬之曾孙也。时初落第,两手捧《登科记》顶戴之,曰:"此千佛名经也。"其企羡如此。

《封氏闻见记校注》卷三《贡举》

进士张倬①,濮阳王柬之曾孙也。时初落第,两手捧《登科记》顶之,曰:"此千佛名经也。"其企羡如此。

《唐语林》卷四《企羡》

---

① "张倬",岑仲勉《跋封氏闻见记》以为当作"绅"。

（二）制科的录取

　　其制诏举人，不有常科，皆标其目而搜扬之。试之日，或在殿廷，天子亲临观之。试已，糊其名于中。考之文策高者，特授以美官，其次与出身。开元以来，四海晏清，士无贤不肖，耻不以文章达。其应诏而举者，多则二千人，少犹不减千人，所收百才有一。

《通典》卷一五《选举三·历代制下》

　　〔天宝元年〕十月，应文词秀逸举人崔明允等二十人，儒学博通刘恣等八人，军谋越众令狐朝等七人，并科目，各依资授官。

《册府元龟》卷六四三《贡举部·考试一》

　　敕：君子之道，所以正其志，全贞吉也；逸人之举，所以励天下，激浮躁也。朕钦崇先训，以道化人，思致栖真之士，用光咸在之列。是以频降旌帛，冀空岩薮，虚怀式伫，明发不忘。卿等来膺辟命，远至城阙。周文多士，既叶于旁求；虞舜畴咨，亦在于佥议。爰命台省，询于道业。或善行无迹，名实难窥；或大器晚成，春秋尚少。津涯未测，轮桷何施？事且隔于行藏，道遂分于出处。其马尚会、常广心、贺兰迪等三人，宜待后处分。崔从一、王元瞻、韩宜、胡贲、赵玄奖等五人，年鬓既高，稍宜优异，各赐绿衣一副，物二十段。余并赐物十段。不夺隐沦之志，以成高尚之美。并宜坐食，食讫好去，依前给公乘还乡。（天宝四载五月）

《唐大诏令集》卷一〇六《处分制举人敕》

朕祗膺祖宗之业,猥临亿兆之上,任大守重,不敢康宁。永怀万事之统,惧有所阙,夕惕若厉,中夜以兴。求贤审官,期于致理,而政化犹欝,太平未臻。思得海内忠良,竭诚匡谏。洎经术之士,才略之臣,以明教化,以立武事。惟兹三者,政之大经。虑岩穴之间,尚多遗逸。故科别条目,广延异能。贤良方正能直言极谏韦执谊等,达于理道,甚用嘉之,位以旌能,宜其秩叙。其第三等人,委中书门下即超资与处分。第四等人,即优处分。第五等人,即与处分。嗟乎!强举以待问,进德以及时。昔之孙弘,犹闻十上,失之正鹄,必反诸身。凡为多士,宜各自勉。

《唐大诏令集》卷一○六《贞元元年放制科举人诏》

贞元元年九月丁巳,诏曰:"朕祗膺祖宗之业,猥临亿兆之上,任大守重,不敢康宁。永怀万事之统,惧有所阙,夕惕若厉,中夜以兴。求贤审官,期于至理,而政化犹郁,太平未臻。思得海内忠良,竭诚规谏。洎经术之士,才略之臣,以明教化,以立武事。惟兹三者,政之大经。虑岩穴之间,尚多遗逸。故科别条目,广延异能。贤良方正能直言极谏韦执谊等,达于理道,甚用嘉之,位以旌能,宜升秩叙。其第三等人,委中书门下即超资与处分。第四等人,即优与处分。第五等人,即与处分。嗟乎!强学以待问,进德以及时。昔公孙弘犹闻十上,失之正鹄,必反诸身。凡为多士,宜各自勉。"

《册府元龟》卷六八《帝王部·求贤二》

〔贞元元年〕十月甲子,授贤良方正能直言极谏韦执谊等一十八人官有差。

《册府元龟》卷六四四《贡举部·考试二》

当是时，诏天下举可任刺史、县令者，殆有百人。有诏令与群官询考，及延问人间疾苦，及胥吏得失，取其有恻隐、通达事理者条举，什才一二。宰相将以辞策校之，〔薛〕珏曰："求良吏不可兼责以文学，宜以圣君爱人之本为心。"执政卒无难之，皆叙进官，颇多称职。

《旧唐书》卷一八五下《薛珏传》

构大厦者，必总于群材；成大川者，亦资于百谷。故思理之主，求贤罔遗。所以昭宣令图，广大前绪，观文缉化，其在兹乎？朕以寡昧，获奉丕业。虚己问政，实始于兹。考言求益，敢不祗若。故命左右辅弼洎有位之臣，会于中台，必究其论。缄密以献，省自朕躬，果获贤能，副于饥渴。才识兼茂。明于体用科第三次等元稹、韦惇，第四等独孤郁、白居易、曹景伯、韦庆复，第四次等崔韶、罗让、元修、薛存庆、韦珩，第五上等萧俛、李蟠、沈传师、柴宿；达于吏理可使从政科第五上等陈岵：咸以待问之美，观光而来，询以三道之要，复于九变之选。得失之间，粲然可观。宜膺德懋之典，式叶言扬之举。其第三次等人，委中书门下优与处分；第四等、第五上等，中书门下即与处分。（元和元年四月）

《唐大诏令集》卷一○六《放制举人敕》

〔元和元年四月〕辛酉，诏曰："构大厦者，必总于群材；成大川者，必资于百谷。故思理之主，求贤罔遗。所以昭宣令图，广大前绪，观文缉化，其在兹乎？朕以寡昧，获奉丕业。虚己问政，实始于兹。考言求益，敢不祗若。故命左右辅弼洎有位之臣，会于中台，必究其论。间密以献，省自朕躬，果获贤能，副于饥渴。才识兼茂明于体用科人第三次等元稹、韦惇，第四等独孤郁、白居易、曹京伯、韦庆复，第四次等崔韶、罗让、崔护、元修、薛存庆、韦珩，第五上等萧俛、李蟠、沈传师、柴宿；达于吏理可使从政科第五上等陈岵等：咸以待问之美，观光而来，询以三道之要，复于九变之选。得失之览，粲然可观。宜膺德茂之异，式叶言扬之举。其第三次等人，委中书门下优与处分；第四等、第四次等、第五上等，中书门下即与处分。"

《册府元龟》卷六四四《贯举部·考试二》

〔长庆元年〕十二月辛未，制曰："朕自郊上玄，御端门发大号，与天下更始。思得贤隽，标明四科。令群公卿士暨守土之臣，详延下位，周于草泽，成列待问，副予虚求。昧爽临轩，俾究其论，正辞良术，精义弘谋。绎之旬时，深见忠益，言刘其楚，列而第之。贤良方正能直言极谏第三等人庞严，第三次等人吕术，第四等人韦曙、姚中立、李躔，第四次等人崔嘏、崔龟从、任畹，第五上等人韦正贯、崔知白、陈玄锡；博通坟典达于教化第四等人李思玄；详明政术可以理人第四次等人崔郢；军谋弘远堪任将帅第三等人吴思，第五等人李商卿：咸以懿学茂识，扬于明廷。况当短晷之辰，颇着论思之美。粲然高论，深沃朕心。永言藏器之规，岂忘絷驹之义，宠之命秩，允答嘉猷。其第三等人、第三次等人，委中书门下优与处分；其第四次等人、第五上等人，中书门下即与处分。"

《册府元龟》卷六四四《贡举部·考试二》

〔长庆元年十二月〕甲申，以登制科人前试弘文馆校书郎庞严为左拾遗，前试秘书省校书郎张述为右拾遗，前试太常寺协律郎吴思为右拾遗、供奉，京兆府富平县尉韦曙为左拾遗、内供奉，前乡贡进士姚中立、李躔、崔嘏并可秘书省校书郎，同州参军崔龟从为京兆府鄠县尉，太子正字任畹为京兆府兴平尉，草泽韦正贯为太子校书郎，前乡贡进士崔知白为秘书省正字，前乡贡进士崔郢为太子校书郎，前乡贡进士李商卿为崇文馆校书郎。制曰："昔仲尼之门，以四科品第诸生，所得十哲。今吾征四海九州之士，而登名者十有五人。搜罗简拔，非不勤至，以今况古，可谓才难。是用诏爵以嘉奖其忠，超擢以光明其道，俾岩石之下，人思自奋，晁、董之盛，远以为邻。延登谏垣，式仵忠益，雠书结绶，皆曰显途。修其秩次，亦示科等。服我远①命，助我远猷。可依前件。"

《册府元龟》卷六四四《贡举部·考试二》

朕自郊上玄，御端门发大号，与天下更始。思得贤俊，标明四科。命群公卿士暨守土之臣，详延下位，周于草泽，成列待问，副予虚求。昧爽临轩，俾究其论，止辞良术，精义宏谋。绎之旬时，深见忠益，言刈其楚，列而第之。贤良方正能直言极谏第三等人庞严，第三次等人吕术，第四等人韦曙、姚中立、李经，第四次等人崔嘏、崔龟从、任畹，第五上等人韦正贯、崔知白、陈玄锡；博通坟典达于教化第四等人李思玄；详明政术可以理人第四次等人崔郢；军谋宏达堪任将帅第三等人吴思，第五等人李商卿：咸以懿学茂识，扬于明庭。况当短晷之晨，颇尽论思之美。灿然高论，深沃朕心。永言藏署之规，岂忘絷驹之美，宠之命秩，允答嘉猷。其第三等人、第三次等人，委中书门下优与处分；其第四等人、第四次

---

① "远"，他本或作"新"。

等人、第五上等人，中书门下即与处分。（长庆二年十二月）

《唐大诏令集》卷一〇六《放制举人诏》

　　昔仲尼之门，以四科品第诸生，所得十哲。今吾征四海九州之士，而登名者十有五人。搜罗简拔，非不勤至，以今况古，可谓才难。是用诏爵以嘉奖其忠，超擢以光明其道，俾岩石之下，人思自奋。晁、董之盛，远以为邻。延登谏垣，式仵匡益，储书结绶，皆曰显途。循其秩次，亦视科等。服我新命，勖哉远猷。可依前件。（长庆元年十二月）

《唐大诏令集》卷一〇六《除制举人官敕》

　　〔宝历元年四月〕丁亥，制曰："朕深居法宫，高处宸极，尝虑天下多务，壅于上闻；朝廷大猷，阙于中典。至于伏陛叩颡，造膝犯颜，皆骤迁显荣，宠以优锡。犹思物不得茂遂，道有所郁埋，是用虚衷访贤，侧席前殿，缄密以献，阅自朕躬。切弼予违，无所回忌，第于上下，扬于正朝。吾之不弘，亦可谓信于海内矣。贤良方正能直言极谏科举人第三等唐伸、韦端符、舒元褒，第四等萧敞、杨鲁士、杨俭、来择、赵柷、裴恽，第四次等韦繇、李昌实、严荆、田邑、崔璜，第五上等李浐、萧夷中、冯球、元晦；详闲吏理达于教化科第五上等韦正贯；军谋弘远材任边将科第三等裴俦，第四次等侯云章：咸以谠言正词，兵符教本，应问如响，不穷如泉，著之于篇，烂然尽在，宜膺中鹄之选，用叶縻爵之经。在第三等人，委中书门下优与处分；第四等、第四次等、第五上等，中书门下即与处分。"后不数日，帝谓宰相曰："韦端符、杨鲁士皆涉物议，宜与外官。"端符授同州白水县尉，鲁士授兴元府城固县尉。宰臣等竟请罪名,不得。

《册府元龟》卷六四四《贡举部·考试二》

　　朕深居法宫,高处宸极,常虑天下多务,壅于上闻。朝廷大猷,阙于中兴。至于伏陛叩颡,造膝犯颜,皆骤迁显荣,宠以优锡。犹思物不得茂遂,道有所郁堙,是用虚衷访贤,侧席前殿,缄密以献,阅自朕躬。切弼予违,无所回忌,第其上下,扬于王朝。吾之不吝,亦可谓信于海内矣。贤良方正能直言极谏科举人第三等唐伸、韦端符、舒元褒,第四等萧敞、杨会士、杨俭、来择、赵祝、裴恽,第四次等王繇、李昌实、严荆、田邑、崔璜,第五上等李浐、萧夷中、冯球、元晦;详闲吏理达于教化科第五上等韦正贯;军谋宏远材任边将科第三等裴俦,第四次等侯云章:咸以谠言正词,兵符教本,应问如响,不穷于泉,著之于篇,烂然尽在,宜膺中鹄之选,用协縻爵之经。其第三等人,委中书门下优与处分;第四等、第四次等、第五上等,中书门下即与处分。

《唐大诏令集》卷一〇六《放制举人诏》

　　王者谨天戒,酌人言,协时政,资赞理,斯为令典也。朕以菲德,祗膺大统,岁属凶旱,人思底宁,庶察弊以勤理,因举能而询众。科别条问,临轩致诚,载搜尤材,果副虚伫。贤良方正能言极谏科举人第三等裴表,第三次等李郃,第四等南卓、李甘、杜牧、马植、郑亚、崔玙,第四次等崔谠、王式、罗劭京、崔渠慎、田苗惜、韦昶、崔博,第五上等崔焕、王宾;详闲吏理达于教化科举人第四次等宋昆;军谋宏远堪任将帅科举人第四等郑冠、李拭等:皆直躬遵道,博古知微,敷其远猷,志在弘益。实能攻朕阙政,究天下交际之理，极皇王通变之义，指切精洽，粲然可观。既效才于明世，宜旌能于受禄。其第三等、第三次等人，委中书门下优与处分；第四等、第四次等、第五上等人，中书门下即与处分。

《唐大诏令集》卷一○六《放制举人敕》

〔大和二年闰三月〕甲午，诏曰："王者谨天戒，酌人言，叶时凝命，资贤赞理，斯为令典也。朕以菲德，祗膺大统，岁属凶旱，人思底宁，庶察弊以勤理，因举能而询众。科别条问，临轩致试，载搜尤才，果副虚伫。贤良方正能直言极谏科举人第三等裴休、裴素，第三次等李邠，第四等南卓、李甘、杜牧、马植、郑亚、崔玙，第四次等崔谠、王式、罗绍京、崔渠、崔慎由、苗愔、韦昶、崔搏，第五上等崔涣、韩宾；详闲吏理达于教化科举人第四次等宋昆；军谋宏远堪任将帅科举人第四次等郑冠、李栻等：皆直躬遵道，博古知微，敷其远猷，志在引益。实能攻朕阙，绍政经，究天人交际之理，极皇王道变之义，指切精洽，粲然可观。既校才于试，可宜旌能于受禄。其第三等、第三次等人，委中书门下优与处分；第四次等、第五上等人，中书门下即与处分。"时有刘蕡应直言极谏科，条对激切，凡数千言，虽不中第，其文本行于时。

《册府元龟》卷六四四《贡举部·考试二》

汉庭以贤良文学征有道之士，公孙弘条对第一，席其势鼓行人间，取丞相且侯。使汉有得人之声，伊弘发也。皇唐文物与汉同风。故天后朝，燕国张公说以词标文苑征；玄宗朝，曲江张公九龄以道侔伊、吕征；德宗朝，天水姜公公辅、杜陵韦公执谊、河东裴公垍以贤良方正征；宪宗朝，河南元公稹、京兆韦公淳以才识兼茂征,陇西牛公僧孺、李公宗闵以能直言极谏征:咸用对策甲于天下,继为有声宰相。古今相望,落落然如骑星辰,与夫起版筑饭牛者异矣。

《刘禹锡集》卷一九《唐故中书侍郎平章事韦公集纪》

天福七年五月,敕:"应诸色进策人等,皆抱材能,方来投献,宜加明试,俾尽臧谋。起今后应进策条,中书奏覆,敕下,其进策人委门下省试策三道,仍定上、中、下三等。如是,元进策内有施行者,其所试策或上或中者,委门下省给与减选,或出身优牒合格。参选日,其试策上者,委铨司超壹资注拟;其试策中者,委铨司依资注拟。如是,所试策或上或中,元进策条并不施行;所试策下,元进策条内有施行者,其本官并仰量与恩赐发遣。若或所试策下,所进策条并不施行,便仰晓示发遣,不得再有投进。余并准前后敕文处分。"

《旧五代史》卷一四八《选举志》

(三) 录取标准与等第

1. 标准与实际执行

〔贞观〕二十二年九月,考功员外郎王师旦知举。时进士张昌龄、王公瑾并有俊才,声震京邑,而师旦考其文策全下,举朝不知所以。及奏等第,太宗怪无昌龄等名,因召师旦问之。对曰:"此辈诚有文章,然其体性轻薄,文章浮艳,必不成令器。臣若擢之,恐后生相效,有变陛下风雅。"帝以为名言,后并如其言。

《唐会要》卷七六《贡举中·进士》

〔开元〕十五年五月,诏中书门下引文武举人就中策试。于是蓝田县尉萧谅、右卫胄曹梁涉、邠州柱国子张玘等对策稍优,录奏。帝谓源乾曜、杜暹、李元纮等曰:"朕宵衣旰食,侧席求贤,所以每念搜扬者,恐草泽遗才,无繇自达。至如畿尉、卫佐,未经推择,更与褐衣争进,非朕本意。"繇是唯以张玘为下第放选,余悉罢之。

《册府元龟》卷六四三《贡举部·考试一》

敕:求贤济理,询事考言,务取由衷,以观深识。顷年策试,颇成弊风,所问既不切于时宜,所对亦何关于政事?徒征隐僻,莫见才明,以此择贤,良未得所。卿等各膺推荐,副朕虚求,宜其悉心,各尽所见。勿复仍旧,空载游词。各宜就食,食讫就试。

《唐丞相曲江张先生文集》卷七《敕处分举人》

〔开元〕二十五年二月,敕:"今之明经、进士,则古之孝廉、秀才。近日以来,殊乖本意,进士以声律为学,多昧古今;明经以帖诵为功,罕穷旨趣。安得为敦本复古,经明行修?以此登科,非选士取贤之道。其明经自今以后,每经宜帖十,取通五已上,免旧试一帖。仍按问大义十条,取通六已上。免试经策十条,令答时务策三道,取粗有文理者与及第。其进士宜停小经,准明经帖大经十帖,取通四已上。然后准例试杂文及第者,通与及第。其明经中有明五经已上,试无不通者;进士中兼有精通一史,能试策十条得六已上者:委所司奏听进止。其应试进士等唱第讫,具所试杂文及策,送中书门下详覆。其所问明经大义日,须对同举人考试,应能否共知,取舍无愧,有功者达,可不勉欤!"此诏因侍郎姚奕奏。

《唐会要》卷七五《贡举上·帖经条例》

复考进士文策，同就侍郎厅房。信宿重关，差池接席。掎摭之务，仰山弥高。于时贤郎，幼年词翰。公以本司恐谤，不议祁奚。仆闻善必惊，是敬王粲。骤请座主，超升甲科，今果飞腾，已迁京县。虽云报国，亦忝知人。

《全唐文》卷三〇六《张楚·与达奚侍郎书》

草泽及卑位之间，有不求闻达、未经推荐者，有一艺已上，恐遗俊义，令兵部、吏部作征召条目奏闻。……国子监学生，明经、法、帖、策、口试各十，并通四已上，进士通三，与及第。乡贡明经，准常式。州县学生放归营农，待贼平之后，任依常式。（乾元元年四月十四日）

《唐大诏令集》卷六九《乾元元年南郊赦》

杨国忠之子暄，举明经，礼部侍郎达奚珣考之，不及格，将黜落，惧国忠而未敢定。时驾在华清宫。珣子抚为会昌尉，珣遽召使，以书报抚，令候国忠具言其状。抚既至国忠私第，五鼓初起，列火满门，将欲趋朝，轩盖如市。国忠方乘马，抚因趋入，谒于烛下。国忠谓其子必在选中，拊盖微笑，意色甚欢。抚乃白曰："奉大人命，相君之子试不中，然不敢黜退。"国忠却立，大呼曰："我儿何虑不富贵，岂藉一名，为鼠辈所卖耶！"不顾，乘马而去。抚惶骇，遽奔告于珣，曰："国忠恃势倨贵，使人之惨舒，出于咄嗟，奈何以校其曲直？"因致暄于上第。既而为户部侍郎，珣才自礼部侍郎转吏部侍郎，与同列。暄话于所亲，尚叹己之淹徊，而谓珣迁改疾速。

《明皇杂录》卷上

李皋字子兰，曹王明玄孙，嗣王戢之子。少补左司御率府兵曹参军。……皋度俸不足养，亟请外官，不允，乃故抵微法，贬温州长史。无几，摄行州事。……皋行县，见一媪垂白而泣，哀而问之，对曰："李氏之妇，有二子：钧、锷，宦游二十年不归，贫无以自给。"时钧为殿中侍御史，锷为京兆府法曹，俱以文艺登科，名重于时。皋曰："'入则孝，出则悌，行有余力，然后可以学文。'若二子者，岂可备于列位！"由是举奏，并除名勿齿。

《旧唐书》卷一三一《李皋传》

鲍防字子慎，……从德宗奉天，进礼部侍郎，封东海郡公。贞元元年，策贤良方正，得穆质、裴复、柳公绰、归登、崔邠、韦纯、魏弘简、熊执易等，世美防知人。时比岁旱，策问阴阳祲沴，质对："汉故事，免三公，卜式请烹弘羊。"指当时辅政者。右司郎中独孤恛欲下质，防不许，曰："使上闻所未闻，不亦善乎？"卒置质高第，帝见策嘉揖。

《新唐书》卷一五九《鲍防传》

唐刘禹锡云："崔护不登科，怒其考官苗登，即崔之三从舅也。乃私试为判头，毁其舅曰：'甲背有猪皮之异。'人问曰：'何不去之，有所受？'其判曰：'曹人之坦重耳，骈胁再观；相里之剥苗登，猪皮斯见。'初，登为东畿尉，相里造为尹，曾欲笞之，袒其背，有猪明抄本"猪"作"志",当作"痣"。毛长数寸,故又曰:'当偃兵之时,则隧而无用;在穴食之日,则摇而有求。'皆言其尾也。"

《太平广记》卷二五五《嘲诮三·崔护》

礼部侍郎杨俊①掌贡举,问萧求人海内,以为德选。

《唐摭言》卷七《知己》

贞元十八年,权德舆主文,陆傪员外通榜帖,韩文公荐十人于傪,其上四人曰侯喜、侯云长、刘述古、韦纾,其次六人张弦、尉迟汾、李绅、张俊②余,而权公凡三榜共放六人,而弦、绅、俊余不出五年内皆捷矣。

陆忠州榜时,梁补阙肃、王郎中杰佐之。肃荐八人俱捷,余皆共成之。故忠州之得人皆烜赫。事见韩文公与陆傪员外书。

三榜,裴公第一榜,拾遗卢参预之;第二、第三榜,谏议柳逊、起居舍人于竞佐之;钱紫微珝亦颇通矣。

郑颢都尉第一榜,托崔雍员外为榜。雍甚然诺,颢从之。雍第推延,至榜除日,颢待榜不至,陨获旦至。会雍遣小僮寿儿者传云:"来早陈贺。"颢问有何文字,寿儿曰:"无。"然日势既暮,寿儿且寄院中止宿,颢亦怀疑,因命搜寿儿怀袖,一无所得。颢不得已,遂躬自操觚。夜艾,寿儿以一蜡弹丸进颢,即榜也。颢得之大喜,狼忙札之,一无更易。

《唐摭言》卷八《通榜》

---

① "俊",他本或作"浚"。
② "俊",他本或作"浚"。

杜黄裳知贡举，闻尹枢时名籍籍，乃微服访之。问场中名士，枢唯唯。黄裳乃具告曰："某即今年主司也，受命久矣。唯得一人，其他相烦指列。"枢耸然谢曰："既辱下问，敢有所隐。"即言子弟崔元略，孤寒有林①藻、令狐楚数人。黄裳大喜，其年枢状头及第，试《珠还合浦赋》成。

《玉泉子》

杜黄门第一榜，尹枢为状头。先是杜公主文，志在公选，知与无预评品者。第三场庭参之际，公谓诸生曰："主上误听薄劣，俾为社稷求栋梁。诸学士皆一时英俊，奈无人相救！"时入策五百余人，相顾而已。枢年七十余，独趋进曰："未谕侍郎尊旨？"公曰："未有榜帖。"对曰："枢不才。"公欣然延之，从容因命卷帘，授以纸笔。枢援毫斯须而就。每札一人，则抗声斥其姓名，自始至末，列庭闻之，咨嗟叹其公道者一口。然后长跪授之，唯空其元而已。公览读致谢讫，乃以状元为请，枢曰："状元非老夫不可。"公大奇之，因命亲笔自札之。

郑损舍人，光启中随驾在兴元，丞相陆公扆为状元。先是，扆与损同止逆旅，扆于时出丞相文忠公之门，切于了却身事。时已六月，恳叩公，希奏置举场。公曰："奈时深夏，复使何人主司？"扆曰："郑舍人其人也。"公然之，因请扆致谢于损。扆乃躬诣损拜请，其榜帖皆扆自定。

《唐摭言》卷八《自放状头》

安邑李相公吉甫，初自省郎为信州刺史。时吴武陵郎中，贵

---

① "林"，原本作"材"。

溪人也,将欲赴举,以哀情告于州牧,而遗五布三帛矣。吴以轻鲜,以书让焉。其词唐突,不存桑梓之分,乃非其礼,正郎微诮焉。赞皇母氏谏曰:"小儿方求成人,何得与举子相忤?"遂与米二百斛。赵郡果为宰辅,竟其憾焉。元和二年,崔侍郎邠重知贡举,酷搜江湖之士。初春将放二十七人及第,潜持名来呈相府,才见首座李公。公问:"吴武陵及第否?"主司恐是旧知,遽言:"吴武陵及第也。"其榜尚在怀袖,忽报中使宣口敕,且揖礼部从容,遂注武陵姓字,呈上李公。公谓曰:"吴武陵至是粗人,何以当其科第?"礼部曰:"吴武陵德行虽即未闻,文笔乃堪采录。名已上榜,不可却焉!"相府不能因私诎士,唯唯而从。吴君不附国庠,名第在于榜末。是日既集省门试,谓同年曰:"不期崔侍郎今年倒挂榜也。"观者皆讶焉。

《云溪友议》卷下《因嫌进》

廖有方校书,元和十年失意后游蜀,至宝鸡西界馆,窆于旅逝之人,天下誉为君子之道也。书板为其记耳:"余元和乙未岁,落第西征,适此公署,闻呻吟之声,潜听而微啜也。乃于暗室之内,残见一贫病儿郎,问其疾苦行止,强而对曰:'辛勤数举,未遇知音眄睐。'叩头,久而复语,唯以骸相托,余不能言,拟求救疗,是人俄忽而逝。余遂贱鬻所乘鞍马于村豪,备棺瘗之礼,恨不知其姓字。苟为金门同人,临歧凄断。复为铭曰:'嗟君没世委空囊,几度劳心翰墨场。半面为君申一恸,不知何处是家乡!'"廖君自西蜀取东川路,还至灵合驿。驿将迎归私第。及见其妻,素衣,再拜呜咽,情不可任。徘徊设辞,有同亲懿。淹留半月,仆马皆饫啜熊鹿之珍,极宾主之分。有方不测何缘如此,悚惕尤甚。临别,其妻又至，相别悲啼，又赠赆缯锦一驮，其价直数百千。驿将曰："郎君今春所埋胡绡秀才，即其妻室之季兄。"始知亡者姓字，复叙平生之吊。所遗之物，终不纳焉。少妇及夫，坚意拜上。有方又曰："仆为男子，粗察古今。偶然葬一同流，不可当兹厚惠。"遂促辔而前。驿将奔骑而送。逾一驿，尚水分离。廖君不顾其物，驿将竟不挈还。执袂各恨东西，物乃弃于林野。乡老以义事申州，州以表奏中朝。其于文武宰寮，顾识有方，共为导引。明年，李侍郎逢吉，放有方及第，改名游卿，声动华夷。皇唐之义士也。其主驿戴克勤，堂牒本道节度，甄升至于极职，克勤名义，与廖君同述焉。

《云溪友议》卷下《名义士》

　　卢肇、黄颇，同游李卫公门下。王起再知贡举，访二人之能。或曰："卢有文学，黄能诗。"起遂以卢为状头，黄第三人。

《唐语林》卷三《品藻》

　　王相起，长庆中再主文柄，志欲以白敏中为状元，病其人与贺拔甚为交友。甚有文而落拓。因密令亲知申意，俾敏中与甚绝。前人复约敏中，为具以待之。敏中欣然曰："皆如所教。"既而甚果造门，左右给以敏中他适，甚迟留不言而去。俄顷，敏中跃出，连呼左右召甚，于是悉以实告。乃曰："一第何门不致，奈轻负至交！"相与叹醉，负阳而寝。前人睹之，大怒而去。恳告于起，且云不可必矣。起曰："我比只得白敏中，今当更取贺拔甚矣。"

《唐摭言》卷八《友放》

　　〔李景让〕太夫人孀居之岁，才未中年，贞干严肃，姻族敬惮，训厉诸子，言动以礼。虽即官达之后，稍怠于辞旨，则榎楚无舍。……景庄累举未捷，太夫人闻其点额，即笞其兄。中表皆劝。如是累岁，连受庭责，终不荐托。亲知切请之，则曰："朝廷知是李景让弟，非是冒取一名者，自合放及第耳。"既而宰相果谓春官："今年李景庄须放及第，可悯那老儿一年遭一顿杖。"是岁，景庄登第矣。

《金华子杂编》卷上

封侍郎知举，首访能赋人。卢骈诣罗邵舆云："主司爱赋十九。"案：此下有脱文。官。罗曰："主司安邑住，邵舆居宣平，彼处爱赋，无由得知。"

《唐语林》卷三《方正》

郑侍郎薰主文，误谓颜标乃鲁公之后。时徐方未宁，志在激劝忠烈，即以标为状元。谢恩日，从容问及庙院。标，寒畯也，未尝有庙院。薰始大悟，寒默而已。寻为无名子所嘲曰："主司头脑太冬烘，错认颜标作鲁公。"

《唐摭言》卷八《误放》

潞州沈尚书询，宣宗九载，主春闱，将欲放榜，其母郡君夫人曰："吾见近日崔、李侍郎，皆与宗盟及第，似无一家之谤。汝叨此事，家门之庆也。于诸叶中，拟放谁耶？"吴兴沈氏，相见问叶，不问房。询曰："莫先沈光也。"太大人曰："沈光早有声价，沈擢次之。二子科名，不必在汝，自有他人与之。吾以沈儋孤单，鲜有知者，汝其不愍，孰能见哀？"询不敢违慈母之命，遂放儋第焉。光后果升上第,擢奏芸阁,从事三湘。太夫人之朗悟,亦儋之感激焉。

《云溪友议》卷下《沈母议》

自大中、咸通之后,每岁试春官者千余人,其间章句有闻,亹亹不绝。如何植、李玖、皇甫松、李孺犀、梁望、毛涛、具麻、来鹄、贾随,以文章著美;温庭筠、郑滆、何涓、周铃、宋耘、沈驾、周繁,以词赋标名;贾岛、平曾、李陶、刘得仁、喻坦之、张乔、剧燕、许琳、陈觉,以律诗流传;张维、皇甫川、郭郧、刘延晖,以古风擅价。皆苦心文华,厄于一第。然其间数公,丽藻英词,播于海内,其虚薄叨联名级者,又不可同年而语矣。

《剧谈录》卷下《元相国谒李贺》

大中、咸通之后,每岁试礼部者千余人。其间有名声,如何植、李玫、皇甫松、李孺犀、梁望、毛浔、具麻、来鹄、贾随,以文章称;温庭筠、郑滆、何涓、周铃、宋耘、沈驾、周系,以词翰显;贾岛、平曾、李淘、刘得仁、喻坦之、张乔、剧燕、许琳、陈觉,以律诗传;张维、皇甫川、郭郧、刘庭辉,以古风著。虽然,皆不中科。

《唐语林》卷二《文学》

贾泳父餗,有义声。泳落拓不拘细碎,常佐武臣倅晋州。昭宗幸蜀,三榜裴公,时为前主客员外,客游至郡,泳接之傲睨。公尝簪笏造泳,泳戎装一揖曰:"主公尚书邀放鹞子,勿怪如此!"悾惚而退,赘颇衔之。后公三主文柄,泳两举为公所黜,既而谓门人曰:"贾泳潦倒可哀,吾当报之以德。"遂放及第。

《唐摭言》卷一一《以德报怨》

温宪员外,庭筠子也。僖、昭之间,就试于有司。值郑相延昌掌邦贡也,以其父文多刺时,复傲毁朝士,抑而不录。既不第,遂题一绝于崇庆寺壁。后荥阳公登大用,因国忌行香,见之悯然动容。暮归宅,已除赵崇知举,即召之,谓曰:"某顷主文衡,以温宪庭筠之子,深怒嫉之。今日见一绝,令人恻然,幸勿遗也。"于是成名。诗曰:"十口沟隍待一身,半年千里绝音尘。鬓毛如雪心如死,犹作长安下第人。"

《唐诗纪事》卷七《温宪》

天复元年,杜德祥榜,放曹松、王希羽、刘象、柯崇、郑希颜等及第。时上新平内难,闻放新进士,喜甚。诏选中有孤平屈人,宜令以名闻,特敕授官。故德祥以松等塞诏,各受正。制略曰:"念尔登科之际,当予反正之年,宜降异恩,各膺宠命。"松,舒州人也,学贾司仓为诗,此外无他能,时号松启事为送羊脚状。希羽,歙州人也,辞艺优博。松、希羽甲子皆七十余。象,京兆人;崇、希颜,闽中人:皆以诗卷及第,亦皆年逾耳顺矣。时谓"五老榜"。

《唐摭言》卷八《放老》

何泽,韶州曲江人,徙家番禺。父鼎,有文名,第进士,除著作郎,迁泷州司马,累迁容管经略使,治所部,多惠政,尤善星历。……

泽少,承家学,负俊才,长于诗歌。乾宁中,举进士,偕计至三峰行在,旧同年崔某闻泽至,欲为延誉,缄诗赠之。会崔彻为相,颇不满于泽,意别有属。主试者得泽卷,心赏之,而重违彻旨,遂落第,漂流岭海间。

《南汉书》卷一四《何泽传》

2. 等第

按令文,科第秀才与明经同为四等,进士与明法同为二等。然秀才之科久废,而明经虽有甲、乙、丙、丁四科,进士有甲、乙二科,自武德以来,明经唯有丁第,进士唯乙科而已。

《通典》卷一五《选举三·历代制下》

凡叙阶之法,……有以秀、孝。谓秀才上上第,正八品上;已下递降一等,至中上第,从八品下。明经降秀才三等。进士、明法甲第,从九品上;乙等,降一等。若本荫高者,秀才、明经上第,加本荫四阶;已下递降一等。明经通二经已上,每一经加一阶;及官人通经者,后叙加阶亦如之。凡孝义旌表门闾者,出身从九品上叙。

《唐六典》卷二《尚书吏部》

公讳灌,字玄茂,……年十八,明经高第。

《张说之文集》卷二五《赠吏部尚书萧公神道碑》

颜真卿字清臣,琅邪临沂人也。五代祖之推,北齐黄门侍郎。真卿少勤学业,有词藻,尤工书。开元中,举进士,登甲科。

《旧唐书》卷一二八《颜真卿传》

于邵字相门,……寻拜谏议大夫、知制诰,再迁礼部侍郎、史馆修撰，……崔元翰年近五十，始举进士，邵异其文，擢第甲科。

《旧唐书》卷一三七《于邵传》

……公成童好学，弱冠工文，二登甲科，三入高等，始自郡邑台省之任，终乎廊庙台辅之器。

《李遐叔文集》卷四《唐丞相故太保赠
太师韩国公苗公墓志铭》

卫次公字从周，河东人。器韵弘雅，弱冠举进士。礼部侍郎潘淡目为国器，擢居上第。

《册府元龟》卷六五〇《贡举部·应举》

〔穆〕质强直，应制策入第三等，其所条对，至今传之。

《旧唐书》卷一五五《穆质传》

王藻、王素，贞元初应举，齐名第十四。每诣通家，称"王十四郎"，或问曰："藻也？素也？"

《大唐传载》

府君讳有方，……有子曰长儒，弱冠举进士甲科，文行清茞。

《权载之文集》卷二六《再从叔故试大理评事兼
徐州蕲县令府君墓志铭并序》

天宝九年①七月，诏于国子监别置广文馆，以举常修进士业

① "年"，应作"载"。

者,斯亦救生徒之离散也。始,其春官氏擢广文生者,名第无高下。贞元八年,欧阳詹第三人,李观第五人。迩来此类不乏。暨大中之末,咸通、乾符以来,卒以为末第。或曰:乡贡,宾也;学生,主也。主宜下于宾,故列于后也。大顺二年,孔鲁公在相位,思矫其弊,故特置吴仁璧于蒋肱之上。明年,公得罪去职,及第者复循常而已。悲夫!

《唐摭言》卷一《广文》

武翊黄,府送为解头,及第为状头,宏词为敕头,时为"武三头",冠于一时。后惑于媵婢薛荔,苦其冢妇卢氏。虽新昌李相绅以同年蔽之,而众论不容,终至流窜。

《唐语林》卷六《补遗》

庞严起寒微,举进士。穆宗长庆初,元稹、李绅为翰林学士。严应判考策,入第三等,仍为之首。

《册府元龟》卷六五〇《贡举部·应举》

长兴元年六月,中书门下奏:"此后宾贡,每年只请放一人。兼及第举人放榜时,并须据才艺高低,从上依资安排,不得以只科取鼎、岛、岳、斗之名,兼不得呼春官为恩门、师门,不得自称门生。除赐宴外,不得辄有率敛,别谋欢会。曾赴举落第人,不得改名。将来举人,并依选人例,据地里远近,于十月中纳文解。如违,不在受纳之限。"从之。

《五代会要》卷二三《缘举杂录》

二、 考试放榜与谢恩庆贺

（一） 放榜

贞观初放榜日，上私幸端门，见进士于榜下缀行而出，喜谓侍臣曰："天下英雄，入吾彀中矣！"进士榜头，竖黏黄纸四张，以毡笔淡墨袞转书曰"礼部贡院"四字。或曰文皇顷以飞帛书之，或象阴注阳受之状。

进士旧例于都省考试。南院放榜。南院乃礼部主事受领文书于此，凡板样乃诸色条流，多于此列之。张榜墙乃南院东墙也。别筑起一堵高丈余，外有墙垣。未辨色，即自北院将榜就南院张挂之。元和六年，为监生郭东里决破棘篱，篱在垣墙之下，南院正门外亦有之。坼裂文榜，因之后来多以虚榜自省门而出，正榜张亦稍晚。

《唐摭言》卷一五《杂记》

承天门街之东，第五横街之北。

从西第一，左领军卫。卫北有兵部选院。次东，左威卫。卫北有刑部格式院。次东，吏部选院。以在尚书省之南，亦曰吏部南院，选人看榜名之所也。次东，礼部南院。四方贡举人都会所也。《摭言》：进士旧例于都省考试。南院放榜。张榜墙乃南院东墙也。别筑起一堵高丈余，外有墙垣。未辨色，即自北院将榜就南院张挂之。元和六年，为监生郭东里决破棘篱，坼裂文榜，因之后来多以虚榜自省门而出，正榜张亦稍晚。院东，安上门街，横街抵此而绝。

《唐两京城坊考》卷一《西京·皇城》

唐进士登第者,主文以黄花笺书其姓名,花押其下,使人持以报之,谓之"榜帖"。当时称为"金花帖子"。……尝观《开元遗事》载:新进士及第,必以泥金帖子附家书,谓之"喜信"。是又足以见昔人之风范也。

《芦浦笔记》卷五《金花帖子》

《贾公谈录》曰:"唐李仡侍郎知贡举,夜放榜未毕,而书吏得疾暴卒,遂更呼一善书吏。而吏方醉,磨墨卤莽,或淡或浓,一榜之字,浓淡相半,反致其妍,遂成淡墨故事。"

《学林》卷四《雁塔》

开元中,进士第唱于尚书省,其策试者并集于都堂,唱其第于尚书省。有落去者,语云:"两两三三戴帽子,日暮但候吟一声,长安竹帛皆枯死。"

《大唐传载》

十一月下旬,遂试杂文。十二月三日,天津桥放杂文榜,景庄与某俱过,其日苦寒。是月四日,天津桥作铺帖经,景庄寻被绌落。某具前白主司曰:"某早留心章句,不工帖书,必恐不及格。"主司曰:"可不知礼闱故事,亦许诗赎?"

《太平广记》卷一七九《贡举二·阎济美》

大中以来,礼部放榜,岁取三二人姓氏稀僻者,谓之"色目人",亦谓之"榜花"。

《南部新书》丙

大中年，韦颛举进士，词学优赡，而贫窭滋甚，岁暮饥寒，无以自给。有韦光者，待以宗党，辍所居外舍馆之。放榜之日，风雪凝冱，报光成名者络绎而至。颛略无登第之耗，光延之于堂际小阁，备设肴馔慰安之。

《剧谈录》卷下

　　广明年中，凤翔副使郑侍郎昌图未及第前，尝自任以广度弘襟，不拘小节，出入游处，悉恣情焉。洎至舆论喧然，且欲罢举。其时同里有亲表家仆，自宋亳庄上至，告其主人云："昨过洛京，于谷水店边，逢见二黄衣使人西来，某遂与同行。至华岳庙前，二黄衣使与某告别，相揖于店后。……使人曰：'吾二人乃是今年送榜之使也，自泰山来到金天处，押署其榜，子幸相遇。'……"

《太平广记》卷一八三《贡举六·郑昌图》

　　赵惊妻父为钟凌大将，惊以久随计不第，穷悴愈甚。妻族益相薄，虽妻父母不能不然也。一日，军中高会，州郡谓之春设者。大将家相率列棚以观之。其妻虽贫，不能无往，然所服故弊，众以帷隔绝之。设方酣，廉使忽驰吏呼将，将且惧。既至，廉使临轩，手持一书，笑曰："赵惊得非君之婿乎？"曰："然。"乃告之："适报至，已及第矣。"即授所持书，乃榜也。将遽以榜奔归，呼曰："赵郎已及第矣！"妻之族即撤去帷幛，相与同席，竞以簪服而庆遗焉。

《玉泉子》

　　吾唐取士最堪夸，仙榜标名出曙霞。白马嘶风三十辔，朱门秉烛一千家。郊谠联臂升天路，宣圣飞章奏日华。① 岁岁人人来不得，曲江烟水杏园花。

《莆阳黄御史集》秩上《放榜日》

帝尧城里日衔杯，每倚嵇康到玉颓。桂苑五更听榜后，蓬山二月看花开。垂名入甲成龙去，列姓如丁作鹤来。同戴大恩何处报，永言交道契陈雷。

《莆阳黄御史集》秩上《二月二日宴中贻同年封先辈渭》

和凝字成绩，汶阳须昌人也。……唐天成中，入拜殿中侍御史，历礼部、刑部二员外，改主客员外郎、知制诰，寻诏入翰林充学士，转主客郎中充职，兼权知贡举。贡院旧例，放榜之日，设棘于门及闭院门，以防下第不逞者。凝令彻棘启门，是日寂无喧者，所收多才名之士，时议以为得人。

《旧五代史》卷一二七《周书·和凝传》

长兴元年六月，中书门下奏："此后宾贡，每年只请放一人。兼及第举人放榜时，并须据才艺高低，从上依资安排，不得以只科取鼎、岛、岳、斗之名。……"

《五代会要》卷二三《缘举杂录》

〔后周显德六年春正月〕乙亥，诏"礼部贡院今后及第举人，依逐科等第定人数姓名，并所试文字奏闻，候敕下放榜"云。

《旧五代史》卷一一九《周书·世宗纪第六》

---

① 原注曰"其年当日奏试"，即于二月乙未日放榜。

元和十三年,进士陈标献诸先辈诗曰:"春官南院院墙东,地色初分月色红。文字一千重马拥,喜欢三十二人同。眼前鱼变辞凡水,心逐莺飞出瑞风。莫怪云泥从此别,总曾惆怅去年中。"

《唐摭言》卷一五《杂记》

（二） 谢主司

状元已下,到主司宅门下马,缀行而立,敛名纸通呈。入门,并叙立于阶下,北上东向。主司列席褥,东面西向。主事揖状元已下,与主司对拜。拜讫,状元出行致词,又退著行,各拜主司,答拜。拜讫,主事云:"请诸郎君叙中外。"状元已下,各各齿叙,便谢恩。余人如状元礼。礼讫,主事云:"请状元曲谢名第第几人,谢衣钵。""衣钵"谓得主司名第,其或与主司先人同名第,即谢衣钵。如践世科,即感泣而谢。谢讫,即登阶,状元与主司对坐。于时,公卿来看,皆南行叙坐,饮酒数巡,便起赴期集院。或云:此礼亦不常。即有,于都省致谢。公卿来看,或不坐而去。三日后,又曲谢。其日,主司方一一言及荐导之处,俾其各谢挈维之力。苟特达而取,亦要言之。

《唐摭言》卷三《谢恩》

春官氏每岁选升进士三十人,以备将相之任。是日自状元已下,同诣座主之宅。座主立于庭,一一而进,曰某外氏某家,或曰甥,或曰弟。又曰某大外氏某家。又曰外大外氏某家,或曰重表弟,或曰甥孙。又有同宗座主,宜为侄而反为叔,言叙既毕,拜礼得申。予辄议曰:"春官氏选士,得其人,止供职业耳,而俊造之士,以经术待聘,获采拔于有司,则朝庭与春官氏皆何恩于举子?

今使谢之,则与选士之旨岂不异乎? 有海东之子,岭峤之人,皆与华族叙中表,从使拜首而已,论诸事体,又何有哉?"

《刊误》卷上《座主当门生拜礼》

王起于会昌中放第二榜,内道场诗僧广宣以诗寄贺曰:"从辞凤阁掌丝纶,便向青云领贡宾。再辟文场无枉路,两开金榜绝冤人。眼看龙化门前水,手放莺飞谷口春。明日定归台席去,鹓鸽原上共陶钧。"起答曰:"延英面奉入青闱,亦选功夫亦选奇。在冶只求金不耗,用心空学称无私。龙门变化人皆望,莺谷飞鸣自有时。独喜向公谁是证,弥天上士与新诗。"

《唐摭言》卷三《慈恩寺题名游赏赋咏杂纪》

周墀任华州刺史。武宗会昌三年,王起仆射再主文柄。墀以诗寄贺,并序曰:"仆射十一叔以文学德行,当代推高。在长庆之间,春闱主贡,采摭孤进,至今称之。近者,朝廷以文柄重难,将抑浮华,详明典实,繇是复委前务。三倾贡籍,迄今二十二年于兹,亦缙绅儒林,罕有如此之盛。况新榜既至,众口称公。墀忝沐深恩,喜陪诸彦,因成七言四韵诗一首,辄敢寄献,用导下情,兼呈新及第进士:文场三化鲁儒生,二十余年振重名。曾忝《木鸡》夸羽翼,又陪金马入蓬瀛。墀初年《木鸡赋》及第,常陪仆射守职内庭。虽欣月桂居先折,更羡春兰最后荣。欲到龙门看风水,关防不许暂离营。"时诸进士皆贺。起答曰:"贡院离来二十霜,谁知更忝主文场。杨叶纵能穿旧的,桂枝何必爱新香! 九重每忆同仙禁,六义初吟得夜光。莫道相知不相见,莲峰之下欲征黄。"

《唐摭言》卷三《慈恩寺题名游赏赋咏杂纪》

王起门生一榜二十二人和周墀诗：

嵩高降德为时生，洪笔三题造化名。凤诏仵归专北极，骊珠搜得尽东瀛。褒衣已换金章贵，禁掖曾随玉树荣。明日定知同相印，青衿新列柳间营。卢肇字子发。

公心独立副天心，三辖春闱冠古今。兰署门生皆入室，莲峰太守别知音。同升翰苑时名重，遍历朝端主意深。新有受恩江海客，坐听朝夕继为霖。丁棱字子威。

三年竭力向春闱，塞断浮华众路岐。盛选栋梁称昔日，平均雨露及明时。登龙旧美无斜径，折桂新荣尽直枝。莫道只陪金马贵，相期更在凤凰池。姚鹄字居云。

昔年桃李已滋荣，今日兰荪又发生。荮菲采时皆有道，权衡分处且无情。叨陪鸳鹭朝天客，共作门阑出谷莺。何事感恩遍觉重？忽闻金榜扣柴荆。退之自顾微劣，始不敢以叨窃之望，策试之后，遂归鳌屋山居。不期一旦进士团遣人赍榜，扣关相报，方知忝幸矣。高退之字遵圣。

当年门下化龙成，今日余波进后生。仙籍共知推丽则，禁垣同得荐嘉名。桃豯早茂夸新荨，菊圃初开耀晚英。谁料羽毛方出谷，许教齐和九皋鸣。孟球字廷玉。

孔门频建铸颜功，紫绶青衿感激同。一篑勤劳成太华，三年恩德重维嵩。杨随前辈穿皆中，桂许平人折欲空。惭和周郎应见顾，感知大造意无穷。刘耕字遵益。

常将公道选群生，犹被春闱屈重名。文柄久持殊岁纪，恩门三启动寰瀛。云霄幸接鸳鸾盛，变化欣同草木荣。乍得阳和如细柳，参差长近亚夫营。裴翻字云章。

满朝簪绂半门生，又见新书甲乙名。孤进自今开道路，至公依旧振寰瀛。云飞太华清词著，花发长安白屋荣。忝受恩光同上客,唯将报德是经营。樊骧字彦龙。

满朝朱紫半门生,新榜劳人又得名。国器旧知收片玉,朝宗转觉集登瀛。同升翰苑三年美,继入花源九族荣。共仰莲峰听雪唱,欲赓仙曲意征营。崔轩字鸣冈。

一振声华入紫微,三开秦镜照春闱。龙门旧列金章贵,莺谷新迁碧落飞。恩感风雷皆变化,诗裁锦绣借光辉。谁知散质多荣忝,鸳鹭清尘接布衣。蒯希逸字大隐。

龙门一变荷生成,况是三传不朽名。美誉早闻喧北阙,颓波今见走东瀛。鸳行既接参差影,鸡树仍同次第荣。从此青衿与朱紫,升堂侍宴更何营?林滋字后象。

恩光忽逐晓春生,金榜前头忝姓名。三感至公裨造化,重扬文德振寰瀛。仁为霖雨增相贺,半在云霄觉更荣。何处新诗添照灼?碧莲峰下柳间管。李仙古字垂后。

二十二年文教主,三千上士满皇州。独陪宣父蓬瀛奏,方接颜生鲁卫游。多羡龙门齐变化,屡看鸡树第名流。升堂何处最荣美?朱紫环尊几献酬。黄颇字无颇。

三开文镜继芳声,暗指云霄接去程。会压洪波先得路,早升清禁共垂名。莲峰对处朱轮贵,金榜传时玉韵成。更许下才听白雪,一枝今过郄诜荣。张道符字梦锡。

常将公道选诸生,不是鸳鸿不得名。天上宴回联步武,禁中麻出满寰瀛。簪裾尽过前贤贵,门馆仍叨后学荣。看著凤池相继入,都堂那肯滞关营?邱上卿字陪之。

重德由来为国生,五朝清显冠公卿。风波久仗济川楫,羽翼三迁出谷莺。绛帐青衿同日贵,春兰秋菊异时荣。孔门弟子皆贤哲,谁料穷儒忝一名!石贯字总之。

文学宗师心称平，无私三用佐贞明。恩波旧是仙舟客，德宇新添月桂名。兰署崇资金印重，莲峰高唱玉音清。羽毛方荷生成力，难继鸾凤上汉声。李潜字德隐。

科文又主守初时，光显门生济会期。美擅东堂登甲乙，荣同内署待恩私。群莺共喜新迁木，双凤皆当即入池。别有倍深知感士，曾经两度得芳枝。孟宁字处中。

儒雅皆传德教行，几敦浮俗赞文明。龙门昔上波涛远，禁署同登渥泽荣。虚散谬当陪杞梓，后先宁异感生成？时方侧席征贤急，况说歌谣近帝京！唐思言字子文。

圣朝文德最推贤，自古儒生少比肩。再启龙门将二纪，两司莺谷已三年。蓬山皆羡齐荣贵，金榜谁知忝后先。正是感恩流涕日，但思旌旆碧峰前。左牢字德胶。

春闱帝念主生成，长庆公闻两岁名。有诏赤心分雨露，无私和气浃寰瀛。龙门乍出难胜幸，鸳侣先行是最荣。遥仰高峰看白雪，多惭属和意屏营。王甚夷字无党。

长庆曾收间世英，早居台阁冠公卿。天书再受恩波远，金榜三开日月明。已见差肩趋翰苑，更期联步掌台衡。小儒谬迹云霄路，心仰莲峰望太清。金厚载字化光。

《唐摭言》卷三《慈恩寺题名游赏赋咏杂纪》

大顺中，王涣自左史拜考功员外。同年，李德邻自右史拜小戎，赵光允自补衮拜小仪，王拯自小版拜少勋。涣首唱长句感恩，上裴公曰："青衿七十榜三年，建礼含香次第迁。珠彩乍连星错落，桂花曾到月婵娟。玉经磨琢多成器，剑拔沉埋便倚天。应念衔恩最深者，春来为寿拜尊前。"裴公答曰："谬持文柄得时贤，纷署清华次第迁。昔岁策名皆健笔,今朝称职并同年。各怀器业宁推让,俱上青霄岂后先! 何事老来犹赋咏,欲将酬和永留传。"

《唐摭言》卷三《慈恩寺题名游赏赋咏杂纪》

　　进士题名,自神龙之后,过关宴后,率皆期集于慈恩塔下题名。故贞元中,刘太真侍郎试慈恩寺望杏园花发诗。会昌三年,赞皇公为上相,其年十一月十九日,敕谏议大夫陈商守本官权知贡举。后因奏对不称旨,十二月十七日,宰臣遂奏:依前命左仆射兼太常卿王起主文。二十二日,中书覆奏:"奉宣旨,不欲令及第进士呼有司为座主,趋附其门,兼题名、局席等条疏进来者。'伏以国家设文学之科,求贞正之士,所宜行敦风俗,义本君亲,然后申于朝廷,必为国器。岂可怀赏拔之私惠,忘教化之根源! 自谓门生,遂成胶固。所以时风浸薄,臣节何施? 树党背公,靡不由此。臣等商量,今日已后,进士及第,任一度参见有司,向后不得聚集参谒,及于有司宅置宴。其曲江大会,朝官及题名、局席,并望勒停。缘初获美名,实皆少隽;既遇春节,难阻良游。三五人自为宴乐,并无所禁,唯不得聚集同年进士,广为宴会。仍委御史台察访闻奏,谨具如前。'奉敕:'宜依。'"于是向之题名,各尽削去。盖赞皇公不由科第,故设法以排之。洎公失意,悉复旧态。

《唐摭言》卷三《慈恩寺题名游赏赋咏杂纪》

　　颜杲卿,琅邪临沂人。……父元孙,垂拱初登进士第,考功员外郎刘奇榜其词策,文瑰俊拔,多士耸观。历官长安尉、太子舍人、亳州刺史卒。

《旧唐书》卷一八七下《颜杲卿传》

李太师逢吉知贡举,榜成未放而入相。礼部王尚书播代放榜。及第人就中书见座主,时谓"好脚迹门生",前世未有。

《因话录》卷二

开成三年,余忝列第。考官刑部员外郎纥干公,崔相国群门生也。公及第日,于相国新昌宅小厅中,集见座主。及为考官之前,假舍于相国故第,亦于此厅见门生焉。是年科目八人,六人继升朝序。

《因话录》卷三

大中九年,沈询侍郎以中书舍人知举。其登第门生李彬父丛为万年令。同年,有起居者之会,仓部李郎中蟾时在座,因戏诸进士曰:"今日极盛,嫔与贤座主同年。"时右司李郎中从晦,又在座戏蟾曰:"殊未耳!小生与贤座主同年,如何?"谓郴州柳侍郎也,众皆以为异。是日,数公皆诣宾客。冯尚书审,则又柳公座主杨相国之同年,与坐嗟叹。

《因话录》卷六

咸通九年,刘凡章放榜后,奏新进士春关前择日谒谢先师,皆服青襟介帻,有洙泗之风焉。

《南部新书》乙

〔长兴元年〕六月,中书门下奏:"……又,朝廷较艺为择贤,或臣下收恩,岂成公道?时论以贡举官为丘门、恩门,及以登第为门生。门生者,门弟子也。颜、闵、游、夏等,并受仲尼之训,即是师门。大朝所命春官，不曾教诲举子。举子是国家贡士，非宗伯门徒，况又斥先圣之名，失为儒之体。今后及第人放榜时，并须据才艺高低，从上依次第安排，不得以只科取鼎、岛、岳、斗之名为贵，冀从敦实，以息浮浇。兼不得呼春官为恩门、师门，不得自称门生。除赐宴外，不得辄有率敛，别谋欢会。曾赴举落第人，无故不得改名。将来举人，并依据地理远近，于十月三旬下纳文解。如违，不在收受之限。"敕旨："从之。"

《册府元龟》卷六四二《贡举部·条制四》

伏以国设高科，人贪上第，所望不小，其业须精。实以丧乱年多，苦辛人少，半失宣尼之道，倍劳宗伯之心，不望超群，且须合格。今逢圣运，大阐皇猷，设官共革于时讹，选士实期于岁胜。又，朝廷较艺，为择贤才，或臣下收恩，岂成公道？时论以贡举官为邱门、恩门，及以登第为门生。门生者，门弟子也。颜、闵、游、夏等，并受仲尼之训，即是师门。大朝所命春官，不曾教诲举子。举子是国家贡士，非宗伯门徒，况又斥先圣之名，失为儒之体。今后及第人放榜时，并须据才艺高低，从上依次第安排，不得以隽科取鼎、岛、岳、斗之名为贵。冀从敦实，以息浮浇。兼不得呼春官为恩门、师门，不得自称门生。除赐宴外，不得辄有率敛，别谋欢会。曾赴举落第人，无故不得改名。将来举人，并依据地理远近，于十月三旬下纳文解。如违，不在收受之限。

《全唐文》卷九七〇《请禁师生称谓奏》

（三）过中书都堂

其日，团司先于光范门里东廊供帐，备酒食，同年于此候宰相上堂后参见。于时，主司亦召知闻三两人，会于他处。此筵罚钱不少。宰相既集，堂吏来请名纸，生徒随座主过中书，宰相横行，在都堂门里叙立。堂吏通云："礼部某姓侍郎，领新及第进士见相公。"俄有一吏抗声"屈主司"，乃登阶长揖而退，立于门侧，东向。前后状元已下叙立于阶上。状元出行致词云："今月日，礼部放榜，某等幸忝成名，获在相公陶铸之下，不任感惧。"在左右下，即云庆惧。言讫，退揖。乃自状元已下，一一自称姓名。称讫，堂吏云："无客。"主司复长揖，领生徒退诣舍人院。主司襕简，舍人公服靸鞋，延接主司。然舍人礼貌谨敬有加，随事叙杯酒，列于阶前铺席褥，请舍人登席。诸生皆拜，舍人答拜。状元出行致词，又拜，答拜如初，便出。于廊下候主司出，一揖而已。当时诣宅谢恩，便致饮席。

《唐摭言》卷三《过堂》

　　张曙、崔昭纬，中和初西川同举，相与诣日者问命。时曙自恃才名籍然，人皆呼为将来状元，崔亦分居其下。无何，日者殊不顾曙，目崔曰："将来万全高第。"曙有愠色。日者曰："郎君亦及第，然须待崔家郎君拜相，当于此时过堂。"既而曙果以惨恤不终场，昭纬其年首冠。曙以篇什刺之曰："千里江山陪骥尾，五更风水失龙鳞。昨夜浣花溪上雨，绿杨芳草属何人！"崔甚不平。会夜饮，崔以巨觥饮张，张推辞再三。崔曰："但吃却，待我作宰相与你取状头。"张拂衣而去，因之大不叶。后七年，崔自内廷大拜，张后于三榜裴公下及第，果于崔公下过堂。

《唐摭言》卷一一《怨怒》

大和二年，崔郾侍郎东都放榜，西都过堂。杜牧有诗曰："东都放榜未花开，三十三人走马回。秦地少年多酿酒，却将春色入关来。"

《唐摭言》卷三《慈恩寺题名游赏赋咏杂纪》

卢肇、丁稜之及第也，先是放榜讫，则须谒宰相。其导启词语，一出榜元者，俯仰疾徐，尤宜精审。时肇首冠，有故不至，次乃稜也。稜口吃，又形体小陋。及引见，则俯而致词，意本言："稜等登科……"而稜颊然发汗，鞠躬移时，乃曰："稜等登……稜等登……"竟不发其后语而罢，左右皆笑。翌日，友人戏之曰："闻君善筝，可得闻乎？"稜曰："无之。"友人曰："昨日闻'稜等登、稜等登'，岂非筝之声乎？"

《玉泉子》

〔长兴〕四年二月十六日，礼部贡院奏："今后试举人日，请令皇城司公干人，于省门外听察叫呼称屈，及知贡院有幸门者，引赴皇城司勘问。如是的实虚妄，请严加科断。兼今年放榜后及第人看毕，便缀行五凤楼前，列行舞蹈谢恩讫，赴国学谢先师。然后与知贡举官相识期集，祗候敕命，兼过堂及过枢密院。又，旧例，侵晨张榜后，知贡院官及考试官已下便出。请今年张榜后，知贡举官并考试官至晚出。"奉敕："宜令敕下后于朝堂谢恩，即赴国学。其试举人日，宜令御史台差人，听其放榜日知贡举官送出，自此永为定制。及第举人过枢密院，宜不施行。"

《五代会要》卷二三《缘举杂录》

（四）新进士期集庆宴活动

1. 宴集

谢恩后，方诣期集院。大凡敕下已前，每日期集，两度诣主司之门。然三日后，主司坚请已，即止。同年初到集所团司、所由辈，参状元后，便参众郎君。拜讫，俄有一吏当中庭唱曰："诸郎君就坐，只东双西。"其日醵罚不少。又出抽名纸钱，每人十千文。其敛名纸，见状元。俄于众中薯抽三五个，便出此钱铺底，一自状元已下，每人三十千文。

《唐摭言》卷三《期集》

定保生于咸通庚寅岁，时属南蛮骚动，诸道征兵，自是联翩，寇乱中土，虽旧第太平里，而迹未尝达京师。故治平盛事，罕得博闻，然以乐闻科第之美，尝咨访于前达间。如丞相吴郡公扆、翰林侍郎濮阳公融、恩门右省李常侍渥、颜夕拜尧、从翁丞相溥、从叔南海记室涣，其次同年卢十三延让、杨五十一赞图、崔二十七籍若等十许人，时蒙言及京华故事，靡不录之于心，退则编之于简策，始以进士宴游之盛。案：李肇舍人《国史补》云：曲江大会比为下第举人，其宴席简率，器皿皆隔山抛之，属比之席地幕天，殆不相远。尔来渐加侈靡，皆为上列所据。向之下第举人，不复预矣。所以长安游手之民，自相鸠集，目之为"进士团"。初则至寡，洎大中、咸通已来，人数颇众。其有何士参者为之酋帅，尤善主张筵席。凡今年才过关宴，士参已备来年游宴之费，靃是四海之内，水陆之珍,靡不毕备,时号"长安三绝"。_{南院主事郑容、中书门下张良佐并}士参为"三绝"。团司所由百余辈,各有所主。太凡谢后,便往期集院,团司先于主司宅侧税一大第,与新人期集。院内供帐宴馔,卑于辇毂。其日,状元与同年相见后,便请一人为录事。_{旧例,率以状元为录事。}其余主宴、主酒、主乐、探花、主茶之类,咸以其日辟之。主两人,一人主饮妓。放榜后,大科头两人,_{第一部。}常诘旦至期集院。常宴则小科头主张,大宴则大科头。纵无宴席,科头亦逐日请给茶钱。_{平时不以数,后每人日五百文。第一部乐官科地每日一千,第二部五百,见烛皆倍,科头皆重分。}逼曲江大会,则先牒教坊请奏,上御紫云楼,垂帘观焉。时或拟作乐,则为之移日。故曹松诗云:"追游若遇三清乐,行从应妨一日春。"敕下后,人置被袋,例以图障、酒器、钱绢实其中,逢花即饮。故张籍诗云:"无人不借花园宿,到处皆携酒器行。"其被袋,状元、录事同检点,阙一则罚金。曲江之宴,行市罗列,长安几于半空。公卿家率以其日拣选东床,车马阗塞,莫可殚述。洎巢寇之乱,不复旧态矣。

《唐摭言》卷三《散序》

曲江亭子,安史未乱前,诸司皆列于岸浒。幸蜀之后,皆烬于兵火矣,所存者唯尚书省亭子而已。进士关宴,常寄其间。既彻馔,则移乐泛舟,率为常例。宴前数日,行市骈阗于江头。其日,公卿家倾城纵观于此。有若中东床之选者十八九,钿车珠鞍,栉比而至。

《唐摭言》卷三《慈恩寺题名游赏赋咏杂纪》

士子初登荣进及迁除,朋僚慰贺,必盛置酒馔音乐,以展欢宴,谓之烧尾。说者谓虎变为人,惟尾不化,须为焚除,乃得成人。故以初蒙拜授,如虎得为人,本尾犹在,体气既合,方为焚之,故云烧尾。一云:新羊入群,乃为诸羊所触,不相亲附,火烧其尾,则定。贞观中,太宗尝问朱子奢烧尾事,子奢以烧羊事对。

《封氏闻见记校注》卷五《烧尾》

进士春闱,宴曲江亭,在五六月间。

《南部新书》乙

进士杏园初宴,谓之探花宴。差少俊二人为探花使,遍游名园。若他人先折花,二使皆被罚。

《秦中岁时记》

进士及第后,例期集二月,其醵罚饯,奏宴局什物皆请同年分掌。又选最年少者二人为探花,使赋诗,世谓之"探花郎"。自唐以来,榜榜有之。

《东轩笔录》卷六

曲江池本秦时陷洲,唐开元中疏凿为胜境。南即紫云楼、芙蓉苑,西即杏园、慈恩寺。花卉环周,烟水明媚,都人游赏,盛于中和、上巳节。即锡宴臣僚,会于山亭,赐太常教坊乐,池备彩舟。

《松窗杂记》

开元五年春,司天奏:"玄象有眚见,其灾甚重。"玄宗震惊,问曰:"何祥?"对曰:"当有名士三十人同日冤死,今新及第进士正应其数。"其年及第李蒙者,贵主家婿,上不言其事,密戒主曰:"每有大游宴,汝爱婿可闭留其家。"主居昭国里,时大合乐,音曲远畅,曲江涨水,联舟数艘,进士毕集。蒙闻,乃逾垣奔走,群众惬望。才登舟,移就水中,画舸平沉,声妓、篙工不知纪极,三十进士无一生者。

《朝野佥载》卷一

世目状元,第二人为榜眼,第三人为探花郎。《秦中岁时记》云:"期集谢恩了,从此便著披带、篋子、骡从等,仍于曲江点检,从物无得有阙,阙即罚钱。便于亭子小宴,召小科头同,至暮而散。次即杏园初宴,谓之探花宴,便差定先辈二人少俊者,为两街探花使。若他人折得花卉,先开牡丹、芍药来者,即各有罚。"

《云麓漫钞》卷七

长安有平康坊,妓女所居之地。京都侠少,萃集于此。兼每年新进士,以红笺名纸,游谒其中。时人谓此坊为风流薮泽。

《开元天宝遗事》卷上《天宝上》

长安进士郑愚、刘参、郭保衡、王冲、张道隐等十数辈,不拘礼节,旁若无人。每春时,选妖妓三五人,乘小犊车,指名园曲沼,藉草裸形,去其巾帽,叫笑喧呼,自谓之颠饮。

《开元天宝遗事》卷上《天宝上》

新进士才及第,以泥金书帖子附于家书中,用报登科之喜。至文宗朝,遂浸削此仪也。

新进士每及第,以泥金书帖子附于家书中,至乡曲,亲戚例以声乐相庆,谓之喜信也。

《开元天宝遗事》卷下《天宝下》

少年三十士,嘉会良在兹。高歌摇春风,醉舞摧花枝。意荡婉晚景,喜凝芳菲时。马迹攒騑裹,乐声韵参差。视听改旧趣,物象含新姿。红雨花上滴,绿烟柳际垂。淹中讲经义,南皮献清词。前贤与今人,千载为一期。明鉴有皎洁,澄玉无磷缁。永与沙泥别,各整云汉仪。盛气自中积,英名日四驰。塞鸿绝俦匹,海月难等夷。郁抑忽已尽,亲朋乐无涯。幽蕙发空曲,芳杜绵所思。浮迹自聚散,壮心谁别离。愿保金石志,无令有夺移。

《孟东野诗集》卷五《同年春燕》

昔日龌龊不足夸,今朝放荡思无涯。春风得意马蹄疾,一日看尽长安花。

《孟东野诗集》卷三《登科后》

元和十五年,太常少卿李建知举,放进士二十九人。时崔嘏舍人与施肩吾同榜。肩吾寒进,为嘏瞽一目,曲江宴赋诗。肩吾云:“去古成叚,著虫为虾。二十九人及第,五十七眼看花。”

《唐语林》卷六《补遗》

宝历年中,杨嗣复相公具庆下继放两榜。时先仆射自东洛入觐,嗣复率生徒迎于潼关。既而大宴于新昌里第,仆射与所执坐于正寝,公领诸生翼坐于两序。时元、白俱在,皆赋诗于席上。唯刑部杨汝士侍郎诗后成。元、白览之失色。诗曰："隔坐应须赐御屏，尽将仙翰入高冥。文章旧价留鸾掖，桃李新阴在鲤庭。再岁生徒陈贺宴，一时良史尽传馨。当年疏传虽云盛，讵有兹筵醉醵醄!"汝士其日大醉，归谓子弟曰："我今日压倒元、白。"

《唐摭言》卷三《慈恩寺题名游赏赋咏杂纪》

是月[①]，敕："自今放进士榜后，杏园任依旧宴集，所司不得禁制。"

《册府元龟》卷六四一《贡举部·条制三》

大中初，敕："自今放进士榜后，杏园任依旧宴集，所司不得禁制。"先是武宗好巡游，曲江亭禁人宴聚故也。

《太平御览》卷六二九《治道部十·贡举下》

自大中皇帝好儒术，特重科第，故其爱婿郑詹事再掌春闱。上往往微服长安中，逢举子则狎而与之语。时以所闻质于内庭学士及都尉，皆耸然莫知所自。故进士自此尤盛，旷古无俦。然率多膏粱子弟，平进岁不及三数人。由是仆马豪华，宴游崇侈。以同年俊少者为两街探花使，鼓扇轻浮，仍岁滋甚。自岁初等第于甲乙，春闱开送天官氏，设春闱宴，然后离居矣。近年延至仲夏。……诸妓居平康里，举子、新及第进士、三司幕府，但未通朝籍、未直馆阁者，咸可就诣。

《北里志》序

---

① 大中元年正月。

韩衮,咸通七年赵骘下状元及第,性好嗜酒。谢恩之际,赵公与之首宴。公屡赏欧阳琳文学,衮睨之曰:"明公何劳再三称一复姓汉!"公愕然,为之彻席,自是从容不过三爵。及杏园开宴时,河中蒋相以故相守兵部尚书,其年子泳及第,相国欣然来突,众皆荣之。衮厉声曰:"贤郎在座,两头著子女,相公来此得否?"相公错愕而去。及泳归,公庭责之曰:"席内有颠酒同年,不报我,岂人子耶!"自是同年莫敢与之欢醉矣。

《唐摭言》卷一二《酒失》

皮日休,南海郑愚门生。春关内尝宴于曲江,醉寝于别榻,衣囊书笥,罗列旁侧,率皆新饰。

《玉泉子》

咸通中,进士及第过堂后,便以骡从,车服侈靡之极;稍不中式,则重加罚金。蒋泳以故相之子,少年擢第。时家君任太常卿,语泳曰:"尔门绪孤微,不宜从世禄所为,先纳罚钱,慎勿以骡从也。"

《唐摭言》卷三《慈恩寺题名游赏赋咏杂纪》

新进士尤重樱桃宴。乾符四年,永宁刘公第二子覃及第,时公以故相镇淮南,敕邸吏日以银一铤资覃醵罚,而覃所费往往数倍。邸吏以闻,公命取足而已。会时及荐新状元,方议醵率,覃潜遣人厚以金帛预购数十硕矣。于是独置是宴,大会公卿。时京国樱桃初出,虽贵达未适口,而覃山积铺席,复和以糖酪者,人享蛮画一小盎,亦不啻数升。以至参御辈,靡不沾足。

《唐摭言》卷三《慈恩寺题名游赏赋咏杂纪》

乾符四年，诸先辈月灯阁打球之会，时同年悉集。无何，为两军打球，军将数辈，私较于是。新人排比既盛，勉强迟留，用抑其锐。刘覃谓同年曰："仆能为群公小挫彼骄，必令解去，如何？"状元已下，应声请之。覃因跨马执杖，跃而揖之曰："新进士刘覃拟陪奉，可乎？"诸辈皆喜。覃驰骤击拂，风驱雷逝，彼皆愕视。俄策得球子，向空磔之，莫知所在。数辈惭沮，俛俯而去。……

咸通十三年三月，新进士集于月灯阁为蹴鞠之会。击拂既罢，痛饮于佛阁之上，四面看棚栉比，悉皆褰去帷箔而纵观焉。先是饮席未合，同年相与循槛肆览。邹希回者，年七十余，榜末及第。时同年将欲即席，希回坚请更一巡历，众皆笑，或谑之曰："彼亦何敢望回！"

《唐摭言》卷三《慈恩寺题名游赏赋咏杂纪》

杨汝士尚书镇东川，其子如温及第。汝士开家宴相贺，营妓咸集。汝士命人与红绫一匹。诗曰："郎君得意及青春，蜀国将军又不贫。一曲高歌绫一匹，两头娘子谢夫人。"

《唐摭言》卷三《慈恩寺题名游赏赋咏杂纪》

曹汾尚书镇许下，其子希干及第，用钱二十万。榜至镇，开贺宴日，张之于侧。时进士胡锜有启贺，略曰："桂枝折处，著莱子之彩①衣；杨叶穿时，用鲁连之旧箭。"分之名第故也。又曰："一千里外，观上国之风光；十万军前，展长安之春色。"

《唐摭言》卷三《慈恩寺题名游赏赋咏杂纪》

第七章 科举考试录取与出路

---

① "彩"，原本作"采"。

卢肇，袁州宜春人，与同郡黄颇齐名。颇富于产，肇幼贫乏。与颇赴举，同日遵路，郡牧于离亭钱颇而已。时乐作酒酣，肇策蹇邮亭侧而过，出郭十余里，驻程俟颇为倡。明年，肇状元及第而归，刺史已下接之，大惭恚。会延肇看竞渡，于席上赋诗曰："向道是龙刚不信，果然衔得锦标归。"锦标，船头所得。

《唐摭言》卷三《慈恩寺题名游赏赋咏杂纪》

章孝标及第后，寄淮南李相曰：或云寄白乐天。"及第全胜十改官，金汤镀了出长安。马头渐入扬州郭，为报时人洗眼看。"绅亟以一绝箴之曰："假金方用真金镀，若是真金不镀金。十载长安得一第，何须空腹用高心！"

《唐摭言》卷一三《矛盾》

进士策名，向来所重，由此从官，第一出身。诚宜行止端庄，宴游俭约，事务率醵，动合兢修。保他日之令名，在此时之慎静，岂宜纵逸，唯切追欢！近年以来，浇风大扇，一春所费，万余贯钱。况在麻衣，从何而出？力足者乐于书罚，家贫者苦于成名。将革弊讹，实在中道。宜令礼部切加诫约，每年有名宴会，一春罚钱及铺地等相计，每人不得过一百千。其勾当分手，不得过五十人。其开试开宴，并须在四月内。稍有违越，必举朝章。仍委御史台常加纠察。（乾符二年正月）

《唐大诏令集》卷一〇六《贡举·厘革新及第进士宴会敕》

天成二年十二月，敕："新及第进士有闻喜宴，今后逐年赐钱四百贯。"

《五代会要》卷二二《进士》

〔天成二年〕十二月，敕：“新及第进士有闻喜宴、关宴，逐年赐钱四十万。”

《册府元龟》卷六四一《贡举部·条制三》

〔天成四年七月，〕敕：“应今年新及第人给春关，并于敷政门外宣赐。”虑所司邀颉故也。

《册府元龟》卷六四一《贡举部·条制三》

唐世呼举人，呼已第者为“先辈”，其自目则曰“前进士”。案：魏文帝黄初五年立太学，初诣学者为门人，满一岁，试通一经者补弟子；不通一经，罢遣。弟子满二岁，试通二经者补文学掌故；不通经者，听须后试。故后世称先试而得第者为“先辈”，由此也。前进士者，云亦放此也。犹曰“早第进士”，而其辈行在先也。《通典》五十三。

《演繁露》卷一

〔长兴〕四年二月十六日，礼部贡院奏：“……兼今年放榜后及第人看毕，便缀行五凤楼前，列行舞蹈谢恩讫，赴国学谢先师。然后与知贡举官相识期集，祇候敕命，兼过堂及过枢密院。又，旧例，侵晨张榜后，知贡院官及考试官已下便出。请今年张榜后，知贡举官并考试官至晚出。”奉敕：“宜令敕下后于朝堂谢恩，即赴国学。其试举人日，宜令御史台差人，听其放榜日知贡举官送出，自此永为定制。及第举人过枢密院，宜不施行。”

《五代会要》卷二三《缘举杂录》

〔长兴〕四年二月，知贡举和凝奏："举人就试日，请皇城司差人于院门前听察。举人挟带文书入院，请殿将来举数，自一举至三举。放榜后，及第人看榜讫，便缀行于五凤楼前谢恩，后赴国学谢先师。旧例，侵星张榜讫，贡举考试官便出院，盖恐人榜下喧诉。今年请放榜后，贡举官已下至晚出。"敕旨："五凤楼前非举子谢恩之所，令于朝堂谢讫，即赴国学。试日，宜令御史台差人院司听察。放榜日，至晚出院。此后永为定制。余并依奏。"

《册府元龟》卷六四二《贡举部·条制四》

〔清泰〕二年七月，御史中丞卢损言："天成二年二月，敕：每年进士合有闻喜宴、春关宴，并有司所出春关牒用绫纸，并官给。臣等以举人既成名第，宴席所费属私，况国用未充，枉有劳费，请依旧制不赐。"诏曰："春关、冬集绫纸，闻喜、关宴所赐钱，并仍旧官给。余从之。"

《册府元龟》卷六四二《贡举部·条制四》

天福五年三月，诏："及第举人与主司选胜筵宴，及中书舍人靸鞋接见举人，兼兵部、礼部引人过堂之日，幕次酒食会客，悉宜废之。"

《旧五代史》卷一四八《选举志》

〔后周显德六年春正月〕甲戌，诏："每年新及第进士及诸科开喜宴，宜令宣徽院指挥排比。"

《旧五代史》卷一一九《周书·世宗纪第六》

〔显德六年正月〕甲戌,诏曰:"起今后,每年新及第进士及诸科举人闻喜宴,宜令宣徽院指挥排比。"先是,礼部每年及第人闻喜宴,皆自相醵敛以备焉。帝以优待贤隽,故有是命。

《册府元龟》卷六四二《贡举部·条制四》

2. 题名

《西京记》曰:隋无漏寺在长安,唐武德初废。贞观十二年,高宗在春宫为文德皇后立寺于故基,以慈恩为名。西院浮图高三百尺,永徽五年沙门元楚所立,国人谓之雁塔。塔在长安朱雀街东第二街,自北次南,第十五坊。南临黄渠,木竹阴翳,最于京师。沈佺期诗"雁塔丹青古,龙池岁月深"即此。

唐故事,进士及第,列名于慈恩寺塔,谓之"雁塔题名"。塔以石为壁,唐人游观,留题甚多,不特进士题名而已。塔屡遭火,断石遗字,犹有存者。故哀其余字镌之石,凡十卷。进士题名仅存数处,余皆唐贤游观留题耳。

刘公《嘉话》曰:"慈恩题名起于进士张莒游寺中,题其姓名于塔下,遂为故事。"

钱希白《南部新书》曰:"李肇初及第,题名于此。"

李肇《国史补》曰:"进士既捷,列名于寺,谓之题名。"

《纬略》卷五《雁塔》

神龙已来,杏园宴后,皆于慈恩寺塔下题名。同年中推一善书者纪之。他时有将相,则朱书之。及第后知闻,或遇未及第时题名处,则为添"前"字。或诗曰:"会题名处添前字,送出城人乞旧诗。"

《唐摭言》卷三《慈恩寺题名游赏赋咏杂纪》

　　韦肇初及第，偶于慈恩寺塔下题名，后进慕效之，遂成故事。

《南部新书》乙

　　唐柳宗元与刘禹锡同年及第，题名于慈恩塔。谈元茂秉笔，时不欲名字著彰，曰："押缝版子上者，率多不达，或即不久物故。"柳起草，暗斟酌之。张复已下，马征、邓文佐名尽著版子矣。题名皆以姓望，而辛南容，人莫知之。元茂阁笔曰："请辛先辈言其族望。"辛君适在他处。柳曰："东海人。"元茂曰："争得知？"柳曰："东海之大，无所不容。"俄而辛至，人问其望，曰："渤海。"众大笑。慈恩题名起自张莒，本于寺中闲游而题其同年，人因为故事。

《太平广记》卷二五六《嘲诮四·柳宗元》

　　白乐天一举及第，诗曰："慈恩塔下题名处，十七人中最少年。"乐天时年二十七。省试《性习相近远赋》、《玉水记方流》诗，携之谒李凉公逢吉。公时为校书郎，于时将他适。白遽造之，逢吉行携行看，初不以为意，及览赋头，曰："噫！下自人上，达由君成；德以慎立，而性由习分。"逢吉大奇之，遂写二十余本。其日，十七本都出。

《唐摭言》卷三《慈恩寺题名游赏赋咏杂纪》

　　业诗攻赋荐乡书，二纪如鸿历九衢。待得至公搜草泽，如从平陆到蓬壶。虽惭锦鲤成穿额，忝获骊龙不寐珠。蒙楚数疑休下泣,师刘大喝已为卢。人间灰管供红杏,天上烟花应白榆。一字连镳巡甲族,千般唱罚赏皇都。名推颜柳题金塔,饮自燕秦索玉姝。退愧单寒终预此,敢将恩献怠斯须。

《莆阳黄御史集》秩上《成名后呈同年》

三、 录取后的出路

（一）进士的出路

1. 平选入仕

（1）平选京官

敬播,蒲州河东人也。贞观初,举进士。俄有诏诣秘书内省佐颜师古、孔颖达修《隋史》,寻授太子校书。

《旧唐书》卷一八九上《敬播传》

敬播,蒲州河东人。贞观初,擢进士第。时颜师古、孔颖达撰次隋史,诏播诣秘书内省参纂。再迁著作佐郎,兼修国史。

《新唐书》卷一九八《敬播传》

上官仪字游韶,陕州陕人。……浸工文词,涉贯坟典。贞观初,擢进士第,召授弘文馆直学士。

《新唐书》卷一○五《上官仪传》

郝处俊,安州安陆人。……贞观中,第进士,解褐著作佐郎,袭父爵。

《新唐书》卷一一五《郝处俊传》

高智周,常州晋陵人。第进士,补越王府参军。

《新唐书》卷一〇六《高智周传》

郎余令,定州新乐人也。……余令父知运,贝州刺史,……余令少以博学知名,举进士。初授霍王元轨府参军,数上词赋,元轨深礼之。

《旧唐书》卷一八九下《郎余令传》

郎余令,定州新乐人。……余令博于学,擢进士第,授霍王元轨府参军事。

《新唐书》卷一九九《郎余令传》

苏瓌字昌容,京兆武功人,隋尚书右仆射威曾孙也。祖夔,隋鸿胪卿。父亘,贞观中台州刺史。瓌,弱冠本州举进士,累授豫王府录事参军。

《旧唐书》卷八八《苏瓌传》

〔韦〕承庆字延休。少恭谨,事继母以孝闻。弱冠举进士,补雍王府参军。

《旧唐书》卷八八《韦承庆传》

〔韦〕承庆字延休。……擢进士第,补雍王府参军,府中文翰悉委之。

《新唐书》卷一一六《韦承庆传》

　　魏知古,深州陆泽人。方直有雅才,擢进士第。以著作郎修
国史。

《新唐书》卷一二六《魏知古传》

　　沈佺期字云卿,相州内黄人。及进士第,由协律郎累除给
事中。

《新唐书》卷二〇二《沈佺期传》

　　韦见素字会微,京兆万年人。父凑,开元中太原尹。见素学
科登第。景龙中,解褐相王府参军,历卫佐、河南府仓曹。

《旧唐书》卷一〇八《韦见素传》

　　〔韦〕见素字会微,质性仁厚。及进士第,授相王府参军。

《新唐书》卷一一八《韦见素传》

　　王维字摩诘,……开元初,擢进士,调太乐丞,坐累为济州司
仓参军。

《新唐书》卷二〇二《王维传》

　　赵晔字云卿,邓州穰人,……晔志学,善属文。开元中,举进
士,连擢科第,补太子正字。

《旧唐书》卷一八七下《赵晔传》

赵宗儒字秉文,邓州穰人。……父骅,字云卿,少嗜学,履尚清鲠。开元中,擢进士第,补太子正字,调雷泽、河东丞。

《新唐书》卷一五一《赵宗儒传》

杜鸿渐,故相暹之族子。祖慎行,益州长史。父鹏举,官至王友。鸿渐敏悟好学,举进士,解褐王府参军。

《旧唐书》卷一〇八《杜鸿渐传》

〔杜〕鸿渐第进士,解褐延王府参军。

《新唐书》卷一二六《杜鸿渐传》

薛播,河中宝鼎人,中书舍人文思曾孙也。父元晖,什邡令,以播赠工部郎中。播,天宝中举进士,补校书郎。

《旧唐书》卷一四六《薛播传》

班宏,卫州汲人也。祖思简,春官员外郎。父景倩,秘书监。宏少举进士,授右司御胄曹。

《旧唐书》卷一二三《班宏传》

班宏,卫州汲人。父景倩,国子祭酒,以儒名家。宏,天宝中擢进士第,调右司御胄曹参军。

《新唐书》卷一四九《班宏传》

严郢字叔敖,华州华阴人。……郢及进士第,补太常协律郎,守东都太庙。

《新唐书》卷一四五《严郢传》

常衮，京兆人也。父无为，三原县丞，以衮累赠仆射。衮，天宝末举进士，历太子正字，累授补阙、起居郎。

《旧唐书》卷一一九《常衮传》

常衮，京兆人，天宝末，及进士第。……由太子正字，累为中书舍人。

《新唐书》卷一五〇《常衮传》

裴估字弘正，侍中、右仆射耀乡之孙，吏部郎中综之子。幼能属文，弱冠举进士，补校书郎。

《册府元龟》卷六五〇《贡举部·应举》

苏弁字元容，京兆武功人。……弁少有文学，举进士，授秘书省正字，转奉天主簿。

《旧唐书》卷一八九下《苏弁传》

许孟容字公范，京兆长安人也。……孟容少以文词知名，举进士甲科，后究《王氏易》，登科授秘书省校书郎。

《旧唐书》卷一五四《许孟容传》

贞元初，〔唐款〕举进士甲科，解巾补宫卫纪纲掾。

《权载之文集》卷二五《唐故鄜坊节度推官
大理评事唐君墓志铭并序》

〔于〕敖字蹈中，以家世文史盛名，少为时彦所称，志行修谨。登进士第，释褐秘书省校书郎。

《旧唐书》卷一四九《于敖传》

〔于〕肃子敖，字蹈中，擢进士，为秘书省校书郎。

《新唐书》卷一〇四《于敖传》

〔郑〕瀚本名涵，以文宗藩邸时名同，改名瀚。贞元十年，举进士。以父谪官，累年不任。自秘书省校书郎迁洛阳尉。

《旧唐书》卷一五八《郑瀚传》

〔崔〕郾字广略，姿仪伟秀，人望而慕之，然不可狎也。中进士第，补集贤校书郎。

《新唐书》卷一六三《崔郾传》

〔卢杞〕子元辅，字子望，少以清行闻于时。进士擢第，授崇文馆校书郎。

《旧唐书》卷一三五《卢元辅传》

〔卢〕元辅字子望，少以清行闻。擢进士，补崇文校书郎。

《新唐书》卷一九一《卢元辅传》

李翱字习之，……翱幼勤于儒学，博雅好古，为文尚气质。贞元十四年，登进士第，授校书郎。

《旧唐书》卷一六〇《李翱传》

李翱字习之，……中进士第，始调校书郎。

《新唐书》卷一七七《李翱传》

〔李〕建字杓直，家素清贫，无旧业。与兄造、逊于荆南躬耕致养，嗜学力文。举进士，选授秘书省校书郎。

《旧唐书》卷一五五《李建传》

张籍者，字文昌，和州乌江人。第进士，为太常寺太祝。

《新唐书》卷一七六《张籍传》

李绅字公垂，润州无锡人。……绅六岁而孤，母卢氏教以经义。绅形状眇小而精悍，能为歌诗。乡赋之年，讽诵多在人口。元和初，登进士第，释褐国子助教，非其好也。

《旧唐书》卷一七三《李绅传》

〔白〕行简字知退。贞元末，登进士第，授秘书省校书郎。

《旧唐书》卷一六六《白行简传》

〔柳〕公权字诚悬。幼嗜学，十二能为辞赋。元和初，进士擢第，释褐秘书省校书郎。

《旧唐书》卷一六五《柳公权传》

王质字华卿。……乃举进士，中甲科。繇秘书省正字累佐帅府。

《新唐书》卷一六四《王质传》

宋申锡字庆臣。祖素，父叔夜。申锡少孤贫，有文学。登进士第，释褐秘书省校书郎。

《旧唐书》卷一六七《宋申锡传》

〔柳〕仲郢字谕蒙。……元和末，及进士第，为校书郎。

《新唐书》卷一六三《柳仲郢传》

李训字子垂，始名仲言，字子训，……擢进士第，补太学助教，辟河阳节度府。

《新唐书》卷一七九《李训传》

景业少有文学，年二十四，一贡进士，举以上第，升名解褐。裴晋公奏以秘书省校书郎，校集贤殿秘书。

《樊川文集》卷八《唐故处州刺史李君墓志铭并序》

〔杜〕颙字胜之，……举进士，礼部侍郎贾𫠆语人曰："得杜颙足敌数百人。"授秘书省正字。

《新唐书》卷一六六《杜颙传》

君讳颙，字胜之。……年二十四，明年当举进士，始握笔，草《阙下献书》《裴丞相度书》，指言时事，书成各数千字，不半岁遍传天下。进士崔岐有文学，峭涩不许可人，诣门赠君诗曰："贾、马死来生杜颙，中间寥落一千年。"年二十五，举进士。二十六，一举登上第。时贾相国𫠆为礼部之二年，朝士以进士干贾公不获，有杰强毁嘲旨，贾公曰："我只以杜某敌数百辈足矣。"始命试秘书正字、甌使判官。李丞相德裕出为镇海军节度使，辟君试协律郎，为巡官。

《樊川文集》卷九《唐故淮南支使试

大理评事兼监察御史杜君墓志铭》

公少孤，奉养母夫人以孝闻。举进士登第，始试秘书正字、湖南团练巡官。……文宗复二史故事，公濡笔立石螭下，丞相退，必召语旁侧，窥帝每数十顾。迁考功员外郎，帝曰："周某不可不见，宜兼前言。"数月，以考功掌言。

《樊川文集》卷七《唐故东川节度使

检校右仆射兼御史大夫赠司徒周公墓志铭》

〔刘〕暹孙潼，字子固。擢进士第，杜悰判度支，表为巡官，累迁祠部郎中。

《新唐书》卷一四九《刘潼传》

薛逢字陶臣，河东人。……逢会昌初进士擢第，释褐秘书省校书郎。崔铉罢相镇河中，辟为从事。

《旧唐书》卷一九〇下《薛逢传》

〔郑〕从谠字正求。及进士第，补校书郎，迁累左补阙。

《新唐书》卷一六五《郑从谠传》

王徽字昭文，京兆人。第进士，授校书郎。

《新唐书》卷一八五《王徽传》

第七章　科举考试录取与出路

孔纬字化文,鲁曲阜人,宣尼之裔。……纬少孤,依诸父温裕、温业,皆居方镇,与名公交,故纬声籍早达。大中十三年,进士擢第,释褐秘书省校书郎。

《旧唐书》卷一七九《孔纬传》

萧遘,兰陵人。……以咸通五年登进士第,释褐秘书省校书郎、太原从事。

《旧唐书》卷一七九《萧遘传》

孙揆字圣圭,……第进士,辟户部巡官。

《新唐书》卷一九三《孙揆传》

陆扆字祥文,本名允迪,吴郡人。徙家于陕,今为陕人。曾祖澧,位终殿中侍御史。祖师德,淮南观察支使。父郚,陕州法曹参军。扆,光启二年登进士第,其年从僖宗幸兴元。九月,宰相韦昭度领盐铁,奏为巡官。

《旧唐书》卷一七九《陆扆传》

陈乘,仙游人。唐乾宁初擢进士第,官秘书郎。

《十国春秋》卷九七《闽·陈乘传》

柳璨,河东人。……光化中,登进士第。尤精汉史,鲁国颜荛深重之。荛为中书舍人,判史馆,引为直学士。

《旧唐书》卷一七九《柳璨传》

旧制,进士登科人,初官多授试秘书省校书郎,故至今新擢第人,犹称秘校。祖宗朝,进士上三名皆授将作监丞、通判,故至今犹称状元为监丞。

《却扫篇》卷上

(2) 平选外官

李义琰,魏州昌乐人,其先出陇西望姓。及进士第,补太原尉。

《新唐书》卷一〇五《李义琰传》

娄师德,郑州原武人也。弱冠,进士擢第,授江都尉。

《旧唐书》卷九三《娄师德传》

娄师德字宗仁,郑州原武人。第进士,调江都尉。

《新唐书》卷一〇八《娄师德传》

从祖兄〔杜〕易简,九岁能属文,长博学,为岑文本所器。擢进士,补渭南尉。

《新唐书》卷二〇一《杜易简传》

弟子〔刘〕延祐,弱冠本州举进士,累补渭南尉,刀笔吏能,为畿邑当时之冠。

《旧唐书》卷一九〇上《刘延祐传》

刘延祐,徐州彭城人。……延祐擢进士,补渭南尉,有吏能,治第一。

《新唐书》卷二〇一《刘延祐传》

魏玄同字和初,定州鼓城人。……玄同进士擢第,调长安令。

《新唐书》卷一一七《魏玄同传》

公讳贞眘,字密,一字间从,燕国蓟人也。……始以司成馆进士,补卢州慎县尉。刺史卢宝胤举器藏下僚,转冀州大都督府曲沃县尉,换晋州洪洞县主簿。

《张燕公集》卷一九《常州刺史平君神道碑》

刘允济字允济,河南巩人。……举进士,补下邽尉,迁累著作佐郎。

《新唐书》卷二〇二《刘允济传》

〔杜〕审言,进士举,初为隰城尉。雅善五言诗,工书翰,有能名。

《旧唐书》卷一九〇上《杜审言传》

杜审言字必简,襄州襄阳人,……擢进士,为隰城尉。

《新唐书》卷二〇一《杜审言传》

〔杜〕审言字必简,京兆人,预之远裔。咸亨元年宋守节榜进士,为隰城尉。恃高才,傲世见疾。苏味道为天官侍郎,审言集判,出谓人曰:"味道必死!"人惊问何故。曰:"彼见吾判,当羞死耳!"

《唐才子传校笺》卷一《杜审言》

郭元振，魏州贵乡人。举进士，授通泉尉。

《旧唐书》卷九七《郭元振传》

郭震字元振，魏州贵乡人，以字显。……十八举进士，为通泉尉。

《新唐书》卷一二二《郭元振传》

公讳字，河南洛阳人也。……举进士，授相州内黄主簿。

《张说之文集》卷二五《故吏部侍郎元公碑铭》

刘宪字元度，宋州宁陵人。……宪擢进士，调河南尉，累迁左台监察御史。

《新唐书》卷二〇二《刘宪传》

〔苏〕瑰子颋，少有俊才，一览千言。弱冠举进士，授乌程尉，累迁左台监察御史。

《旧唐书》卷八八《苏颋传》

苏瑰字昌容，雍州武功人，……擢进士第，补恒州参军。

《新唐书》卷一二五《苏瑰传》

宋璟，邢州南和人。……举进士中第。调上党尉。

《新唐书》卷一二四《宋璟传》

公讳璟，邢州南和人。年十六七时，或读《易》，旷时不精。公迟而览之，自亥及寅，精义必究。明年，进士高第。补上党尉。

《颜鲁公文集》卷四《开府仪同三司行尚书右丞相
上柱国赠太尉广平文贞公宋公神道碑铭》

刘子玄，本名知幾，楚州刺史胤之族孙也。少与兄知柔俱以词学知名，弱冠举进士，授获嘉主簿。

《旧唐书》卷一〇二《刘子玄传》

刘子玄名知幾，……擢进士第，调获嘉主簿。

《新唐书》卷一三二《刘子玄传》

张廷珪，河南济源人。慷慨有志尚。第进士，补白水尉。举制科异等。

《新唐书》卷一一八《张廷珪传》

韦元旦，京兆万年人。……元旦擢进士第，补东阿尉，迁左台监察御史。

《新唐书》卷二〇二《韦元旦传》

崔日用，滑州灵昌人，其先自博陵徙家焉。进士举，初为芮城尉。

《旧唐书》卷九九《崔日用传》

崔日用，滑州灵昌人。擢进士第，为芮城尉。

《新唐书》卷一二一《崔日用传》

许景先，常州义兴人，后徙家洛阳。少举进士，授夏阳尉。

《旧唐书》卷一九〇中《许景先传》

许景先，常州义兴人。……景先由进士第释褐夏阳尉。

《新唐书》卷一二八《许景先传》

毕构字隆择，河南偃师人。六岁能为文。及冠，擢进士第，补金水尉，迁九陇主簿。

《新唐书》卷一二八《毕构传》

宋务光字子昂，一名烈，汾州西河人。举进士及第，调洛阳尉。

《新唐书》卷一一八《宋务光传》

韦述，司农卿弘机曾孙也。父景骏，房州刺史。述少聪敏，笃志文学。家有书二千卷，述为儿童时，记览皆遍，人骇异之。……举进士，西入关，……是岁登科。开元五年，为栎阳尉。

《旧唐书》卷一〇二《韦述传》

苗晋卿，上党壶关人。世以儒素称。……晋卿幼好学，善属文，进士擢第。初授怀州修武县尉。

《旧唐书》卷一一三《苗晋卿传》

〔常〕建，长安人。开元十五年，与王昌龄同榜登科。大历中，授盱眙尉。仕颇不如意，遂放浪琴酒，往来太白、紫阁诸峰，有肥遁之志。……后寓鄂渚,招王昌龄、张偾同隐。

《唐才子传校笺》卷二《常建》

元德秀字紫芝,河南河南人。……举进士,……既擢第,……以窭困调南和尉,有惠政。

《新唐书》卷一九四《元德秀传》

〔李〕颀,东川人。开元二十三年贾季邻榜进士及第,调新乡县尉。

《唐才子传校笺》卷二《李颀》

公讳向,字仲通,以字行,渔阳人也。……公少好侠,以鹰犬射猎自误。轻财尚气,果于然诺。年二十余,尚未知书,太常切责之。县南有离堆山,斗入嘉陵江,形胜峻绝。公乃慷慨发愤,屏弃人事,凿石构室以居焉,励精为学,至以针钩其脸,使不得睡。……开元二十年,年近四十,举乡贡进士高第。二十六年,调补益州新都尉。

《颜鲁公文集》卷六《中散大夫京兆尹汉阳郡
太守赠太子少保鲜于公神道碑铭》

李揆字端卿,……揆性警敏,善文章。开元末,擢进士第,补陈留尉。

《新唐书》卷一五〇《李揆传》

柳浑字夷旷,襄州人,其先自河东徙焉。……浑少孤,父庆休，官至渤海丞，而志学栖贫。天宝初，举进士，补单父尉。

《旧唐书》卷一二五《柳浑传》

柳浑字夷旷，一字惟深，本名载，……天宝初，擢进士第，调单父尉。

《新唐书》卷一四二《柳浑传》

乔琳，太原人。少孤贫志学，以文词称。天宝初，举进士，补成武尉，累授兴平尉。

《旧唐书》卷一二七《乔琳传》

吕諲，蒲州河东人。……里人程楚宾家富于财，諲娶其女。楚宾及子震皆重其才，厚与资给，遂游京师。天宝初，进士及第，调授宁陵尉。

《旧唐书》卷一八五下《吕諲传》

吕諲，河中河东人。少力于学，志行整饬。……开元末，入京师，第进士，调宁陵尉。

《新唐书》卷一四〇《吕諲传》

赵涓，冀州人也。幼有文学。天宝初，举进士，补鄮城尉，累授监察御史、右司员外郎。

《旧唐书》卷一三七《赵涓传》

赵涓，冀州人。幼有文，天宝时第进士，补鄮城尉，稍历台省。

《新唐书》卷一六一《赵涓传》

权德舆字载之,天水略阳人。父皋,字士繇,后秦尚书翼之后。少以进士补贝州临清尉。

《旧唐书》卷一四八《权德舆传》

权皋字士繇,秦州略阳人,徙润州丹徒,……皋擢进士第,为临清尉。

《新唐书》卷一九四《权皋传》

李栖筠字贞一,世为赵人。……族子华每称有王佐才,士多慕向。始,居汲共城山下,华固请举进士,俄擢高第。调冠氏主簿,太守李岘视若布衣交。

《新唐书》卷一四六《李栖筠传》

崔祐甫字贻孙。祖晊,怀州长史。父沔,黄门侍郎,谥曰孝公。家以清俭礼法,为士流之则。祐甫举进士,历寿安尉。

《旧唐书》卷一一九《崔祐甫传》

崔祐甫字贻孙,……第进士,调寿安尉。

《新唐书》卷一四二《崔祐甫传》

〔李〕翰擢进士第,调卫尉。

《新唐书》卷二〇三《李翰传》

长安名妓刘国容,有姿色,能吟诗,与进士郭昭述相爱,他人莫敢窥也。后昭述释褐授天长簿，遂与国容相别。

《开元天宝遗事》卷下《天宝下·鸡声断爱》

杨国忠权倾天下，四方之士争诣其门。进士张彖者，陕州人也，力学有大名，志气高大，未尝低折于人。人有劝彖令修谒国忠，可图显荣。彖曰："尔辈以谓杨公之势，倚靠如泰山。以吾所见，乃冰山也。或皎日大明之际，则此山当误人尔。"后果如其言。时人美张生见几。后年张生及第释褐，授华阳县尉[①]。

《开元天宝遗事》卷上《天宝上·依冰山》

潭州刺史韦颙之子，十岁能属文，十五岁而老成。右丞相曲江张公深所叹异，谓："清颖秀拔，有江徐之风。"伯父秘书少监彬尤器之。自是令问休畅，举进士第一，历无锡县尉。

《毗陵集》卷一三《唐故左补阙安定皇甫公集序》

陇西李征，皇族子，家于虢略。征少博学，善属文，弱冠从州府贡焉。时号名士。天宝十五载春，于尚书右丞杨元榜下登进士第。后数年，调补江南尉。

《人虎传》

〔皇甫〕冉字茂政，安定人，……十岁能属文，张九龄一见，叹以清才。天宝十五载[②]卢庚榜进士。调无锡尉。营别墅阳羡山

---

① "华阳县尉"，他本或作"华阴尉"。
② "载"，原本作"年"。

中。……仕终拾遗、左补阙。

《唐才子传校笺》卷三《皇甫冉》

〔郎〕士元字君胄，中山人也。天宝十五载卢庚榜进士。宝应初，选京畿县官，诏试政事中书，补渭南尉。

《唐才子传校笺》卷三《郎士元》

〔顾〕况字逋翁，苏州人。至德二年①，天子幸蜀，江东侍郎李希言下进士。……初为韩晋公江南判官。德宗时，柳浑辅政，荐为秘书郎。……久之，迁著作郎。

《唐才子传校笺》卷三《顾况》

〔严〕维字正文，越州人。……至德二年②，江淮选补使、侍郎崔涣下以词藻宏丽，进士及第。以家贫亲老，不能远离，授诸暨尉，时已四十余。

《唐才子传校笺》卷三《严维》

〔窦〕叔向字遗直，扶风平陵人也。有卓绝之行。登第于大历初。……少与常衮同灯火，及衮相，引擢左拾遗内供奉。及坐贬，亦出为溧水令。卒赠工部尚书。

《唐才子传校笺》卷四《窦叔向》

〔章〕八元，睦州桐庐人。……大历六年王溆榜第三人进士。居京既久，床头金尽，归江南，访韦苏州，待赠甚厚。复来都应制

---

① "年"，应作"载"。
② "年"，应作"载"。

科。贞元中,调句容主簿,况薄辞归。

《唐才子传校笺》卷四《章八元》

杨于陵字达夫,……十八擢进士,调句容主簿。

《新唐书》卷一六三《杨于陵传》

〔孔〕戡字胜始,进士及第,补修武尉。

《新唐书》卷一六三《孔戡传》

〔苏世长〕从孙弁,字元容,擢进士,调奉天主簿。

《新唐书》卷一〇三《苏弁传》

卫次公字从周,河中河东人。举进士,礼部侍郎潘炎异之,曰:"国器也。"高其第。调渭南尉。

《新唐书》卷一六四《卫次公传》

孟郊者,字东野,湖州武康人。……年五十,得进士第,调溧阳尉。

《新唐书》卷一七六《孟郊传》

〔孟〕郊字东野,洛阳人。……贞元十二年李程榜进士,时年五十矣。调溧阳尉。

《唐才子传校笺》卷五《孟郊》

皇甫湜字持正,睦州新安人。擢进士第,为陆浑尉。

《新唐书》卷一七六《皇甫湜传》

〔姚〕合，元和中进士及第，调武功尉，善诗，世号姚武功者。

《新唐书》卷一二四《姚合传》

〔崔〕郸及进士第，补渭南尉。

《新唐书》卷一六三《崔郸传》

〔沈传师〕子询，字诚之，亦能文辞，会昌初第进士，补渭南尉。

《新唐书》卷一三二《沈询传》

薛肇，不知何许人也。与进士崔宇，于庐山读书。同志四人，二人业未成而去，崔宇勤苦，寻已擢第。唯肇独以修道为务。……崔宇既及第，寻授东畿尉，赴任。

《太平广记》卷一七《神仙十七·薛肇》

2. 辟署使府

〔大中〕二年正月，中书门下奏："从贞元元年、太和九年秋冬前，皆是及第便从诸侯府奏试官，充从事，兼史馆、集贤、宏文诸司诸使奏官充职。以此取人，常多得士，由是长不乏材用。太和、会昌末，中选后四选，诸道方得奏充州县官职；如未合选，并不在申奏限。臣等昨已奏论，面奉进止，自今已后，及第后第三年即任奏请。"敕旨："依奏。"

《唐会要》卷七六《贡举中·进士》

〔赵涓〕子博宣，登进士第，文章俊拔，性率多酒。陈许节度使曲环辟为从事，宾筵之间，多所忽略，环不能容。

《旧唐书》卷一三七《赵博宣传》

乔琳，并州太原人。少孤苦志学，擢进士第，性诞荡，无礼检。郭子仪表为朔方府掌书记。

《新唐书》卷二二四下《乔琳传》

邵说，相州安阳人。举进士，为史思明判官。

《旧唐书》卷一三七《邵说传》

邵说，相州安阳人。已擢进士第，未调，陷史思明。逮朝义败，归郭子仪，子仪爱其才，留幕府。

《新唐书》卷二〇三《邵说传》

鲍防，襄州人。幼孤贫，笃志好学，善属文。天宝末举进士，为浙东观察使薛兼训从事，累至殿中侍御史。

《旧唐书》卷一四六《鲍防传》

鲍防字子慎，襄州襄阳人。……及进士第，历署节度府僚属。

《新唐书》卷一五九《鲍防传》

刘太真，宣州人。涉学，善属文，少师事词人萧颖士。天宝末，举进士。大历中，为淮南节度使陈少游掌书记，征拜起居郎。

《旧唐书》卷一三七《刘太真传》

刘太真，宣州人。善属文，师兰陵萧颖士。举高第进士。淮南陈少游表为掌书记。

《新唐书》卷二〇三《刘太真传》

关播字务元，卫州汲人也。天宝末，举进士。邓景山为淮南节度使，辟为从事，累授卫佐评事，迁右补阙。

《旧唐书》卷一三〇《关播传》

畅璀，河东人也。乡举进士。天宝末，安禄山奏为河北海运判官。

《旧唐书》卷一一一《畅璀传》

袁高字公颐，恕己之孙。少慷慨，慕名节。登进士第，累辟使府，有赞佐裨益之誉。

《旧唐书》卷一五三《袁高传》

吕渭字君载，河中人。……渭第进士，从浙西观察使李涵为支使。

《新唐书》卷一六〇《吕渭传》

郑云逵，荥阳人。大历初，举进士。性果诞敢言。客游两河，以画干于朱泚。泚悦，乃表为节度掌书记、检校祠部员外郎。

《旧唐书》卷一三七《郑云逵传》

郑云逵，系本荥阳。……云逵为人诞谲敢言，已登进士第，去客燕朔,朱泚善之,表为掌书记。

《新唐书》卷一六一《郑云逵传》

李益,肃宗朝宰相揆之族子。登进士第,长为歌诗。……益不得意,北游河朔,幽州刘济辟为从事。

《旧唐书》卷一三七《李益传》

严绶,蜀人。曾祖方约,利州司功。祖挹之,符离尉。父丹,殿中侍御史。绶,大历中登进士第,累佐使府。

《旧唐书》卷一四六《严绶传》

杨凭字虚受,弘农人。举进士,累佐使府。

《旧唐书》卷一四六《杨凭传》

郑余庆字居业,荥阳人。……余庆少勤学,善属文。大历中,举进士。建中末,山南节度使严震辟为从事。

《旧唐书》卷一五八《郑余庆传》

郑余庆字居业,郑州荥阳人,……余庆少善属文,擢进士第。严震帅山南西道,奏置幕府。

《新唐书》卷一六四《郑余庆传》

〔窦〕常字中行,大历中及进士第,不肯调,……隐居二十年。……杜佑镇淮南,署为参谋。

《新唐书》卷一七五《窦常传》

杜兼，京兆人，贞观中宰相杜正伦五代孙。举进士，累辟诸府从事，拜濠州刺史。

《旧唐书》卷一四六《杜兼传》

杜兼字处弘，……建中初，进士高第，徐泗节度使张建封表置其府，积劳为濠州刺史。

《新唐书》卷一七二《杜兼传》

〔孔〕戣字君严，擢进士第。郑滑卢群辟为判官。

《新唐书》卷一六三《孔戣传》

唐次，并州晋阳人也，……建中初，进士擢第，累辟使府。

《旧唐书》卷一九〇下《唐次传》

于公异者，吴人。登进士第，文章精拔，为时所称。建中末，为李晟招讨府掌书记。

《旧唐书》卷一三七《于公异传》

于公异，苏州吴人。进士擢第，李晟表为招讨府掌书记。

《新唐书》卷二〇三《于公异传》

武元衡字伯苍，河南缑氏人。……元衡进士登第，累辟使府，至监察御史。

《旧唐书》卷一五八《武元衡传》

〔崔〕从字子乂，……擢进士第。从山南严震府为推官，以母丧免。

《新唐书》卷一一四《崔从传》

钱徽字蔚章。……徽中进士第，居谷城。……观察使樊泽视其簿，独徽无有，乃表署掌书记。

《新唐书》卷一七七《钱徽传》

〔房〕式，琯之侄。举进士。李泌观察陕州，辟为从事。

《旧唐书》卷一一一《房式传》

胡证字启中，河中河东人。举进士第，浑瑊美其才，又以乡府奏置幕下。

《新唐书》卷一六四《胡证传》

李逊字友道，……世寓于荆州之石首。逊登进士第，辟襄阳掌书记。

《旧唐书》卷一五五《李逊传》

〔李逊〕子方玄，字景业，第进士。裴谊奏署江西府判官。

《新唐书》卷一六二《李方玄传》

郑权，荥阳开封人也。登进士第，释褐泾原从事。

《旧唐书》卷一六二《郑权传》

郑权,汴州开封人。擢进士第,佐泾原节度刘昌府。

《新唐书》卷一五九《郑权传》

令狐楚字壳士,……逮冠,贡进士,京兆尹将荐为第一,时许正伦轻薄士,有名长安间,能作蜚语,楚嫌其争,让而下之。既及第,桂管观察使王珙爱其材,将辟楚,惧不至,乃先奏而后聘。

《新唐书》卷一六六《令狐楚传》

起文章而陟大位,丹青景化,焜燿藩方,如霏烟祥风,缘饰万物,而与令名相始终者,有唐文臣令狐公实当之。公名楚,字壳士,燉煌人,今占数于长安右部。天授神敏,性能无师。始学语言,乃协宫征,故五岁已为诗成章。既冠,参贡士,果有名字。时司空杜公以重德知贡举,擢居甲科。琅邪王拱识公于童丱,雅器异之。至是,拱自虞部正郎领桂州,锐于辟贤以酬不次之遇,先拜章而后告公。既而授试弘文馆校书郎。

《刘禹锡集》卷一九《唐故相国赠司空令狐公集纪》

韩愈字退之,……擢进士第。会董晋为宣武节度使,表署观察推官。

《新唐书》卷一七六《韩愈传》

正月二十七日,前乡贡进士韩愈谨伏光范门下,再拜献书相公阁下:

《诗》之序曰:"《菁菁者莪》,乐育材也。君子能长育人材,则天下喜乐之矣。"其诗曰:"菁菁者莪,在彼中阿;既见君子,乐且有仪。"说者曰,"菁菁"者,盛也;"莪",微草也;"阿",大陵也!言君子之长育人材,若大陵之长育微草,能使之菁菁然盛也。"既见君子,乐且有仪"云者,天下美之之辞也。其三章曰:"既见君子,锡我百朋。"说者曰,"百朋",多之之辞也,言君子既长育人材,又当爵命之,赐之厚禄以宠贵之云尔。其卒章曰:"泛泛杨舟,载沉载浮,既见君子,我心则休。"说者曰,"载",载也;"沉浮"者,物也;言君子之于人才,无所不取,若舟之于物,浮沉皆载之云尔。"既见君子,我心则休"云者,言若此则天下之心美之也。君子之于人也,既长育之,又当爵命宠贵之,而于其才无所遗焉。孟子曰:"君子有三乐,王天下不与存焉。"其一曰:"乐得天下之英才而教育之。"此皆圣人贤士之所极言至论,古今之所宜法者也。然则孰能长育天下之人材,将非吾君与吾相乎? 孰能教育天下之英材,将非吾君与吾相乎? 幸今天下无事,小大之官各守其职,钱谷甲兵之问不至于庙堂,论道经邦之暇,舍此宜无大者焉。

今有人生二十八年矣,名不著于农工商贾之版。其业则读书著文歌颂尧舜之道,鸡鸣而起,孜孜焉亦不为利。其所读皆圣人之书,杨墨释老之学无所入于其心。其所著皆约六经之旨而成文,抑邪与正,辨时俗之所惑。居穷守约,亦时有感激怨怼奇怪之辞,以求知于天下,亦不悖于教化,妖淫谀佞诪张之说,无所出于其中。四举于礼部乃一得,三选于吏部卒无成;九品之位其可望,一亩之宫其可怀。遑遑乎四海无所归,恤恤乎饥不得食,寒不得衣,滨于死而益固,得其所者争笑之,忽将弃其旧而新是图,求老农老圃而为师。悼本志之变化,中夜涕泗交颐。虽不足当诗人、孟子之谓,抑长育之使成材,其亦可矣;教育之使成才,其亦可矣!

抑又闻古之君子相其君也,一夫不获其所,若己推而内之沟中。今有人生七年而学圣人之道以修其身，积二十年，不得已一朝而毁之，是亦不获其所矣！伏念今有仁人在上位，若不往告之而遂行，是果于自弃而不以古之君子之道待吾相也，其可乎？宁往告焉，若不得志，则命也，其亦行矣！

《洪范》曰："凡厥庶民，有猷、有为、有守，汝则念之，不协于极，不罹于咎，皇则受之，而康而色。曰予攸好德，汝则锡之福。"是皆与善之辞也。抑又闻古之人有自进者，而君子不逆之矣，曰"予攸好德，汝则锡之福"之谓也。抑又闻上之设官制禄，必求其人而授之者，非苟慕其才而富贵其身也，盖将用其能理不能，用其明理不明者耳。下之修己立诚必求其位而居之者，非苟没于利而荣于名也，盖将推己之所余以济其不足者耳。然则上之于求人，下之于求位，交相求而一其致焉耳。苟以是而为心，则上之道不必难其下，下之道不必难其上，可举而举焉，不必让其自举也；可进而进焉，不必廉于自进也。

抑又闻上之化下，得其道，则劝赏不必遍加乎天下而天下从焉，因人之所欲为而遂推之之谓也。今天下不由吏部而仕进者几希矣，主上感伤山林之士有逸遗者，屡诏内外之臣旁求于四海。而其至者盖阙焉，岂其无人乎哉？亦见国家不以非常之道礼之而不来耳。彼之处隐就闲者亦人耳，其耳目鼻口之所欲，其心之所乐，其体之所安，岂有异于人乎哉？今所以恶衣食，穷体肤，麋鹿之与处，猨狄之与居，固自以其身不能与时从顺俯仰，故甘心自绝而不悔焉。而方闻国家之仕进者，必举于州县，然后升于礼部、吏部，试之以绣绘雕琢之文，考之以声势之逆顺、章句之短长，中其程式者，然后得从下士之列，虽有化俗之方、安边之画，不繇是而稍进，万不有一得焉。彼惟恐入山之不深，入林之不密，其影响昧昧，惟恐闻于人也。今若闻有以书进宰相而求仕者，而宰相不辱焉，而荐之天子，而爵命之，而布其书于四方，枯槁沉溺魁闳宽通之士，必且洋洋焉动其心，峨峨焉缨其冠，于焉而来矣。此所谓劝赏不必遍加乎天下而天下从焉者也，因人之所欲为而遂推之之谓者也。

伏惟览《诗》《书》《孟子》之所指，念育才锡福之所以；考古之君子相其君之道，而忘自进自举之罪；思设官制禄之故，以诱致山林逸遗之士：庶天下之行道者知所归焉。

小子不敢自幸，其尝所著文，辄采其可者若干首，录在异卷，冀辱赐观焉。干黩尊严，伏地待罪。愈再拜。

《韩昌黎文集校注》卷三《上宰相书》

〔李绛〕子璋，字重礼。大中初擢进士第，辟卢钧太原幕府。

《新唐书》卷一五二《李璋传》

颢荐齐秀才书："某官至，辱垂下问，令公举一人，可管记之任者。愚以为军中之书记，节度使之喉舌。指事立言而上达，思中天心；发号出令以下行，期悦人意。谅非容易，而可专据。窃见前进士高阳齐孝若考叔，年二十四，举必专授，文皆雅正，词赋甚精，章表殊健；疏眉目，美风姿，外若坦荡，中甚畏慎。执事傥引在幕下，列于宾佐，使其驰一檄飞书，必能应马上之急求，言腹中之所欲。夫掇芳刈楚，不弃幽远。况孝若相门子弟，射策甲科，家居君侯之宇下，且数年矣。不劳重币，而获至宝，甚善，甚善！雄都大府，多士如林，最所知者，斯人也。请为阁下记其若此。唯用与舍，高明裁之。谨再拜。"

《唐摭言》卷六《公荐》

薛播，……子公达，擢进士第。佐凤翔军。

《新唐书》卷一五九《薛播传》

李逢吉字虚舟，陇西人。贞观中学士李玄道曾孙。祖颜，父归期。逢吉登进士第，释褐授振武节度掌书记。

《旧唐书》卷一六七《李逢吉传》

崔玄亮字晦叔，磁州昭义人。贞元初，擢进士第，累署诸镇幕府。

《新唐书》卷一六四《崔玄亮传》

李翱荐所知于徐州张仆射书：“翱再拜。齐桓公不疑于其臣，管夷吾信而伯天下，攘戎狄，匡周室，亡国存，荆楚服，诸侯无不至焉。竖刁、易牙信而国乱，身死不葬，五公子争立，兄弟相及者数世。桓公之信于其臣，一道也。所信者得其人，则格于天地，功及后世；不得其人，则不能免其身。知人不易也，岂唯霸者焉，虽圣人亦不免焉！帝尧之时，贤不肖皆立于朝，尧能知舜，于是乎放驩兜，流共工，殛鲧，窜三苗，举禹、稷、皋陶二十有二人，加诸上位：故尧崩三载，四海之内，遏密八音，后世之人皆谓之帝尧焉。向使尧不能知舜，而遂尊驩兜、共工之徒于朝，禹、稷、皋陶之下二十有二人不能用，则尧将不能得无为尔，岂复得曰‘大哉，尧之为君也！唯天为大，唯尧则之。荡荡乎，民无能名焉’者哉！《春秋》曰：‘夏灭项。’孰灭之？盖齐灭之。曷为不言齐灭？为桓公讳也。《春秋》为贤者讳，此灭人之国，何贤尔？君子之恶恶也疾始，善善也乐终。桓公尝有继绝存亡之功，故君子为之讳也。继绝存亡，贤者之事也。管夷吾用，所以能继绝存亡国焉耳；竖刁、易牙用，则不能也。向使桓公始不用管夷吾，未有竖刁、易牙，争权不葬，而乱齐国，则幽、厉之诸侯也。始用贤而终身讳其恶，君子之乐用贤也如此；始不用贤，以及其终，而幸后世之掩其过也，则微矣。然则居上位，流德泽于百姓者，何所劳乎？于择贤，得其人，措诸上，使天下皆化之焉而已矣。兹天子之大臣，有土千里者，孰有如阁下之好贤不倦者焉！盖得其人亦多矣。其所求而得而不取者，则有人焉。陇西李观，奇士也，伏闻阁下知其贤，将用之未及，而观病死。昌黎韩愈得古人之遗风，明于理乱根本之所由，伏闻阁下复知其贤，将用之未及，而愈为宣武军节度使之所用。观、愈，皆豪杰之士也，如此人，不时出。观自古天下亦有数百年无如其人者焉。闻阁下皆得而知之，皆不得而用之，翱实为阁下惜焉。岂惟翱一人而已？后之读前载者，亦必多为阁下惜之矣。兹有平昌孟郊，贞士也，伏闻阁下旧知之。郊为五言诗，自前汉李都尉、苏属国及建安诸子、南朝二谢，郊能兼其体而有之。李观荐郊于梁肃补阙书曰：'郊之五言，其有高处，在古无上；其有平处，下顾二谢。'韩愈送郊诗曰：'作其三百首，杳默咸池音。'彼二子皆知言者，岂欺天下之人哉！郊穷饿，不得安养其亲，周天下无所遇，作诗曰：'食荠肠亦苦，强歌声无欢。出门即有碍，谁为天地宽！'其穷也甚矣！又有张籍、李景俭者，皆奇才也，未闻阁下知之。凡贤士奇人，皆有所负，不苟合于世，是以虽见之，难得而知也；见而不能知，如勿见而已矣；知其贤而不能用，如勿知其贤而已矣；用而不能尽其才，如勿用而已矣；能尽其才而容谗人之所间者，如勿尽其才而已矣。故见贤而能知，而能用，而能尽其才，而不容谗人之所间者，天下一人而已矣。兹有二人焉皆来：其一，贤士也；其一，常常之人也。待之礼貌不加隆焉，则贤者往而常常之人日来矣。况其待常常之人加厚，则善人何求而来哉！孔子曰：'吾未见好德如好色者也。'贤者不好色而好德者；虽好色而不如好德者，次也；色与德均好者，复其次也；虽好德而不如好色者，下也；不好德而好色者，穷矣！人有告曰：'某所有女，国色也。'天下之人必竭其财求之而无所爱矣。有人告曰：'某所有人，国士也。'天下之人则不能一往而见焉。是岂非不好德而好色者乎？贤者则宜有别于天下之人矣。孔子述《易》，定《礼》《乐》，删《诗》《书》，作《春秋》，圣人也。奋乎万世之上，其所化之者非其道，则夷狄人也，而孔子之庙存焉，虽贤者亦不能日往而拜之，以其益于人者寡矣。故无益于人，虽孔圣之庙犹不能朝夕而事焉。有待于人，而不能得善士、良士，则不如无待也。呜呼！人之降年，不可与期。郊将为他人所得，而大有立于世，与短命而死，皆不可知也。二者卒然有一，于郊之体，其为惜之不可既矣。阁下终不得而用之矣，虽恨之亦无可奈何矣。翱，穷贱人也，直词无让，非所宜至于此者也，为道之存焉耳；不直则不足以伸道也，非好多言者也。翱再拜。"

《唐摭言》卷六《公荐》

　　高沐，渤海人。……沐，贞元中进士及第，以家族在郓，李师古置为判官。

《旧唐书》卷一八七下《高沐传》

　　高沐者，渤海人。……沐，贞元中擢进士第，以家托郓，故李师古辟署判官。

《新唐书》卷一九三《高沐传》

薛存诚字资明,河东人。……存诚进士擢第,累辟使府,入朝为监察御史,知馆驿。

《旧唐书》卷一五三《薛存诚传》

韦弘景,京兆人。……弘景,贞元中始举进士,为汴州、浙东从事。

《旧唐书》卷一五七《韦弘景传》

〔韦〕嗣立孙弘景,擢进士第,数佐节度府。

《新唐书》卷一一六《韦弘景传》

段平仲字秉庸,武威人。……登进士第。杜佑、李复相继镇淮南,皆表平仲为掌书记。

《旧唐书》卷一五三《段平仲传》

段平仲字秉庸,本武威人,……擢进士第。杜佑、李复之节度淮南,连表掌书记。

《新唐书》卷一六二《段平仲传》

任迪简,京兆万年人。举进士。初为天德军使李景略判官。

《旧唐书》卷一八五下《任迪简传》

任迪简,京兆万年人。擢进士第。天德李景略表佐其军。

《新唐书》卷一七〇《任迪简传》

〔冯〕定字介夫,……第进士异等,辟浙西薛苹府,以鄠尉为集贤校理。

《新唐书》卷一七七《冯定传》

崔元略,博州人。……元略第进士,更辟诸府。

《新唐书》卷一六〇《崔元略传》

杜元颖,莱公如晦裔孙也。父佐官卑。元颖,贞元末进士登第,再辟使府。

《旧唐书》卷一六三《杜元颖传》

罗立言者,宣州人。贞元末擢进士,魏博田弘正表佐其府。

《新唐书》卷一七九《罗立言传》

〔韩思复〕曾孙佽,字相之,少有文学,性尚简澹。举进士,累辟藩方。

《旧唐书》卷一〇一《韩佽传》

〔韩〕朝宗孙佽,字相之,性清简。元和初,第进士。自山南东道使府入为殿中侍御史。

《新唐书》卷一一八《韩佽传》

李绅字公垂,……元和初,擢进士第,补国子助教,不乐,辄去。客金陵,李锜爱其才,辟掌书记。

《新唐书》卷一八一《李绅传》

王正雅字光谦，其先太原人。东都留守翃之子。……元和初，举进士，登甲科，礼部侍郎崔邠甚知之，累从职使府。

《旧唐书》卷一六五《王正雅传》

韦表微，始举进士登第，累佐藩府。元和十五年，拜监察御史。……子蟾，进士登第，咸通末，为尚书左丞。

《旧唐书》卷一八九下《韦表微传》

韦表微字子明，……擢进士第，数辟诸使府。

《新唐书》卷一七七《韦表微传》

〔皇甫〕镈弟镛，端士也。亦进士擢第，累历宣歙、凤翔使府从事。

《旧唐书》卷一三五《皇甫镛传》

崔弘礼字从周，博陵人。……父孚，湖州长城令。弘礼风貌魁伟，磊落有大志。举进士，累佐藩府，官至侍御史。

《旧唐书》卷一六三《崔弘礼传》

〔白〕行简字知退，擢进士，辟卢坦剑南东川府。

《新唐书》卷一一九《白行简传》

〔孙〕公器子简，字枢中，元和初，登进士第，辟镇国、荆南幕府。

《新唐书》卷二〇二《孙简传》

宇文籍字夏龟。父滔，官卑。少好学，尤通《春秋》。窦群自处士征为右拾遗，表籍自代，由是知名。登进士第，宰相武元衡出镇西蜀，奏为从事。……子临，大中初登进士第。

《旧唐书》卷一六○《宇文籍传》

〔柳〕公权字诚悬，公绰弟也。年十二，工辞赋。元和初，擢进士第。李听镇夏州，表为掌书记。

《新唐书》卷一六三《柳公权传》

郭承嘏字复卿。曾祖尚父汾阳王。祖晞，诸卫将军。父钧。承嘏生而秀异，乳保之年，即好笔砚。比及成童，能通五经。元和四年，礼部侍郎张弘靖知其才，擢升进士第，累辟使幕。历渭南尉。

《旧唐书》卷一六五《郭承嘏传》

〔孔述睿〕子敏行，字至之。元和初，擢进士第。岳鄂吕元膺表在节度府。

《新唐书》卷一九六《孔敏行传》

郭行余者，元和时擢进士。河阳乌重胤表掌书记。

《新唐书》卷一七九《郭行余传》

王质字华卿，太原祁人。五代祖通字仲淹，隋末大儒，号文中子。通生福祚，终上蔡主簿。福祚生勉，登进士第，制策登科，位终宝鼎令。勉生怡，终渝州司户。怡生潜，扬州天长丞。质则潜之第五子。少负志操，以家世官卑，思立名于世，以大其门。……
元和六年，登进士甲科，释褐岭南管记，历佐淮蔡、许昌、梓童、兴
元四府，累奏兼监察御史。

《旧唐书》卷一六三《王质传》

李固言字仲枢，其先赵人。擢进士甲科，江西裴堪、剑南王播
皆表署幕府。

《新唐书》卷一八二《李固言传》

舒元舆者，江州人。元和八年，登进士第，释褐诸府从事。

《旧唐书》卷一六九《舒元舆传》

〔张〕又新字孔昭，深州人也。初应宏辞第一，又为京兆解头。
元和九年，礼部侍郎韦贯之下状元及第，时号为"张三头"。应辟
为广陵从事，历补阙。

《唐才子传校笺》卷六《张又新》

宋申锡字庆臣，……擢进士第，累辟节度府。

《新唐书》卷一五二《宋申锡传》

卢弘宣字子章，元和中，擢进士第。郑权帅襄阳，辟署幕府。

《新唐书》卷一九七《卢弘宣传》

〔崔儆〕子岩，登进士第，辟襄阳掌书记、监察御史，方雅有父风。

《旧唐书》卷一一九《崔儆传》

封敖字硕夫,其先盖冀州蓨人。元和中,及进士第,江西裴堪辟署使府。

《新唐书》卷一七七《封敖传》

李石字中玉,陇西人。祖坚,父明。石,元和十三年进士擢第,从凉国公李听历四镇从事。

《旧唐书》卷一七二《李石传》

李石字中玉,……元和中,擢进士第,辟李听幕府。

《新唐书》卷一三一《李石传》

李让夷字达心,陇西人。祖悦,父应规。让夷,元和十四年擢进士第,释褐诸侯府。

《旧唐书》卷一七六《李让夷传》

李让夷字达心,系本陇西。擢进士第,辟镇国李绛府判官。

《新唐书》卷一八一《李让夷传》

李中敏,陇西人。父婴。中敏,元和末登进士第,性刚褊敢言。与进士杜牧、李甘相善,文章趣向,大率相类。中敏累从府辟,入为监察,历侍御史。

《旧唐书》卷一七一《李中敏传》

李中敏字藏之,系出陇西。元和中,擢进士第。……沈传师观察江西,辟为判官。

《新唐书》卷一一八《李中敏传》

〔狄〕兼谟，登进士第。祖郊、父迈，仕官皆微。兼谟，元和末，解褐襄阳推官，试校书郎，言行刚正，使府知名。

《旧唐书》卷八九《狄兼谟传》

〔狄〕兼谟字汝谐，及进士第。辟襄阳使府，刚正有祖风。

《新唐书》卷一一五《狄兼谟传》

〔姚〕勖字斯勤。长庆初，擢进士第，数为使府表辟。

《新唐书》卷一二四《姚勖传》

周墀字德升，本汝南人。……及进士第，辟湖南团练府巡官，入为监察御史、集贤殿学士。

《新唐书》卷一八二《周墀传》

〔白〕敏中字用晦，居易从父弟也。……敏中少孤，为诸兄之所训厉。长庆初，登进士第，佐李听，历河东、郑滑、邠宁三府节度掌书记，试大理评事。

《旧唐书》卷一六六《白敏中传》

〔白〕敏中字用晦，少孤，承学诸兄。长庆初，第进士，辟义成节度使李听府。

《新唐书》卷一一九《白敏中传》

卢携字子升，范阳人。祖损。父求，宝历初登进士第，应诸府辟召。位终郡守。携，大中九年进士擢第，授集贤校理，出佐使府。

《旧唐书》卷一七八《卢携传》

〔崔〕铉字台硕，擢进士第，从李石荆南为宾佐。

《新唐书》卷一六〇《崔铉传》

敬晦字日彰，河中河东人。……晦进士及第，辟山南东道节度府，与马曙联舍。

《新唐书》卷一七七《敬晦传》

〔李〕石弟福，字能之，大和七年登进士第，累辟使府。

《旧唐书》卷一七二《李福传》

〔李石〕弟福，字能之。大和中，第进士。杨嗣复领剑南，辟幕府。

《新唐书》卷一三一《李福传》

〔魏〕谟字申之。擢进士第，同州刺史杨汝士辟为长春宫巡官。

《新唐书》卷九七《魏谟传》

裴坦字知进，……坦及进士第，沈传师表置宣州观察府，召拜左拾遗、史馆修撰。

《新唐书》卷一八二《裴坦传》

刘瑑字子全，……第进士，镇国陈夷行表为判官。

《新唐书》卷一八二《刘瑑传》

〔蒋〕伸，登进士第，历佐使府。大中初入朝，右补阙、史馆修撰，转中书舍人，召入翰林为学士。自员外郎中至户部侍郎、学士承旨，转兵部侍郎。大中末，中书侍郎、平章事。

《旧唐书》卷一四九《蒋伸传》

薛逢字陶臣，蒲州河东人。会昌初，擢进士第。崔铉镇河中，表在幕府。

《新唐书》卷二〇三《薛逢传》

杨收字藏之，……以兄假未仕，不肯举进士。既假褫褐，乃入京师。明年，擢进士，杜悰表署淮南推官。

《新唐书》卷一八四《杨收传》

李渤字濬之，……子祝，会昌中登进士第，辟诸侯府。

《旧唐书》卷一七一《李渤传》

崔彦昭字思文，清河人。父岂。彦昭，大中三年进士擢第，释褐诸侯府。

《旧唐书》卷一七八《崔彦昭传》

崔彦昭字思文，其先清河人。淹贯儒术，擢进士第。数应帅镇辟奏,于吏治精明,所至课最。

《新唐书》卷一八三《崔彦昭传》

〔柳〕珪字交玄。大中中,与璧继擢进士,皆秀整而文,杜牧、李商隐称之。杜悰镇西川,表在幕府,久乃至。

《新唐书》卷一六三《柳珪传》

某①启:伏奉荣示,伏蒙辟署某第二子前乡贡进士珪充摄剑南西川安抚巡官,并赐公牒举者。

《樊南文集》卷四《为河东公谢相国京兆公启二首》

〔张荐〕孙读,字圣用,幼颖改。大中时,第进士,郑薰辟署宣州幕府。

《新唐书》卷一六一《张读传》

苗台符六岁能属文,聪悟无比;十余岁博览群籍,著《皇心》三十卷,年十六及第。张读亦幼擅词赋,年十八及第。同年进士,同佐郑薰少师宣州幕。二人尝列题于西明寺之东庑。或窃注之曰:"一双前进士,两个阿孩儿。"台符,十七,不禄;读,位至正卿。

《唐摭言》卷三《慈恩寺题名游赏赋咏杂纪》

卢携字子升,其先本范阳,世居郑。擢进士第,被辟浙东府。

《新唐书》卷一八四《卢携传》

---

① 指柳仲郢。

〔崔〕福启：伏奉公牒，伏蒙辟署观察巡官。某早辱梯媒，获沾科第。吴公之荐贾谊，未塞前叨；窦融之举班彪，仍当后忝。仰观莲幕，俯度桂科。

《樊南文集》卷四《为东川崔从事谢辟并聘钱启二首》

〔牛〕丛字表龄，第进士，繇藩帅幕府任补阙，数言事。

《新唐书》卷一七四《牛丛传》

路岩字鲁瞻，魏州冠氏人。……岩幼惠敏过人，及进士第，父时故人在方镇者交辟之，久乃答。

《新唐书》卷一八四《路岩传》

〔孔〕纬字化文，……擢进士第，东川崔慎由表署幕府。

《新唐书》卷一六三《孔纬传》

〔李〕柱子磎，字景望，博学多通，文章秀绝。大中十三年，一举登进士第。归仁晦镇大梁，穆仁裕镇河阳，自监察、殿中相次奏为从事。

《旧唐书》卷一五七《李磎传》

〔萧〕遘字得圣，置子。咸通中，擢进士第，辟节度府。

《新唐书》卷一〇一《萧遘传》

司空图字表圣，本临淮人。……图咸通十年登进士第，主司王凝于进士中尤奇之。凝左授商州刺史，图请从之，凝加器重，洎廉问宣歙,辟为上客。

《旧唐书》卷一九〇下《司空图传》

　　司空图字表圣,河中虞乡人。……图,咸通末擢进士,礼部侍郎王凝特所奖待,俄而凝坐法贬商州,图感知己,往从之。凝起拜宣歙观察使,乃辟署幕府。

《新唐书》卷一九四《司空图传》

　　李拯字昌时,陇西人。咸通十二年,登进士第。乾符中,累佐府幕。

《旧唐书》卷一九〇下《李拯传》

　　〔裴向〕子寅,登进士第,累官至御史大夫卒。子枢,字纪圣,咸通十二年登进士第。宰相杜审权出镇河中,辟为从事,得秘书省校书郎,再迁蓝田尉。

《旧唐书》卷一一三《裴寅传》

　　〔裴〕枢字纪圣,咸通中,第进士。杜审权镇河中,奏署幕府,再迁蓝田尉。

《新唐书》卷一四〇《裴枢传》

　　〔杜审权〕子让能,字群懿,擢进士第,从宣武王铎府为推官,以长安尉为集贤校理。

《新唐书》卷九六《杜让能传》

〔蒋系〕子曙，字耀之。咸通末，由进士第署鄂岳团练判官。

《新唐书》卷一三二《蒋曙传》

李巨川字下己，陇右人。国初十八学士道玄之后，故相逢吉之侄曾孙。父循，大中八年登进士第。巨川乾符中应进士，属天下大乱，流离奔播，切于禄位，乃以刀笔从诸侯府。

《旧唐书》卷一九〇下《李巨川传》

李巨川字下己，逢吉从曾孙。乾符中，举进士。方天下崩骚，乃去京师，河中王重荣辟为掌书记。

《新唐书》卷二二四下《李巨川传》

〔王〕抟字昭逸。擢进士第，辟佐王铎滑州节度府，累迁苏州刺史。

《新唐书》卷一一六《王抟传》

韩偓字致光，京兆万年人。擢进士第，佐河中幕府。

《新唐书》卷一八三《韩偓传》

吴融字子华，越州山阴人。……融学自力，富辞调。龙纪初，及进士第。韦昭度讨蜀，表掌书记，迁累侍御史。

《新唐书》卷二〇三《吴融传》

崔棁字子文，博陵安平人。……棁少好学，梁贞明三年，举进士甲科，为开封尹王瓒从事。

《旧五代史》卷九三《晋书·崔棁传》

3. 应制科与吏部科目①

4. 仕途升迁

故当代以进士登科为登龙门,解褐多拜清紧,十数年间,拟迹庙堂。轻薄者语曰:"及第进士,俯视中黄郎;落第进士,揖蒲华长马。"又云:"进士初擢第,头上七尺焰光。"好事者纪其姓名,自神龙以来迄于兹日,名曰《进士登科记》,亦所以昭示前良,发起后进也。

《封氏闻见记校注》卷三《贡举》

郭正一,定州鼓城人。贞观中,举进士。累转中书舍人、弘文馆学士。

《旧唐书》卷一九〇中《郭正一传》

高智周,常州晋陵人。少好学,举进士。累补费县令,与丞、尉均分俸钱,政化大行,人吏刊石以颂之。

《旧唐书》卷一八五上《高智周传》

杜易简,襄州襄阳人,……九岁能属文,及长,博学有高名,……登进士第,累转殿中侍御史。

《旧唐书》卷一九〇上《杜易简传》

---

① 参见制科与吏部科目。

孟诜，汝州梁人。擢进士第，累迁凤阁舍人。

《新唐书》卷一九六《孟诜传》

周允元者，豫州人也。弱冠举进士。延载初，累转左肃政御史中丞，俄除凤阁鸾台平章事。

《旧唐书》卷九〇《周允元传》

韦思谦，郑州阳武人也。本名仁约，字思谦，以音类则天父讳，故称字焉。其先自京兆南徙，家于襄阳。举进士，累补应城令，岁余调选。

《旧唐书》卷八八《韦思谦传》

韦思谦名仁约，以近武后父讳为嫌，遂以字行。……及进士第，累调应城令。

《新唐书》卷一一六《韦思谦传》

宗楚客字叔敖……及进士第，累迁户部侍郎。

《新唐书》卷一〇九《宗楚客传》

赵彦昭者，甘州张掖人也。父武孟，初以驰骋佃猎为事。尝获肥鲜以遗母，母泣曰："汝不读书而佃猎如是，吾无望矣。"竟不食其膳。武孟感激勤学，遂博通经史。举进士，官至右台侍御史，撰《河西人物志》十卷。

《旧唐书》卷九二《赵彦昭传》

郑惟忠，宋州宋城人也。仪凤中，进士举，授井陉尉，转汤阴尉。

《新唐书》卷一〇〇《郑惟忠传》

〔韦〕嗣立，承庆异母弟也。……少举进士，累补双流令，政有殊绩，为蜀中之最。

《旧唐书》卷八八《韦嗣立传》

〔韦〕嗣立字延构，……第进士，累调双流令，政为二川最。

《新唐书》卷一一六《韦嗣立传》

〔陈〕子昂字伯玉，梓州人。开耀二年许旦榜进士。初年十八时，未知书，以富家子，任侠尚气弋博。后入乡校感悔，即于州东南金华山观读书，痛自修饬，精穷坟典，耽爱黄老、《易》象。

光宅元年，诣阙上书，谏灵驾入京。武后召见，奇其才，遂拜麟台正字。

《唐才子传校笺》卷一《陈子昂》

李日知，郑州荥阳人。及进士第。天授中，历司刑丞。

《新唐书》卷一一六《李日知传》

路敬淳，贝州临清人也。……敬淳与季弟敬潜俱早知名。敬淳尤勤学，不窥门庭，遍览坟籍，而孝友笃敬。……后举进士。天授中，历司礼博士、太子司议郎，兼修国史，仍授崇贤馆学士。

《旧唐书》卷一八九下《路敬淳传》

路敬淳，贝州临清人。……后擢进士第。天授中，再迁太子司议郎兼修国史、崇贤馆学士。

《新唐书》卷一九九《路敬淳传》

元行冲，河南人，……博学多通，尤善音律及诂训之书。举进士，累转通事舍人。

《旧唐书》卷一〇二《元行冲传》

元澹字行冲，以字显，……及进士第，累迁通事舍人。

《新唐书》卷二〇〇《元行冲传》

〔杨再思〕弟季昭，中茂才第，为殿中侍御史。

《新唐书》卷一〇九《杨季昭传》

徐坚，西台舍人齐聃子也。少好学，遍览经史，性宽厚长者。进士举，累授太子文学。

《旧唐书》卷一〇二《徐坚传》

王志愔，博州聊城人也。少以进士擢第。神龙年，累除左台御史，加朝散大夫。

《旧唐书》卷一〇〇《王志愔传》

王志愔，博州聊城人。擢进士第。中宗神龙中，为左台侍御史。

《新唐书》卷一二八《王志愔传》

吉顼,洛州河南人也。身长七尺,阴毒敢言事。进士举,累转明堂尉。

《旧唐书》卷一八六上《吉顼传》

富嘉谟,雍州武功人也。举进士。长安中,累转晋阳尉。

《旧唐书》卷一九〇中《富嘉谟传》

〔富〕嘉谟,武功人,举进士,长安中,累转晋阳尉。

《新唐书》卷二〇二《富嘉谟传》

卢粲,幽州范阳人,后魏侍中阳乌五代孙。……粲博览经史,弱冠举进士。景龙二年,累迁给事中。

《旧唐书》卷一八九下《卢粲传》

卢粲,幽州范阳人。……粲始冠,擢进士第。神龙中,累迁给事中。

《新唐书》卷一九九《卢粲传》

赵冬曦,定州鼓城人。进士擢第,历左拾遗。

《新唐书》卷二〇〇《赵冬曦传》

蒋钦绪,莱州胶水人。颇工文辞,擢进士第,累迁太常博士。

《新唐书》卷一一二《蒋钦绪传》

卢怀慎,滑州人,……第进士,历监察御史。

《新唐书》卷一二六《卢怀慎传》

和逢尧，岐州岐山人。……乃举进士高第，累擢监察御史。

《新唐书》卷一二三《和逢尧传》

李适字子至，京兆万年人。举进士，再调猗氏尉。

《新唐书》卷二〇二《李适传》

倪若水字子泉，恒州藁城人。擢进士第，累迁右台监察御史。

《新唐书》卷一二八《倪若水传》

〔綦毋〕潜字孝通，荆南人。开元十四年严迪榜进士，授宜寿尉，迁右拾遗，入集贤院待制，复授校书。终著作郎。

《唐才子传校笺》卷二《綦毋潜》

〔贺兰〕进明，开元十六年虞咸榜进士及第。仕为御史大夫。肃宗时，出为河南节度使。

《唐才子传校笺》卷二《贺兰进明》

唐词臣姓陶氏，讳翰。……开元十八年进士上第，天宝文明载登宏词、拔萃两科，累陟太常博士礼部员外。

《文苑英华》卷七〇二《顾况·礼部员外郎陶氏集序》

〔王〕维字摩诘，太原人。……开元十九年，状元及第。擢左拾遗，迁给事中。……仕至尚书右丞。

《唐才子传校笺》卷二《王维》

柳芳字仲敷，蒲州河东人。开元末，擢进士第，由永宁尉直史馆。

《新唐书》卷一三二《柳芳传》

〔岑〕参，南阳人，文本之后。天宝三年赵岳榜第二人及第。累官左补阙、起居郎，出为嘉州刺史。

《唐才子传校笺》卷三《岑参》

〔包〕佶字幼正，润州延陵人。……佶擢进士第，累官谏议大夫。

《新唐书》卷一四九《包佶传》

〔包〕佶字幼正，天宝六年杨护榜进士。累迁秘书监。刘晏治财，奏为汴东两税使。及晏罢，以佶为诸道盐铁等使。未几，迁刑部侍郎、太常少卿，拜谏议大夫、御史中丞。

《唐才子传校笺》卷三《包佶》

〔包〕何字幼嗣，润州延陵人，包融之子也。与弟佶俱以诗鸣，时称"二包"。天宝七年杨誉榜及第。……大历中，仕终起居舍人。

《唐才子传校笺》卷三《包何》

〔李〕嘉祐字从一，赵州人。天宝七年杨誉榜进士，为秘书正字。……后迁台、袁二州刺史。

《唐才子传校笺》卷三《李嘉祐》

崔衍字著,深州安平人。父伦,字叙,……及进士第,历吏部员外郎。

《新唐书》卷一六四《崔衍传》

卢从史,其先自元魏已来,冠冕颇盛。父虔,少孤,好学,举进士,历御史府三院,刑部郎中,江、汝二州刺史,秘书监。

《旧唐书》卷一三二《卢从史传》

〔苏〕涣,广德二年杨栖梧榜进士。本不平者,往来剽盗,善用白弩,巴宾商人苦之,称曰白跖。后自知非,折节从学,遂成名。累迁侍御史,湖南崔中丞瓘辟为从事。瓘遇害,继走交广。扇动哥舒晃跋扈,如蚊龙见血,本质彰矣。居无何,伏诛。

《唐才子传校笺》卷三《苏涣》

吕渭字君载,河中人。父延之,越州刺史、浙江东道节度使。渭举进士,累授婺州永康令、大理评事。

《旧唐书》卷一三七《吕渭传》

陈京字庆复,……擢进士第,迁累太常博士。

《新唐书》卷二〇〇《陈京传》

畅当,河东人。……当进士擢第。贞元初,为太常博士。

《新唐书》卷二〇〇《畅当传》

薛邕侍郎有宰相望。时有张山人善相。崔造相公方为兵部郎中,与前进士姜公辅同在薛侍郎坐中。薛问张山人曰:"坐中有宰相否？心在己身多矣。"张曰："有。"薛曰："几人？"曰："有两人。"……曰："何人？"曰："崔、姜二人必同时宰相。"薛讶忿之，嘿然不乐。既而崔郎中徐问张曰："何以同时？"意谓姜公始前进士，我已正郎，势不相近也。曰："命合如此，事须同时，仍郎中在姜之后。"

《嘉话录》

徐申字维降，京兆人。擢进士第，累迁洪州长史。

《新唐书》卷一四三《徐申传》

公少好学，始以大历八年举进士，礼部侍郎张谓妙选时彦，在选中。不数年，补太子正字，历栎阳尉，试为大理评事福州支使，复以监察里行为宣歙观察判官，转殿中兼侍御史，充团副，加检校著作郎，赐章服。

《元稹集》卷五五《故金紫光禄大夫检校司徒兼
太子少傅赠太保郑国公食邑三千户严公行状》

〔窦〕常字中行，叔向之子也，京兆人。大历十四年王储榜及第。初历从事。累官水部员外郎。连除阆、夔、江、抚四州刺史。后入为国子祭酒而终。

《唐才子传校笺》卷四《窦常》

郑元，举进士第，累迁御史中丞。

《旧唐书》卷一四六《郑元传》

武元衡字伯苍。……元衡举进士，累为华原令。

《新唐书》卷一五二《武元衡传》

〔武〕元衡字伯苍，河南人。建中四年薛展榜进士。元和三年，以门下侍郎平章事出为剑南节度使。

《唐才子传校笺》卷四《武元衡》

〔麹〕信陵，贞元元年郑全济榜及第。仕为舒州望江县令，卒。

《唐才子传校笺》卷五《麹信陵》

薛存诚字资明，河中宝鼎人。中进士第。擢累监察御史。

《新唐书》卷一六二《薛存诚传》

〔薛存诚〕子保逊，登进士第，位亦至给事中。

《旧唐书》卷一五三《薛保逊传》

唐中书令晋公裴度，微时羁寓洛中。……时淮西不庭已数年矣。……其秋，果领乡荐，明年及第。洎秉钧衡，朝廷议授吴元济节钺。既而延英候对，宪宗问宰臣。度奏曰："贼臣跋扈四十余年，圣朝姑务含弘。……臣请一诏进兵，可以荡平妖孽。"于是命度为淮西节度使，兴师致讨。……才两月，擒贼以献，淮西遂平。后入朝，居廊庙，大拜正司徒，为侍中中书令。儒生武德，振耀古今。

《剧谈录》卷上

〔李〕道古登进士第，迁司门员外郎。

《旧唐书》卷一三一《李道古传》

〔郑〕瀚本名涵，避文宗故名，改焉。第进士，累迁右补阙。

《新唐书》卷一六四《郑瀚传》

陈通方登正元进士第，与王播同年。播年五十六，通方甚少，因期集，抚播背曰："王老奉赠一第。"言其日暮途穷，及第同赠官也。播恨之。后通方丁家难，辛苦万状。播捷三科，为正郎，判盐铁。方穷悴求助，不甚给之。时李虚中为副使，通方以诗为汲引云："应念路傍憔悴翼，昔年乔木幸同迁。"播不得已，荐为江南院官。

陈通方，闽县人。贞元十年顾少连下进士及第。时属公道大开，采掇孤俊。通方年二十五，第四人及第，以其年少名高，轻薄自负。与王播同年，王时年五十六。通方薄其成事，后时，因期集戏附其背曰："王老王老，奉赠一第。"言其日暮途远，及第同赠官也。王曰："拟应三篇。"通方又曰："王老一之谓甚，其可再乎？"王心每贮之。通方寻值家艰还归，王果累捷高科，官渐达矣。通方后履人事入关，王已丞郎判盐铁。通方穷悴寡坐，不知王素衔其言，投之求救。同年，李虚中时为副使，通方亦有诗扣之，求为汲引云："应念路傍憔悴翼，昔年乔木幸同迁。"王不得已，署之江西院官。赴职未及其所，又改为浙东院。仅至半程，又改与南陵院。如是往复数四，困踬日甚，退省其咎，谓甥侄曰："吾偶戏谑，不知王生遽为深憾。人之于言，岂合容易哉！"寻植王真拜，礼分悬绝，追谢无地，怅望病终。

《太平广记》卷二六五《轻薄一·陈通方》

〔吕〕温字化光，贞元末登进士第，与翰林学士韦执谊善。顺宗在东宫，侍书王叔文劝太子招纳时之英俊以自辅，温与执谊尤为叔文所眷，起家再命拜左拾遗。

《旧唐书》卷一三七《吕温传》

〔张〕籍字文昌，和州乌江人也。贞元十五年封孟绅榜及第，授秘书郎。历太祝，除水部员外郎。初至长安，谒韩愈，一会如平生欢，才名相许，论心结契。愈力荐为国子博士。

《唐才子传校笺》卷五《张籍》

〔李〕绅字公垂，亳州人。元和元年武翊黄榜进士，与皇甫湜同年，补国子助教。穆宗召为翰林学士，累迁中书舍人。武宗即位，拜中书侍郎平章事。

《唐才子传校笺》卷六《李绅》

〔王翃〕子正雅，字光谦，……元和初，擢进士，迁累监察御史。

《新唐书》卷一四三《王正雅传》

〔权德舆〕子璩，字大圭，元和初，擢进士。历监察御史，有美称。

《新唐书》卷一六五《权璩传》

君①进士及第，历官九，历职八。……十五知书，二十有文。三十登进士，五十终刺史。

《樊川文集》卷八《唐故歙州刺史邢君墓志铭并序》

---

① 指邢涣思。

〔郭〕承嘏字复卿，幼秀异，通五经。元和中，及进士第，累迁起居舍人。

《新唐书》卷一三七《郭承嘏传》

〔宣宗〕以吏部尚书李珏为检校尚书左仆射，充淮南节度使。珏字待价，赵郡赞皇人。早孤，居淮阴，事母以孝闻。弱冠从师，举明经。李绛为华州刺史，一见谓人曰："日角珠庭，非常人也，当掇进士科。明经碌碌，非子发迹之路。"一举不第，应进士。许孟容为宗伯，擢居上第。释褐，署乌重胤三城推官，调进书判高等，授渭南尉，迁右拾遗，左迁下邽令。

《东观奏记》卷上

李固言，赵郡人。祖并，父现。固言，元和七年登进士甲科。大和初，累官至驾部郎中、知台杂。

《旧唐书》卷一七三《李固言传》

陈夷行字周道，其先江左诸陈也，世客颍川。由进士第，擢累起居郎、史馆修撰。

《新唐书》卷一八一《陈夷行传》

〔归〕融字章之，元和中，及进士第，累迁左拾遗。

《新唐书》卷一六四《归融传》

〔薛戎〕弟放，端厚寡言。第进士，擢累兵部郎中。

《新唐书》卷一六四《薛放传》

〔李〕建子讷，字敦止，及进士第。迁累中书舍人，为浙东观察使。

《新唐书》卷一六二《李讷传》

张又新字孔昭，工部侍郎荐之子。元和中，及进士高第，历左右补阙。

《新唐书》卷一七五《张又新传》

〔沈〕亚之字下贤，吴兴人。……元和十年，侍郎崔群下进士。泾原李汇辟为掌书记。为秘书省正字。长庆中，补栎阳令。四年，迁福建团练副使，事徐晦。后累迁殿中丞御史内供奉。大和三年，柏耆宣尉德州，取为判官。耆罢，亚之贬南康尉，后终郢州掾。

《唐才子传校笺》卷六《沈亚之》

李石，按石元和十三年及第，后二年赐绯，后二年赐紫。自释褐四年之内服金紫，量前之辈，实无其比。至长庆二年，座主庾公内难服阕除尚书右丞，始赐紫绶。石乃选紫衫金印以献，议者荣之。

《卓异记》之《门生先为座主佩金紫》

〔薛〕廷老字商叟，及进士第，说正有父风。宝历中，为右拾遗。

《新唐书》卷一六二《薛廷老传》

薛廷老,按玄宗初置翰林待诏,寻改为学士,以备顾问只对而已。代宗登极,并领诏诰。每授相除将,不由外制。德宗之代,尤难其选。凡及第之人,入者甚众,或座主先逝而不见,或座主官位而不及于内庭之制者。唯廷老翰林时,座主庾公拜兖海节度,廷老为门生,得为麻制,时代荣之。

《卓异记》之《门生为翰林学士撰座主白麻》

〔崔〕玙子澹,举止秀峙,时谓玉而冠者。擢进士第,累进礼部员外郎。

《新唐书》卷一八二《崔澹传》

〔孔戢〕子温业,字逊志,擢进士第。大中时,为吏部侍郎。

《新唐书》卷一六三《孔温业传》

周墀字德升,汝南人。祖颋,父霈。墀,长庆二年擢进士第,大和末累迁至起居郎。

《旧唐书》卷一七六《周墀传》

〔柳〕璟,宝历初登进士第,三迁监察御史。……子韬,亦以进士擢第。

《旧唐书》卷一四九《柳璟传》

〔杜〕载弟胜,登进士第,大中朝位给事中。胜子庭坚,亦进士擢第。

《旧唐书》卷一四七《杜黄裳传》

〔杜〕载弟胜，字斌卿，宝历初擢进士第。杨嗣复数荐材堪谏官，……拜给事中。

《新唐书》卷一六九《杜胜传》

夏侯相孜与王生同在场屋。王生有时价，孜且不侔矣。尝落第，偕游于京西，凤翔连帅馆之。一日，从事有宴召焉。酒酣，从事以骰子祝曰："二秀才若俱得登第，当掷堂印。"王生自负才雅，如有德色，怒曰："吾诚浅薄，与夏侯孜同年乎？"不悦而去。孜及第，累官至宰相，王竟无所闻。孜在蒲津，王生之子不知其故，偶获孜与父平昔所尝往来笔札累十幅，皆孜手迹也，欣然挈之以谒孜。孜既见，问其所欲，一以依之。即召诸从事以话其事。

《玉泉子》

〔崔〕鄯擢进士，累迁至左金吾卫大将军。

《新唐书》卷一六三《崔鄯传》

〔韦〕正卿子瓘，字茂弘，及进士第，仕累中书舍人。

《新唐书》卷一六二《韦瓘传》

〔令狐〕绹字子直，举进士，擢累左补阙、右司郎中。

《新唐书》卷一六六《令狐绹传》

〔裴〕夷直字礼卿，……第进士，历右拾遗，累进中书舍人。

《新唐书》卷一四八《裴夷直传》

柳棠者，凶悖嚚竖，识者恶之。狡过仲容，才非夫子。且膺门之贵，岂宜有此生乎？……昔周公挞伯禽，以戒成王也；昌邑杀王式，式，昌邑之师也。而怨霍光乎？岂不由师傅之情尔！兴亡之道，孔子先推德行，然后文学焉。吾师垂训，千古不易。前书云"不敢蔽才"，何必一柳棠矣！若以篇章取之，宁失于何植、王条也？

《全唐文》卷七二三《杨汝士·再让高锴侍郎书》

〔崔〕碣字东标，及进士第，迁右拾遗。

《新唐书》卷一二○《崔碣传》

〔薛廷老〕子保逊，第进士，擢累给事中。

《新唐书》卷一六二《薛廷老传》

王铎字昭范，……会昌初，擢进士第，累迁右补阙、集贤殿直学士。……咸通后，仕浸显，历中书舍人、礼部侍郎。所取多才实士，为世称挹。

《新唐书》卷一八五《王铎传》

〔蒋〕伸字大直，第进士。大中二年，以右补阙为史馆修撰。

《新唐书》卷一三二《蒋伸传》

曹确字刚中，河南河南人。擢进士第，历践中外官，累拜兵部侍郎。

《新唐书》卷一八一《曹确传》

郑薰字子溥，……擢进士第，历考功郎中、翰林学士。

《新唐书》卷一七七《郑薰传》

相国刘公瞻，其先人讳景，本连州人。少为汉南郑司徒掌笺札。因题商山驿侧泉石，司徒奇之，勉以进修，俾之换麻衣，执贽见之礼。后解荐，擢进士第，历台省。瞻孤贫有艺，虽登科第，不预急流。任大理评事日，饘粥不给，尝于安国寺相识僧处谒飧，留所业文数轴，置在僧几上。致仕刘宾客游仕，见此文卷，甚奇之，怜其贫窭，厚有济恤。又知其连州人，朝无引援，谓僧曰："某虽闲废，能为此人致宰相。"尔后授河中少尹。幕僚有贵族浮薄者，蔑视之。一旦有命征入，蒲尹张筵而饯之。轻薄客呼相国为尹公曰："归朝作何官职？"相国对曰："得路即作宰相。"此郎官大笑之，在席亦有异言者。自是以水部员外、知制诰，相次入翰林，以至拜相。

《唐语林》卷三《赏誉》

瓯使判官，将仕郎守国子监太学博士萧孜等，或以秀异得举，文学决科，或以行实立身，遭逢知己，皆后生可畏之士，为当时有才之人。东观著述，殿阁典校，参画幕府，开导献纳，清秩美职，二者兼之。不由阶级，安至堂奥，勉于修慎，以俟超升。可依前件。

《樊川文集》卷一九《萧孜除著作佐郎裴祐之
陕府巡官崔滔栎阳县尉集贤校书等制》

〔李〕拭子磎，字景望。大中末，擢进士，累迁户部郎中，分司东都。

《新唐书》卷一四六《李磎传》

宣宗舅郑仆射光，镇河中，封其妾为夫人，不受，表曰："白屋同愁，已失凤鸣之侣；朱门自乐，难容乌合之人。"上大喜，问左右曰："谁教阿舅作此好语？"对曰："光多任一判官田询者掌书记。"上曰："表语尤佳，便好作翰林官。"论者以为不由进士，又寒士无引援，遂止。

《唐语林》卷三《赏誉》

郑綮字蕴武。及进士第，历监察御史，擢累左司郎中。

《新唐书》卷一八三《郑綮传》

韦昭度字正纪，京兆人。……咸通八年，进士擢第。乾符中，累迁尚书郎、知制诰，正拜中书舍人。

《旧唐书》卷一七九《韦昭度传》

韦昭度字正纪，京兆人。擢进士第，践历华近，累迁中书舍人。

《新唐书》卷一八五《韦昭度传》

郑延昌字光远，咸通末，得进士第，迁监察御史。

《新唐书》卷一八二《郑延昌传》

崔胤字垂休，宰相慎由子也。擢进士第，累迁中书舍人、御史中丞。

《新唐书》卷二二三下《崔胤传》

崔昭纬字蕴曜,其先清河人,及进士第。至昭宗时,仕浸显。

《新唐书》卷二二三下《崔昭纬传》

苗耽以进士登第,闲居洛中有年矣,不堪其穷。……后耽亦终江州刺史。

《玉泉子》

5. 隐居民间

杨炎字公南,凤翔人。……父播,登进士第,隐居不仕,玄宗征为谏议大夫,弃官就养,亦以孝行祯祥,表其门闾。

《旧唐书》卷一一八《杨炎传》

〔祖〕咏,洛阳人。开元十二年杜绾榜进士,有文名。……后移家归汝坟间别业,以渔樵自终。

《唐才子传校笺》卷一《祖咏》

〔阎〕防,河中人。开元二十二年李琚榜及第。颜真卿甚敬爱之,欲荐于朝,不屈。为人好古博雅,诗语真素,魂清魄爽,放旷山水,高情独诣。于终南山丰德寺结茆茨读书,百丈溪是其隐处,题诗云:"浪迹弃人世,还山自幽独。始傍巢由踪,吾其获心曲。"又云:"养闲度人事,达命知止足。不学鲁国儒,俟时劳伐辐。"后信命不务进取,以此自终。

《唐才子传校笺》卷二《阎防》

令狐峘，德棻之玄孙。登进士第。禄山之乱，隐居南山豹林谷，谷中有峘别墅。……及绾为礼部侍郎，修国史，乃引峘入史馆。自华原尉拜右拾遗。

《旧唐书》卷一四九《令狐峘传》

韩翃少负才名。天宝末，举进士。孤贞静默，所与游皆当时名士。然而荜门圭窦，室唯四壁。

《本事诗》之《情感第一》

〔李〕端，赵州人，嘉祐之侄也。……大历五年李搏榜进士及第，授秘书省校书郎。以清羸多病，辞官，居终南山草堂寺。未几，起为杭州司马。牒诉龂扑，心甚厌之，买田园在虎丘下。

《唐才子传校笺》卷四《李端》

阳城字亢宗，定州北平人，徙陕州夏县，世为官族。……及进士第，乃去隐中条山，与弟堦、域常易衣出。

《新唐书》卷一九四《阳城传》

费冠卿元和二年及第，以禄不及亲，永怀罔极之念，遂隐于九华。长庆中，殿中侍御史李行修举冠卿孝节，征拜右拾遗，不起。制曰："前进士费冠卿，尝与计偕，以文中第归，不及于荣养，恨每积于永怀，遂乃屏迹丘园，绝踪仕进，守其至性十有五年。峻节无双，清飙自远！夫旌孝行，举逸人，所以厚风俗而敦名教也。宜承高奖，以儆薄夫。擢参近侍之荣，载伫移忠之效，可右拾遗。"

施肩吾，元和十年及第，以洪州之西山，乃十二真君羽化之地,灵迹具存,慕其真风,高蹈于此。尝赋《闲居遣兴诗》一百韵,大行于世。

皇甫颖早以清操著称,乾符中及第,时四郊多垒,颖以垂堂之诫,绝意禄位,隐于鹿门别墅,寻以疾终。

《唐摭言》卷八《及第后隐居》

顾况全家隐居茅山,竟莫知所止。其子非熊及第归庆,既莫知况宁否,亦隐于旧山。或闻有所遇长生之秘术也。

《唐摭言》卷八《入道》

〔施〕肩吾字希圣,睦州人。元和十五年卢储榜进士第后,谢礼部陈侍郎云:“九重城里无亲识,八百人中独姓施。”不待除授,即东归。张籍群公吟饯,人皆知有仙风道骨,宁恋人间升斗耶?而少存箕颖之情,拍浮诗酒,搴擘烟霞。

《唐才子传校笺》卷六《施肩吾》

咸通初,有进士张绰者,下第后多游江淮间。颇有道术,常养气绝粒,嗜酒耽棋,又以炉火药术为事。

《桂苑丛谈》之《张绰有道术》

秘书少监卢常师,进士擢第,性淡薄,不乐轩冕,于世利蔑然,弃官之东洛。谓所亲曰:“某浙西鱼尚书故旧,旬日看去。”又曰:“某前生是僧,座禅处犹在会稽,亦拟自访遗迹。”家人亦怪其欲远行而不备舟楫。不逾旬,遂殁矣。

《太平广记》卷一五一《定数六·卢常师》

唐进士赵中立,家于温州,以豪侠为事。

《说郛》卷一一二上《荆十三娘》

萧孔冲,建安人。登同光时进士第,不乐仕进。

《十国春秋》卷九七《闽·萧孔冲传》

（二）明经的出路

1. 平选入仕

(1) 平选京官

王义方,泗州涟水人,……淹究经术,性謇特,高自标树。举明经,……补晋王府参军,直弘文馆。

《新唐书》卷一一二《王义方传》

公讳瓘,字元茂,兰陵人。……年十八,明经高第,补代王功曹。王升储,改通事舍人,又换内直监。

《全唐文》卷二二九《张说·赠吏部尚书萧公神道碑》

公讳元敬,……二十二,乡贡,明经擢第,拜文林郎属,忧艰不仕。

《陈伯玉文集》卷六《府君有周文林郎陈公墓志文》

元让,雍州武功人。擢明经,以母病不肯调,侍膳不出闾数十年。……永淳初,巡察使表让孝悌卓越,擢太子右内率府长史。

《新唐书》卷一九五《元让传》

唐璿字休璟,以字行,京兆始平人。……休璟少孤,授《易》于马嘉运,传《礼》于贾公彦,举明经高第。为吴王府典签,改营州户曹参军。

《新唐书》卷一一一《唐休璟传》

陈子昂字伯玉,梓州射洪人。……父元敬,世高赀,岁饥,出粟万石赈乡里。举明经,调文林郎。

《新唐书》卷一〇七《陈子昂传》

高子贡,善《太史书》,与朱敬则善,擢明经。历秘书省正字、弘文馆直学士。

《新唐书》卷一〇六《高子贡传》

〔苏〕幹擢明经,授徐王府记室参军。

《新唐书》卷一二五《苏幹传》

先生讳守贞,……垂拱四年,以明经高第,遂授大成。

《张说之文集》卷二二《四门助教尹先生墓志》

〔高睿〕子仲舒,通故训学,擢明经,为相王府文学,王所钦器。

《新唐书》卷一九一《高仲舒传》

〔窦〕怀贞从子兢,字思慎,举明经,为英王府参军、尚乘直长。

《新唐书》卷一〇九《窦兢传》

〔元〕万顷孙正,修名节,擢明经高第,授监门卫兵曹参军。

《新唐书》卷二〇一《元正传》

君讳揆,字良宰,太原人也。……年十七,崇文生明经及第。……后调集,侍郎李彭年嗟君所判,足冠后生。……授太常寺太祝。

《颜鲁公文集》卷五《河南府参军赠秘书丞郭君神道碑铭》

董晋字混成,河中虞乡人。擢明经。肃宗幸彭原,上书行在,拜秘书省校书郎。

《新唐书》卷一五一《董晋传》

丁公著字平子,苏州吴人。……稍长,父勉敕就学,举明经高第,授集贤校书郎。

《新唐书》卷一六四《丁公著传》

王彦威,其先出太原。……举明经甲科,淹识古今典礼,未得调,求为太常散吏,卿知其经生,补检讨官。

《新唐书》卷一六四《王彦威传》

(2) 平选外官

张文瓘,贝州武城人。大业末,徙家魏州之昌乐。瓘幼孤,事母兄以孝友闻。贞观初,举明经,补并州参军。

《旧唐书》卷八五《张文瓘传》

冯元常,相州安阳人,……元常举明经及第,调浚仪尉。

《新唐书》卷一一二《冯元常传》

尹思贞,京兆长安人也。弱冠明经举,补隆州参军。

《旧唐书》卷一〇〇《尹思贞传》

崔玄暐,博陵安平人,……举明经,为高陵主簿。

《新唐书》卷一二〇《崔玄暐传》

狄仁杰字怀英,并州太原人。……举明经,调汴州参军。

《新唐书》卷一一五《狄仁杰传》

苏珦,雍州蓝田人。中明经第,调鄠尉。

《新唐书》卷一二八《苏珦传》

王元感,濮州鄄城人也。少举明经,累补博城县丞。

《旧唐书》卷一八九下《王元感传》

王元感,濮州鄄城人。擢明经高第,调博城丞。

《新唐书》卷一九九《王元感传》

杨再思，郑州原武人也。少举明经，授玄武尉。

《旧唐书》卷九〇《杨再思传》

宋庆礼，洺州永年人。举明经，授卫县尉。

《旧唐书》卷一八五下《宋庆礼传》

李尚隐，其先赵郡人，世居潞州之铜鞮，近又徙家京兆之万年。弱冠明经累举，补下邽主簿。

《旧唐书》卷一八五下《李尚隐传》

韦安石，京兆万年人。……安石举明经，调乾封尉。

《新唐书》卷一二二《韦安石传》

李杰本名务光，相州滏阳人。……擢明经第，解褐齐州参军事，迁累天官员外郎。

《新唐书》卷一二八《李杰传》

姜师度，魏州魏人。擢明经，调丹陵尉、龙岗令，有清白称。

《新唐书》卷一〇〇《姜师度传》

〔裴〕子余……中明经，补鄠尉。

《新唐书》卷一二九《裴子余传》

王晙，沧州景城人，后徙洛阳。……擢明经第，始调清苑尉，历除殿中侍御史。

《新唐书》卷一一一《王晙传》

杜暹，濮州濮阳人也。……初举明经，补婺州参军。

《旧唐书》卷九八《杜暹传》

裴漼，绛州闻喜著姓。……始擢明经，调陈留主簿，迁监察御史。

《新唐书》卷一三〇《裴漼传》

〔陆余庆〕子璪，字仲采。举明经，补长安尉，以清干称。

《新唐书》卷一一六《陆璪传》

李憕，太原文水人。父希倩，中宗神龙初右台监察御史。憕早聪敏，以明经举，开元初为咸阳尉。

《旧唐书》卷一八七下《李憕传》

徐浩字季海，越州人。父峤，官至洛州刺史。浩少举明经，工草隶，以文学为张说所器重，调授鲁山主簿。

《旧唐书》卷一三七《徐浩传》

公讳锽，字上钟。……年十七明经及第，解褐，授鹿邑县尉、洛阳县主簿、酸枣县令。

《白居易集》卷四六《故巩县令白府君事状》

〔王〕俌字灵龟。明经,调莫州参军。

《新唐书》卷一一六《王俌传》

〔任君〕以乡贡明经擢第,解褐益州新都尉。

《王右丞集》卷二三《故右豹韬卫长史
赐丹州刺史任君神道碑》

〔蒋钦绪〕子沇,亦专洁博学,少有名。以孝廉授洛阳尉。

《新唐书》卷一一二《蒋沇传》

崔器,深州安平人也。……器有吏才,性介而少通,举明经,历官清谨。天宝六载,为万年尉,逾月拜监察御史。

《旧唐书》卷一一五《崔器传》

崔器,深州安平人。……天宝中,举明经,为万年尉。

《新唐书》卷二〇九《崔器传》

裴谞字士明,河南洛阳人。父宽,礼部尚书,有重名于开元、天宝间。谞少举明经,补河南府参军,通达简率,不好苛细。积官至京兆仓曹。

《旧唐书》卷一二六《裴谞传》

穆宁,怀州河内人。……宁刚正,气节自任。以明经调盐山尉。

《新唐书》卷一六三《穆宁传》

〔蒋〕清举明经中第,调巩丞。

《新唐书》卷一一二《蒋清传》

贾耽字敦诗,沧州南皮人。以两经登第,调授具州临清县尉。

《旧唐书》卷一三八《贾耽传》

贾耽字敦诗,沧州南皮人。天宝中,举明经,补临清尉。

《新唐书》卷一六六《贾耽传》

〔贾〕至字幼邻,擢明经第,解褐单父尉。

《新唐书》卷一一九《贾至传》

崔衍字著,深州安平人。……衍,天宝末擢明经,调富平尉。

《新唐书》卷一六四《崔衍传》

蔡少霞者,陈留人也。性情恬和,幼而奉道。早岁明经得第,选靳州参军。

《集异记》卷一《蔡少霞》

杨虞卿字师皋,虢州弘农人。……擢明经,调临涣主簿。

《新唐书》卷一七五《杨虞卿传》

〔元义方〕弟季方,举明经,调楚丘尉,历殿中侍御史。

《新唐书》卷二〇一《元季方传》

石洪者,字濬川,……有至行,举明经,为黄州录事参军。

《新唐书》卷一七一《石洪传》

〔赵弘智〕曾孙矜,举明经,调舞阳主簿。

《新唐书》卷一〇六《赵来章传》

2. 辟署使府

李叔明字晋,阆州新政人。……叔明擢明经,为杨国忠剑南判官。

《新唐书》卷一四七《李叔明传》

〔裴〕宽弟子胄,字胤叔,擢明经,佐李抱玉凤翔幕府。

《新唐书》卷一三〇《裴胄传》

〔高〕士廉五世孙重,字文明,以明经中第,李巽表盐铁转运巡官。

《新唐书》卷九五《高重传》

3. 应制科及其他科目①

4. 仕途升迁

冯元常,相州安阳人,自长乐徙家焉,……举明经。高宗时,

① 参见制科及其他科目。

累迁监察御史。

《旧唐书》卷一八五上《冯元常传》

姚璹字令璋,散骑常侍思廉之孙也。少孤,抚弟妹以友爱称。博涉经史,有才辩。永徽中,明经擢第,累补太子宫门郎。

《旧唐书》卷八九《姚璹传》

崔玄暐,博陵安平人也。父行谨,为胡苏令。……龙朔中,举明经,累补库部员外郎。

《旧唐书》卷九一《崔玄暐传》

〔格〕辅元者,汴州浚仪人。……辅元擢明经,累迁殿中侍御史。……子遵,亦举明经第,为太常寺太祝。

《新唐书》卷一〇二《格辅元传》

张万福,魏州元城人。自曾祖至其父皆明经,止县令州佐。万福以父祖业儒皆不达,不喜为书生,学骑射。

《旧唐书》卷一五二《张万福传》

张万福,魏州元城人。三世明经,止县令、州佐。

《新唐书》卷一七〇《张万福传》

褚无量字弘度,杭州盐官人。……尤精《礼》、司马《史记》。擢明经第,累除国子博士,迁司业兼修文馆学士。

《新唐书》卷二〇〇《褚无量传》

韦叔夏,尚书左仆射安石兄也。少而精通三礼,……举明经。调露年,累除太常博士。

《旧唐书》卷一八九下《韦叔夏传》

〔崔神基〕弟神庆,举明经,武后时,累迁莱州刺史。

《新唐书》卷一〇九《崔神庆传》

李昭德,京兆长安人也。……昭德,即乾祐之孽子也。强干有父风,少举明经,累迁至凤阁侍郎。

《旧唐书》卷八七《李昭德传》

徐有功,国子博士文远孙也。举明经,累转蒲州司法参军,绍封东莞男。

《旧唐书》卷八五《徐有功传》

杜景佺,冀州武邑人。性严正。举明经中第,累迁殿中侍御史。

《新唐书》卷一一六《杜景佺传》

敬晖,绛州太平人也。弱冠举明经。圣历初,累除卫州刺史。

《旧唐书》卷九一《敬晖传》

高睿,京兆万年人,……举明经,稍迁通义令,有治劳,人刻石载德。

《新唐书》卷一九一《高睿传》

〔田仁会〕子归道，明经及第，累擢通事舍人内供奉、左卫郎将。

《新唐书》卷一九七《田归道传》

〔孔〕绍安孙若思。若思孤，母褚氏亲自教训，遂以学行知名。……明经举，累迁库部郎中。

《旧唐书》卷一九〇上《孔若思传》

李杰，本名务光，相州滏阳人。后魏并州刺史宝之后也，其先自陇西徙焉。杰少以孝友著称，举明经，累迁天官员外郎，明敏有吏才，甚得当时之誉。

《旧唐书》卷一〇〇《李杰传》

〔崔〕日用从父兄日知，字子骏，少孤贫，力学，以明经进至兵部员外郎。

《新唐书》卷一二一《崔日知传》

〔韦〕虚心父维，少习儒业，博涉文史，举进士。自大理丞累至户部郎中，善于剖判，……虚心举孝廉，为官严整，累至大理丞、侍御史。

《旧唐书》卷一〇一《韦虚心传》

〔韦虚心〕季弟虚舟，亦以举孝廉，自御史累至户部、司勋、左司郎中，历荆州长史，洪、魏州刺史兼采访使，多著能政。入为刑部侍郎，终大理卿。家有礼则，父子兄弟更践郎署，时称"郎官家"。

《旧唐书》卷一〇一《韦虚舟传》

〔韦〕虚心字无逸，……举孝廉。迁大理丞、侍御史。

《新唐书》卷一一八《韦虚心传》

〔韦〕抗者，安石从父兄子。弱冠举明经，累官吏部郎中。

《新唐书》卷一二二《韦抗传》

潘好礼，贝州宋城人。少与乡人孟温礼、杨茂谦为莫逆之友。好礼举明经，累授上蔡令，理有异绩，擢为监察御史。

《旧唐书》卷一八五下《潘好礼传》

姜师度，魏人也。明经举。神龙初，累迁易州刺史兼御史中丞，为河北道监察兼支度营田使。

《旧唐书》卷一八五下《姜师度传》

〔韦〕景骏明经举。神龙中，累转肥乡令。

《旧唐书》卷一八五上《韦景骏传》

〔麻〕察者，河东人，由明经第五迁殿中侍御史。

《新唐书》卷一二八《齐瀚传》

〔裴〕宽通略，以文词进，骑射、弹棋、投壶特妙。景云中，为润州参军，……后应拔萃，举河南丞。……兄弟八人，皆明经及第，入台省、典郡者五人。

《旧唐书》卷一〇〇《裴宽传》

李承，赵郡高邑人，吏部侍郎至远之孙，国子司业畲之第二子也。承幼孤，兄晔鞠养之。既长，事兄以孝闻。举明经高第，累至大理评事，充河南采访使郭纳判官。

《旧唐书》卷一一五《李承传》

李承，赵州高邑人。……擢明经，迁累大理评事，为河南采访使判官。

《新唐书》卷一四三《李承传》

张志和字子同，婺州金华人。……十六擢明经，以策干肃宗，特见赏重，命待诏翰林，授左金吾卫录事参军，因赐名。

《新唐书》卷一九六《张志和传》

明经赵业，贞元中选授巴州清化县令。

《酉阳杂俎》卷二《玉格》

〔董晋〕子溪，字惟深，亦擢明经，三迁万年令。

《新唐书》卷一五一《董溪传》

元和中，进士李贺善为歌篇，韩文公深所知重，于缙绅之间每加延誉，由此声华藉甚。时元相国積年老，以明经擢第[①]，亦攻篇什，常愿交结于贺。一日，执贽造门，贺览刺不容，遽令仆者谓曰：

---

① 《四库全书总目》卷一四二子部五二之小说家类三载："元微之年老擢第，执贽谒李贺一条，《古夫于亭杂录》辨之曰：'案之擢第，既非迟暮，于贺亦称前辈，讵容执贽造门，反遭轻薄，小说之不根如此。'其论最当。然稗官所述，半出传闻，真伪互陈，……未可全以为据，亦未可全以为诬，在读者考证其得失耳，不以是废此一家也。"

"明经擢第,何事来看李贺?"相国无复致情,惭愤而退。其后自左拾遗制策登科,日当要路,及为礼部郎中。因议贺父名晋,不合应进士举。贺亦以轻薄为时辈所排,遂致轗轲。文公惜其才,为著《讳辩录》明之。然竟不成事。

《剧谈录》卷下《元相国谒李贺》

公讳温字弘育。……年十一,以明经取第,为太常寺奉礼郎、秘书省校书郎,选判入等,咸阳尉、监察御史。公曰:"是官岂奉养所宜耶!"上疏乞免,改著作佐郎。……改侍御史、尚书吏部考功员外郎。当大和九年,文宗思拔用德行超出者,以警懦天下,故公自考功不数月拜谏议大夫,召为翰林学士,遂欲用之。

《樊川文集》卷八《唐故宣州观察使御史大夫
韦公墓志铭并序》

公①字文明,以明五经登科,授校书郎、咸阳尉,以监察御史、殿中侍御史佐张献甫于邠宁府。

《樊川文集》卷七《唐故江西观察使武阳公韦公遗爱碑》

应顺元年闰正月丁卯,中书门下奏:"准天成二年十二月敕,长定格应经学出身人,一任三考,许入下县令、下州录事参军,亦入中下州录事参军;两任四考,许入中下县令、中州录事参军;两任六考,许入上县令及紧州录事参军。凡为进取,皆有因依,或少年便受好官,或暮齿不离卑任。况孤贫举士,或年四十,始得经学及第,八年合选,方受一官,在任多不成三考,第二选渐向蹉跎,有

① 指韦丹。

一生终不至令录者,若无改革,何以发扬? 自此经学出身,请一任
两考,许入中下县令、下州录事参军者。"诏曰:"参选之徒,艰辛不
一,发身迟滞,到老卑低,宜优未达之人,显示惟新之泽。其经学
出身,一任两考,元敕入下县令、下州录事参军,起今后更许入中
下县令、中州下州录事参军;一任三考者,于人户多处州县注拟,
如于近敕条内,资叙无相当者,即准格循资考入官;其两任四考
者,准二任五考例入官,余准格条处分。"

《旧五代史》卷一四八《选举志》

（三） 明法的出路

贞元二年六月,敕:明法举人,有能兼习一经,小帖义通者,依
明法例处分。

《唐会要》卷七六《贡举部·明法》

府君讳骘,字成骘,姓张氏,其先晋人也。……年十九,明法
擢第,解褐饶阳尉。

《张说之文集》卷二〇《府君墓志》

李朝隐字光国,京兆三原人。明法中第,调临汾尉,擢至大理丞。

《新唐书》卷一二九《李朝隐传》

〔天福〕六年五月,敕:"明法一科,今后宜令五选集合格,注官
因仍优与处分。"

《册府元龟》卷六四二《贡举部·条制四》

（四）三礼、三传、三史的出路

太和元年十月，中书门下奏："凡未有出身、未有官，如有文学，只合于礼部应举。有出身、有官，方合于吏部赴科目选。近年以来，格文差误，多有白身及用散试官并称乡贡者，并赴科目选。及注拟之时，即妄论资次，曾无格例，有司不知所守。其有宏词、拔萃、《开元礼》、学究一经，则有定制，然亦请不任用在散试官限。其三礼、三传、一史、三史，明习律令等，如白身，并令国学及州府同明经，一史、三礼、三传同进士，三史当年关送吏部，便授第二任官。如有出身及有正员官，本是吏部常选人，则任于吏部不限选数，应科目选。仍须检勘出身及授官无逾滥否，缘取学艺，其余文状错缪，则不在驳放限。如考试登科，并依资注与好官。惟三史则超一资授官。如制举人暨诸色人中，皆得选试，则无出身、无官人并可，亦请不用散试官。伏以散试偶于诸道甄录处得便第二、第三任官，既用虚衔及授官，则胜进士及诸色及第登科人授官，实恐侥幸。"敕旨："依奏。"

《唐会要》卷七七《贡举下·科目杂录》

朱朴，襄州襄阳人。以三史举，繇荆门令进京兆府司录参军，改著作郎。

《新唐书》卷一八三《朱朴传》

后唐同光四年正月，五科举人许维岳等一百人进状："伏见新定格文，三礼、三传，每科止放两人。方今三传一科五十余人，三礼三十余人，三史、学究一十人。若每年只放两人及一人，逐年又添初举。伏见咸通、长庆年放举人，元无定式；又，同光元年春榜，亦是一十三人。请依元年例放人。"敕："从之。"

《五代会要》卷二三《科目杂录》

〔同光〕四年正月，五科举人许维岳等一百人进状言："伏见新定格文，三礼、三传，每科只放两人。方今三传一科五十余人，三礼三十余人，三史、学究一十人。若每年止放两人及一人，逐年又添初举，纵谋修进，皆恐滞留。臣伏见长庆、咸通年放举人，元无定式；又，同光元年春榜，亦是一十三人。请依此例，以劝进修。"敕："依同光元年例，永为常式。"

《册府元龟》卷六四一《贡举部·条制三》

（五）开元礼的出路

元和八年四月，吏部奏："应《开元礼》及学究一经登科人等，旧例据等第高下，量人才授官。近日缘校书、正字等名望稍优，但沾科第，皆求注拟，坚待员阙，或至逾年。若无科条，恐长侥幸。起今已后，等第稍高，文学兼优者，伏请量注校正。其余署《开元礼》人，太常寺官有阙相当；注通经人，国子监官阙相当者：并请先授，以备讲讨。如不情愿，即通注他官。庶名实有名，纪律可守。其今年以前待阙人，亦请依此条限，使为常制。"敕旨："依奏。"

《唐会要》卷七六《贡举中·开元礼举》

裴潪，绛州闻喜人也。……历任仓部郎中，以老疾废于家。

灌色养劬劳，十数年不求仕进。父卒后，应大礼举，拜陈留主簿，累迁监察御史。

《旧唐书》卷一〇〇《裴灌传》

（六）道举的出路

惟太尉府君，生于治平时，以文学自奋。年十有五，贲然从秋赋。明年春，升名于司徒。又一年，玄宗御层楼，发德音，悬文词政术科，以置髦士。府君策最高，授太常寺太祝。未几，复以能通《道德》《南华》《冲虚》三真经，进盩厔尉。天宝中，历左拾遗、左补阙、礼部司驾二外郎。

《刘禹锡集》卷二《代郡开国公王氏先庙碑》

独孤及字至之，河南洛阳人。……天宝末，以道举高第补华阴尉，辟江淮都统李峘府，掌书记。

《新唐书》卷一六二《独孤及传》

（七）童子（神童）科的出路

杨炯，华阴人。……炯幼聪敏博学，善属文。神童举，拜校书郎，为崇文馆学士。

《旧唐书》卷一九〇上《杨炯传》

刘晏字士安，曹州南华人。年七岁，举神童，授秘书省正字。

《旧唐书》卷一二三《刘晏传》

〔后唐长兴元年〕八月，敕："其童子，准往例委诸道表荐，不得解送。兼所司每年所放，不得过拾人。仍所念书并须是部帙正经，不得以诸杂零碎文书，虚成卷数。兼及第后十一选集，第一任未得授亲人官。"

《册府元龟》卷六四二《贡举部·条制四》

〔后唐长兴四年〕三月，童子阎惟一等三十九人进状："伏见贡院榜，童子只放十人。乞念苦辛，更加人数。"敕旨："都收二十人，须是实苦辛者。仍此后不得援。"

《册府元龟》卷六四二《贡举部·条制四》

（八）制科的出路

1. 授京官

其制诏举人，不有常科，皆标其目而搜扬之。试之日，或在殿廷，天子亲临观之。试已，糊其名于中考之，文策高者特授以美官，其次与出身。

《通典》卷一五《选举三·历代制下》

国朝于常举取人之外，又有制科，搜扬拔擢，名目甚众。则天广收才彦，起家或拜中书舍人、员外郎，次拾遗、补阙。玄宗御极，特加精选，下无滞才。然制举出身，名望虽高，犹居进士之下。

宦途之士，自进士而历清贵，有八俊者：一曰进士出身制策不入，二曰校书、正字不入，三曰畿尉不入，四曰监察御史、殿中丞不入,五曰拾遗、补阙不入,六曰员外郎、郎中不入,七曰中书舍人、给事中不入,八曰中书侍郎、中书令不入。言此八者尤为俊捷,直登宰相,不要历余官也。

同寮迁拜,或以此更相讥弄。御使张瓌兄弟八人,其七人皆进士出身,一人制科擢第。亲故集会,兄弟连榻,令制科者别座,谓之"杂色",以为笑乐。

《封氏闻见记校注》卷三《制科》

公讳崇敬,……明庆中,诏郡国举贤良。公对策,天朝无能出其右者,迁太子通事舍人。再举高第,徙国子监丞。

《张说之文集》卷一六《赠华州刺史杨君碑》

祝钦明字文思,京兆始平人。……钦明擢明经,为东台典仪。永淳、天授间,又中英才杰出、业奥六经等科,拜著作郎。

《新唐书》卷一〇九《祝钦明传》

张说字道济,其先范阳人,代居河东,近又徙家河南之洛阳。弱冠应诏举,对策乙第,授太子校书。

《旧唐书》卷九七《张说传》

张柬之字孟将,襄州襄阳人。少涉经史,补太学生。……中进士第,始调清源丞。永昌元年,以贤良召,时年七十余矣。对策者千余,柬之为第一。授监察御史,迁凤阁舍人。

《新唐书》卷一二〇《张柬之传》

〔孔桢〕子季诩,字季和。永昌初,擢制科,授校书郎。

《新唐书》卷一九九《孔季诩传》

博陵孝公崔氏,讳沔,字若冲,安平公皑之少子也。……进士登第,举贤良方正对策第一,召见拜校书郎。

《李遐叔文集》卷一《赠礼部尚书孝公崔沔集序》

〔苏〕颋字廷硕,……第进士,调乌程尉。武后封嵩高,举贤良方正异等,除左司御率府胄曹参军。

《新唐书》卷一二五《苏颋传》

〔韩〕琬……举文艺优长、贤良方正,连中。拜监察御史。

《新唐书》卷一一二《韩琬传》

杨茂谦者,清河人。……起家应制举,拜左拾遗,出为临洺令。

《旧唐书》卷一八五下《杨茂谦传》

当时治有名者:〔韦〕景骏与清漳令冯元淑、临洺令杨茂谦三人。……茂谦擢制举,授左拾遗内供奉,为吏介而勤,历秘书郎。

《新唐书》卷一九七《韦景骏传》

崔圆,清河东武城人也。后魏左仆射亮之后。父景晊,官至大理评事。圆少孤贫,志尚闳博,好读兵书,有经济宇宙之心。开元中,诏搜访遗逸,圆以钤谋射策甲科,授执戟。

《旧唐书》卷一〇八《崔圆传》

于休烈，河南人也。高祖志宁，贞观中任左仆射，为十八学士。父默成，沛县令，早卒。休烈至性贞悫，机鉴敏悟。自幼好学，善属文，与会稽贺朝万、齐融、延陵包融为文词之友，齐名一时。举进士，又应制策登科，授秘书省正字。

《旧唐书》卷一四九《于休烈传》

〔于〕休烈机鉴融敏，善文章，……开元初，第进士，又擢制科，历秘书省正字。

《新唐书》卷一〇四《于休烈传》

孙逖，……〔开元〕十年应制，登文藻宏丽科，拜左拾遗。

《旧唐书》卷一九〇中《孙逖传》

敬括，河东人也。少以文词称。乡举进士，又应制登科，再迁右拾遗、内供奉、殿中侍御史。

《旧唐书》卷一一五《敬括传》

姚南仲，华州下邽人。乾元初，制科登第，授太子校书，历高陵、昭应、万年三县尉。

《旧唐书》卷一五三《姚南仲传》

姚南仲，华州下邽人。乾元初，擢制科，授太子校书。

《新唐书》卷一六二《姚南仲传》

姚南仲，华州下邽人也。乾元中，应制登科，授太子校书。

《册府元龟》卷六五〇《贡举部·应举》

奚陟字殷卿,其先自谯亳西徙,故为京兆人。少笃志,通群书。大历末,擢进士、文辞清丽科,授弘文馆校书郎。

《新唐书》卷一六四《奚陟传》

〔梁〕肃字敬之,一字宽中,……建中初,中文辞清丽科,擢太子校书郎。

《新唐书》卷二○二《梁肃传》

梁君讳肃,字宽中,其先安定人。……公建中初以文词清丽应制,授太子校书,请告还吴。相国兰陵萧公荐之,擢授右拾遗修史。

《全唐文》卷五二三《崔元翰·右补阙翰林学士梁君墓志》

〔韩〕皋字仲闻,……由云阳尉策贤良方正异等,拜右拾遗。累迁考功员外郎。

《新唐书》卷一二六《韩皋传》

姜公辅,不知何许人。登进士第,为校书郎。应制策高第,授左拾遗,召入为翰林学士。

《旧唐书》卷一三八《姜公辅传》

姜公辅,爱州日南人。第进士,补校书郎,以制策异等授右拾遗,为翰林学士。

《新唐书》卷一五二《姜公辅传》

柳公绰字宽,京兆华原人。……属文典正,不读非圣书。举贤良方正直言极谏,补校书郎。间一年,再登其科,授渭南尉。

《新唐书》卷一六三《柳公绰传》

崔群字敦诗,清河武城人,山东著姓。十九登进士第,又制策登科,授秘书省校书郎,累迁右补阙。

《旧唐书》卷一五九《崔群传》

崔群字敦诗,贝州武城人。未冠,举进士,陆贽主贡举,梁肃荐其有公辅才,擢甲科,举贤良方正,授秘书省校书郎。

《新唐书》卷一六五《崔群传》

王仲舒字弘中,并州祁人。少客江南,与梁肃、杨凭游,有文称。贞元中,贤良方正高第,拜左拾遗。

《新唐书》卷一六一《王仲舒传》

东平吕和叔实生是时,而绝人远甚。始以文学震三川,三川守以为贡士之冠。名声西驰,速如羽檄,长安中诸生咸避其锋。两科连中,芒刃愈出。德宗闻其名,自集贤殿校书郎擢为左拾遗。

《刘禹锡集》卷一九《唐故衡州刺史吕君集纪》

〔独孤〕郁字古风,……擢进士第,最为权德舆所称,以女妻之。元和初,举制科高第,拜右拾遗。

《新唐书》卷一六二《独孤郁传》

沈传师字子言，吴人。……传师擢进士，登制科乙第，授太子校书郎、鄠县尉，……有子枢、询，皆登进士第。

《旧唐书》卷一四九《沈传师传》

〔宪宗元和元年四月〕丙午，策试制举之士，于是校书郎元稹、监察御史独孤郁、校书郎下邽白居易、前进士萧俛、沈传师出焉。郁，及之子；俛，华之孙；传师，既济之子也。……辛酉，以元稹为左拾遗，白居易为盩厔尉、集贤校理，萧俛为右拾遗，沈传师为校书郎。

《资治通鉴》卷二三七《唐纪五十三·
宪宗昭文章武大圣至神孝皇帝上之上》

庞严者，寿春人。父景昭。严元和中登进士第，长庆元年应制举贤良方正能直言极谏科，策入三等，冠制科之首。是月，拜左拾遗。

《旧唐书》卷一六六《庞严传》

〔杜〕牧字牧之，既以进士擢第，又制举登乙第，解褐弘文馆校书郎，试左武卫兵曹参军。

《旧唐书》卷一四七《杜牧传》

2. 授外官

崔仁师，定州安喜人。武德初，应制举，授管州录事参军。

《旧唐书》卷七四《崔仁师传》

崔仁师,定州安喜人。武德初,擢制举,调管州录事参军。

《新唐书》卷九九《崔仁师传》

张行成,定州义丰人也。……大业末,察孝廉,为谒者台散从员外郎。……世充平,以隋资补宋州谷熟尉。又应制举乙科,授雍州富平县主簿,理有能名。

《旧唐书》卷七八《张行成传》

〔陆〕象先,本名景初。少有器量,应制举,拜扬州参军。

《旧唐书》卷八八《陆象先传》

君讳该,字彦表,……上元元年,州贡进士,对策高第,释褐授将仕郎。其明年,制敕天下,文儒司属少卿。杨守讷荐君,应词弹文律,对策高第,敕授茂州石泉县主簿。开耀元年,制举太子舍人,司议郎大府少卿元知让应制,荐君于朝堂,对策高第,敕授隆州苍溪县主簿。垂拱四年,又应制学综古今,对策高第,敕授怀州河内县尉。

《陈伯玉文集》卷六《周故内供奉学士
怀州河内县尉陈君硕人墓志铭并序》

马怀素,润州丹徒人也。寓居江都,少师事李善。家贫无灯烛,昼采薪苏,夜燃读书,遂博览经史,善属文。举进士,又应制举,登文学优赡科,拜郿尉,四迁左台监察御史。

《旧唐书》卷一〇二《马怀素传》

姚崇,本名元崇,陕州硖石人也。……元崇为孝敬挽郎,应下笔成章举,授濮州司仓,五迁夏官郎中。

《旧唐书》卷九六《姚崇传》

〔严〕挺之少好学,举进士。神龙元年,制举擢第,授义兴尉。

《旧唐书》卷九九《严挺之传》

公,果公季子。……弱冠文学生,进士擢第,遭家不造府。……应八科举,策问高第,授绵州司户参军,转扬州都府仓曹参军。又举四科敷言,简帝除益州导江县令。

《张说之文集》卷一六《河州刺史丹府君神道碑》

高适者,渤海蓨人。父从文,位终韶州长史。适少濩落,不事生业。家贫,客于梁、宋,以求丐取给。天宝中,海内事干进者注意文词。适年过五十,始留意诗什,数年之间,体格渐变,以气质自高。每吟一篇,已为好事者称诵。宋州刺史张九皋深奇之,荐举有道科。……解褐汴州封丘尉。

《旧唐书》卷一一一《高适传》

房琯,河南人,……琯少好学,风仪沉整,以门荫补弘文生。性好隐遁,与东平吕向于陆浑伊阳山中读书为事,凡十余岁。开元十二年,玄宗将封岱岳,琯撰《封禅书》一篇及笺启以献。中书令张说奇其才,奏授秘书省校书郎,调补同州冯翊尉。无几去官,应堪任县令举,授虢州卢氏令,政多惠爱,人称美之。

《旧唐书》卷一一一《房琯传》

崔圆微时，欲举进士，于魏县见市令李含章，云："君合武出身，官更不停，直至宰相。"开元二十三年，应将帅举科，又于河南府充乡贡进士。其日正于福唐观试，遇赦下，便于试场中唤将，拜执戟参谋河西军事。应制时，与越州剡县尉窦公衡同场并坐，亲见其事。后官更不停，不逾二十年，拜中书令赵国公，实食封五百户。又，圆微当作司勋员外，释服往见会昌寺克慎师。师笑云："人皆自台入省，公乃自省入台，从此常合在枪槊中行，后当大贵。"无何为刑部员外兼侍御使，充剑南节度留后。入剑门后，每行常有兵戈，未逾一年，便致勋业。崔初入蜀，常于亲知自说如此。

《太平广记》卷二二二《相二·李含章》

〔牛僧孺〕登进士上第。元和四年，应贤良直谏制，数强臣不奉法，忧天子炽于武功，诏下第一，授伊阙尉。……改考功员外郎、集贤殿学士、库部郎中、知制诰，赐五品命服。……公始自河南荐乡贡士，为郎官考吏部科目选，三开幕府，中丞宰相外，凡取六十余人，上至将相，次布台阁，皆当时名士。

《樊川文集》卷七《唐故太子少师奇章郡
开国公赠太尉牛公墓志铭并序》

马植，扶风人。父曛。植，元和十四年进士擢第，又登制策科，释褐寿州团练副使。

《旧唐书》卷一七六《马植传》

罗让字景宣。……父珦，官至京兆尹。让少以文学知名，举进士,应诏对策高等,为咸阳尉。

《旧唐书》卷一八八《罗让传》

谢偃,卫县人也,本姓直勒氏。祖孝政,北齐散骑常侍,改姓谢氏。偃仕隋为散从正员郎。贞观初,应诏对策及第,历高陵主簿。

《旧唐书》卷一九〇上《谢偃传》

王无竞者,字仲烈,……无竞有文学,初应下笔成章举及第,解褐授赵州栾城县尉。

《旧唐书》卷一九〇中《王无竞传》

员半千,本名余庆,晋州临汾人。……上元初,应八科举,授武陟尉。

《旧唐书》卷一九〇中《员半千传》

齐瀚,定州义丰人。少以词学称。弱冠以制科登第,释褐蒲州司法参军。

《旧唐书》卷一九〇中《齐瀚传》

祝钦明字文思,京兆始平人。父綝,字叔良。……诏对策高第,终无极尉。

《新唐书》卷一〇九《祝钦明传》

徐彦伯,兖州瑕丘人,名洪,以字显。七岁能为文。结庐太行山下。薛元超安抚河北,表其贤,对策高第。调永寿尉、蒲州司兵参军。

《新唐书》卷一一四《徐彦伯传》

〔陆〕象先器识沈邃,举制科高第,为扬州参军事。

《新唐书》卷一一六《陆象先传》

〔陆〕余庆,……举制策甲科,补萧尉。

《新唐书》卷一一六《陆余庆传》

〔韦〕维字文纪。进士对策高第,擢武功主簿。

《新唐书》卷一一八《韦维传》

刘幽求,冀州武强人。圣历中,举制科中第,调阆中尉。

《新唐书》卷一二一《刘幽求传》

〔苏〕诜字廷言,举贤良方正高第,补汾阴尉。

《新唐书》卷一二五《苏诜传》

严挺之名浚,以字行,华州华阴人。少好学,姿质轩秀。举进士,并擢制科,调义兴尉,号材吏。

《新唐书》卷一二九《严挺之传》

高适字达夫,沧州渤海人。……客梁、宋间,宋州刺史张九皋奇之,举有道科中第,调封丘尉。

《新唐书》卷一四三《高适传》

颜真卿字清臣，……开元中，举进士，又擢制科，调醴泉尉。

《新唐书》卷一五三《颜真卿传》

陆亘字景山，苏州吴人。元和三年，策制科中第，补万年丞。

《新唐书》卷一五九《陆亘传》

〔杨〕凭所善客徐晦者，字大章，第进士、贤良方正，擢栎阳尉。

《新唐书》卷一六〇《杨凭传》

吕元膺字景夫，郓州东平人。……策贤良高第，调安邑尉，辟长春宫判官。

《新唐书》卷一六二《吕元膺传》

崔郾字处仁，贝州武城人。……郾第进士，复擢贤良方正，授渭南尉，迁补阙。

《新唐书》卷一六三《崔郾传》

裴垍字弘中，绛州闻喜人。擢进士第，以贤良方正对策第一补美原尉。

《新唐书》卷一六九《裴垍传》

韦贯之名纯，避宪宗讳，以字行。……贯之及进士第，为校书郎，擢贤良方正异等，补伊阙、渭南尉。

《新唐书》卷一六九《韦贯之传》

谢偃,卫州卫人,……贞观初,应诏对策高第,历高陵主簿。

《新唐书》卷二〇一《谢偃传》

〔卢〕从愿少家相州,应明经,常从五举,制策三等,授夏县尉。自前明经至吏部侍郎,才十年。自吏部员外郎至侍郎,只七个月。

《明皇杂录》卷下

3. 辟署使府

〔崔〕慎由字敬止。……繇进士第擢贤良方正异等。郑滑高铢辟府判官。

《新唐书》卷一一四《崔慎由传》

〔杜〕牧字牧之,善属文。第进士,复举贤良方正。沈传师表为江西团练府巡官,又为牛僧孺淮南节度府掌书记。

《新唐书》卷一六六《杜牧传》

〔崔〕琯字从律,珙兄。举进士、贤良方正,皆高第。累辟诸使府。

《新唐书》卷一八二《崔琯传》

裴休字公美,孟州济源人。……擢进士第,举贤良方正异等。历诸府辟署。

《新唐书》卷一八二《裴休传》

4. 仕途升迁

张廷珪，河南济源人，其先自常州徙焉。廷珪少以文学知名，性慷慨，有志尚。弱冠应制举。长安中，累迁监察御史。

《旧唐书》卷一〇一《张廷珪传》

王缙字夏卿，河中人也。少好学，与兄维早以文翰著名。缙连应草泽及文辞清丽举，累授侍御史、武部员外。

《旧唐书》卷一一八《王缙传》

李甘字和鼎。长庆末，第进士，举贤良方正异等。累擢侍御史。

《新唐书》卷一一八《李甘传》

〔杜〕牧字牧之。……牧进士及第，制策登科，弘文馆校书郎，试左武卫兵曹参军、江西团练巡官，……迁司勋员外郎、史馆修撰，转吏部员外。以弟病，乞守湖州，入拜考功郎中、知制诰，周岁，拜中书舍人。

《樊川文集》卷一〇《自撰墓志铭》

李乂字尚真，赵州房子人。……第进士、茂才异等，累调万年尉。

《新唐书》卷一一九《李乂传》

〔穆〕质性强直,举贤良方正,条对详切,频擢至给事中,政事得失,未尝不尽言。

《新唐书》卷一六三《穆质传》

时又有蒋镇者,洌子也,与兄炼俱以文辞显。擢贤良方正科,累转谏议大夫。

《新唐书》卷二二四下《乔琳传》

（九）敕赐及第

韦保义,咸通中以兄在相位,应举不得,特敕赐及第,擢入内庭。

永宁刘相邺,字汉藩,咸通中自长春宫判官,召入内庭,特敕赐及第。中外贺缄极众,唯郓州李尚书种一章最著,乃福建韦尚书岫之辞也。于是韦佐郓幕,略曰:"用敕代榜,由官入名。仰温树之烟,何人折桂? 溯甘泉之水,独我登龙。禁门而便是龙门,圣主而永为座主。"又曰:"三十浮名,每年皆有;九重知己,旷代所无。"相国深所慊郁,盖指斥太中的也。

杜昇父宣猷,终宛陵。昇有词藻,广明岁,苏导给事刺剑州,昇为军倅。驾幸西蜀,例得召见,特敕赐绯导入内。韦中令自翰长拜主文,昇时已拜小谏,抗表乞就试,从之。登第数日,有敕复前官,并服色。议者荣之。

秦韬玉,出入大阉田令孜之门。车驾幸蜀,韬玉已拜丞郎,判醮。及小归公主文,韬玉准敕放及第,仍编入其年榜中。韬玉置书谢新人,呼同年,略曰:"三条烛下,虽阻文闱,数仞墙边,幸同恩地。"

王彦昌，太原人，家世簪冕，推于鼎甲。广明岁，驾幸西蜀，恩赐及第，后为嗣薛王知柔判官。昭宗幸石门，时宰臣与学士不及随驾，知柔以京尹判廕，权中书，事属近辅，表章继至，切于批答。知柔以彦昌名闻，遂命权知学士，居半载，出拜京尹。又左常侍大理卿，为本寺人吏所累，南迁。

《唐摭言》卷九《敕赐及第》

用敕代榜，由官入名。仰温树之烟，何人折桂？沂甘泉之水，独我登龙。禁门而便是龙门，圣主而永为座主。三十浮名，每年皆有；九重知己，旷代所无。

《全唐文》卷七九二《韦岫·贺刘相邺敕赐及第启》

何泽，韶阳曲江人也。父鼎，容管经略，有文称。泽乾宁中，随计至三峰行在。永乐崔公，即泽之同年丈人也。闻泽来举，乃以一绝振之曰："四十九年前及第，同年唯有老夫存。今日殷勤访我子，稳将髽髻上龙门。"时主文与夺未分，又会相庭有所阻，时崔相公彻恃权，即永乐犹子也。因之败于垂成。后漂泊关外，梁太祖受禅，泽假广南幕职入贡，敕赐及第。

《唐摭言》卷九《表荐及第》

秦韬玉，京兆人，父为左军军将。韬玉有词藻，亦工长短歌，有贵公子行曰："阶前莎毯绿不卷，银龟喷香挽不断，乱花织锦柳撚线，妆点池台画屏展。主人功业传国初，六亲联络驰朝车，斗鸡走狗家世事，抱来皆佩黄金鱼。却笑书生把书卷，学得颜回忍饥面。"然慕柏耆为人，至于躁进，驾幸西蜀，为田令孜擢用，未期岁，官至丞郎，判盐铁，特赐及第。

《唐摭言》卷九《芳林十哲》

　　词人才子，时有遗贤，不沾一命于圣明，没作千年之恨骨。据臣所知，则有李贺、皇甫松、李群玉、陆龟蒙、赵光远、温庭筠、刘德仁、陆逵、傅锡、平曾、贾岛、刘稚珪、罗邺、方干，俱无显遇，皆有奇才。丽句清词，遍在词人之口；衔冤抱恨，竟为冥路之尘。伏望追赐进士及第，各赠补阙、拾遗。见存惟罗隐一人，亦乞特赐科名，录升三级，便以特敕，显示优恩。俾使已升冤人，皆沾圣泽；后来学者，更励文风。

《全唐文》卷八八九《韦庄·乞追赐李贺、

皇甫松等进士及第奏》

　　李贺字长吉，唐诸王孙也。父瑨肃，边上从事。贺年七岁，以长短之制，名动京华。时韩文公与皇甫湜览贺所业，奇之，而未知其人。因相谓曰："若是古人，吾曹不知者；若是今人，岂有不知之理！"会有以瑨肃行止言者，二公因连骑造门，请见其子。既而总角荷衣而出，二公不之信，贺就试一篇，承命欣然，操觚染翰，旁若无人。仍目曰高轩过，曰："华裾织翠青如葱，金镮压辔摇冬珑。马蹄隐耳声隆隆，入门下马气如虹。云是东京才子、文章巨公，二十八宿罗心胸，殿前作赋声磨空，笔补造化天无功，元精炯炯贯当中。庞眉书客感秋蓬，谁知死草生华风。我今垂翅负冥鸿，他日不羞蛇与龙。"二公大惊，以所乘马命连镳而还所居，亲为束发。年未弱冠，丁内艰，他日举进士，或谤贺不避家讳，文公特著《辨讳》一篇，不幸未登壮室而卒。

孙培青文集　第五卷　隋唐五代考试文献集成

1102

顾蒙,宛陵人,博览经史,慕燕许刀尺,亦一时之杰。余力深究内典,繇是屡为浮图碑,仿欧阳率更笔法,酷似前人。庚子乱后,萍梗江浙间。无何,有美姬为润帅周宝奄有。蒙不能他去,而受其豢养,由此名价减薄。甲辰淮浙荒乱,避地至广州,人不能知,困于旅食,以至书《千字文》授于聋俗,以换斗筲之资。未几,遘疾而终。蒙颇穷易象,著《大顺图》三卷。

....

前件人俱无显遇,皆有奇才。丽句清辞,遍在时人之口;衔冤抱恨,竟为冥路之尘。但恐愤气未销,上冲穹昊,伏乞宣赐中书门下,追赠进士及第,各赠补阙、拾遗。见存明代,唯罗隐一人,亦乞特赐科名,录升三级,便以特敕显示优恩。俾使已升冤人,皆沾圣泽;后来学者,更厉文风。

《唐摭言》卷一○《韦庄奏请追赠不及第人近代者》

都尉之子,太尉之孙,能念儒书,备彰家训,不劳就试,特与成名。宜赐别敕及第,附今年春榜。

《全唐文》卷一○七《后唐明宗·赐五岁童子赵赞及第诏》

四、 其他

（一）考试及第世家

1. 兄弟进士、明经

少师讳景晔,清河东武城人也。……年十七,与亲兄晙一举明经,同年擢策。二十三,调补梁州南郑县尉。以能政闻,转蜀州晋原县尉。以清白器干,为按察使倪若水表荐大理评事。

《李遐叔文集》卷二《唐赠太子太师崔公神道碑》

和尚俗姓权氏,法讳契微。……考同光皇河南县尉长安县丞翰林详定学士,与伯兄益州成都县尉无待,仲兄歙桂梓三州刺史若讷,三人同以大名举进士擢第,文章之美为当时冠首。

《权载之文集》卷二八《唐故东京安国寺契微和尚塔铭并序》

〔裴〕宽兄弟八人,皆擢明经,任台、省、州刺史。

《新唐书》卷一三〇《裴宽传》

张环兄弟七人并举进士。

《太平广记》卷一八〇《贡举三·张环》

薛播,河中宝鼎人,中书舍人文思曾孙也。父元晖,什邡令,以播赠工部郎中。播,天宝中举进士,补校书郎,累授万年县丞、武功令、殿中侍御史、刑部员外郎、万年令。……

初,播伯父元暖终于隰城丞,其妻济南林氏,丹阳太守洋之妹,有母仪令德,博涉五经,善属文,所为篇章,时人多讽咏之。元暖卒后,其子彦辅、彦国、彦伟、彦云及播兄据、揔并早孤幼,悉为林氏所训导,以至成立,咸致文学之名。开元、天宝中二十年间,彦辅、据等七人并举进士,连中科名,衣冠荣之。

《旧唐书》卷一四六《薛播传》

薛播,河中宝鼎人。……播早孤,伯母林通经史,善属文,躬授经诸子及播兄弟。故开元、天宝间,播兄弟七人皆擢进士第,衣冠光趫。

《新唐书》卷一五九《薛播传》

皇甫冉字茂政,十岁便能属文,张九龄叹异之。与弟曾皆善诗。天宝中,踵登进士,授无锡尉。王缙为河南元帅,表掌书记。

《新唐书》卷二○二《皇甫冉传》

杨凭字虚受,一字嗣仁,虢州弘农人。……长善文辞,与弟凝、凌皆有名。大历中,踵擢进士第,时号"三杨"。

《新唐书》卷一六○《杨凭传》

窦群字丹列,扶风平陵人。祖宣,同昌郡司马。父叔向,以工诗称,代宗朝,官至左拾遗。群兄常、牟,弟巩,皆登进士第,唯群独为处士,隐居毗陵,以节操闻。……兄常字中行,大历十四年登进士第,居广陵之柳杨。……牟字贻周,贞元二年登进士第,试秘书省校书郎、东都留守巡官。……巩字友封,元和二年登进士第。袁滋镇滑州,辟为从事。

《旧唐书》卷一五五《窦群传》

窦群字丹列,京兆金城人。父叔向,以诗自名,代宗时,位左拾遗。群兄弟皆擢进士第,独群以处士客隐毗陵。……兄常、牟,弟庠、巩,皆为郎,工词章,为《联珠集》行于时,义取昆弟若五星然。

《新唐书》卷一七五《窦群传》

国子司业窦公讳牟，字某。……孝谨厚重，举进士登第。……公一兄三弟：常、群、庠、巩。常，进士，水部员外郎，朗、夔、江、抚四州刺史；群以处士征，自吏部郎中拜御史中丞，出帅[①]黔、容以卒；庠三佐大府，自奉先令为登州刺史；巩亦进士，以御史佐淄青府：皆有材名。公子三人：长曰周余，好善学文，能谨谨致孝，述父之志，曲而不黩；次曰某，曰某，皆以进士贡。

《韩昌黎文集校注》卷七《唐故国子司业窦公墓志铭》

冯宿字拱之，婺州东阳人。……宿，贞元中与弟定，从弟审、宽并擢进士第，徐州张建封表掌书记。

《新唐书》卷一七七《冯宿传》

冯宿之三子陶、韬、图，兄弟连年进士及第，连年登宏词科，一时之盛，代无比焉。当太和初，冯氏进士及第者，海内十人，而公家兄弟叔侄八人。

《太平广记》卷一八〇《贡举三·冯陶》

李景俭字宽中，汉中王瑀之孙。父褚，太子中舍。景俭，贞元十五年登进士第。性俊朗，博闻强记，颇阅前史，详其成败。……景俭弟景儒、景信、景仁，皆有艺学，知名于时。景信、景仁，皆登进士第。

《旧唐书》卷一七一《李景俭传》

崔玄亮字晦叔，山东磁州人也。玄亮贞元十一年登进士第，

---

　① "帅"，他本或作"师"。

从事诸侯府。……始玄亮登第，弟纯亮、寅亮相次升进士科，藩府辟召，而玄亮最达。

《旧唐书》卷一六五《崔玄亮传》

高钛字翘之，……与弟铢、锴俱擢进士第。累迁右补阙、史馆修撰。

《新唐书》卷一七七《高钛传》

〔崔〕元式始署帅府僚佐，累官湖南观察使。

《新唐书》卷一六〇《崔元式传》

卢简辞字子策。……与兄简能、弟弘止简求皆有文，并第进士。历佐帅府。

《新唐书》卷一七七《卢简辞传》

李汉字南纪，……汉，元和七年登进士第，累辟使府。……汉弟浐、洗、潘，皆登进士第。潘，大中初为礼部侍郎。汉子贶，亦登进士第。

《旧唐书》卷一七一《李汉传》

陈夷行字周道，颍川人。祖忠，父邑。夷行，元和七年登进士第，累辟使府。……弟玄锡、夷实，皆进士擢第。玄锡又制策登科。

《旧唐书》卷一七三《陈夷行传》

〔于〕敖温裕长者，与物无忤，居官亦未尝有立。周践台阁，三为列曹侍郎，谨顺自容而已。大和四年八月卒，年六十六，赠礼部尚书。四子：球、珪、璟、琮，皆登进士第。

《旧唐书》卷一四九《于敖传》

〔李〕彭以一子官累历州县令长。子宏，仕官愈卑，生三子：景让、景庄、景温，自元和后，相继以进士登第。

《旧唐书》卷一八七下《李彭传》

裴休字公美，河内济源人也。祖宣，父肃。肃，贞元中自常州刺史兼御史中丞、越州刺史、浙东团练观察等使。……肃生三子，俦、休、俅，皆登进士第。休志操坚正，童龀时，兄弟同学于济源别墅。……长庆中，从乡赋登第，又应贤良方正，升甲科。大和初，历诸藩辟召。……俅字冠识，亦登进士第。

《旧唐书》卷一七七《裴休传》

〔郑〕瀚四子：允谟、茂谌、处诲、从谠。允谟以荫累官台省。……茂谌避国讳改茂休，开成二年登进士第，四迁太常博士、兵部员外郎、吏部郎中、绛州刺史，位终秘书监。处诲字延美，于昆仲间文章拔秀，早为士友所推。大和八年登进士第，释褐秘府，转监察、拾遗、尚书郎、给事中。……从谠字正求，会昌二年登进士第，释褐秘书省校书郎，历拾遗、补阙、尚书郎、知制诰。

《旧唐书》卷一五八《郑瀚传》

某①启：今月某日，舍弟新及第进士羲叟处，伏见侍郎②所制

---

① 指李商隐。
② 指魏扶。

《春闱于榜后寄呈在朝同年兼简新及第诸先辈》五言四韵诗一首。

《樊南文集》卷三《献侍郎巨鹿公启》

张知謇,蒲州河东人也,徙家于岐。少与兄知玄、知晦,弟知泰、知默五人,励志读书,皆以明经擢弟。

《旧唐书》卷一八五下《张知謇传》

张知謇字匪躬,幽州方城人,徙家岐。兄弟五人,知玄、知晦、知泰、知默皆明经高第,晓吏治,清介有守,公卿争为引重。

《新唐书》卷一○○《张知謇传》

2. 父子进士、明经

钱徽字蔚章,吴郡人。父起,天宝十年[①]登进士第。……徽,贞元初进士擢第,从事戎幕。……子可复、可及,皆登进士第。

《旧唐书》卷一六八《钱徽传》

孔子之后三十八世,有孙曰戣,字君严,事唐为尚书左丞。……公始以进士佐三府,官至殿中侍御史。……有四子:长曰温质,四门博士;遵孺、遵宪、温裕,皆明经。

《韩昌黎文集校注》卷七《唐正议大夫尚书左丞孔公墓志铭》

崔慎由字敬止,清河武城人。……父从,少孤贫。寓居太原,与仲兄能同隐山林,苦心力学。属岁兵荒,至于绝食,弟兄采梠拾

---

① "年",应为"载"。

橡实,饮水栖衡,而讲诵不辍,怡然终日,不出山岩,如是者十年。贞元初,进士登第,释褐山南西道推官。……慎由,大和初擢进士第,又登贤良方正制科。聪敏强记,宇量端厚,有父风。释褐诸侯府。……子胤。弟安潜。安潜字进之,大中三年登进士第。……胤字昌遐,乾宁二年登进士第。王重荣镇河中,辟为从事。

《旧唐书》卷一七七《崔慎由传》

　　李程字表臣,陇西人。……程,贞元十二年进士擢第,又登宏辞科,累辟使府。……子廓。廓进士登第,以诗名闻于时。大中末,累官至颍州刺史,再为观察使。廓子画,亦登进士第。

《旧唐书》卷一六七《李程传》

　　高元裕字景圭,渤海人。祖魁,父集,官卑。元裕登进士第,本名允中,大和初,为侍御史,奏改元裕。……元裕子璩,登进士第。

《旧唐书》卷一七一《高元裕传》

　　高元裕字景圭,其先盖渤海人。第进士,累辟节度府。

《新唐书》卷一七七《高元裕传》

　　〔高〕元裕子璩,字莹之。第进士,累佐使府。

《新唐书》卷一七七《高璩传》

　　曹确字刚中,河南人。父景伯,贞元十九年进士擢第,又登制科。确,开成二年登进士第,历聘藩府。……弟汾,亦进士登第,累官尚书郎、知制诰,正拜中书舍人。

《旧唐书》卷一七七《曹确传》

　　张裼字公表,河间人。父君卿,元和中举进士,词学知名,累历郡守。裼,会昌四年进士擢第,释褐寿州防御判官。……子文蔚、济美、贻宪。文蔚,乾符二年进士擢第,累佐使府。……济美、贻宪,相继以进士登第。贻宪覆试落籍,为户部巡官、集贤校理。

《旧唐书》卷一七八《张裼传》

　　〔归〕融,进士擢第,自监察拾遗入省,拜工部员外郎,迁考功员外。……融子仁晦、仁翰、仁宪、仁召、仁泽,皆登进士第。咸通中,并至达官。

《旧唐书》卷一四九《归融传》

　　张荐字孝举,深州陆泽人。……子又新、希复,皆登进士第。……希复子读,登进士第,有俊才。

《旧唐书》卷一四九《张荐传》

　　〔柳〕仲郢字谕蒙,元和十三年进士擢第,释褐秘书省校书郎。……子珪、璧、玭。……珪字镇方,大中五年登进士第,累辟使府,早卒。璧,大中九年登进士第。文格高雅。尝为《马嵬诗》,诗人韩琮、李商隐嘉之。马植镇陈许,辟为掌书记,又从植汴州。……玭应两经举,释褐秘书正字。又书判拔萃,高湜辟为度支推官。

《旧唐书》卷一六五《柳仲郢传》

刘崇望字希徒。其先代郡人，随元魏孝文帝徙洛阳，遂为河南人。……〔祖〕藻生符，进士登第，咸通中位终蔡州刺史，生八子，崇龟、崇望、崇鲁、崇谟最知名。崇龟，咸通六年进士擢第，累迁起居舍人，礼部、兵部二员外。……崇望，咸通十五年登进士科。王凝廉问宣歙，辟为转运巡官。……崇鲁，广明元年登进士第，郑从谠奏充太原推官。……崇谟，中和三年进士及第。乾宁末，为太常少卿、弘文馆直学士。

《旧唐书》卷一七九《刘崇望传》

夏侯孜字好学，本谯人。父审封。孜，宝历二年登进士第，释褐诸侯府。……子潭、泽，皆登进士第。

《旧唐书》卷一七七《夏侯孜传》

韦保衡者，字蕴用，京兆人。祖元贞，父悫，皆进士登第。悫字端士，大和初登第，后累佐使府，……保衡，咸通五年登进士第，累拜起居郎。……弟保乂，进士登第，尚书郎、知制诰。

《旧唐书》卷一七七《韦保衡传》

李蔚字茂休，陇西人。祖上公，位司农卿，元和初为陕虢观察使。父景素，大和中进士。蔚，开成末进士擢第，释褐襄阳从事。会昌末调选，又以书判拔萃，拜监察御史，转殿中监。……蔚三子：渥、洵、泽。渥，咸通末进士及第，释褐太原从事，累拜中书舍人，礼部侍郎。

《旧唐书》卷一七八《李蔚传》

刘瑑者，彭城人。祖璠，父煟。瑑，开成初进士擢第。……弟
顼，亦登进士第。

《旧唐书》卷一七七《刘瑑传》

公幼嗜书，及冠能属词，尤攻四六，文章援毫立成，清媚新
峭，学者无能如。自宣城来长安，三举进士，登上第，是岁会昌
元年也。其年冬，得博学宏词，授秘书省正字。……公十二男
八女。长曰齐，乡贡进士。次曰颜，乡贡进士。次曰言，明经
及第。

《孙樵集》卷八《唐故仓部郎中康公墓志铭并序》

豆卢瑑者，河东人。祖愿，父籍，皆以进士擢第。瑑，大中十
三年亦登进士科。……弟瓒、璨，皆进士登第，累历清要。

《旧唐书》卷一七七《豆卢瑑传》

徐彦若，天后朝大理卿有功之裔。曾祖宰，祖陶，父商，三世
继登进士科。商字义声，大中十三年及第，释褐秘书省校书
郎。……彦若，咸通十二年进士擢第。乾符末，以尚书郎、知制
诰，正拜中书舍人。

《旧唐书》卷一七九《徐彦若传》

3. 进士、明经家族

君①之先君至南华四代，进士登甲科者七人，举明经者一十三

---

① 指康希铣。

人。时门颇盛美矣。

《颜鲁公文集》卷七《银青光禄大夫海濮饶房睦台

六州刺史上柱国汲郡开国公康使君神道碑铭》

王徽字昭文，京兆杜陵人，……曾祖择从兄易从，天后朝登进士第。从弟明从、言从，睿宗朝并以进士擢第。……其后，易从子定，定子逢，逢弟仲周，定兄密，密子行古，行古子收，收子超，皆以进士登第。王氏自易从已降，至大中朝，登进士科者一十八人，登台省，历牧守、宾佐者三十余人。择从，大足三年登进士第，先天中又应贤良方正制举，升乙第，再迁京兆士曹参军，充丽正殿学士。祖察，至德二年①登进士第，位终连州刺史。父自立，位终猴氏令。徽大中十一年进士擢第，释褐秘书省校书郎。

《旧唐书》卷一七八《王徽传》

王徽字昭文，京兆人。……曾祖择从，昆弟四人，曰易从、明从、言从，皆擢进士第。至凤阁舍人者三人，故号"凤阁王氏"。自是讫大中时，登进士者十八人，位台省牧守者三十余人。

《新唐书》卷一八五《王徽传》

张燕公好求山东婚姻，当时皆恶之。及后与张氏为亲者，乃为甲门。

《唐国史补》卷上

〔蒋〕绘子捷，举进士。开元中，历台省，仕致湖、延二州刺史。……

---

① "年"，应作"载"。

捷子洌、涣，并进士及第。洌，历礼、吏、户部三侍郎，尚书左丞；涣，天宝末给事中，永泰初右散骑常侍。……

洌子炼，涣子铢，亦进士举。

《旧唐书》卷一八五上《高智周传》

刘迺字永夷，洺州广平人。……天宝中，举进士。……子伯刍。伯刍字素芝，登进士第，志行修谨。淮南杜佑僻为从事，……子宽夫，登进士第，历诸府从事。……宽夫子允章、焕章。允章登进士第，累官至翰林学士承旨、礼部侍郎。咸通九年，知贡举。

《旧唐书》卷一五三《刘迺传》

张万福，魏州元城人。三世明经，止县令、州佐。万福以儒业不显，乃学骑射，从王斛斯以别校征辽东，有功。

《新唐书》卷一七〇《张万福传》

杨于陵字达夫，弘农人。……父太清，宋州单父尉。于陵，天宝末家寄河朔。禄山乱，其父殁于贼，于陵始六岁。及长，客于江南。好学，有奇志。弱冠举进士，释褐为润州句容主簿。……子四人：景复、嗣复、绍复、师复。

嗣复自有传。景复位终同州刺史。绍复进士擢第，弘辞登科，位终中书舍人。师复位终大理卿。

大中后，杨氏诸子登进士者十人：嗣复子授、拔、拭、扐，绍复子擢、拯、据、揆，师复子拙、振等，擢终给事中。拯司封员外郎。据右补阙。揆左谏议大夫。拙左庶子。振左拾遗。

《旧唐书》卷一六四《杨于陵传》

杨嗣复字继之，仆射于陵子也。初，于陵十九登进士第，二十再登博学宏词科，调补润州句容尉。……嗣复七八岁时已能秉笔为文。年二十，进士擢第。二十一，又登博学宏词科，释褐秘书省校书郎。……子损、授、技、拭、扒，而授最贤。授字得符，大中九年进士擢第，释褐从事诸侯府，入为鄠县尉、集贤校理。……子煛字公隐，进士及第，再迁左拾遗。……损字子默，以荫受官，为蓝田尉。……技进士及第，位至中书舍人。拭官终考功员外郎。扒终兵部郎中。拭、扒并进士擢第。

《旧唐书》卷一七六《杨嗣复传》

路岩者，字鲁瞻，阳平冠氏人也。祖季登，大历六年登进士第，累辟诸侯府。……生三子，群、庠、单，皆登进士第。

群字正夫，既擢进士，又书判拔萃，累佐使府。……二子：岳、岩，大中中相次进士登第。

《旧唐书》卷一七七《路岩传》

〔孔〕戣字君严。登进士第，郑滑节度使卢群辟为从事。……子遵孺、温裕，皆登进士第。大中已后，迭居显职。……戡字方举，戣母弟也。……举明经登第，判入高等，授秘书省校书郎、阳翟尉。……子温业、登进士第。大中后，历位通显。

《旧唐书》卷一五四《孔戣传》

唐次，并州晋阳人也，国初功臣礼部尚书俭之后。建中初，进士擢第，累辟使府。……次子扶、持。扶字云翔，元和五年进士登第，累佐使府。……持字德守，元和十五年擢进士第，累辟诸侯府。……子彦谦，字茂业，咸通末应进士，才高负气，无所屈降，十余年不第。乾符末，河南盗起，两都覆没，以其家避地汉南。中和中，王重荣镇河中，辟为从事。……次弟欢、款、欣。款贞元六年登进士第，累辟使府。

《旧唐书》卷一九〇下《唐次传》

〔韦〕贯之子澳、潾。澳字子斐，大和六年擢进士第，又以弘词登科。……潾亦登进士第，无位而卒。潾子庾、庠、序、雍、郊。庾登进士第，累佐使府。……序、雍、郊皆登进士第。序、雍官至尚书郎。郊文学尤高，累历清显，自礼部员外郎、知制诰，正拜中书舍人。

《旧唐书》卷一五八《韦贯之传》

韦献公夏卿有知人之鉴，人不知也。因退朝，于街中逢再从弟执谊，从弟渠牟、丹，三人皆第二十四，并为郎官。簇马良久，献公曰："今日逢三二十四郎。"辄欲题目之。

《大唐传载》

崔邠字处仁，清河武城人。祖结，父倕，官卑。邠少举进士，又登贤良方正科。贞元中，授渭南尉。迁拾遗、补阙。……弟鄯、郾、郸等六人。子璀、璜，璀子彦融，皆登进士第，历位台阁。鄯少有文学，举进士。元和中，历监察御史。……郾字广略，举进士，平判入等，授集贤殿校书郎。……子瑶、瓌、瑾、珮、璆。瑶大和三年登进士第，出佐藩方，入升朝列，累至中书舍人。……瑾大中十年登进士第，累居使府。……郸登进士第，累迁监察御史，三迁考功郎中。

《旧唐书》卷一五五《崔郀传》

张正甫字践方,南阳人。曾祖大礼,坊州刺史。祖绍贞,尚书右丞。父泚,苏州司马。正甫登进士第,从樊泽为襄阳从事,累转监察御史。……子毅夫。毅夫登进士第。初正甫兄式,大历中进士登第,继之以正甫,式子元夫、杰夫、征夫又相次登科。大和中,文章之盛,世共称之。

《旧唐书》卷一六二《张正甫传》

崔珙,博陵安平人。祖懿。父颋,贞元初进士登第,元和初累官至少府监。……颋有子八人,皆至达官,时人比汉之荀氏,号曰"八龙"。长曰琯,贞元十八年进士擢第。又制策登科,释褐诸侯府,入朝为尚书郎。……珙,琯之母弟也。以书判拔萃高等,累佐使府。……子涓,大中四年进士擢第。珙弟璠、璪、玙、球、珦。璠以书判拔萃,开成中累迁至刑部郎中。……璪,开成初为吏部郎中,转给事中。……子滔,大中初登进士第。玙字朗士,长庆初进士擢第,又制策登科。开成末,累迁至礼部员外郎。……子澹。澹,大中十三年登进士第,……澹子远。远,龙纪元年进士登第。……球字叔休,宝历二年登进士第。……子渎。渎,大中末亦进士登第。

《旧唐书》卷一七七《崔珙传》

胡证字启中,河东人。父瑱,伯父玫,登进士第。证,贞元中继登科,咸宁王浑瑊辟为河中从事。

《旧唐书》卷一六三《胡证传》

萧俛字思谦。曾祖太师徐国公嵩,开元中宰相。祖华,袭徐国公,肃宗朝宰相。父恒,赠吏部尚书。皆自有传。俛,贞元七年进士擢第。元和初,复登贤良方正制科,拜右拾遗,迁右补阙。……〔俛弟〕杰字豪士,元和十二年登进士第,累官侍御史,迁主客员外郎。……俛从父弟仿。……仿,大和元年登进士第。大中朝,历谏议大夫、给事中。……子廪,咸通三年进士擢第,累迁尚书郎。……子颀,亦登进士第,后官位显达。

《旧唐书》卷一七二《萧俛传》

令狐楚字壳士,自言国初十八学士德棻之裔。祖崇亮,绵州昌明县令。父承简,太原府功曹。家世儒素。楚儿童时已学属文,弱冠应进士,贞元七年登第。……楚弟定,字履常,元和十一年进士及第,累辟使府。……〔楚子〕绹字子直,大和四年登进士第,释褐弘文馆校书郎。……子滈、涣、沨。滈少举进士,以父在内职而止。……诏令就试。……滈既及第,释褐长安尉、集贤校理。……涣、沨俱登进士第。涣位至中书舍人。定子缄,缄子澄、湘。澄亦以进士登第,累辟使府。

《旧唐书》卷一七二《令狐楚传》

冯宿,东阳人。……宿昆弟二人,皆幼有文学。宿登进士第,徐州节度张建封辟为掌书记。……子图、陶、韬,三人皆登进士,扬历清显。

宿弟定字介夫,仪貌壮伟,与宿俱有文学,而定过之。贞元中,皆举进士,时人比之汉朝二冯君。……子衮、颛、轩、岩四人,皆进士登第。咸通中,历任台省。宿从弟审、宽。

……审,贞元十二年登进士第,累辟使府。……审弟宽,子缄,皆进士擢第,知名于时。

《旧唐书》卷一六八《冯宿传》

王播字明扬。曾祖琎,嘉州司马。祖昇,咸阳令。父恕,扬府参军。播擢进士第,登贤良方正制科,授集贤校理,……播子式,弟炎、起。

炎,贞元十五年登进士第,累官至太常博士,早世。子铎、镣。

起字举之,贞元十四年擢进士第,释褐集贤校理,登制策直言极谏科,授蓝田尉。……

…………

铎字昭范。会昌初进士第,两辟使府。

《旧唐书》卷一六四《王播传》

崔元略,博陵人。祖浑之。父儆,贞元中官至尚书左丞。元略举进士,历佐使府。……子铉。

铉字台硕,登进士第,三辟诸侯府,荆南、西蜀掌书记。……子沆、汀、潭、沂。

沆,登进士第,官至员外郎、知制诰、拜中书舍人。……

元略弟元受、元式、元儒。元受登进士第,高陵尉,直史馆。……子钧、铏、铢相继登进士第,辟诸侯府。

…………

元儒,元和五年登进士第。

《旧唐书》卷一六三《崔元略传》

杜审权字殷衡,京兆人也。国初莱成公如晦六代孙。祖佐,位终大理正。佐生二子:元颖、元绛。元颖,穆宗朝宰相。绛位终太子宾客。绛生二子:审权、蔚,并登进士第。

审权,释褐江西观察判官,又以书判拔萃,拜右拾遗,转左补阙。……三子:让能、彦林、弘徽。

让能,咸通十四年登进士第,释褐咸阳尉。……彦林、弘徽,乾符中相次登进士第。

《旧唐书》卷一七七《杜审权传》

牛僧孺字思黯,隋仆射奇章公弘之后。祖绍,父幼简,官卑。僧孺进士擢第,登贤良方正制科,释褐伊阙尉,迁监察御史,转殿中,历礼部员外郎。……僧孺二子:蔚、蒉。

蔚字大章,十五应两经举。大和九年,复登进士第,三府辟署为从事,入朝为监察御史。……子循、徽。

徽咸通八年登进士第,三佐诸侯府,得殿中侍御史,赐绯鱼。……蒉字表龄,开成二年登进士第,出佐使府,历践台省。

《旧唐书》卷一七二《牛僧孺传》

时所重难,辄居选中。其初以献赋射策,取甲科如地芥。

《权载之文集》卷三六《送水部许员外出守郧州序》

取士以孝、秀二科,古道也。家有兼者,时论多之。君之群从,皆以文藻射策,或致位郎署。今孝廉又以温清之余,力行居业,业茂行修,西游太学。吾知夫上第之后,衣春服,吟舞雩,东还南徐,拜庆堂下。粲粲门子,经术发身。古人有俯拾地芥之说,斯滥觞矣。

《权载之文集》卷三九《送独孤孝廉应举序》

　　陆氏为江南冠族,子容一门特以文章行实振起风绪。叔父群从岁为仪曹首科,子容亦再登甲乙,雠校书府。由是君子谓春官天官之举不失人。

《权载之文集》卷三九《送陆校书赴秘省序》

　　高钹字翘之。祖郑宾,宋州宁陵令。父去疾,摄监察御史。钹,元和进士及第,判入等,补秘书省校书郎。……钹少时孤贫,洁己力行,与弟铢、锴皆以检静自立,致位崇显,居家友睦,为搢绅所重。

　　铢,元和六年登进士第。……

　　锴,元和九年登进士第,升宏辞科,累迁吏部员外。……

　　钹子湜,锴子湘,偕登进士第。

《旧唐书》卷一六八《高钹传》

　　〔崔〕宁季弟密,密子绘,父子皆以文雅称,历使府从事。绘生四子:蠡、黯、确、颜,皆以进士擢第。

　　蠡字越卿,元和五年擢第,累辟使府。……子荛。荛字野夫,大中二年,擢进士第,累官至尚书郎、知制诰。……黯字直卿,大和二年,进士擢第。开成初,为青州从事。确字岳卿,颜字希卿,位皆至尚书郎。

《旧唐书》卷一一七《崔宁传》

崔宁，本贝州安平人，后徙卫州。……宁季弟密，密子绘，俱以文辞称。绘四子：蠡、黯、确、颜，皆擢进士第。

《新唐书》卷一四四《崔宁传》

杨虞卿字师皋，虢州弘农人。……虞卿，元和五年进士擢第，又应博学宏辞科。元和末，累官至监察御史。……子知进、知退、堪，弟汉公，皆登进士第。……

汉公，大和八年擢进士第，又书判拔萃，释褐为李绛兴元从事。……汉公子范、筹，皆登进士第，累辟使府。虞卿从兄汝士。

汝士字慕巢，元和四年进士擢第，又登博学宏辞科，累辟使府。……子知温、知远、知权，皆登进士第。……汝士弟鲁士。

鲁士字宗尹，本名殷士。长庆元年，进士擢第，其年诏翰林覆试，殷士与郑朗等覆落，因改名鲁士。复登制科，位不达而卒。

《旧唐书》卷一七六《杨虞卿传》

卢简辞字子策，范阳人，后徙家于蒲。祖翰。父纶，天宝末举进士，遇乱不第，奉亲避地于鄱阳。……文宗好文，尤重纶诗，尝问侍臣曰："《卢纶集》几卷？有子弟否？"李德裕对曰："纶有四男，皆登进士第，今员外郎简能、侍御史简辞是也。"……

简辞，元和六年登第，三辟诸侯府。……

简能字子拙，登第后再辟藩府，入为监察御史。……

简辞弟弘正、简求。弘正字子强，元和末登进士第，累辟使府掌书记。……

简求字子臧，长庆元年登进士第，释褐江西王仲舒从事。……

简能子知猷。知猷登进士第，释褐秘书省正字。……简辞无子，以简求子贻殷、玄禧入继。……玄禧登进士第，终国子博士。弘正子虔灌，有俊才，进士登第。所著文笔，为时所称。位终秘书监。

简求十子，而嗣业、汝弼最知名。嗣业进士登第，累辟使府。……汝弼登进士第，累迁至祠部员外郎、知制诰，从昭宗迁洛。

《旧唐书》卷一六三《卢简辞传》

封敖字硕夫，其先渤海蓨人。……敖，元和十年登进士第，累辟诸侯府。……子彦卿、望卿，从子特卿，皆进士及第，咸通后，历位清显。

《旧唐书》卷一六八《封敖传》

杨收字藏之，同州冯翊人。……高祖悟虚，应贤良制科擢第，位终朔州司马。曾祖幼烈，位终宁州司马。祖藏器，邠州三水丞。父遗直，位终濠州录事参军。家世为儒，遗直客于苏州，讲学为事，因家于吴。遗直生四子：发、假、收、严。

发字至之，大和四年登进士第，又以书判拔萃，释褐校书郎、湖南观察推官，再辟西蜀从事。……子乘，亦登进士第。……假字仁之，进士擢第。故相郑覃刺华州，署为从事。……收以仲兄假未登第，久之不从乡赋。开成末，假擢第。是冬，收之长安。明年，一举登第，年才二十六。时发为润州从事，因家金陵。收得第东归，路由淮右，故相司徒杜悰镇扬州，延收署节度推官，奏授校书郎。……收子鉴、钜、鏻，皆登进士第。……严字凛之，会昌四年进士擢第。……严释褐诸侯府。……二子：涉、注。涉，乾符二年登进士第。……注，中和二年进士登第。

《旧唐书》卷一七七《杨收传》

赵隐字大隐，京兆奉天人也。……大中三年，应进士登第，累迁郡守、尚书郎、给事中、河南尹，……子光逢、光裔、光胤。

弟骘，亦以进士登第。大中末，与兄隐并践省阁。……

光逢，乾符五年登进士第，释褐凤翔推官。……光裔，光启三年进士擢第。……光胤，大顺二年进士登第。

《旧唐书》卷一七八《赵隐传》

四姓唯郑氏不离荥阳，有冈头卢、泽底李、士门崔，家为鼎甲。太原王氏，四姓得之为美，故呼为"钑镂王家"，喻银质而金饰也。

《唐国史补》卷上

4. 父子、兄弟制举及第

〔樊〕绍述讳宗师，父讳泽，尝帅襄阳、江陵，官至右仆射，赠某官。祖某官，讳泳。自祖及绍述三世，皆以军谋堪将帅策上第以进。

《韩昌黎文集校注》卷七《南阳樊绍述墓志铭》

韦夏卿字云客，杜陵人。父迢，检校都官郎中、岭南节度行军司马。夏卿苦学，大历中与弟正卿俱应制举，同时策入高等，授高陵主簿。

《旧唐书》卷一六五《韦夏卿传》

韦夏卿字云客，京兆万年人。少邃于学，善文辞。大历中，与弟正卿同举贤良方正，皆策高第。授高陵主簿，累迁刑部员外郎。

《新唐书》卷一六二《韦夏卿传》

韦夏卿字云客，少习文学。大历中，与弟正卿应制举，同时策入高第，授高陵主簿。

《册府元龟》卷六五〇《贡举部·应举》

王播字明扬，……贞元中与弟炎、起皆有名，并擢进士，而播、起举贤良方正异等。补盩厔尉。

《新唐书》卷一六七《王播传》

（二）考试连中者

1. 常科连中

辛毗，陇西人，少嗜学，累登五经、《开元礼》科。

《册府元龟》卷六五〇《贡举部·应举》

〔牛〕蔚字大章，少擢两经，又第进士，繇监察御史为右补阙。

《新唐书》卷一七四《牛蔚传》

〔王〕凝字致平，少孤，宰相郑肃之甥，少依舅氏。年十五，两经擢第。尝著《京城六岗铭》，为文士所称。再登进士甲科。崔璪领盐铁,辟为巡官。

《旧唐书》卷一六五《王凝传》

〔王〕翊曾孙凝,字成庶^①,……举明经、进士,皆中。历台省,浸知名,累擢礼部侍郎。

《新唐书》卷一四三《王凝传》

2. 制科连中

徐安贞者,信安龙丘人。尤善五言诗。尝应制举,一岁三擢甲科,人士称之。开元中,为中书舍人、集贤院学士。

《旧唐书》卷一九〇中《徐安贞传》

徐楚璧,初应制举,三登甲科,开元时为中书舍人、集贤院学士,帝属文多令视草。……后更名安贞。

《新唐书》卷二〇〇《徐安贞传》

孙逖,博州武水人,……举手笔俊拔、哲人奇士隐沦屠钓及文藻宏丽等科。开元十年,又举贤良方正。玄宗御洛城门引见,命户部郎中苏晋等第其文异等,擢左拾遗。

《新唐书》卷二〇二《孙逖传》

柳公绰字起之,京兆华原人也。祖正礼,邠州士曹参军。父子温,丹州刺史。公绰幼聪敏。年十八,应制举,登贤良方正直言

① "成庶",《旧唐书》卷一六五作"致平"。

极谏科,授秘书省校书郎,贞元元年也。贞元四年,复应制举,再登贤良方正科,时年二十一。制出,授渭南尉。

《旧唐书》卷一六五《柳公绰传》

〔韦〕平子正贯,字公理,……举贤良方正异第,除太子校书郎,调华原尉。后又中详闲吏治科,迁万年主簿,擢累司农卿。

《新唐书》卷一五八《韦正贯传》

3. 常科、制科连中

马怀素字惟白,润州丹徒人。……擢进士第,又中文学优赡科,补郿尉。

《新唐书》卷一九九《马怀素传》

郑惟忠,宋州宋城人也。仪凤中,进士举,授井陉尉,转汤阴尉。天授中,应举召见,则天临轩问诸举人:"何者为忠?"诸人对不称旨。惟忠对曰:"臣闻忠者,外扬君之美,内匡君之恶。"则天曰:"善。"授左司御率府胄曹参军,累迁水部员外郎。

《旧唐书》卷一〇〇《郑惟忠传》

张柬之字孟将,襄州襄阳人也。少补太学生,涉猎经史,尤好三礼,国子祭酒令狐德棻甚重之。进士擢第,累补青城丞。永昌元年,以贤良征试,同时策者千余人,柬之独为当时第一,擢拜监察御史。

《旧唐书》卷九一《张柬之传》

张鷟,应下笔成章及才高位下、词标文苑等科。鷟凡应八举,皆登甲科。

《册府元龟》卷六五〇《贡举部·应举》

公讳乂,字尚真,赵房子人也。柏人侯县裔孙,侍书劲十一世孙。……公幼而闵凶,弱不好弄。十一从学,极奥研几。十二属词,含商咀徵。中书令薛元超谓人曰:"此子必负海内盛名。"十九,郡举茂才策第。考功郎刘思立一见又如之。调补潞州壶关、婺州武义尉,羁云逸而在泥蟠也。秩满诣选,吏部侍郎苏味道,伟藏器而嗟韫椟也,特授蓝田尉。又策高第,累迁乾封万年尉。

《全唐文》卷二五八《苏颋·唐紫微侍郎赠黄门监李乂神道碑》

李峤字巨山,赵州赞皇人。……二十擢进士第,始调安定尉。举制策甲科,迁长安。

《新唐书》卷一二三《李峤传》

贺知章字季真,越州永兴人。……证圣初,擢进士、超拔群类科,累迁太常博士。

《新唐书》卷一九六《贺知章传》

〔韩〕琬字茂贞。……举茂才,名动里中。刺史行乡饮饯之,主人扬觯曰:"孝于家,忠于国,今始充赋。请行无算爵。"儒林荣之。擢第,又举文艺优长、贤良方正,连中。拜监察御史。

《新唐书》卷一一二《韩琬传》

卢从愿，相州临漳人，……世为山东著姓。弱冠明经举，授绛州夏县尉，又应制举，拜右拾遗。

《旧唐书》卷一〇〇《卢从愿传》

卢从愿字子龚。……擢明经，为夏尉。又举制科高第，拜右拾遗。

《新唐书》卷一二九《卢从愿传》

张九龄字子寿，一名博物。曾祖君政，韶州别驾，因家于始兴，今为曲江人。父弘愈，以九龄贵，赠广州刺史。九龄幼聪敏，善属文。年十三，以书干广州刺史王方庆，大嗟赏之，曰："此子必能致远。"登进士第，应举登乙第，拜校书郎。玄宗在东宫，举天下文藻之士，亲加策问，九龄对策高第，迁右拾遗。

《旧唐书》卷九九《张九龄传》

张九龄字子寿，韶州曲江人。……擢进士，始调校书郎，以道侔伊吕科策高第，为左拾遗。

《新唐书》卷一二六《张九龄传》

严挺之，华州华阴人。叔父方巍，景云中户部郎中。挺之少好学，举进士。神龙元年，制举擢第，授义兴尉。

《旧唐书》卷九九《严挺之传》

敬括，河东人也。少以文词称。乡举进士，又应制登科，再迁右拾遗、内供奉、殿中侍御史。

《旧唐书》卷一一五《敬括传》

归崇敬字正礼，苏州吴人。治礼家学，多识容典，擢明经。……调国子直讲。天宝中，举博通坟典科，对策第一，迁四门博士。有诏举才可宰百里者，复策高等，授左拾遗。

《新唐书》卷一六四《归崇敬传》

苏源明，京兆武功人，……工文辞，有名天宝间。及进士第，更试集贤院。

《新唐书》卷二〇二《苏源明传》

蒋镇，常州义兴人，尚书左丞洌之子也。与兄炼并以文学进。天宝末，举贤良，累授左拾遗、司封员外郎，转谏议大夫。

《旧唐书》卷一二七《蒋镇传》

陆贽字敬舆，苏州嘉兴人。父侃，溧阳令，以贽贵，赠礼部尚书。贽少孤，特立不群，颇勤儒学。年十八登进士第，以博学宏词登科，授华州郑县尉。……又以书判拔萃，选授渭南县主簿，迁监察御史。

《旧唐书》卷一三九《陆贽传》

〔归〕登字冲之，……大历中，举孝廉高第。贞元初，策贤良，为右拾遗。

《新唐书》卷一六四《归登传》

韦执谊者，京兆人。父浼，官卑。执谊幼聪俊有才，进士擢第，应制策高等，拜右拾遗，召入翰林为学士，年才二十余。

《旧唐书》卷一三五《韦执谊传》

皇甫镈,安定朝那人。祖邻几,汝州刺史。父愉,常州刺史。镈贞元初登进士第,登贤良文学制科,授监察御史。

《旧唐书》卷一三五《皇甫镈传》

独孤郁,河南人。父及,天宝末与李华、萧颖士等齐名,善为文,……郁,贞元十四年登进士第,文学有父风,尤为舍人权德舆所称,以子妻之。贞元末,为监察御史。元和初,应制举才识兼茂明于体用,策入第四等,拜左拾遗。……

…………

郁子庠,亦登进士第。大中后,官达,亦至侍郎。

《旧唐书》卷一六八《独孤郁传》

徐晦,进士擢第,登直言极谏制科,授栎阳尉,皆自杨凭所荐。

《旧唐书》卷一六五《徐晦传》

贾悚字子美,河南人。祖渭,父宁。悚进士擢第,又登制策甲科,文史兼美,四迁至考功员外郎。

《旧唐书》卷一六九《贾悚传》

贾悚字子美,河南人。……举进士高第,声称籍甚。又策贤良方正异等,授渭南尉、集贤校理。

《新唐书》卷一七九《贾悚传》

韦处厚字德载,京兆万年人。……中进士第,又擢才识兼茂科,授集贤校书郎。举贤良方正异等,宰相裴垍引直史馆。改咸阳尉。

《新唐书》卷一四二《韦处厚传》

马植字存之,凤州刺史勋子也。第进士,又擢制策科,补校书郎。

《新唐书》卷一八四《马植传》

李回字昭度,……长庆中,擢进士第,又策贤良方正异等,辟义成、淮南幕府。

《新唐书》卷一三一《李回传》

李甘字和鼎。长庆末,进士擢第,又制策登科。大和中,累官至侍御使。

《旧唐书》卷一七一《李甘传》

4. 常科、制科、吏部科目连中

王翰字子羽,并州晋阳人。少豪健恃才,及进士第。……复举直言极谏,调昌乐尉,又举超拔群类。方说辅政,故召为秘书正字。

《新唐书》卷二〇二《王翰传》

郗士美字和夫,高平金乡人也。父纯,字高卿,为李邕、张九龄等知遇,尤以词学见推,与颜真卿、萧颖士、李华皆相友善。举进士,继以书判制策,三中高等,登朝历拾遗、补阙、员外、郎中、谏议大夫、中书舍人。

《旧唐书》卷一五七《郗士美传》

郗士美字和夫,兖州金乡人。父纯,字高卿,举进士、拔萃、制策皆高第,张九龄、李邕数称之。自拾遗七迁至中书舍人。

《新唐书》卷一四三《郗士美传》

〔李适之〕子季卿,弱冠举明经,颇工文词。应制举,登博学宏词科,再迁京兆府鄠县尉。

《旧唐书》卷九九《李季卿传》

崔元翰者,博陵人。进士擢第,登博学宏词制科,又应贤良方正直言极谏科,三举皆升甲第,年已五十余。李泌公镇滑台,辟为从事。

《旧唐书》卷一三七《崔元翰传》

崔元翰名鹏,以字行。……元翰举进士、博学宏辞、贤良方正,皆异等。义成李勉表在幕府,马燧更表为太原掌书记。

《新唐书》卷二〇三《崔元翰传》

崔元翰,初举进士,博学宏词、贤良方正皆中甲科。

《册府元龟》卷六五〇《贯举部·应举》

裴度字中立,河东闻喜人。贞元初,擢进士第,以宏辞补校书郎。举贤良方正异等,调河阴尉。

《新唐书》卷一七三《裴度传》

元稹字微之，河南河内人。……九岁工属文，十五擢明经，判入等，补校书郎。元和元年，举制科，对策第一，拜左拾遗。

《新唐书》卷一七四《元稹传》

罗珦，越州会稽人。……

子让，字景宣，以文学蚤有誉，举进士、宏辞、贤良方正，皆高第，为咸阳尉。

《新唐书》卷一九七《罗珦传》

白居易字乐天，其先盖太原人。……贞元中，擢进士、拔萃皆中，补校书郎。元和元年，对制策乙等，调盩厔尉，为集贤校理。

《新唐书》卷一一九《白居易传》

郑亚，祖、父三世并登进士第。亚字子佐。宪宗元和十五年，擢进士第。又应贤良方正直言极谏制科。吏部调选，又以书判拔萃。数岁之外①，连中三科。

《册府元龟》卷六五〇《贡举部·应举》

（三）久困考场者

唐衢者，应进士，久而不第。能为歌诗，意多感发。见人文章有所伤叹者，读讫必哭，涕泗不能已。……左拾遗白居易遗之诗曰："贾谊哭时事，阮籍哭路歧。唐生今亦哭，异代同甚悲。唐生者何人？五十寒且饥。不悲口无食，不悲身无衣。所悲忠与义，

---

① "外"，他本或作"内"。

悲甚则哭之。太尉击贼日，尚书叱盗时。大夫死凶寇，谏议谪蛮夷。每见如此事，声发涕辄随。我亦君之徒，郁郁何所为？不能发声哭，转作乐府辞。"其为名流称重若此。竟不登一命而卒。

《旧唐书》卷一六〇《唐衢传》

周郑客唐衢，有文学，老而无成。善哭，每一声，音调哀切，闻者泣下。常游太原，遇享军酒酣乃哭，满座不乐，主人为之罢宴矣。

《桂苑丛谈》

京兆尹赵郡李敏求，应进士，八就礼部试，不利。太和九年秋，旅居宣平里。

《前定录》之《李敏求》

刘虚白与太平裴公早同砚席。及公主文，虚白犹是举子。[①]试杂文日，帘前献一绝句曰："二十年前此夜中，一般灯烛一般风。不知岁月能多少，犹著麻衣待至公！"

《唐摭言》卷四《与恩地旧交》

许棠[②]久困名场。咸通末，马戴佐大同军幕，棠往谒之，一见如旧相识。留连数月，但诗酒而已，未尝问所欲。一日，大会宾友，命使者以棠家书授之。棠惊愕，莫知其来。启缄，即知戴潜遣一介恤其家矣。

《唐摭言》卷四《气义》

---

① 刘虚白累举不第，至大中十四年中书舍人裴坦知贡举才进士及第。
② 许棠，宣州泾县人，累举未第，至咸通十二年登进士第。

公乘亿，魏人也，以辞赋著名。咸通十三年，垂三十举矣。尝大病，乡人误传已死，其妻自河北来迎丧。会亿送客至坡下，遇其妻。始，夫妻阔别积十余岁。亿时在马上见一妇人，粗缣跨驴，依稀与妻类，因睨之不已。妻亦如是。乃令人诘之，果亿也。亿与之相持而泣，路人皆异之。后旬日，登第矣。

《唐摭言》卷八《忧中有喜》

孟棨年长于小魏公^①。放榜日，棨出行曲谢。沆泣曰："先辈，吾师也。"沆泣，棨亦泣。棨出入场籍三十余年。

《唐摭言》卷四《与恩地旧交》

或解元永黜，或高等寻休。黄颇以洪奥文章，蹉跎者一十三载；刘蜕以平漫子弟，汩没者二十一年。温岐滥窜于白衣，罗隐负冤于丹桂。

《唐摭言》卷二《为等第后久方及第》

卢大郎补阙，卢名上字与仆家讳同，下字曰晖。升平郑公之甥也。晖少孤，长于外氏，愚常诲之举进士。咸通十一年初，举广明。庚子岁，遇大寇犯阙，窜身南服。时外兄郑续镇南海，晖向与续同庠序。续仕州县官，晖自号白衣卿相。然二表俱为愚钟爱。尔来未十稔，续为节行将，晖乃穷儒，复脱身虎口，挈一囊而至。续待之甚厚。时大驾幸蜀，天下沸腾，续勉之出处，且曰："人生几何！苟富贵可图，何须一第耳！"晖不答。复请宾佐诱激者数四，复虚右

第七章 科举考试录取与出路

---

① "小魏公"，指崔沆，魏国公崔铉之子。乾符元年十月，崔沆以中书舍人权知贡举。二年，孟棨进士及第。

席以待晖。晖因曰："大朝设文学之科以待英俊，如晖能否，焉敢期于饔餮！然闻昔舅氏所勖，常以一第见勉。今旧馆寂寥，奈何违宿昔之约！苟白衣殁世，亦其命也；若见利改途，有死不可！"续闻之，加敬。自是龙钟场屋复十许岁，大顺中，方为宏农公所擢，卒于右衮。

《唐摭言》卷四《节操》

陈季卿者，家于江南。辞家十年，举进士，志不能无成归。羁栖辇下，鬻书判给衣食。

《太平广记》卷七四《道术四·陈季卿》

明经赵瑜，鲁人，累举不第，困厄甚。因游太山，祈死于岳庙。

《稽神录》卷六《赵瑜》

《谗书》者何？江东罗生所著之书也。生少时自道有言语，及来京师七年，寒饿相接，殆不似寻常人。丁亥年春正月，取其所为书诋之曰："他人用是以为荣，而予用是以为辱；他人用是以富贵，而予用是以困穷。苟如是，予之书乃自谗耳。"目曰《谗书》。卷轴无多少，编次无前后，有可以谗者则谗之，亦多言之一派也。而今而后，有诮予以哗自矜者，则对曰："不能学扬子云寂寞以诳人。"

《罗隐集》之《谗书·序》

隐次《谗书》之明年，以所试不如人，有司用公道落去。其夏调膳于江东，不随岁贡。又一年，朝廷以彭□就辟，刀机犹湿，诏吾辈不宜求试。然文章之兴，不为举场也明矣。盖君子有其位，则执大柄以定是非；无其位，则著私书而疏善恶。斯所以警当世而诫将来也。自扬、孟以下，何尝以名为？而又念文皇帝致理之初，法制悠久，必不以虮虱痒痛，遂偃斯文。今年谏官有言，果动天听，所以不废《谗书》也。不亦宜乎？

《罗隐集》之《谗书·重序》

　　前者吾子不以仆之暗钝，猥垂教示，大相开发。若非许与深至，谁肯如是？甚善，甚善！然其所道者，正中仆尝所自病者也。仆少而羁窭，自出山二十年，所向摧沮，未尝有一得幸于人。故同进者忌仆之名，同志者忌仆之道，无有不如吾子之所诲也。然仆之所学者，不徒以竞科级于今之人，盖将以窥昔贤之行止，望作者之堂奥，期以方寸广圣人之道。可则垂于后代，不可则庶几致身于无愧之地，宁复虞时人之罪仆者欤？夫礼貌之于人，去就流俗，不可以不时。其进于秉笔立言，扶植教化，当使前无所避，后无所逊，岂以吾道沉浮于流俗者乎？仲尼之于《春秋》，惧之者，乱臣贼子耳，未闻不乱不贼者疑仲尼于笔削之间。况仆求试京师，随波而上，逐队而下，亦有年矣。家在江表，岁一宁觐，旨甘所资，桂玉之困，何尝不以事力干人？苟利其出处，则偈俯从事，亦人之常情也，在不枉其道而已矣。道苟不枉，以之流离可乎？冠衣不能移人之迹，顾所履何如耳！言不忠，行不信，谓之君子可乎？言忠而行信，谓之小人可乎？吾子视仆，复苟合于不信不忠者乎？非仆之不可苟合，道义之人皆不合也。而受性介僻，不能方圆，既不与人合，而又视之如仇雠，以是仆遂有狭而不容之说。吾子果复发言及此，是不以众人见待也。而今而后，敢不安其所自！然一科一级，多难也，有如是哉！彼山也水也，性之所适也。而眷眷不去者，以圣明之代，文物之盛，又安可以前所忌者移仆初心？苟不得已，仆亦自有所处。大凡内无所疾，外无所愧，则在乎命也，天也，焉在仆与时人乎？唯吾子勿惮相规之数也。

《罗隐集》之《谗书·答贺兰友书》

林省邹，福州人。累举不第，慷慨好直节。

《十国春秋》卷九六《闽·林省邹传》

汤篑，润州丹阳人也，工为应用，数举败于垂成。李巢在湖南，郑续镇广南，俱以书奏受惠。晚佐江西钟传，书檄阃委，未尝有倦色。传女适江夏杜洪之子，时及昏暝，有人走乞障车文，篑命小吏四人，各执纸笔，倚马待制，既而四本俱成。天祐中，逃难至临川，忧恚而卒。

陈岳，吉州庐陵人也，少以辞赋贡于春官氏，凡十上竟抱至冤。晚年从豫章钟传，复为同舍所潛，退居南郭，以坟典自娱。因之博览群籍，尝著书商较前史得失，尤长于班、史之业，评三传是非，著《春秋折中论》三十卷，约《大唐实录》，撰《圣纪》一百二十卷。以所为述作，号《陈子正言》十五卷。其辞、赋、歌、诗，别有编帙。光化中，执政议以蒲帛征，传闻之，复辟为从事。后以谗黜，寻遘病而卒。

《唐摭言》卷一〇《海叙不遇》

（四）纳钱给出身

至德元年①三月，方以侍御史文叔清为宣谕史，许人纳钱授官

---

① “年”，应作“载”。

及明经出身。

《大唐传载》

大唐至德二年^①七月，宣谕使侍御史郑叔清奏："承前诸使下召纳钱物，多给空名告身，虽假以官，赏其忠义，犹未尽才能。今皆量文武才艺，兼情愿稳便，据条格拟同申奏闻，便写告身。诸道士、女道士、僧、尼如纳钱，请准敕回授余人，并情愿还俗，授官勋邑号等，亦听。如无人回授及不愿还俗者，准法不合畜奴婢、田宅、资财，既助国纳钱，不可更拘常格。其所有资财能率十分纳三分助国，余七分并任终身自荫，身殁之后，亦任回与近亲。又准敕，纳钱百千文，与明经出身。如曾受业，粗通帖策，修身慎行，乡曲所知者，量减二十千文。如先经举送，到省落第，灼然有凭，帖策不甚寥落者，减五十千文。若粗识文字者，准元敕处分。未曾读学，不识文字者，加三十千。应授职事官并勋阶邑号及赠官等，有合荫子孙者，如户内兼荫丁中三人以上免课役者，加一百千文。每加一丁中，累加三十千文。其商贾，准令所在收税，如能据所有资财十分纳四助军者，便与终身优复。如于敕条外有悉以家产助国，嘉其竭诚，待以非次。如先出身及官资，并量资历好恶，各据本条格例，节级优加拟授。如七十以上情愿授致仕官者，每色内量十分减二分钱。"时属幽寇内侮，天下多虞，军用不充，权为此制，寻即停罢。

《通典》卷一一《食货·鬻爵》

---

① "年"，应作"载"。

第 三 编

官员铨试

第一章

铨试机构与主选官

一、 隋代铨试机构与主选官

尚书省,事无不总。置令、左右仆射各一人,总吏部、礼部、兵部、都官、度支、工部等六曹事,是为八座。属官左、右丞各一人,都事八人,分司管辖。吏部尚书统吏部侍郎二人,主爵侍郎一人,司勋侍郎二人,考功侍郎一人。……凡三十六侍郎,分司曹务,直宿禁省,如汉之制。

《隋书》卷二八《百官志下》

卢恺字长仁,涿郡范阳人也。……

开皇初,加上仪同三司,除尚书吏部侍郎,进爵为侯,仍摄尚书左丞。……八年,上亲考百僚,以恺为上。恺固让,不敢受,高祖曰:"吏部勤干,旧所闻悉。今者上考,佥议攸同,当仁不让,何愧之有! 皆在朕心,无劳饰让。"

岁余,拜礼部尚书,摄吏部尚书事。会国子博士何妥与右仆射苏威不平,奏威阴事。恺坐与相连,上以恺属吏。宪司奏恺曰:"房恭懿者,尉迟迥之党,不当仕进。威、恺二人曲相荐达,累转为海州刺史。又，吏部预选者甚多，恺不即授官，皆注色而遣。威之从父弟彻、肃二人，并以乡正征诣吏部。彻文状后至而先任用，肃左足挛蹇，才用无算，恺以威故，授朝请郎。恺之朋党，事甚明白。"上大怒曰："恺敢将天官以为私惠！"恺免冠顿首曰："皇太子将以通事舍人苏夔为舍人，夔即苏威之子，臣以夔未当迁，固启而止。臣若与威有私，岂当如此！"上曰："苏威之子，朝廷共知，乡乃固执，以徼身幸。至所不知者，便行朋附，奸臣之行也。"于是除名为百姓。未几，卒于家。自周氏以降，选无清浊，及恺摄吏部，与薛道衡、陆彦师等甄别士流，故涉党固之谮，遂及于此。

《隋书》卷五六《卢恺传》

陆彦师开皇初为吏部侍郎。时承周制，官无清浊。彦师在职，凡所任人，颇甄别于士庶。论者美之。

《册府元龟》卷六三七《铨选部·公望》

韦世康为吏部尚书，选用平允，请托不行。出为襄州刺史，历安州、信州总管，入朝复拜吏部尚书。前后十余年间，多所进拔，朝廷称为廉平。

《册府元龟》卷六三七《铨选部·平直》

牛弘字里仁，安定鹑觚人也。……

…………

寻授大将军，拜吏部尚书。……弘在吏部，其选举先德行而后文才，务在审慎。虽致停缓，所有进用，并多称职。吏部侍郎高孝基，鉴赏机晤，清慎绝伦，然爽俊有余，迹似轻薄，时宰多以此疑之。唯弘深识其真，推心委任。隋之选举，于斯为最。时论弥服弘识度之远。

《隋书》卷四九《牛弘传》

隋牛弘为吏部侍郎。有选人马敞者，形貌最陋，弘轻之，侧卧食果子，嘲敞曰："尝闻扶风马，谓言天上下。今见扶风马，得驴亦不假。"敞应声曰："尝闻陇西牛，千石不用鞅。今见陇西牛，卧地打草头。"弘惊起，遂与官。

《朝野佥载》卷四

牛弘为吏部尚书，其选举先德行而后文才，务在审慎。所进用多称职。

《册府元龟》卷六三七《铨选部·平直》

高构字孝基，北海人也。性滑稽，多智，辩给过人，好读书，工吏事。……

高祖受禅，转冀州司马，甚有能名。征拜比部侍郎，寻转民部。……寻迁雍州司马，以明断见称。岁余，转吏部侍郎，号为称职。复徙雍州司马，坐事左转盩厔令，甚有治名。上善之，复拜雍州司马，又为吏部侍郎，以公事免。

炀帝立，召令复位。时为吏部者，多以不称职去官，唯构最有能名，前后典选之官，皆出其下。时人以构好剧谈，颇谓轻薄。然其内怀方雅，特为吏部尚书牛弘所重。后以老病解职。弘时典选，凡将有所擢用，辄遣人就第问其可不。……大业七年，终于家,时年七十二。

《隋书》卷六六《高构传》

隋吏部侍郎高孝基,铨人至梁公房、蔡公杜,愕然端视良久,降阶与之抗礼,延入内厅,共食甚恭,曰:"二贤当为兴王佐命,位极人臣,杜年寿稍减于房耳。愿以子孙相托。"贞观初,杜薨于右仆射,房位至司徒,秉政三十余载。

《隋唐嘉话》上

隋高构,仁寿初为吏部侍郎,以公事免。炀帝立,召令复位。时为吏部者多以不称去职,唯构最有能名。前后典选之官,皆出其下。又云:牛弘为吏部尚书,高构为侍郎,最为称职。

《册府元龟》卷六三七《铨选部·公望》

高构为吏部侍郎,时人以构好剧谈,颇谓轻薄。然其内怀方雅,特为吏部尚书牛弘所重。后以老病解职。时弘典选,凡将有所擢用,辄遣人就第问其可否。

《册府元龟》卷六三七《铨选部·平直》

隋辛亶为吏部侍郎,选人为之榜,略曰:"枉州抑县屈滞乡不申里衔恨先生,问隋吏部侍郎辛亶曰:'……'辛亶曰:'百姓之子,万国之人,不可皆识,谁厚谁亲? 为桀赏者不可不喜,被尧责者宁有不嗔? 得官者见喜,失官者见疾。细而论之,非亶之失。'先生曰:'是何疾欤! 不识何不访其名? 官少何不简其精? 细寻状迹,足识法家;细寻判验,足识文华。'"

（右对齐）《朝野金载》卷四

二、 唐代铨试机构

吏部尚书、侍郎之职,掌天下官吏选授、勋封、考课之政令。凡职官铨综之典,封爵策勋之制,权衡殿最之法,悉以咨之。其属有四:一曰吏部,二曰司封,三曰司勋,四曰考功。尚书、侍郎总其职务而奉行其制命。凡中外百司之事,由于所属,皆质正焉。

《唐六典》卷二《尚书吏部》

凡选授之制,每岁孟冬,以三旬会其人:去王城五百里之内,集于上旬;千里之内,集于中旬;千里之外,集于下旬。

以三铨分其选:一曰尚书铨,二曰中铨,三曰东铨。以四事择其良:一曰身,二曰言,三曰书,四曰判。以三类观其异:一曰德行,二曰才用,三曰劳效。德钧以才,才钧以劳。其优者,擢而升之,否则量以退焉。所以正权衡,明与夺,抑贪冒,进贤能也。然后据其状以核之,量其资以拟之。五品已上以名闻,送中书门下,听制授焉。六品已下常参之官,量资注定;其才识颇高,可擢为拾遗、补阙、监察御史者,亦以名送中书门下,听敕授焉。其余则各量资注拟。……

凡注官皆对面唱示。若官资未相当及以为非便者,听至三注。三注不伏注,听至冬检旧判注拟。

凡伎术之官,皆本司铨注讫,吏部承以附甲焉。……

凡三铨注拟讫,皆当铨团甲以过左、右丞相。若中铨、东铨,

（右侧竖排）第一章 铨试机构与主选官

1149

则亦先过尚书讫,乃上门下省。给事中读,黄门侍郎省,侍中审,然后进甲以闻。

凡大选,终季春之月。若有选人身在军旅,则军中试书、判,封送吏部而注拟。亦或春中不解而后集,谓之春选。若优劳人有敕即与处分及即与官者,并听非时选,一百日内注拟毕。所以定九流之品格,补万方之阙政,官人之道备焉。

《唐六典》卷二《尚书吏部》

郎中一人掌小选,凡未入仕而吏京师者,复分为九品,通谓之行署。其应选之人,以其未入九流,故谓之流外铨,亦谓之小铨。其校试铨注与流内铨略同。谓六品已下九品已上子及州县佐吏。若庶人参流外选者,本州量其所堪,送尚书省。

《唐六典》卷二《尚书吏部》

凡择流外职有三:一曰书,二曰计,三曰时务。其工书、工计者,虽时务非长,亦叙限;三事皆下,则无取焉。每经三考,听转选,量其才能而进之,不则从旧任。其考满,有授职事官者,有授散官者。旧则郎中专知小铨。开元二十五年敕,铨试讫,应留、放,皆尚书、侍郎定之。

《唐六典》卷二《尚书吏部》

员外郎一人,掌选院,谓之南曹。每岁选人,有解状、籍①书、资历、考课,必由之以核其实,乃上三铨。其三铨进甲,则署焉。

《唐六典》卷二《尚书吏部》

---

① "籍",他本或作"簿"。

员外郎一人，掌曹务。凡当曹之事，无巨细，皆与郎中分掌焉。应简试，如贡举之制。旧，斋郎隶太常，则礼部简试。开元二十五年，隶宗正，其太庙斋郎，则十月下旬宗正申吏部，应试则帖《论语》及一大经。

《唐六典》卷二《尚书吏部》

承天门街之东，第五横街之北。

……次东，吏部选院。以在尚书省之南，亦曰吏部南院，选人看榜名之所也。

《唐两京城坊考》卷一《西京·皇城》

兵部尚书、侍郎之职，掌天下军卫武官选授之政令。凡军师卒戍之籍，山川要害之图，厩牧甲仗之数，悉以咨之。其属有四：一曰兵部，二曰职方，三曰驾部，四曰库部。尚书、侍郎总其职务而奉行其制命。凡中外百司之事，由于所属，咸质正焉。

凡选授之制，每岁孟冬，以三旬会其人：去王城五百里，集于上旬；千里之内，集于中旬；千里之外，集于下旬。以三铨领其事：一曰尚书铨，二曰东余，三曰西余。尚书为中铨，两侍郎分为东、西铨。以五等阅其人：一曰长朵，二曰马射，三曰马枪，四曰步射，五曰应对。以三奇拔其选：一曰骁勇，二曰材艺，三曰可为统领之用。其尤异者，登而任之，否则量以退焉。然后据其状以核之，考其能以进之。所以录深功，拔奇艺，备军国，综勋贤也。五品已上，皆奏闻而制授焉；六品已下，则量资注拟。……

凡官阶注拟，团甲进甲，皆如吏部之制。

凡大选，终于季春之月。所以审名实之铨综，备戎仗之物数，以戒军令而振国容焉。

《唐六典》卷五《尚书兵部》

〔兵部〕员外郎一人掌选院，谓之南曹。每岁，选人有解状、簿书、资历、考课，必由之以核其实，乃上三铨，进甲则署焉。

《唐六典》卷五《尚书兵部》

其在军镇要籍，不得赴选，委节度使铨试，具等第以申焉。其三奇、五等之选，有殊尤者，得令宿卫。其宿卫皆带本官以充。

《唐六典》卷五《尚书兵部》

其选人有自文资入者，取少壮六尺以上，材艺超绝。考试不堪，还送吏部。

《唐六典》卷五《尚书兵部》

承天门街之东，第五横街之北。

从西第一，左领军卫。卫北有兵部选院。

《唐两京城坊考》卷一《西京·皇城》

文武选人，十月下解，既逼铨注，勘简难周。不能自亲，并委猾吏，恣成奸滥，为蠹尤深。自今已后，兵、吏两司，专定员外两人，判南曹事。每年选毕，起五月一日，所是文状，即预勘责关简，判南曹官亲自就覆。每包攒作簿书，对本司长官连署印记，不得委其胥吏。勘责毕，各具人数奏闻。其判南曹官，所司即进名，朕自简择。

《全唐文》卷二九《玄宗·置判南曹官诏》

大唐左右二仆射因前代，本副尚书令。自尚书令废阙，二仆射则为宰相。故太宗谓房玄龄、杜如晦曰："公为仆射，当洞开耳目，访求才贤，是为宰相弘益之道。今以决辞听讼不暇，岂助朕求贤之意？"乃令尚书细务悉委于两丞。其冤滥大故，当奏闻者，则关于仆射。

《通典》卷二二《职官·尚书上》

隋吏部统吏部、主爵、司勋、考功四曹。牛弘为吏部尚书，其选举先德行而后文才，所进用多称职。大唐龙朔二年，改吏部尚书为司列太常伯，咸亨初复旧。光宅元年，改吏部为天官，神龙元年复旧。天宝十一年[①]，改为文部，至德初复旧。掌文官选举，总判吏部、司封、司勋、考功四曹事。旧令班在侍中、中书令上，《开元令》移在侍中、中书令下。尚书六曹，吏部、兵部为前行，户、刑为中行，礼、工为后行，其官属自后行迁入二部者以为美。自魏晋以来，凡吏部官属，悉高于诸曹，其选举皆尚书主之。自隋置侍郎，贰尚书之事，则六品以下铨补，多以归之。大唐自贞观以前，尚书掌五品选事。贞观二十二年二月，文部侍郎卢承庆兼检校兵部侍郎，仍知五品选事。承庆辞曰："五品选事，职在尚书，臣今掌之，便是越局。"太宗不许，曰："朕今信卿，卿何不自信也？"由此言之，即尚书兼知五品选事明矣。至景龙中，尚书掌七品以上选，侍郎掌八品以下选。至景云元年，宋璟为尚书，始通其选而分掌之，因为常例。开元以前，诸司之官兼知政事者，午前议政于朝堂，午后理务于本司。自开元以来，宰相员少，资地崇高，又以兵吏尚书权位尤美，而宰臣多兼领之，但从容衡轴，不自铨综，其选

第一章　铨试机构与主选官

---

① "年"，应为"载"。

试之任皆侍郎专之，尚书通署而已，遂为故事。或分领其事，则列为三铨，尚书掌其一，侍郎分其二。尚书所掌，谓之尚书铨；侍郎所掌，其一为中铨，其一为东铨。各有印。

侍郎二人。隋炀帝置，……分掌选部流内六品以下官，是为铨衡之任。凡初仕进者，无不仰属焉。当选集之际，势倾天下，列曹之中，资位尤重。……

郎中二人。……《山公启事》曰："吏部郎主选举，宜得能整风俗、理人伦者。"……隋初，诸曹郎皆谓之侍郎。炀帝三年，置六司侍郎，后遂改诸曹侍郎但曰郎。其吏部郎改为选部郎。国初，复为选部郎中。武德二年，选部郎中郑元毓以赃犯处极刑是也。五年，改为吏部郎中。龙朔二年，改为司列大夫，咸亨元年复旧。掌选补流外官，谓之小铨，并掌文官名簿、朝集、禄赐、假使并文官告身，分判曹事。员外郎二人。

司封郎中一人。……隋初为主爵侍郎，炀帝改为主爵郎。武德初，为主爵郎中。龙朔二年，改为司封大夫，咸亨元年复旧。光宅元年，改为司封郎中，掌封爵、皇之枝族及诸亲、内外命妇告身及道士、女冠等。天宝八载十一月，敕道士、女冠籍每十载一造，永为常式。……员外郎一人。

司勋郎中一人。……掌校定勋绩、论官赏勋、官告身等事。员外郎二人。

考功郎中一人。员外郎一人。

《通典》卷二三《职官·尚书下》

又有吏部科目，曰宏词、拔萃、平判，官皆吏部主之。又有三礼、三史、五经、九经、《开元礼》等科。有官阶出身者，吏部主之；白身者，礼部主之。其吏部科目、礼部贡举，皆各有考官，大抵铨选属吏部，贡举属礼部。

《册府元龟》卷六三九《贡举部·总序》

凡吏部、兵部文武选事，各分为三铨，尚书典其一，侍郎分其二。文选，旧制，尚书掌六品、七品选，侍郎掌八品、九品选。景云初，宋璟为吏部尚书，始通其品员而分典之，遂以为常。

《通典》卷一五《选举三·历代制下》

　　初，武德中，天下兵革方息，万姓安业，士不求禄，官不充员，吏曹乃移牒州府，课人应集，至则授官，无所退遣。四五年间，求者渐多，方稍有沙汰。

　　贞观时，京师谷贵，始分人于洛州选集，参选者七千人，而得官者六千人。时太宗谓吏部尚书杜如晦曰："今吏部取人，独举其言辞刀笔，而不详才行，或授职数年，然后罪彰，虽刑戮继及，而人已弊矣。如之何？"对曰："昔两汉取人，必本于乡间选之，然后入官，是以称汉为多士。今每岁选集，动逾数千人，厚貌饰辞，何可知也？选曹但校其阶品而已。若抡才辨行，未见其术。"上由是将依汉法，令本州辟召，会功臣议行封建，事乃寝。他日，上又曰："夫古今致理，在于得贤。今公等不能知，朕不遍识，日月其逝，而人远矣。吾将使人自举，如之何？"魏徵曰："知人则智，自知者明。知人诚难矣，而自知岂易乎？且自媒自衒，士女之丑行，是长浇竞也。不可。"复寝。是时，吏部之法行始二十余年，虽已为弊矣，而未甚滂流，故公卿辅弼或有未之觉者。贞观十七年，吏部侍郎高季辅知选，凡所铨综，时称允惬。十八年，独知选事，太宗赐金背镜一面，以表其清鉴焉。太宗初知其微而未及更，因循至于永徽中，官纪已紊，迨麟德之后，不胜其弊。

　　及武太后临朝，务悦人心，不问贤愚，选集者多收之，职员不足，乃令吏部大置试官以处之，故当时有"车载""斗量"之谣。又以邓玄挺、许子儒为侍郎，无所藻鉴，委成令史，依资平配。其后，诸门入仕者猥众，不可禁止，有伪立符告者，有接承他名者，有远人无亲而买保者，有试判之日求人代作者，如此假滥，不可悉数。武太后又以吏部选人多不实，乃令试日自糊其名，暗考以定等第。糊名自此始也。有司不能详求故实，刬革其弊，神功元年，赦："自今以后，本色出身，解天文者，进官不得过太史令；音乐者，不得过太乐、鼓吹署令；医术者，不得过尚药奉御；阴阳卜筮者，不得过太卜令；解造食者，不得司膳署令。有从勋官、品子、流外、国官、参佐、视品等出身者，自今以后，不得任京清要等官；若累限应至三品，不须进阶，每一阶酬勋两转。"而乃繁设等级，递立选防，苟以抑之。

及神龙以来，复置员外官二千余人，兼超授阉官为员外官者又千余人。时李峤居选部，引用权势，以取声名，故尔其员外官悉凭恃与正官纷竞，至相殴击者。及峤复入相，乃深悟之，上疏请惜班荣，稍减除授。时中宫用事，恩泽横出，除官有不由宰司，特赦斜封便拜。于是内外盈溢，居无廨署，时人谓之"三无坐处"，言宰相、御史及员外官也。时以郑愔为吏部侍郎，大纳货贿，留人过多，无阙注拟，逆用三年阙员，于是纲纪大紊。

及先天以后，宋璟为尚书，李乂、卢从愿为侍郎，方革前弊，量阙留人。虽资高考深而非才实者，并罢选。当时选者十不收一，由是吏曹之职复理矣。自有唐以来，居吏部者，唯马载、裴行俭、崔玄暐、韦嗣立最为称职。

开元十三年，玄宗又以吏部选试不公，乃置十铨试人。礼部尚书苏颋，刑部尚书韦抗，工部尚书卢从愿，右常侍徐坚，御史中丞宇文融，朝集使、蒲州刺史崔琳，魏州刺史崔沔，荆州长史韦虚心，郑州刺史贾曾，怀州刺史王丘，各掌其一。明年，复故。

至天宝八载六月，敕"旨授官宜立攒符，下诸郡府"。十一载，杨国忠为吏部尚书，以肺腑为相，惧招物议，取悦人心，乃以选人非"超绝"当留及"蓝缕"当放之外，其余常选，从年深者率留，故愚愚废滞者咸荷焉。其明年，三铨注官，皆自专之，于尚书都堂与左相相偶唱注，二旬而毕，不复经门下省审，侍郎不得参其议。

其内常参官八品以上及外官五品以上正员并停使郎官御史丁忧废省者，旧制，中书、门下便除授；贞元四年正月制，"春秋举荐"。至五年六月，敕："在外者，委诸道观察使及州府长史；其在京城者，委中书、门下、尚书省、御史台。常参清官并诸使三品以上官，左右庶子，少詹事，少卿，监，司业，少尹，谕德，国子博士，长安、万年县令，著作郎，郎中，中允，中舍人，秘书太常丞，赞善，洗马等，每年一度荐闻。"至八年正月，敕："比来所举，人数颇多，自今以后，中书、门下两省及御史台五品以上，尚书省四品以上，诸司三品以上，应合举人，各令每人荐不得过两人。余官，不得过一人。"至九年十一月，敕："每年冬荐官，吏部准式检勘，成者宜令尚书左右丞、本司侍郎引于都堂，访以理术兼商量时务状，考其理识通者及考第事，疏定为三等，并举主名录奏。试日，仍令御史一人监试。"

《通典》卷一五《选举三·历代制下》

开元二十六年十一月十四日，敕："所设武举，以求材实，仕进之渐，期为根本，取舍之间，尤宜审慎。比来所试，但委郎官，品位既卑，焉称其事？自今以后，应武举人等，宜令侍郎专知。"

《唐会要》卷五九《尚书省诸司下·兵部侍郎》

郎官故事：吏部郎中二厅，先小铨，次格式；员外郎二厅，先南曹，次废置。刑部分四覆，户部分两赋，其制尚矣。

《唐国史补》卷下

臣闻：《易》称君子思不出其位，言各止其所，不侵官也。此实百王准的。伏见敕旨，令韦抗等十人分掌吏部铨选。及试判将毕，递召入禁中决定。虽有吏部尚书及侍郎，皆不得参其事。议者皆以陛下曲受谗言，不信于有司也。然则居上临人之道，经邦纬俗之规，必在推诚，方能感物。抑又闻：用天下之智力者，莫若使天下信之，故汉光武置赤心于人腹，良有旨哉！昔魏明帝尝卒至尚书省，尚书令陈矫跪问曰："陛下欲何之？"帝曰："欲按行省司文簿。"矫曰："此是臣之职分，陛下非所宜临。若臣不称职，则就黜退，陛下宜即还宫。"帝惭而返。又，陈平、丙吉者，汉家之宰相也，尚不对钱谷之数，不问路死之人。故上自天子，至于卿士，守其职分，而不可辄有侵越也。况我大唐万乘之君，卓绝千古之上，岂得下行选事，顿取怪于朝野乎？凡是选人书判，并请委之有司，仍停此十铨分选，复以三铨还有司。

《全唐文》卷二九八《吴兢·谏十铨试人表》

凡选有文、武，文选吏部主之，武选兵部主之，皆为三铨，尚书、侍郎分主之。

凡官员有数，而署置过者有罚，知而听者有罚，规取者有罚。每岁五月，颁格于州县，选人应格，则本属或故任取选解，列其罢免、善恶之状，以十月会于省，过其时者不叙。其以时至者，乃考其功过。同流者，五五为联，京官五人保之，一人识之。刑家之子、工贾异类及假名承伪、隐冒升降者有罚。文书粟错,隐幸者驳放之,非隐幸则不。

凡择人之法有四:一曰身,体貌丰伟;二曰言,言辞辩正;三曰书,楷法遒美;四曰判,文理优长。四事皆可取,则先德行;德均以才,才均以劳。得者为留,不得者为放。五品以上不试,上其名中书门下;六品以下始集而试,观其书、判。已试而铨,察其身、言;已铨而注,询其便利而拟;已注而唱,不厌者得反通其辞,三唱而不厌,听冬集。厌者为甲,上于仆射,乃上门下省,给事中读之,黄门侍郎省之,侍中审之,然后以闻。主者受旨而奉行焉,谓之"奏受"。视品及流外,则判补。皆给以符,谓之"告身"。凡官已受成,皆廷谢。

凡试判登科,谓之"入等";甚拙者,谓之"蓝缕"。选未满而试文三篇,谓之"宏辞";试判三条,谓之"拔萃"。中者即授官。

凡出身,嗣王、郡王,从四品下;亲王诸子封郡公者,从五品上;国公,正六品上;郡公,正六品下;县公,从六品上;侯,正七品上;伯,正七品下;子,从七品上;男,从七品下;皇帝缌麻以上亲、皇太后期亲,正六品上;皇太后大功、皇后期亲,从六品上;皇帝袒免、皇太后小功缌麻、皇后大功亲,正七品上;皇后小功缌麻、皇太子妃期亲,从七品上;外戚,皆以服属降二阶叙。娶郡主者,正六品上;娶县主者,正七品上;郡主子,从七品上;县主子,从八品上。

凡用荫,一品子,正七品上;二品子,正七品下;三品子,从七品上;从三品子,从七品下;正四品子,正八品上;从四品子,正八品下;正五品子,从八品上;从五品及国公子,从八品下。凡品子任杂掌及王公以下亲事、帐内劳满而选者,七品以上子,从九品上叙。其任流外而应入流内,叙品卑者,亦如之。九品以上及勋官五品以上子，从九品下叙。三品以上荫曾孙，五品以上荫孙。孙降子一等。曾孙降孙一等。赠官降正官一等，死事者与正官同。郡、县公子，视从五品孙。县男以上子，降一等。勋官二品子，又降一等。二王后孙，视正三品。

凡秀才，上上第，正八品上；上中第，正八品下；上下第，从八品上；中上第，从八品下。明经，上上第，从八品下；上中第，正九品上；上下第，正九品下；中上第，从九品下。进士、明法，甲第，从九品上；乙第，从九品下。弘文、崇文馆生及第，亦如之。应入五品者，以闻。书、算学生，从九品下叙。

凡弘文、崇文生，皇缌麻以上亲，皇太后、皇后大功以上亲，一家听二人选。职事二品以上、散官一品、中书门下正三品同三品、六尚书等子孙并侄，功臣身食实封者子孙，一荫听二人选。京官职事正三品、同中书门下平章事、供奉官三品子孙，京官职事从三品、中书黄门侍郎并供奉三品官、带四品五品散官子，一荫一人。

凡勋官选者，上柱国，正六品叙；六品而下，递降一阶。骁骑尉、武骑尉，从九品上叙。

凡居官必四考，四考中中，进年劳一阶叙。每一考，中上进一阶，上下二阶，上中以上及计考应至五品以上奏而别叙。六品以下迁改不更选及守五品以上官，年劳岁一叙，给记阶牒。考多者，准考累加。

凡医术，不过尚药奉御。阴阳、卜筮、图画、工巧、造食、音声及天文，不过本色局、署令。鸿胪译语，不过典客署令。凡千牛备身、备身左右，五考送兵部试，有文者送吏部。凡斋郎，太庙以五品以上子孙及六品职事并清官子为之，六考而满；郊社以六品职事官子为之，八考而满。皆读两经粗通，限年十五以上、二十以下,择仪状端正无疾者。

武选,凡纳课品子,岁取文武六品以下、勋官三品以下五品以上子,年十八以上,每州为解上兵部,纳课十三岁而试,第一等送吏部,第二等留本司,第三等纳资二岁,第四等纳资三岁;纳已,复试,量文武授散官。若考满不试,免当年资;遭丧免资。无故不输资及有犯者,放还之。凡捉钱品子,无违负满二百日,本属以簿附朝集使,上于考功、兵部。满十岁,量文武授散官。其视品国官府佐应停者,依品子纳课,十岁而试,凡一岁为一选。自一选至十二选,视官品高下以定其数,因其功过而增损之。

初,武德中,天下兵革新定,士不求禄,官不充员。有司移府州县,课人赴调,远方或赐衣续食,犹辞不行。至则授用,无所黜退。不数年,求者浸多,亦颇加简汰。

贞观二年,侍郎刘林甫言:"隋制以十一月为选始,至春乃毕。今选者众,请四时注拟。"十九年,马周以四时选为劳,乃复以十一月选,至三月毕。

太宗尝谓摄吏部尚书杜如晦曰:"今专以言辞刀笔取人,而不悉其行,至后败职,虽刑戮之,而民已敝矣。"乃欲放古,令诸州辟召。会功臣行世封,乃止。他日复顾侍臣曰:"致治之术,在于得贤。今公等不知人,朕又不能遍识,日月其逝,而人远矣。吾将使人自举,可乎?"而魏徵以为长浇竞,又止。

初,铨法简而任重。高宗总章二年,司列少常伯裴行俭始设长名榜,引铨注法,复定州县升降为八等,其三京、五府、都护、都督府,悉有差次,量官资授之。其后李敬玄为少常伯,委事于员外郎张仁祎,仁祎又造姓历,改状样、铨历等程式,而铨总之法密矣。然是时仕者众,庸愚咸集,有伪主符告而矫为官者,有接承他名而参调者,有远人无亲而置保者。试之日,冒名代进,或旁坐假手,或借人外助,多非其实。虽繁设等级、递差选限、增谴犯之科、开纠告之令以遏之,然犹不能禁。大率十人竞一官,余多委积不可遣,有司患之,谋为黜落之计,以僻书隐学为判目,无复求人之意。而史求货贿,出入升降。至武后时,天官侍郎魏玄同深嫉之,因请复古辟署之法,不报。

初,试选人皆糊名,令学士考判,武后以为非委任之方,罢之。而其务收人心,士无贤不肖,多所进奖。长安二年,举人授拾遗、补阙、御史、著作佐郎、大理评事、卫佐凡百余人。明年,引见风俗使,举人悉授试官,高者至凤阁舍人、给事中,次员外郎、御史、补阙、拾遗、校书郎。试官之起,自此始。时李峤为尚书,又置员外郎二千余员,悉用势家亲戚,给俸禄,使厘务,至与正官争事相殴者。又有检校、敕摄、判知之官。神龙二年,峤复为中书令,始悔之,乃停员外官厘务。

中宗时,韦后及太平、安乐公主等用事,于侧门降墨敕斜封授官,号"斜封官",凡数千员。内外盈溢,无听事以居,当时谓之"三无坐处",言宰相、御史及员外郎也。又以郑愔为侍郎,大纳货赂,选人留者甚众,至逆用三年员阙,而纲纪大溃。韦氏败,始以宋璟为吏部尚书,李乂、卢从愿为侍郎,姚元之为兵部尚书,陆象先、卢怀慎为侍郎,悉奏罢斜封官,量阙留人,虽资高考深,非才实者不取。初,尚书铨掌七品以上选,侍郎铨掌八品以下选。至是,通其品而掌焉。未几,璟、元之等罢,殿中侍御史崔湜、太子中允薛昭希太平公主意,上言:"罢斜封官,人失其所,而怨积于下,必有非常之变。"乃下诏尽复斜封别敕官。

玄宗即位,厉精为治。左拾遗内供奉张九龄上疏言:"县令、刺史,陛下所与共理,尤亲于民者也。今京官出外,乃反以为斥逐,非少重其选不可。"又曰:"古者或遥闻辟召,或一见任之,是以士修名行,而流品不杂。今吏部始造簿书,以备遗忘,而反求精于案牍,不急人才,何异遗剑中流,而刻舟以记。"于是下诏择京官有善政者补刺史,岁十月,按察使校殿最,自第一至第五,校考使及户部长官总核之,以为升降。凡官,不历州县不拟台省。已而悉集新除县令宣政殿,亲临问以治人之策,而擢其高第者。又诏员外郎、御史诸供奉官,皆进名敕授,而兵、吏部各以员外郎一人判南曹,由是铨司之任轻矣。其后户部侍郎宇文融又建议置十铨,乃以礼部尚书苏颋等分主之。太子左庶子吴兢谏曰:"《易》称'君子思不出其位',言不侵官也。今以颋等分掌吏部选,而天子亲临决之,尚书、侍郎皆不闻参,议者以为万乘之君,下行选事。"帝悟,遂复以三铨还有司。

开元十八年,侍中裴光庭兼吏部尚书,始作循资格,而贤愚一概,必与格合,乃得铨授,限年蹑级,不得逾越。于是久淹不收者皆便之,谓之"圣书"。及光庭卒,中书令萧嵩以为非求材之方,奏罢之。乃下诏曰:"凡人年三十而出身,四十乃得从事,更造格以分寸为差,若循新格,则六十未离一尉。自今选人才业优异有操行及远郡下寮名迹稍著者,吏部随材甄擢之。"

初,诸司官兼知政事者,至日午后乃还本司视事。兵部、吏部尚书侍郎知政事者,亦还本司分阙注唱。开元以来,宰相位望渐崇,虽尚书知政事,亦于中书决本司事以自便。而左、右相兼兵部、吏部尚书者,不自铨总。又故事,必三铨、三注、三唱而后拟官,季春始毕,乃过门下省。杨国忠以右相兼文部尚书,建议选人视官资、书判、状迹、功优,宜对众定留放。乃先遣吏密定员阙,一日会左相及诸司长官于都堂注唱，以夸神速。由是门下过官、三铨注官之制皆废，侍郎主试判而已。

肃、代以后兵兴，天下多故，官员益滥，而铨法无可道者。至德宗时，试太常寺协律郎沈既济极言其敝曰：

近世爵禄失之者久，其失非他，四太而已。入仕之门太多，世胄之家太优，禄利之资太厚，督责之令太薄。臣以为当轻其禄利，重其督责。夫古今选用之法，九流常叙，有三科而已，曰德也，才也，劳也；而今选曹，皆不及焉。且吏部甲令，虽曰度德居任，量才授职，计劳升叙，然考校之法，皆在书判簿历、言辞俯仰之间，侍郎非通神，不可得而知。则安行徐言，非德也；空文善书，非才也；累资积考，非劳也。苟执不失，犹乖得人，况众流茫茫，耳目有不足者乎？盖非鉴之不明，非择之不精，法使然也。王者观变以制法，察时而立政。按前代选用，皆州、府察举，至于齐、隋，署置多由请托。故当时议者，以为与其率私，不若自举；与其外滥，不若内收。是以罢州府之权，而归于吏部。此矫时惩弊之权法，非经国不刊之常典。

今吏部之法蹙矣，不可以坐守刓弊。臣请五品以上及群司长官、宰臣进叙，吏部、兵部得参议焉；六品以下或僚佐之属，听州、府辟用。则铨择之任，委于四方；结奏之成，归于二部。必先择牧守，然后授其权。高者先署而后闻，卑者听版而不命。其牧守、将帅，或选用非公，则吏部、兵部得察而举之。圣主明目达聪，遂听遐视，罪其私冒。不慎举者，小加谴黜，大正刑典。责成授任，谁敢不勉？夫如是，则接名伪命之徒，菲才薄行之人，贪叨贿货，懦弱奸宄，下诏之日，随声而废。通大数，十去八九矣。如是，人少而员宽，事核而官审，贤者不奖而自进，不肖者不抑而自退。

或曰："开元、天宝中，不易吏部之法，而天下砥平，何必外辟，方臻于理？"臣以为不然。夫选举者，经邦之一端，虽制之有美恶，而行之由法令。是以州郡察举，在两汉则理，在魏、齐则乱。吏部选集，在神龙、景龙则紊，在开元、天宝则理。当其时，久承升平，御以法术，庆赏不轶，威刑必齐，由是而理，匪用吏部而臻此也。向以此时用辟召之法，则理不益久乎？

天子虽嘉其言，而重于改作，讫不能用。

初，吏部岁常集人，其后三数岁一集，选人猥至，文簿纷杂，吏因得以为奸利，士至蹉跌，或十年不得官，而阙员亦累岁不补。陆贽为相，乃惩其弊，命吏部据内外员三分之，计阙集人，岁以为常。是时，河西、陇右没于虏，河南、河北不上计，吏员大率减天宝三之一，而入流者加一，故士人二年居官，十年待选，而考限迁除之法浸坏。宪宗时，宰相李吉甫定考迁之格，诸州刺史、次赤府少尹、次赤令、诸陵令、五府司马、上州以上上佐、东宫官詹事谕德以下、王府官四品以上皆五考。侍御史十三月，殿中侍御史十八月，监察御史二十五月。三省官、诸道敕补、检校五品以上及台省官皆三考，余官四考，文武官四品以下五考。凡迁，尚书省四品以上、文武官三品以上皆先奏。

唐取人之路盖多矣，方其盛时，著于令者，纳课品子万人，诸馆及州县学六万三千七十人，太史历生三十六人，天文生百五十人，太医药童、针咒诸生二百一十一人，太卜卜筮三十人，千牛备身八十人，备身左右二百五十六人，进马十六人，斋郎八百六十二人，诸卫三卫监门直长三万九千四百六十二人，诸屯主、副千九百八人，诸折冲府录事、府、史一千七百八十二人，校尉三千五百六十四人，执仗、执乘每府三十二人，亲事、帐内万人，集贤院御书手百人，史馆典书、楷书四十一人，尚药童三十人，诸台、省、寺、监、军、卫、坊、府之胥史六千余人。凡此者，皆入官之门户，而诸司主录已成官及州县佐史未叙者，不在焉。

至于铨选，其制不一。凡流外，兵部、礼部举人，郎官得自主之，谓之"小选"。太宗时，以岁旱谷贵，东人选者集于洛州，谓之"东选"。高宗上元二年，以岭南五管、黔中都督府得即任土人，而官或非其才，乃遣郎官、御史为选补使，谓之"南选"。其后江南、淮南、福建大抵因岁水旱，皆遣选补使即选其人。而废置不常，选法又不著，故不复详焉。

《新唐书》卷四五《选举志下》

旧制，内外官皆吏部启奏授之，大则署置三公，小则综核流品。自隋已降，职事五品已上官，中书门下访择奏闻，然后下制授之。唐承隋制，初则尚书铨掌六品、七品选，侍郎铨掌八品选，三年一大集，每年一小集。其后，尚书、侍郎通掌六品以下选，其员外郎、监察御史，亦吏部唱讫，尚书、侍郎为之典选。自贞观以后，员外郎乃制授之。又至则天朝，以吏部权轻，监察亦制授之。其铨综也，南曹综核之，废置与夺之，铨曹注拟之，尚书仆射兼书之，门下详覆之，覆成而后过官。至肃宗即位灵武，强寇在郊，始命中书以功状除官，非旧制也。

《唐会要》卷七四《选部上·论选事》

其年①五月，中书门下奏："……况常人自有常选，停年限考，

---

① 大和三年。

式是旧规。然犹虑拘条格，或失茂异，遂于其中设博学宏词、书判拔萃、三礼、三传、三史等科目以待之。……"

《唐会要》卷五四《省号上·中书省》

按《唐典》，凡选授之制，天官卿掌之，所以正权衡而进贤能也；……泊梁氏以降，皆奉而行之，纵或小有厘革，亦不出其轨辙。

《旧五代史》卷一四八《选举志》

近宰臣卢文纪上章，请条理选部。臣闻"事不师古，匪说攸闻"。又曰"仍旧贯，何必改作"。此先王之格言也。臣案六典，吏部三铨，尚书、侍郎分典吏部，其格择人有三实四才，孟冬三旬集人有地里之差。若循彼纲条，依其格限，人无滥进，官得实才。只自天成四年十月，诏罢侍郎分铨，只以尚书并领。正官又阙，多是他曹权差，才力或有短少，遂致发遣凝滞，团集迟留，移省既失常规，选人隔年披诉。臣请却依六典分铨。朝廷列职分司，比期厘务，置之闲地，何表分忧？望各委典铨，于事为宜。

《全唐文》卷八五〇《姚颛·请六典分铨奏》

三、唐代铨试主选官

唐张锐为吏部侍郎，高祖谓之曰："今年选人之内，岂无才用者？卿可简试，将来欲縻之好爵。"于是，锐以张行成、张知运等数人应命。时人以为知人。

《册府元龟》卷六三七《铨选部·振举》

唐郑元毓，高祖时为选部郎中，以赃犯处极刑。

《册府元龟》卷六三八《铨选部·贪贿》

温彦博为吏部侍郎，有选人裴略被放，乃自赞于彦博，称解白嘲。彦博即令嘲厅前丛竹，略曰："竹，冬月不肯凋，夏月不肯热，肚里不能容国士，皮外何劳生枝节？"又令嘲屏墙，略曰："高下八九尺，东西六七步，突兀当厅坐，几许遮贤路。"彦博曰："此语似伤博。"略曰："即扳公肋，何止伤博！"博惭而与官。

《大唐新语》卷一三《谐谑》

唐温彦博，太宗时为吏部郎中知选事，意在沙汰，多所摈抑，而退者不伏，嚣讼盈庭。彦博惟骋辞辩，与之相诘，终日喧扰，为识者所嗤。

《册府元龟》卷六三八《铨选部·不称》

〔贞观〕二十年，黄门侍郎褚遂良上表曰："贞观初，杜淹为御史大夫，检校选事。此人至诚在公，实称所使。凡所采访七十余人，比并闻其嘉声。积久研覆，一人之身，或经百问，知其器能，以此进举。身既染疾，伏枕经年，将临属纩，犹进名不已。陛下悉擢用之，并有清廉干用，为众所钦望。大唐得人，于斯为美。陛下任一杜淹，得七十余人，天下称之。此则偏委忠良，不必众举之明效也。"

《唐会要》卷七四《选部上·论选事》

刘林甫，贞观初为吏部侍郎。初，隋代赴选者以十一月为始，至春即停。选限所促，选司多不究悉。时选人渐众，林甫奏请四时听选，随到注拟，当时甚以为便。时天下初定，州府及诏使多有赤牒授官，至是停省，尽来赴集，将万余人。林甫随才铨擢，咸得其宜。时人以林甫典选比隋之高孝基。

《册府元龟》卷六三七《铨选部·公望》

刘祥道字同寿，魏州观城人。父林甫，武德时为内史舍人，……唐沿隋制，十一月选集，至春停，日薄事丛，有司不及研谛。林甫建请四时听选，随到即拟，于是官无滞人。

《新唐书》卷一○六《刘祥道传》

唐杜如晦为吏部尚书，寻为右仆射，仍掌选事。引用贤良，甚获当时之誉。

《册府元龟》卷六三七《铨选部·公望》

戴胄为民部尚书兼简较吏部尚书，及在铨衡，抑文雅而奖法吏，不适轮辕之用。

《册府元龟》卷六三八《铨选部·不称》

唐高士廉，贞观年为吏部尚书。奖鉴人伦，雅谙姓氏，凡所署用，莫不人地俱允。

《册府元龟》卷六三七《铨选部·平直》

杨纂为吏部侍郎，抑文雅，进黠吏，观时任数，为时论所讥。

《册府元龟》卷六三八《铨选部·不称》

〔唐临〕兄皎,武德初,为秦王府记室,从王征讨,掌书檄。贞观中,官吏部侍郎。先是,选集四时补拟,不为限。皎请以冬初集,尽季春止,后遂为法。

《新唐书》卷一一三《唐皎传》

唐皎为吏部侍郎,当引人铨,问何方便稳,或云其家在蜀,乃注与吴;复有云亲老先任江南,即唱之陇右。论者莫能测其意。

《册府元龟》卷六三八《铨选部·不称》

高季辅为吏部侍郎,凡所铨叙,时称允当。

《册府元龟》卷六三七《铨选部·平直》

高季辅为吏部尚书。韦思谦弱冠举进士,累补应城令。及岁满预选,思谦在官颇有公事,惩殿旧制,多不进官。季辅曰:"自居选部,今始得此一人,岂以小疵而弃大德?"特超授监察御史,繇是稍知名。

《册府元龟》卷六三七《铨选部·振举》

李义府,高宗时为司列太常伯,本无藻镜才,怙武后之势,专以卖官为事,补授失次,人多怨言。

《册府元龟》卷六三八《铨选部·贪贿》

〔李〕安期幼聪辩,七岁解属文。……龙朔中,为司列少常伯,参知军国。有事太山,诏安期为朝觐坛碑文。安期前后三为选部,颇为当时所称。

《旧唐书》卷七二《李安期传》

　　吏部侍郎李安期,隋内史德林之孙,安平公百药之子,性好机警。常有选人被放,诉云:"羞见来路。"安期问:"从何关来?""从蒲津关来。"安期曰:"取潼关路去。"选者曰:"耻见妻子。"安期曰:"贤室本自相谙,亦不笑。"又一选人引铨,安期看判曰:"弟书稍弱。"对曰:"昨坠马损足。"安期曰:"损足何废好书?"为读判曰:"向着贤判,非但伤足,兼似内损。"其人惭而去。又选士姓杜名若,注芳洲官,其人惭而不伏。安期曰:"君不闻芳洲有杜若?"其人曰:"可以赠名公。"曰:"此期非彼期。"若曰:"此若非彼若。"安期笑,为之改注。又一吴士,前任有酒状,安期曰:"君状不善。"吴士曰:"知暗枪已入。"安期曰:"为君拔暗枪。"答曰:"可怜美女。"安期曰:"有精神选,还君好官。"对曰:"怪来晚。"安期笑而与官。

《朝野佥载》卷六

　　李敬玄为司列少常伯,典选累年,铨综有序,天下称其能。

《册府元龟》卷六三七《铨选部·公望》

　　裴行俭少聪敏多艺,立功边陲,屡克凶丑。及为吏部侍郎,赏拔苏味道、王勮,曰:"二公后当相次掌钧衡之任。"勮,勃之兄也。时李敬玄盛称王勃、杨炯等四人,以示行俭,曰:"士之致远,先器识而后文艺也。勃等虽有才名,而浮躁浅露,岂享爵禄者?杨稍似沉静,应至令长,并鲜克令终。"卒如其言。

《大唐新语》卷七《知微》

裴行俭，高宗朝为吏部侍郎，与敬玄、马载同时典选十余年，甚有能名，时人称焉。

《册府元龟》卷六三七《铨选部·公望》

魏克己为吏部侍郎，铨路喧哗，大为冬集人援引指摘，贬为太子中允。

《册府元龟》卷六三八《铨选部·不称》

韦待贾为吏部尚书，素无才术，志识凡下，出自武官而骤居选部。凡所铨综，多为朝野所嗤鄙。

《册府元龟》卷六三八《铨选部·不称》

邓玄挺为吏部侍郎，既不称职，甚为时谈所鄙。又时患消渴病，选人因目为"邓渴"，作《邓渴诗》榜衢路。自有唐已来，掌选之失未有如玄挺者。坐此，左迁澧州刺史，迁晋州刺史。召拜麟台少监，重为天官侍郎，其失有甚于前。

《册府元龟》卷六三八《铨选部·不称》

姚璹，武后时为天官侍郎，善选补，于今称之。

《册府元龟》卷六三七《铨选部·公望》

许子儒，则天时为天官侍郎，不以藻镜为意，有令史句直是其腹心。每注官，多委令下笔，子儒但高枕而卧，语勾直云："平配。"繇是补授失次，无复纲纪，道路喧然，以为口实。是时，则天临朝，引见风俗使，举人无贤愚，威加擢用。高者试凤阁舍人、给事中，次或试员外郎、侍御史、补阙、拾遗、校书郎。故时人为之谚曰："补阙连车载,拾遗平斗量。把椎侍御史,腕脱校书郎。"试官之起自兹始。

《册府元龟》卷六三八《铨选部·谬滥》

许子儒为吏部侍郎,性无藻鉴,所视铨综,皆委令史缑直,谓曰："汝平配也。"

《册府元龟》卷六三八《铨选部·不称》

韦承庆自天授以来三掌天官选事,铨授平允,海内称之。

《册府元龟》卷六三七《铨选部·平直》

刘奇为吏部侍郎,注张文成、司马锃为监察御史,二人因申屠场以谢之。奇正色曰："举贤本自无私,二君何为见谢?"

《册府元龟》卷六三七《铨选部·平直》

郑杲,则天圣历中为吏部郎,注韩思复为太常博士,元希声为京兆士曹。尝谓人曰："今年掌选,得韩、元二子,则吏部不负朝廷矣。"

《册府元龟》卷六三七《铨选部·振举》

吉顼为吏部侍郎。陆象先本名景初,为扬州参军,秩满调选,顼擢授雒阳尉。时象先父元方亦为吏部,固辞不敢当。顼曰："为官择人,至公之道。陆景初才望高雅,非常流所及,实不以吏部之子妄推荐也。"竟奏授之。

《册府元龟》卷六三七《铨选部·平直》

崔玄晖为天官侍郎，介然自守，绝于请谒，为执政者所忌。转文昌左丞，选司令史，乃设斋自庆。武太后闻之，复拜为天官侍郎。

《册府元龟》卷六三七《铨选部·平直》

吏部南院旧无选人坐，韦嗣立尚书之为吏部，始奏请有司供床褥，自后因为故事。

《隋唐嘉话》下

崔湜为中书舍人，与郑愔同掌选，卖官鬻狱，一时巨蠹，并为御史所弹。中宗敕所司以理勘问，勿加穷迫。繇是，希旨无所发明。然犹断愔配流岭南，湜贬江州司马。而更授湜襄州刺史，愔江州司马。

《册府元龟》卷六三八《铨选部·贪贿》

郑愔谄事武三思及韦氏悖逆庶人，历选吏部侍郎。愔掌选，专以卖官为务，人多怨讟。时京师大旱，为之语曰："杀郑愔，天必阴。"其为人所恶如此。

《册府元龟》卷六三八《铨选部·贪贿》

李元恭，中宗时以大理少卿为长宁、安乐二公主所引用，令知吏部侍郎，分往东都掌选事，亦以赃污闻于天下。故时人为之语曰："长宁、安乐并狂颠，既教翻地亦翻天。卖弄大家犹未足，便使元恭来取钱。"

《册府元龟》卷六三八《铨选部·贪贿》

卢从愿，睿宗初为吏部侍郎。以中宗之后，选司颇失纲纪，从愿精心循理，大称平允。其有冒名伪选及虚增功状之类，皆能摘发其事。典选六年，前后无及之者。初，高宗时，行俭、马载为吏部，最为称职。及是，从愿与李朝隐同时典选，亦有美誉。时人称曰："吏部前有裴、马，后有卢、李。"

《册府元龟》卷六三七《铨选部·公望》

卿以宰臣，往知大选，官人之委，情寄尤切。遂能端本革弊，忘私徇公，正色而行，厝心不挠。镜已澈则妍媸必鉴，衡已举则轻重罔违。朕远闻之，益用嘉叹。今赐衣裳一副，以示所怀。

《全唐文》卷二〇《玄宗·赐魏知古手制》

唐卢怀慎，清慎贞素，不营资产，器用屋宇，皆极俭陋。既贵，妻孥尚不免饥寒，而于故人亲戚散施甚厚。为黄门侍郎，在东都掌选事，奉身之具，才一布囊耳。后为黄门监兼吏部尚书。

《明皇杂录》逸文《卢怀慎尚节俭》

开元四年，上尽召新授县令，一时于殿庭策试，考入下第者，一切放归学问。〔卢〕从愿以注拟非才，左迁豫州刺史。

《旧唐书》卷一〇〇《卢从愿传》

〔韦〕济，早以辞翰闻。开元初，调补鄄城令。时有人密奏玄宗曰："今岁吏部选叙太滥，县令非材，全不简择。"及县令谢官日，引入殿庭，问安人策一道，试者二百余人，独济策第一，或有不书纸者。擢济为醴泉令，二十余人还旧官，四五十人放归习读，侍郎卢从愿、李朝隐贬为刺史。济至醴泉，以简易为政，人用称之。

《旧唐书》卷八八《韦嗣立传》

　　姜晦为吏部侍郎，性聪悟，识理体。旧制，吏曹舍宇悉布棘，以防令史与选人交通。及晦领选事，尽除之，大开铨门，示无所禁私。引致者，晦辄知之，召问，莫不首伏。初，朝廷以晦改革前规，咸以为不可。竟铨综得所，贿赂不行，举朝叹伏。

《册府元龟》卷六三七《铨选部·平直》

　　宋璟为吏部侍郎、同中书门下三品。玄宗在春官，又兼右庶子。先是，外戚及诸公主等干涉朝政，请托滋甚。崔湜、郑愔等相次典选，皆为权门所制，九流失叙。迎用两年员阙注拟，不足，更置比冬选人，大为士庶所叹。至是，璟大革前弊，取舍平允，铨综尤是有叙。

《册府元龟》卷六三七《铨选部·公望》

　　王丘，玄宗开元中为吏部侍郎，拔擢山阴尉孙逖，桃林尉张镜微，湖城丞张晋明，进士王泠然、李昂等。不数年，登礼闱，掌纶诰焉。

《册府元龟》卷六三七《铨选部·振举》

　　崔琳为吏部侍郎，判铨日，收选人卢怡、裴敦复、于孺卿等十数人。无何，皆入台省。

《册府元龟》卷六三七《铨选部·振举》

张九龄……俄迁左补阙。九龄有才鉴，吏部试拔萃与举者，常与右拾遗赵冬曦考次，号称详平。

《新唐书》卷一二六《张九龄传》

柳泽，蒲州解人。……开元中，转殿中侍御史，监岭南选。

《新唐书》卷一一二《柳泽传》

开元十四年，〔苏晋〕迁吏部侍郎。时开府宋璟兼尚书事，晋及齐瀚递于京都知选事，既糊名考判，晋独多赏拔，甚得当时之誉。

《旧唐书》卷一〇〇《苏晋传》

〔苏晋〕迁吏部。时宋璟兼尚书事，晋与齐瀚更典二都选，既糊名校判，而晋独事赏拔，当时誉之。

《新唐书》卷一二八《苏晋传》

中书舍人张均知考，父左相张说知京官考，特注曰："父教子忠，古之善训，祁奚举子，义不务私。至如润色王言，章施帝载，道参坟典，例绝常功，恭闻前烈，尤难其任。岂以嫌疑，敢挠纲纪？"考上下。

《太平广记》卷一八六《铨选二·张说》

李林甫为吏部侍郎。天下升平，每岁选人，填委林甫。修废举直，甄别流品，时议以为称职。改黄门侍郎。

《册府元龟》卷六三七《铨选部·公望》

席豫为吏部侍郎，玄宗谓之曰："以卿前为考功，职事平允，故有此授。"豫典选六年，有令誉。

《册府元龟》卷六三七《铨选部·平直》

苗晋卿为吏部侍郎，拔异举废，时称平允。

《册府元龟》卷六三七《铨选部·平直》

宋遥玄宗时与苗晋卿俱为吏部侍郎。天宝二年，贬遥为武当郡太守，晋卿为安康郡太守。是时，海内晏平，选人万计，委有司考核书判，诏重其事，兼命他司考之，务求其实。遥与晋卿苟媚朝廷，又无廉洁之操，取舍渝滥，甚为当时所丑。有张奭者，御史中丞倚之子，不辩菽麦，假手为判，时升甲科。会下第者尝为蓟令，以其事白于范阳节度使安禄山。禄山恩宠崇盛，谒请无时，因具奏之。帝乃大集登科人，御花萼楼亲试，升第者十无一二焉。奭手持试纸，竟日不下一字，时谓之曳白。帝大怒。遥、晋卿既受责，乃贬倚为淮阳郡太守。诏曰："庭闱之间，不能训子，选调之际，乃以托人。"时士子皆以为戏笑，或托于诗赋讽刺。考、判官礼部郎中裴朏、起居舍人张烜、监察御史宋昱、左拾遗孟朝，皆贬官岭外。

《册府元龟》卷六三八《铨选部·谬滥》

〔韦〕陟字殷卿，……后为吏部侍郎，常病选人冒名接脚，阙员既少，取士良难，正调者被挤，伪集者冒进。陟刚肠嫉恶，风彩严正，选人疑其有瑕，案声盘诘，无不首伏。每岁皆赎得数百员阙，以待淹滞，常谓所亲曰："使陟知铨衡一二年，则无人可选矣。"

《旧唐书》卷九二《韦陟传》

韦陟为吏部侍郎，尝病选人冒名接脚，阙员既少，取士良难，正调者被挤，伪集者冒进。陟刚肠嫉恶，风彩严正。选人疑其有瑕者，陟按声盘诘，无不首伏。每岁皆剩得数百员阙，以待淹滞。尝谓所亲曰："使陟知铨衡，一二年则无人可选矣。"又有一致仕官，叙五品，陟判之曰："青毡展庆，并不立班；朱绂承荣，无宜卧拜。"时人推其强直。

《册府元龟》卷六三七《铨选部·平直》

韦陟，天宝中为吏部侍郎。陟风神高远，以门地^①自负，时以选贤拔能为己任，博采浮薄不徇于行。屡以此失人，出为襄阳太守。

《册府元龟》卷六三八《铨选部·谬滥》

李彭年，玄宗时为吏部侍郎，坐赃伏罪。诏曰："彭年幸以资序，累登清贯，委之铨综，任以权衡。不能徇公灭私，持平守直，而乃贪财败类，黩货无厌。既玷清朝，有冒法度，顷令推鞫，皆自款承。据其罪名，合当殊死，但以阳和布令，善贷好生，特舍严刑，俾从流窜。宜除名，长流岭南临贺郡，仍即差纲驰驿领送。朕以为制理之本，期返淳风，庶叶至公，期于不犯，永言议罪，良用怃然。且陈力就列，本于正己，从事劝官，义存守法。为恶者，与众共弃；务善者，以才必升。凡百庶僚，深宜自勉，立身之道，可不慎欤！"彭年，先朝宰臣慎远^②之孙也。以吏才知名，掌选七年，好聚财，无廉洁之操，而善接待选人，惟黩货无厌，人多怨之。至是，睢阳太

① "地"，他本或作"第"。
② "慎远"，他本或作"怀远"。

1179

第一章　铨试机构与主选官

守路齐晖之子曰畿，纳绢千匹求官，为选人所发。诏下有司，讦鞫彭年，引纸称伏，赃状狼籍。远近耻之，咸以为戒。

《册府元龟》卷六三八《铨选部·贪贿》

裴遵庆，绛州闻喜人也。……迁司门员外、吏部员外郎，专判南曹。天宝中，海内无事，九流辐辏会府，每岁吏部选人，动盈万数。遵庆敏识强记，精核文簿，详而不滞，时称吏事第一，由是大知名。

《旧唐书》卷一一三《裴遵庆传》

韦见素为吏部侍郎，在职公平，选士美之。

《册府元龟》卷六三七《铨选部·平直》

卢奕，黄门监怀慎之少子也。……天宝八载，转给事中。十一载，为御史中丞。……奕留台东都，又分知东都武部选事。

《旧唐书》卷一八七下《卢奕传》

杨国忠，天宝中以便僻取宰相，欲其能事，皆出于己，犹兼吏部尚书。故事，吏部置三余，尚书、侍郎分掌选事，三注三唱，自春及夏，才终其事。国忠使猾吏于私第暗定官员，集百僚于尚书省对注唱，一日令毕，以夸神速。资格差谬，无复伦序。乃令其所昵京兆尹鲜于仲通、中书舍人窦华、侍御史郑昂之征略于选人，于尚书省门立碑，以颂己之德。

《册府元龟》卷六三八《铨选部·谬滥》

崔涣肃宗至德初为黄门侍郎平章事。时未复京师，举选路绝，诏涣充江淮选补使，以收遗逸。涣选士惑于听受，又为下吏所鬻，滥进者非一，以不称职闻，乃罢知政事，为王傅。

《册府元龟》卷六三八《铨选部·谬滥》

旧制，吏部选以岁集。乾元后，天下兵兴，率三年一调，吏员稽壅，则案牒丛淆，伪冒蒙真。吏缘以为奸，废置无纲，至十年不被调者，缺员或累岁不补。贽乃请以内外员三分之，每岁计阙集人，检柅吏奸，天下便之。

《新唐书》卷一五七《陆贽传》

〔广德二年九月己未，〕尚书左丞杨绾知东京选，礼部侍郎贾至知东都举，两都分举选，自此始也。

《旧唐书》卷一一《代宗本纪》

裴仆射遵庆罢相知选，朝廷优其年德，令就宅注官，自宣平坊榜引士子，以及东市西街，时人以为盛事。

《唐国史补》卷下

杨绾为吏部侍郎，历典举选，精核人物，以公平称。

《册府元龟》卷六三七《铨选部·平直》

徐浩为都官郎中，掌选岭南，以廉平称。

《册府元龟》卷六三七《铨选部·公望》

徐浩,代宗朝为吏部侍郎。坐以妄第冒选,俾侍郎薛邕注授京尉,为御史大夫李栖筠所弹奏,坐贬明州别驾。

《册府元龟》卷六三八《铨选部·谬滥》

令狐峘,大历中为刑部员外,判吏部南曹。时刘晏为尚书,杨炎为侍郎。峘以晏举分阙,必择其善者与晏,而以恶者与炎。

《册府元龟》卷六三八《铨选部·谬滥》

〔刘〕滋字公茂。通经术,喜持论。……兴元元年,以吏部侍郎知南选。时大盗后,旱蝗相仍,吏不能诣京师,故命滋至洪州调补,以振职闻。

《新唐书》卷一三二《刘滋传》

刘滋为吏部侍郎,有经学,善持论,性廉洁,劾理嫉恶。尝掌选,多所发摘更代,诈伪者尤畏之。

《册府元龟》卷六三七《铨选部·公望》

裴藻者,延龄之子,应鸿辞举。延龄于吏部候消息。时苗给事及杜黄门同时为吏部知铨,将出门,延龄接见,探侦二侍郎口气。延龄乃念藻赋头曰:“是冲仙人。”黄门顾苗给事曰:“记有此否?”苗曰:“恰似无。”延龄仰头大呼曰:“不得! 不得!”敕下,果无名藻者。刘禹锡曰:“当延龄用事之时,不预实难也。非杜黄门谁能拒之?”

《唐语林》卷三《方正》

裴垍字弘中，……拜监察御史，转殿中侍御史、尚书礼部考功二员外郎。时吏部侍郎郑珣瑜请垍考词判，垍守正不受请托，考核皆务才实。

《旧唐书》卷一四八《裴垍传》

权德舆，贞元中为吏部侍郎，吏误用官阙，改守太子宾客。

《册府元龟》卷六三八《铨选部·谬滥》

陈归，贞元中为考功员外郎，充岭南选补使。选人流放，注官美恶，违背令文，唯意出入。复供求无厌，邮传患之。监察御史韩泰奏劾其罪，配流恩州。

《册府元龟》卷六三八《铨选部·谬滥》

奚陟为刑部侍郎，知吏部选事，铨综平允，有能名，迁吏部侍郎。所莅之官，时以为称职。

《册府元龟》卷六三七《铨选部·平直》

齐抗字遐举，……代郑余庆为中书侍郎、同中书门下平章事。

先时，每年吏部选人试判，别奏官考覆，第其上下；既考，中书门下复奏择官覆定，浸以为例。抗乃奏曰："吏部尚书、侍郎，已是朝廷精选，不宜别差考官重覆。"其年，他官考判讫，俾吏部侍郎自覆，一岁遂除考判官，盖抗所奏论也。

《旧唐书》卷一三六《齐抗传》

李建为吏部郎中，常言于同列曰："方今俊秀，皆举进士。使仆得志，当令登第之岁，集于吏部，使尉紧县，既罢又集，乃尉两畿，而升于庙。大凡中人，三十成名，四十乃至清列，迟速为宜。既登第，遂食禄，既食禄，必登朝，谁不欲也？无淹翔以守常限，无纷竞以求再捷。下曹得其修举，上位得其历试。就而言之，其利甚博。"议者多之。

《唐国史补》卷下

族祖天水昭公，以旧相为吏部侍郎。考前进士杜元颖宏词登科，镇南又奏为从事。杜公入相，昭公复掌选。……公凡八任铨衡，三领节镇，皆带府号。

《因话录》卷二

赵昭公以旧相为吏部侍郎，考前进士杜元颖宏词登科。及镇荆南，又奏为从事。杜公入相，昭公复掌选。至杜出镇西川，奏宋相申锡为从事。数年，杜以南蛮入寇，贬刺循州，遂卒。宋以宰相被诬，谪佐开州。后数年昭公始卒。公凡八任铨衡，三领节镇，皆带府号。为尚书，惟不历工部，其兵部太常皆再任。年八十七薨，其间未尝遇重疾，俭素寿考为朝中之首。

《唐语林》卷四《企羡》

杨于陵为吏部员外郎，判南曹。时宰相有密亲调习，文书不如式，于陵持而不与，物论大归之。迁右司郎中，后为吏部侍郎，凡四周岁。简察奸吏，调补平允，至今人称之。

《册府元龟》卷六三七《铨选部·平直》

杨于陵字达夫，……〔元和〕五年，入为吏部侍郎。……于陵
为吏部，凡四周岁，监察奸吏，调补平允，当时称之。初，吏部试
判，别差考判官三人校能否，元和初罢之。七年，吏部尚书郑余庆
以疾请告，乃复置考判官，以兵部员外郎韦颛、屯田员外张仲素、
太学博士陆亘等为之。于陵自东都来，言曰："本司考判，自当公
心。非次置官，不知曹内公事。考官只论判之能否，不计阙员，本
司只计员阙几何，定其留放。置官不便。"宰执以已置颛等，只令
考科目选人，其余常调，委本司自考。于陵又以甲历年深朽断，吏
缘为奸，奏换大历七年至贞元二十年甲库历，令本司郎官监换。

《旧唐书》卷一六四《杨于陵传》

初，吏部程判，别诏官参考，齐抗当国，罢之。至是，尚书郑余
庆移疾，乃循旧制。于陵建言："他官但第判能否，不知限员，有司
计员为留遣之格，事不相谋，莫如勿置。"于是有诏三考官止较科
目选，至常调悉还吏部。又请修甲历，南曹置别簿相检实，吏不能
为奸。始奏选者纳直给符告，居四年，凡调三千员，时谓为适。

《新唐书》卷一六三《杨于陵传》

卫次公为吏部侍郎，选人有李勋者，徐有功之孙，名在黜中。
次公召而问之曰："子之祖先，勋在王府，岂限常格？"并优秩而
遣之。[1]

《册府元龟》卷六三七《铨选部·振举》

---

[1]　元和八年，卫次公由陕、虢观察使内迁。《旧唐书》卷一五九《卫次公传》："征为兵部侍郎。选
人李勋、徐有功之孙名在黜中，次公召而谓之曰：'子之祖先，勋在王府，岂限常格？'并优秩而
遣之。"

崔郾为吏部员外，奸吏不敢欺，孤寒无援者，未尝留滞。铨叙之美，为时所称。

《册府元龟》卷六三七《铨选部·平直》

崔郾为吏部员外郎，铨叙之美，为时所称。

《册府元龟》卷六三七《铨选部·公望》

宣平郑相之铨衡也，选人相贺，得其入铨。刘禹锡弟某，为郑铨注潮州尉，一唱，唯唯而出。郑呼之，却回。郑曰："如此所试，场中无五六人，一唱便受，亦无五六人。此而不奖，何以铨衡？公要何官，去家稳便？"曰："家住常州。"乃注武进县尉。选人翕然，畏而爱之。及后作相选官，又称第一，宜其有后于鲁也。

《唐语林》卷一《政事上》

韦弘景为吏部侍郎，铨禄平允，权邪惮其严劲，不敢干以非。

《册府元龟》卷六三七《铨选部·公望》

〔大和〕四年十月，中书门下奏："应《开元礼》、学究一经、二礼、三史、明习律令科人等，准大和元年十月二十三日敕，散试官及白身人并于礼部考试。其有出身及有官人，并吏部科目选者，凡是科目，本合在吏部试。自分两处考试，每处皆别与，人数转多，事理非便。臣等商量，坐准前吏部收试，其诸节目并准大和元年十月二十三日敕处分。"从之。

《册府元龟》卷六四一《贡举部·条制三》

〔大中〕十二年三月，中书舍人李藩知举，放博学宏词科陈琬等三人。及进诗、赋、论等，召藩谓曰："所赋诗中重用字，何如？"藩曰："钱起《湘灵鼓瑟诗》有重用字，乃是庶几。"帝曰："此诗似不及起。"乃落下。

《册府元龟》卷六四一《贡举部·条制三》

〔咸通三年十一月，〕以吏部侍郎郑处诲、萧仿，吏部员外郎杨俨，户部员外郎崔彦昭等试宏词选人。

《旧唐书》卷一九上《懿宗本纪》

〔咸通五年〕三月，以兵部郎中高湜、员外于怀试吏部，平判选人。

《旧唐书》卷一九上《懿宗本纪》

〔咸通七年十一月，〕以礼部郎中李景温、吏部员外郎高湘试拔萃选人。

《旧唐书》卷一九上《懿宗本纪》

〔咸通八年十月，〕以吏部侍郎卢匡、吏部侍郎李蔚、兵部员外郎薛崇、司勋员外郎崔殷梦考吏部宏词选人。

《旧唐书》卷一九上《懿宗本纪》

〔咸通九年春正月，〕以兵部员外郎焦潆、司勋员外郎李岳考宏词选人。

《旧唐书》卷一九上《懿宗本纪》

〔咸通十年十二月，〕司封员外郎卢蒙、刑部侍郎杨戴考试宏词选人。

《旧唐书》卷一九上《懿宗本纪》

〔咸通十年十二月，〕以虞部郎中宋震、前昭应主簿胡德融考科目举人。

《旧唐书》卷一九上《懿宗本纪》

懿宗咸通十一年正月，以吏部尚书萧邺、吏部侍郎子德孙、吏部侍郎杨知温、考官司勋员外郎李辉、礼部员外郎崔澹等考试应宏词选人。

《册府元龟》卷六四四《贡举部·考试二》

〔咸通十二年〕三月，以……司封郎中郑绍业、兵部员外郎陆勋等考试宏词选人。

《旧唐书》卷一九上《懿宗本纪》

〔咸通〕十二年三月，以吏部尚书萧邺，吏部侍郎归仁晦、李当，考官司郎中郑绍业，兵部员外郎陆勋等试宏词选人。

《册府元龟》卷六四四《贡举部·考试二》

〔咸通〕十三年三月，以吏部尚书萧邺、吏部侍郎独孤云、考官职方郎中赵蒙、驾部员外郎李绍考试宏词选人。试日，萧恊替差，右丞孔温裕权判。

《册府元龟》卷六四四《贡举部·考试二》

〔乾符〕四年春正月，……以吏部尚书郑从谠、吏部侍郎孔晦、吏部侍郎崔莌考宏词选人。

《旧唐书》卷一九下《僖宗本纪》

僖宗乾符四年正月，以吏部尚书郑从谠、吏部侍郎孔晦、吏部侍郎崔莌考宏词选人。

《册府元龟》卷六四四《贡举部·考试二》

〔乾符五年〕三月，……以吏部尚书郑从谠、吏部侍郎崔沆考宏词选人。

《旧唐书》卷一九下《僖宗本纪》

〔乾符〕五年六月，以吏部尚书郑从谠、吏部侍郎崔沆考宏词选人。

《册府元龟》卷六四四《贡举部·考试二》

〔乾符六年〕三月，以吏部侍郎崔沆、崔澹试宏词选人。

《旧唐书》卷一九下《僖宗本纪》

〔乾符〕六年三月，以吏部侍郎崔沆、崔澹试宏词选人。驾部郎中卢蕴、刑部郎中郑顼为考官。

《册府元龟》卷六四四《贡举部·考试二》

〔牛〕徽举进士，累擢吏部员外郎。乾符中选滥，吏多奸，岁调四千员，徽治以刚明，梐杜干请，法度复振。

《新唐书》卷一七四《牛徽传》

孔纬，昭宗时为吏部侍郎，居选曹，动循格令。权要有所托，私书盈几，不之省。执政怒之，改太常卿。

《册府元龟》卷六三七《铨选部·平直》

后唐明宗天成二年四月，中书奏："尚书礼部贡院申当司奉今月六日敕，吏部流内铨状，据白院状，当司先准礼部贡院牒，据成德军解送到前进士王蟾状，请罢摄梁州司功参军，应宏词举。前件人准格例应重科，合在吏部。其王蟾并牒，解送吏部，请准例指踪者。当司具状申堂，奉判送吏部分析近年事例如何者。伏缘近年别无事例，今捡《登科录》内，为伪梁开平三年，应宏词科二人，前进士余渥、承旨舍人李忌。考官二人，司勋郎中崔景、兵部员外郎张贻宪者。再具状申堂，奉判送吏部准例指挥者。其前进士王蟾应宏词，考官、试官合在流内铨申请者。前进士王蟾请应宏词，伏自近年已来，无人请应。今详格例，合差考官二人。又缘只有王蟾一人独应，铨司未敢悬便奏请差官者。奉敕，宜令礼部贡院，就五科举人考试者。伏以举选公事，皆有格条，准新定格节文。宏词、拔萃，准长庆二年格，吏部差考试官二人，与知铨尚书侍郎同考试闻奏。又准格节文内，准太和元年十月二十三日敕，应礼部诸色贡举人及吏部诸色科目选人，凡无出身及未有官，只合于礼部应举。有出身有官，方合于吏部赴科目选。其请应宏词举前进士王蟾，当年放及第后，寻已关送吏部讫。若应宏拔，例得南曹判成，即是科选选人事理，合归吏部。况缘五科考试官只考学业，难于同考宏词者。"奉敕："王蟾宜令吏部准往例差官考试。"

《册府元龟》卷六四五《贡举部·科目》

后唐韦寂为水部员外郎,判南曹。移浚仪令,累选吏部郎中,复判南曹。吏畏其明。

《册府元龟》卷六三七《铨选部·公望》

唐长兴三年春,武肃王既薨,……夏四月己未,传瓘改名,嗣立,以遗命去国仪,用藩镇法,仍遵中朝年号称长兴三年。……命处州刺史曹仲达权知政事。置择能院,以浙西营田副使沈崧领之,掌选举殿最。

《十国春秋》卷七九《吴越·文穆王世家》

晋史圭为吏部侍郎,分知铨事。而圭素廉守,太著公平。时有前栾城浩令者,年逾七十,不能拜起。有重臣达意,且令与官,圭不允其请,人甚嘉之。

《册府元龟》卷六三七《铨选部·平直》

张延翰字德华,宋州睢阳人。……烈祖受禅,入为侍御史,判台事。……进礼部侍郎,自以起疏远,遭时被知,得尽己才,感慨自奋。时未设贡举,士有献书论事者,第其优劣选用,烈祖悉以委延翰,号为精核称职。兼知选事,务进孤贫,不附权势,吏畏之如神明,不敢为奸利。

《十国春秋》卷二一《南唐·张延翰传》

游简言字敏中,吴知制诰恭之子也。……元宗立,晋礼部侍郎,独不附权要,国家事非其任者,未常肯言,盖不欲侵官也。元宗雅重其为人,命判中书省,兼吏、兵二部选事,裁抑侥幸,憎疾者滋众。选人邵唐试判不中,上书言:"简言父恭,常为杜洪掌书记,洪奖成朱温篡弑,恭之谋也。简言,逆臣子,当斩。"元宗怒唐挟私忿谤讟,决杖流饶州。

《十国春秋》卷二一《南唐·游简言传》

第二章

铨试科目

一、 总叙

初,吏部选才,将亲其人,覆其吏事,始取州县案牍疑议,试其断割,而观其能否,此所以为判也。……佳者登于科第,谓之"入等";其甚拙者,谓之"蓝缕",各有升降。选人有格限未至,而能试文三篇,谓之"宏词";试判三条,谓之"拔萃",亦曰"超绝"。词美者,得不拘限而授职。

《通典》卷一五《选举三·历代制下》

凡试判登科谓之"入等",甚拙者谓之"蓝缕"。选未满而试文三篇,谓之"宏辞";试判三条,谓之"拔孝"。中者即授官。

《新唐书》卷四五《选举志下》

及大足元年置拔萃,始于崔翘。开元十九年,置宏词,始于郑昕[①]。开元二十四年,置平判入等,始于颜真卿。[②]

《唐语林》卷八《补遗》

[①] "郑昕"为"萧昕"之误,见《旧唐书》卷一四六《萧昕传》。
[②] 徐松《登科记考》引留元刚《鲁公年谱》:"开元二十四年,公年二十八,平判入等,授朝散郎、秘书省著作局校书郎。"《文苑英华》有颜真卿《对三命判》。

幸属昭代，以此官人，敬趣^①条目，遂希诠择。五试于礼部，方售乡贡进士；四试于吏部，始授四门助教。某两应博学宏词不受，一平选被驳，又一平选授助教。

《欧阳行周文集》卷八《上郑相公书》

及年二十时，苦家贫，衣食不足，谋于所亲，然后知仕之不唯为人耳。及来京师，见有举进士者，人多贵之，仆诚乐之，就求其术。或出礼部所试赋、诗、策等以相示，仆以为可无学而能，因诣州县求举。有司者好恶出于其心，四举而后有成，亦未即得仕。闻吏部有以博学宏辞选者，人尤谓之才，且得美仕，就求其术。或出所试文章，亦礼部之类，私怪其故，然犹乐其名，因又诣州府求举。凡二试于吏部，一既得之，而又黜于中书，虽不得仕，人或谓之能焉。

《韩昌黎文集校注》卷三《答崔立之书》

二、 科目

（一）试判入等

凡试判登科谓之"入等"，甚拙者谓之"蓝缕"。

《新唐书》卷四五《选举志下》

初，选部旧制：每岁孟冬，以书判选多士。至开元十八年，乃

---

① "趣"，他本或作"趋"。

择公廉无私、工于文者,考校甲、乙、丙、丁科,以辨论其品。是岁,公①受诏与徐安贞、王敬从、吴巩、裴胐、李宙、张烜等十学士参焉。凡所升奖,皆当时才彦。考判之目,由此始也。

《毗陵集》卷八《唐故朝议大夫高平郡别驾权公神道碑铭并序》

国初因隋制,以吏部典选。主者将视其人,核之吏事。始取州、县、府、寺疑狱,课其断决,而观其能否。此判之始焉。后日月淹久,选人滋多,案牍浅近,不足为准。乃采经籍古义,以为问目。其后官员不充,选人益众,乃征僻书隐义以试之,唯惧选人之能知也。遒丽者号为高等,拙弱者号为蓝罗,至今以为故事。

《大唐新语》卷一〇《厘革》

开元中,始取州县案牍疑议试举人,割断其能否乃为试之科。寻又采经史义,假设甲、乙、丙、丁,令举人判断。

《续事始》

张荐字孝举,深州陆泽人。祖鷟,字文成,早惠绝伦。……调露初,登进士第。考功员外郎骞味道见所对,称天下无双。授岐王府参军。八以制举皆甲科,再调长安尉,迁鸿胪丞。四参选,判策为铨府最。员外郎员半千数为公卿称"鷟文辞犹青铜钱,万选万中",时号鷟"青钱学士"。

《新唐书》卷一六一《张荐传》

---

① 指权幼明。

天授元年，糊名考试，判入高等。以亲累授衢州参军。……
每选皆判入高科。侍郎苏味道以所试示众曰："选人中乃有如此
书判！"嗟叹久之。遂代兄为长安尉太子文学。

《全唐文》卷三四〇《颜真卿·唐故通议大夫行薛王友

柱国赠秘书少监国子祭酒太子少保颜君碑铭》

初则天时，敕吏部糊名考选人判，以求才彦，宪与王适、司马
锽、梁载言相次判入第二等。

《旧唐书》卷一九〇中《刘宪传》

武后时，敕吏部糊名考判，求高才，惟宪与王适、司马锽、梁载
言入第二等。

《新唐书》卷二〇二《刘宪传》

〔崔〕涣博综经术，长论议。……起家亳州司功参军，还调。
于是入判者千余，吏部侍郎严挺之施特榻试《彝尊铭》，谓曰："子
清庙器，故以题相命。"累迁司门员外郎。

《新唐书》卷一二〇《崔涣传》

开元中，薛据自恃才名，于吏部参选，请授万年录事。流外官
共见宰执，诉云："赤录事是某等清要官，今被进士欲夺，则等色人
无措手足矣！"遂罢。

《唐摭言》卷一二《自负》

公讳诚，字老莱，吴郡人。……公年十八，以通经中第。及调

判,入高等,授苏州长洲尉。

《白居易集》卷四一《唐赠尚书工部侍郎吴郡张公神道碑铭》

元德秀者,河南人,字紫芝。开元二十一年,登进士第。性纯朴,无缘饰,动师古道。……调授邢州南和尉。

《旧唐书》卷一九〇下《元德秀传》

李相国揆,以进士调集在京师,……揆以书判不中第,补汴州陈留尉。

《前定录》之《李相国揆》

吕诬,蒲州河东人。志行修整,勤于学业。少孤贫,不能自振。里人程楚宾家富于财,诬娶其女。楚宾及子震皆重其才,厚与资给,遂游京师。天宝初,进士及第,调授宁陵尉。本道采访使韦陟嘉其才,辟为支使。

《旧唐书》卷一八五下《吕诬传》

蒋清者,故吏部侍郎钦绪之子。举明经,调补太子校书郎、巩县丞。卢奕留之宪府。

《旧唐书》卷一八七下《蒋清传》

〔李〕彭擢明经第。天宝中,选名臣子可用者,自咸宁丞迁右补阙。

《新唐书》卷一九一《李彭传》

刘迺字永夷,洺州广平人。高祖武干,武德初拜侍中,即中书侍郎林甫从祖兄子也。父如璠,晌山丞,以迺贵赠民部郎中。迺少聪颖志学,暗记六经,日数千言。及长,文章清雅,为当时推重。天宝中,举进士,寻丁父艰,居丧以孝闻。既终制,从调选曹。……其载,补剡县尉。改会稽尉。

《旧唐书》卷一五三《刘迺传》

穆宁,怀州河内人也。……宁清慎刚正,重交游,以气节自任。少以明经调授盐山尉。是时,安禄山始叛,伪署刘道玄为景城守。宁唱义起兵。

《旧唐书》卷一五五《穆宁传》

王纬字文卿,太原人也。祖景,司门员外、莱州刺史。父之咸,长安尉,与昆弟之贲、之涣皆善属文。之咸以纬贵故累赠刺史。纬举明经,又书判入等,历长安尉,出佐使府。

《旧唐书》卷一四六《王纬传》

王纬字文卿,并州太原人。……纬举明经,以书判入等,历长安尉。

《新唐书》卷一五九《王纬传》

〔裴〕佶字弘正,幼能属文。弱冠举进士,补校书郎,判入高等,授蓝田尉。

《旧唐书》卷九八《裴佶传》

〔裴〕佶字弘正，幼能文。第进士，补校书郎，判等高，授蓝田尉。

《新唐书》卷一二七《裴佶传》

赵宗儒字秉文。……父骅，为秘书少监。宗儒举进士，初授弘文馆校书郎。满岁，又以书判入高等，补陆浑主簿。

《旧唐书》卷一六七《赵宗儒传》

赵宗儒字秉文，邓州穰人。……宗儒第进士，授校书郎，判入等，补陆浑主簿。

《新唐书》卷一五一《赵宗儒传》

李郿字建侯，江夏人。北海太守邕之侄孙。父暄，官至起居舍人。郿大历中举进士，又以书判高等，授秘书正字。

《旧唐书》卷一五七《李郿传》

李郿字建侯，……第进士，又以书判高等补秘书省正字。

《新唐书》卷一四六《李郿传》

卫次公字从周，河东人。器韵和雅，弱冠举进士。礼部侍郎潘炎目为国器，擢居上第，参选调。吏部侍郎卢翰嘉其才，补崇文馆校书郎，改渭南尉。

《旧唐书》卷一五九《卫次公传》

〔路随〕父泌字安期，少好学，通五经，尤嗜《诗》《易》《左氏春秋》，能讽其章句，皆究深旨。博涉史传，工五言诗。性端亮寡言，以孝悌闻于宗族。建中末，以长安尉从调，与李益、韦绶等书判同居高第，泌授城门郎。

《旧唐书》卷一五九《路泌传》

路泌字安期，阳平人。博涉经史传，工为五言诗。性端亮寡言，以孝悌闻于宗族。建中末，以长安尉从召，与李益、韦绶等书判同举高第。

《册府元龟》卷六五〇《贡举部·应举》

韦贯之本名纯，以宪宗庙讳，遂以字称。……少举进士。贞元初，登贤良科，授校书郎。秩满，从调判入等，再转长安县丞。

《旧唐书》卷一五八《韦贯之传》

君讳群，字弘之，世为荥阳人。……以进士选吏部，考功所试判为上等，授正字，自鄂县尉拜监察御史，佐鄂岳使。

《韩昌黎文集校注》卷七《唐故朝散大夫
尚书库部郎中郑君墓志铭》

窦易直字宗玄，京兆人。祖元昌，彭州九陇县令。父或，庐州刺史。易直举明经，为秘书省校书郎，再以判入等，授蓝田尉。

《旧唐书》卷一六七《窦易直传》

窦易直字宗玄，京兆始平人。擢明经，补校书郎。十年不应辟，以判入等，为蓝田尉。

《新唐书》卷一五一《窦易直传》

辛秘,系出陇西。贞元中,擢明经第,授华原主簿。以判入等,调长安尉。

《新唐书》卷一四三《辛秘传》

公讳绛,字深之,赵郡人。在贡士中杰然有奇表。既登太常第,又以词赋升甲科。授秘书省校书郎,岁满从调,有司设甲乙问以观决断,复居高品。补渭南尉,擢拜监察御史。

《刘禹锡集》卷一九《唐故相国李公集纪》

〔孔〕戡字文举。……擢明经,书判高等,为校书郎、阳翟尉。

《新唐书》卷一六三《孔戡传》

韦辞字践之。祖召卿,洛阳丞。父翊,官至侍御史。辞少以两经擢第,判入等,为秘书省校书郎。

《旧唐书》卷一六〇《韦辞传》

〔路泌〕后以通经调授润州参军。

《旧唐书》卷一五九《路泌传》

公①讳某,字某。……贞元十二年,进士中第。十六年,平判入等,授集贤殿校书郎。

《樊川文集》卷一四《唐故银青光禄大夫检校礼部
尚书御史大夫充浙江西道都团练观察处置等使上柱国
清河郡开国公食邑二千户赠吏部尚书崔公行状》

---

① 指崔郾。

公受天地粹灵，生而岐然，孩而嶷然。九岁能属文。十五，明经及第。二十四，调判入四等，署秘省校书。二十八，应制策，入三等，拜左拾遗，即日献《教本书》。数月间，上封事六七。宪宗召对，言及时政，执政者疑忌，出公为河南尉。

《元稹集》附录一《唐故武昌军节度处置等

使正议大夫检校户部尚书鄂州刺史兼御史大夫

赐紫金鱼袋赠尚书右仆射河南元公墓志铭》

元稹字微之，河南人。后魏昭成皇帝，稹十代祖也。兵部尚书、昌平公严，六代祖也。曾祖延景，岐州参军。祖悱，南顿丞。父宽，比部郎中、舒王府长史，以稹贵，赠左仆射。

稹八岁丧父。其母郑夫人，贤明妇人也，家贫，为稹自授书，教之书学。稹九岁能属文。十五，两经擢第。二十四，调判入第四等，授秘书省校书郎。二十八，应制举才识兼茂明于体用科，登第者十八人，稹为第一，元和元年四月也。制下，除右拾遗。

《旧唐书》卷一六六《元稹传》

元稹字微之，河南河内人。六代祖岩，为隋兵部尚书。稹幼孤，母郑贤而文，亲授书传。九岁工属文，十五擢明经，判入等，补校书郎。元和元年，举制科，对策第一，拜左拾遗。性明锐，遇事辄举。

《新唐书》卷一七四《元稹传》

崔弘礼字从周，系出博陵，……及进士第，平判异等。灵武李栾表为判官，以亲老不应，更署东都留守吕元膺参谋。

《新唐书》卷一六四《崔弘礼传》

陆亘字景山,吴郡人。祖元明,睦州司马。父持诠,惠陵台令。亘以书判授集贤殿正字、华原县尉。应制举,授万年县丞。

《旧唐书》卷一六二《陆亘传》

〔杨〕敬之字茂孝,元和初,擢进士第,平判入等,迁右卫胄曹参军。

《新唐书》卷一六〇《杨敬之传》

臣[①]幸逢昭代,本自诸生,文以饰身,学实为己,宁韫玉而待贾,窃运甓以私劳。春闱再中于明经,天官一升于判第。

《樊南文集》卷一《为安平公谢除衮海观察使表》

崔戎字可大。……戎举两经登科,授太子校书,调判入等,授蓝田主簿,为藩镇名公交辟。裴度领太原,署为参谋。

《旧唐书》卷一六二《崔戎传》

崔戎字可大,玄暐从孙也。举明经,补太子校书郎。判入等,调蓝田主簿。

《新唐书》卷一五九《崔戎传》

安阳君[②]年十九,一举中进士第,与彭城刘长卿、中山刘眘虚、清河张楚金齐名。……曾孙商隐,以会昌二年由进士第判入等,授秘书省正字。

《樊南文集补编》卷一一《请卢尚书撰曾祖妣志文状》

---

① 指崔戎。
② 指李叔洪。

李频字德新，睦州寿昌人。……大中八年，擢进士第，调秘书郎，为南陵主簿。判入等，再迁武功令。

《新唐书》卷二〇三《李频传》

（二）博学宏词

选人有格限未至，而能试文三篇，谓之"宏词"；……词美者，得不拘限而授职。

《通典》卷一五《选举三·历代制下》

是年①四月，中书奏："礼部贡院申，当司奉今月六日敕，吏部流内铨状申，据白院状申，当司先准礼部贡院牒称，具成德军解送到前进士王蟾状，请罢摄深州司功参军，应宏词举。前件人准格例应重科，合在吏部。其王蟾并解送吏部，请准例指纵者。当司遂具状申堂，奉判送吏部分析近年事例如何者。伏缘近年别无事例，今检《登科录》内，于伪梁开平三年应宏词登科二人，前进士余渥、承旨舍人李愚。考官二人，司勋郎中崔景、兵部员外郎张贻宪者。再具状申堂，奉判送吏部准例指挥者。其前进士王蟾应宏词，考官、试官合在流内铨申请者。前进士王蟾请应宏词，伏自近年以来，无人请应。今详格例，合差考官二人。又缘只有王蟾一人独应，铨司未敢悬便奏请差官者。奉中书门下牒，奉敕，宜令礼部贡院就五科举人考试者。伏以举选公事，皆有格条，准新定格敕文，宏词、拔萃准长庆二年格，吏部差考试官二人与知铨尚书、

_____

① 天成二年。

孙培青文集　第五卷　隋唐五代考试文献集成

侍郎同考试闻奏。又准格节文内,准大和元年十月二十三日敕,
应礼部诸色贡举人及吏部诸色科目选人,凡无出身及未有官,只
合于礼部应举。有出身有官,方合于吏部赴科目选。其请应宏词
举前进士王蟾,当司当年放及第后,寻已开过吏部讫。若应宏词,
例待南曹判成,即是科选,选人事理合归吏部。况缘五科考试官
只考学业,难于同考宏词者。"奉敕:"王蟾宜令吏部准往例差官
考试。"

《册府元龟》卷六四一《贡举部·条制三》

萧昕,河南人。少补崇文进士。开元十九年,首举博学宏辞,
授阳武县主簿。天宝初,复举宏辞,授寿安尉,再迁左拾遗。

《旧唐书》卷一四六《萧昕传》

萧昕,河南人。少补崇文进士。开元十九年,首举博学宏词,
授阳武主簿。天宝初,举宏词,授寿安尉。

《册府元龟》卷六五〇《贡举部·应举》

萧昕字中明,……再中博学宏辞科,调寿安尉,累迁左补阙。

《新唐书》卷一五九《萧昕传》

王昌龄者,进士登第,补秘书省校书郎。又以博学宏词登科,
再迁汜水县尉。不护细行,屡见贬斥,卒。

《旧唐书》卷一九〇下《王昌龄传》

〔王〕昌龄字少伯,江宁人。第进士,补秘书郎。又中宏辞,迁

汜水尉。

《新唐书》卷二〇三《王昌龄传》

〔王〕昌龄字少伯，太原人。开元十五年李嶷榜进士，授汜水尉。又中宏辞，迁校书郎。

《唐才子传校笺》卷二《王昌龄》

〔陶〕翰，润州人。开元十八年崔明允下进士及第。次年，中博学宏辞，与郑昉同时。官至礼部员外郎。

《唐才子传校笺》卷二《陶翰》

孟简字几道，平昌人。天后时同州刺史诜之孙。工诗有名。擢进士第，登宏辞科，累官至仓部员外郎。

《旧唐书》卷一六三《孟简传》

孟简字几道，德州平昌人。……简举进士、宏辞连中，累迁仓部员外郎。

《新唐书》卷一六〇《孟简传》

李华字遐叔，赵州赞皇人。……累中进士、宏辞科。天宝十一载，迁监察御史。

《新唐书》卷二〇三《李华传》

公名华，字遐叔，赵郡人。……开元二十三年，举进士。天宝二年，举博学宏词。皆为科首。由南和尉擢秘书省校书郎。八年①，历

---

① "年"，应为"载"。

伊阙尉。

《毗陵集》卷一三《检校尚书吏部员外郎赵郡李公中集序》

殷践猷字伯起,……少子寅,举宏辞,为太子校书,出为永宁尉。

《新唐书》卷一九九《殷践猷传》

〔李适之〕子季卿,弱冠举明经,颇工文词。应制举,登博学宏词科,再迁京兆府鄠县尉。……大历二年卒,赠礼部尚书。

《旧唐书》卷九九《李季卿传》

李季卿,肃宗朝工部侍郎适之子也。弱冠举明经,颇工文词。应博学宏词科,升第,再选京兆府鄠县尉。

《册府元龟》卷六五〇《贡举部·应举》

杜黄裳字遵素,京兆杜陵人也。登进士第、宏辞科,杜鸿渐深器重之。为郭子仪朔方从事。

《旧唐书》卷一四七《杜黄裳传》

杜黄裳字遵素,京兆万年人。擢进士第,又中宏辞。郭子仪辟佐朔方府。

《新唐书》卷一六九《杜黄裳传》

齐映,瀛州高阳人。父圮,试太常少卿,兼检校工部郎中。映登进士第,应博学宏辞,授河南府参军。

《旧唐书》卷一三六《齐映传》

齐映,瀛州高阳人。举进士、博学宏词,中之,补河南府参军事。

《新唐书》卷一五〇《齐映传》

初,〔杨〕于陵十九登进士第,二十再登博学宏词科,调补润州句容尉。

《旧唐书》卷一七六《杨嗣复传》

卢景亮字长晦,幽州范阳人。……第进士、宏辞,授秘书郎。

《新唐书》卷一六四《卢景亮传》

陆贽字敬舆,苏州嘉兴人。十八第进士,中博学宏辞。调郑尉,罢归。

《新唐书》卷一五七《陆贽传》

陆贽,年十八进士及第。又以博学宏词,授郑县尉。

《册府元龟》卷六五〇《贡举部·应举》

公讳贽,字敬舆,吴郡苏人,溧阳令侃之子。年十八,登进士第。应博学宏辞科,授郑县尉。

《唐陆宣公翰苑集》序

刘从一,中书侍郎林甫之玄孙也。祖令植,礼部侍郎。父孺之,京兆府少尹。从一少举进士,大历中宏词,授秘书省校书郎,以调中第,补渭南尉。

《旧唐书》卷一二五《刘从一传》

〔刘〕令植孙从一，擢进士宏词第，调渭南尉。

《新唐书》卷一〇六《刘从一传》

郑䌹字文明。父羡，池州刺史。䌹少有奇志，好学，善属文。大历中，有儒学高名，张参、蒋乂、杨绾、常衮，皆相知重。䌹擢进士第，登宏词科，授秘书省校书郎、鄠县尉。

《旧唐书》卷一五九《郑䌹传》

郑䌹字文明，……擢进士、宏辞高第。张延赏帅剑南，奏署掌书记。

《新唐书》卷一六五《郑䌹传》

独孤授[①]举博学宏词，吏部考为乙第，在中书覆升甲科，人称其当。

《旧唐书》卷一三七《于邵传》

上亲自考试，用绝请托之门。……上试制科于宣政殿，或有词理乖谬者，即浓笔抹之至尾。如辄称旨者，必翘足朗吟。……宏词独孤绶，所司试《放驯象赋》[②]，及进其本。上自览考之，称叹者久，因吟其句曰："化之式孚，则必受乎来献；物或违性，斯用感于至仁。"上以绶为知去就，故特书第三等。

《杜阳杂编》卷上

---

① "独孤授"，《登科记考》作"独孤绶"。
② 此为大历十四年宏词赋题。

崔损字至无,博陵人。……损大历末进士擢第,登博学宏词科,授秘书省校书郎,再授咸阳尉。

《旧唐书》卷一三六《崔损传》

崔损字至无,系本博陵。大历末,中进士、博学宏辞,补校书郎、咸阳尉。

《新唐书》卷一六七《崔损传》

潘孟阳,礼部侍郎炎之子也。孟阳以父荫进,登博学宏辞科,累迁殿中侍御史,降为司议郎。

《旧唐书》卷一六二《潘孟阳传》

〔潘〕孟阳少以荫,俄登博学宏辞科,补渭南尉,再迁殿中侍御史。

《新唐书》卷一六〇《潘孟阳传》

冯伉,本魏州元城人。父玠,后家于京兆。少有经学。大历初,登五经秀才科,授秘书郎。建中四年,又登博学三史科。三迁尚书膳部员外郎,充睦王已下侍读。……元和四年卒,年六十六,赠礼部尚书。

《旧唐书》卷一八九下《冯伉传》

冯伉,魏州元城人,徙贯京兆。第五经、宏辞,调长安尉。

《新唐书》卷一六一《冯伉传》

刘辟者,贞元中进士擢第,宏词登科,韦皋辟为从事。

《旧唐书》卷一四〇《刘辟传》

刘辟者，字太初，擢进士、宏词科，佐韦皋府。

《新唐书》卷一五八《刘辟传》

〔李〕观字元宾。贞元中，举进士、宏辞，连中，授太子校书郎。……观属文，不旁沿前人，时谓与韩愈相上下。

《新唐书》卷二○三《李观传》

李绛字深之，赵郡赞皇人也。……父元善，襄州录事参军。绛举进士，登宏辞科，授秘书省校书郎。……子璋、顼。璋，登进士第。卢钧镇太原，辟为从事。

《旧唐书》卷一六四《李绛传》

李绛字深之，系本赞皇。擢进士、宏辞，补渭南尉，拜监察御史。

《新唐书》卷一五二《李绛传》

刘禹锡字梦得，彭城人。祖云，父溆，仕历州县令佐，世以儒学称。禹锡贞元九年擢进士第，又登宏辞科。禹锡精于古文，善五言诗，今体文章复多才丽。从事淮南节度使杜佑幕，典记室，尤加礼异。……子承雍，登进士第，亦有才藻。

《旧唐书》卷一六○《刘禹锡传》

初，禹锡既冠，举进士，一幸而中试。间岁，又以文登吏部取士科，授太子校书。

《刘禹锡集》卷三九《子刘子自传》

前乡贡进士欧阳詹,于洛阳旅舍再拜授仆人书,献尚书阁下:……某闽越人,向京师七千里矣。去秋远应直言极谏诏,不逮试便往西秦。今冬将从博学宏词科赴集期。昨至东洛,旧负人钱五万,卒然以逢,某则合还。人又艰迫,唯一驴一马,悉以偿之。赁庑之下,如丧手足,兀然不能出门者。……考试事毕,特冀拜伏。虽有蓄积,庶及面陈。

《欧阳行周文集》卷八《送张尚书书》

李程字表臣,陇西人。父鹔伯。程,贞元十二年进士擢第,又登宏辞科,累辟使府。

《旧唐书》卷一六七《李程传》

李程字表臣,……擢进士宏辞,赋《日五色》,造语警拔,士流推之。调蓝田尉。

《新唐书》卷一三一《李程传》

右按《登科记》:李程,贞元十二年进士,状元及第,十三年①宏词头登科。

《广卓异记》卷一九《举选》

柳宗元字子厚,河东人。……父镇,太常博士,终侍御史。宗元少聪警绝众,尤精《西汉》《诗》《骚》。下笔构思,与古为俦。精裁密致,璨若珠贝。当时流辈咸推之。登进士第,应举宏辞,授校

---

① 据徐松《登科记考》,"十三年"为"十二年"之讹。

书郎、蓝田尉。

《旧唐书》卷一六〇《柳宗元传》

柳宗元字子厚，……第进士、博学宏辞科，授校书郎，调蓝田尉。

《新唐书》卷一六八《柳宗元传》

〔柳〕子厚少精敏，……能取进士第，崭然见头角。……其后以博学宏词授集贤殿正字。

《韩昌黎文集校注》卷七《柳子厚墓志铭》

〔柳〕宗元字子厚，河东人。贞元九年苑论榜第进士。又试博学宏辞，授校书郎，调蓝田县尉，累迁监察御史里行。

《唐才子传校笺》卷五《柳宗元》

张仲方，韶州始兴人。祖九皋，广州刺史、殿中监、岭南节度使。父抗，赠右仆射。仲方伯祖始兴文献公九龄，开元朝名相。仲方，贞元中进士擢第，宏辞登科，释褐集贤校理。

《旧唐书》卷一七一《张仲方传》

〔张〕仲方，……贞元中，擢进士、宏辞，为集贤校理。

《新唐书》卷一二六《张仲方传》

范传正字西老，南阳顺阳人也。……传正举进士，又以博学宏辞及书判皆登甲科，授集贤殿校书郎、渭南尉，拜监察、殿中侍御史。

《旧唐书》卷一八五下《范传正传》

范传正字西老,邓州顺阳人。……传正举进士、宏辞,皆高第,授集贤殿校书郎。

《新唐书》卷一七二《范传正传》

〔吕〕温字和叔,河中人。初从陆贽治《春秋》,梁肃为文章。贞元十四年李随榜及第,中宏辞。与王叔文厚善,骤迁左拾遗。

《唐才子传校笺》卷五《吕温》

王涯字广津,太原人。父晃。涯,贞元八年进士擢第,登宏辞科,释褐蓝田尉。

《旧唐书》卷一六九《王涯传》

王涯字广津,其先本太原人,……涯博学,工属文。往见梁肃,肃异其才,荐于陆贽。擢进士,又举宏辞,再调蓝田尉。

《新唐书》卷一七九《王涯传》

许康佐,父审。康佐登进士第,又登宏词科。以家贫母老,求为知院官,人或怪之,笑而不答。及母亡,服除,不就侯府之辟,君子始知其不择禄养亲之志也,故名益重。……弟尧佐、元佐,尧佐子道敏,并登进士第,历官清显。

《旧唐书》卷一八九下《许康佐传》

许康佐,贞元中举进士、宏辞,连中之。家苦贫,母老,求为知院官,人讥其不择禄。

《新唐书》卷二〇〇《许康佐传》

公讳珣,……嗣子让卿,举进士、博学宏词、能直言极谏,三登甲科,为校书郎。

《权载之文集》卷二三《唐故大中大夫守太子宾客
上柱国襄阳县开国男赐紫金鱼袋罗公墓志铭并序》

至公,以文学策名举进士、宏词,连得俊于春官天官之下,解巾崇文馆校书郎。

《权载之文集》卷二四《唐故尚书工部
员外郎赠礼部尚书王公改葬墓志铭并序》

年殆知天命,甫与计偕至京师,洎博学宏词、直言极谏,凡三登甲科,名动天下。初自典校秘书,连辟汧公北平王二司徒府,管奏记之职。

《权载之文集》卷三三《唐故尚书
比部郎中博陵崔君文集序》

庾敬休字顺之,其先南阳新野人。……敬休举进士,以宏词登科,授秘书省校书郎,从事宣州。旋授渭南尉、集贤校理。

《旧唐书》卷一八七下《庾敬休传》

庾敬休字顺之,邓州新野人。……敬休擢进士第,又中宏辞,

第二章　铨试科目

1215

辟宣州幕府。

《新唐书》卷一六一《庾敬休传》

〔杜〕如晦五世孙元颖，贞元末及进士第，又擢宏词。数从使府辟署。

《新唐书》卷九六《杜元颖传》

族祖天水昭公，以旧相为吏部侍郎，考前进士杜元颖宏词登科。镇南又奏为从事。

《因话录》卷二

杨嗣复字继之，仆射于陵子也。初，于陵十九登进士第，二十再登博学宏词科，调补润州句容尉。……嗣复七八岁时已能秉笔为文。年二十，进士擢第。二十一，又登博学宏词科，释褐秘书省校书郎。

《旧唐书》卷一七六《杨嗣复传》

杨嗣复字继之。……八岁知属文，后擢进士、博学宏辞，与裴度、柳公绰皆为武元衡所知，表署剑南幕府。

《新唐书》卷一七四《杨嗣复传》

李虞仲字见之，赵郡人。祖震，大理丞。父端，登进士第，工诗。……虞仲亦工诗。元和初，登进士第，又以制策登科，授弘文校书。从事荆南，入为太常博士，迁兵部员外、司勋郎中。宝历中，考制策甚精，转兵部郎中、知制诰，拜中书舍人。

《旧唐书》卷一六三《李虞仲传》

李虞仲字见之。……虞仲第进士、宏辞，累迁太常博士。

《新唐书》卷一七七《李虞仲传》

王源中字正蒙。擢进士、宏辞，累迁左补阙。

《新唐书》卷一六四《王源中传》

柳公权与族孙璟，开成中同在翰林，时称"大柳舍人""小柳舍人"。自祖父郎中芳已来，奕世文学，居清列，久在名场淹屈。及擢第，首冠诸生，当年宏词登高科。十余年便掌纶诰，侍翰苑。

《唐语林》卷四《企羡》

崔咸字重易，博陵人。……父锐，位终给事中。咸元和二年进士擢第，又登博学宏词科。郑余庆、李夷简辟为宾佐，待如师友。

《旧唐书》卷一九〇下《崔咸传》

崔咸字重易，博州博平人。元和初，擢进士第，又中宏辞。郑余庆、李夷简皆表在幕府，与均礼。

《新唐书》卷一七七《崔咸传》

〔杨〕汝士字慕巢，元和四年进士擢第，又登博学宏词科，累辟使府。长庆元年，为右补阙。坐弟殷士贡举覆落，贬开江令。

《旧唐书》卷一七六《杨汝士传》

〔杨〕汝士字慕巢。中进士第，又擢宏辞。牛、李待之善，引为中书舍人。

《新唐书》卷一七五《杨汝士传》

〔杨〕虞卿，元和五年进士擢第，又应博学宏辞科。元和末，累官至监察御史。

《旧唐书》卷一七六《杨虞卿传》

杨虞卿字师皋，虢州弘农人。……虞卿第进士、博学宏辞，为校书郎。

《新唐书》卷一七五《杨虞卿传》

王璠字鲁玉。父础，进士，文辞知名。元和五年，擢进士第，登宏辞科。风仪修饰，操履甚坚，累辟诸侯府。

《旧唐书》卷一六九《王璠传》

王璠字鲁玉。元和初，举进士、宏辞皆中，迁累监察御史。

《新唐书》卷一七九《王璠传》

〔高〕锴，元和九年登进士第，升宏辞科，累迁吏部员外。大和三年，准敕试别头进士、明经郑齐之等十八人。榜出之后，语辞纷竞。监察御史姚中立以闻，诏锴审定，乃升李景、王淑等，人以为公。

《旧唐书》卷一六八《高锴传》

〔高〕锴字弱金,连中进士、宏辞科,辟河东府参谋。

《新唐书》卷一七七《高锴传》

河南独孤申步胜冠,举进士、博学宏辞登科,典校秘书。

《皇甫持正文集》卷一《伤独孤赋》

〔柳登〕子璟,字德辉。宝历初,第进士、宏词,三迁监察御史。

《新唐书》卷一三二《柳璟传》

〔韦〕澳字子斐,大和六年擢进士第,又以弘词登科。性贞退寡欲,登第后十年不仕。……周墀镇郑滑,辟为从事。

《旧唐书》卷一五八《韦澳传》

〔韦贯之〕子澳,字子斐,第进士,复擢宏辞。方静寡欲,十年不肯调。……周墀节度郑滑,表署幕府。

《新唐书》卷一六九《韦澳传》

张不疑进士擢第,宏词登科。当年四府交辟,江西李中丞凝、东川李相回、淮南李相绅、兴元归仆射融,皆当时盛府。不疑赴淮南命,到府未几,以协律郎卒。

《唐语林》卷四《企羡》

刘瞻字几之,彭城人。祖昇,父景。瞻,大中初进士擢第。四年,又登博学宏词科,历佐使府。

《旧唐书》卷一七七《刘瞻传》

刘瞻字几之，其先出彭城，后徙桂阳。举进士、博学宏词，皆中。徐商辟署盐铁府，累迁太常博士。

《新唐书》卷一八一《刘瞻传》

〔卢〕简能，……其子知猷，字子谟，中进士第，登宏辞，补秘书省正字。

《新唐书》卷一七七《卢知猷传》

（三）书判拔萃

选人有格限未至，……试判三条，谓之"拔萃"，亦曰"超绝"。词美者，得不拘限而授职。

《通典》卷一五《选举三·历代制下》

公名震，字元振，本太原阳曲人也。……十六入太学，与薛稷、赵彦昭同业。时有家仆至，寄钱四百千以为学粮。……十八，擢进士第，其年判入高等。时辈皆以校书正字为荣，公独请外官，授梓州通泉尉。

《张燕公集》卷二五《兵部尚书国公赠少保郭公行状》

〔王方翼〕子珣，字伯玉，……天授初，珣及进士第，应制科，迁蓝田尉。以拔萃擢长安尉。

《新唐书》卷一一一《王珣传》

孙逖，潞州涉县人。……父嘉之，天册年进士擢第，又以书判拔萃,授蜀州新津主簿,历曲周、襄邑二县令。

《旧唐书》卷一九〇中《孙逖传》

府君讳嘉之,字某,魏郡武水人也。……垂拱、载初之际,始诣洛阳,献书阙下,极论时政,言多抵忤。所如不合,遂投迹太学,托名常调。天册中,以进士擢第,与崔日用、苏晋俱为考功郎中。李迥秀特所标赏。久视初,预拔萃,与邵炅、齐瀚同升甲科,解褐蜀州新津县主簿,又补河南府缑氏县尉,改王屋县主簿。……历洺州曲周、宋州襄邑二县令。秩满之后,遂绝迹人世,屏居园林,怡神太和,以适初愿。

《全唐文》卷三一三《孙逖·宋州司马先府君墓志铭》

齐瀚字洗心,定州义丰人。……圣历初,及进士第,以拔萃调蒲州司法参军。

《新唐书》卷一二八《齐瀚传》

〔裴〕宽性通敏,工骑射、弹棋、投壶,略通书记。……举拔萃,为河南丞,迁长安尉。

《新唐书》卷一三〇《裴宽传》

颜杲卿字昕,……开元中,与兄春卿、弟曜卿并以书判超等,吏部侍郎席豫咨嗟推伏。再以最迁范阳户曹参军。

《新唐书》卷一九二《颜杲卿传》

〔颜〕春卿倜傥美姿仪,通当世务。十六举明经、拔萃高第,调

第二章　铨试科目

犀浦主簿。

《新唐书》卷一九二《颜春卿传》

公姓颜,名真卿,字清臣,小名羡门子,别号应方,京兆长安人也。……年弱冠,开元二十二年进士及第,登甲科。二十四年,吏部擢判入高等,授朝散郎、秘书省著作局校书郎。天宝元年秋,扶风郡太守崔琇举博学文词秀逸。玄宗御勤政楼,策试上第。以其年授京兆醴泉县尉。

《全唐文》卷五一四《殷亮·颜鲁公行状》

张巡,蒲州河东人。兄晓,开元中监察御史。兄弟皆以文行知名。巡聪悟有才干,举进士,三以书判拔萃入等。天宝中,调授清河令。

《旧唐书》卷一八七下《张巡传》

于邵字相门,其先家于代,今为京兆万年人。曾祖筠,户部尚书。邵天宝末进士登科,书判超绝,授崇文馆校书郎。

《旧唐书》卷一三七《于邵传》

于邵字相门,其先自代来,为京兆万年人。天宝末,第进士,以书判超绝,补崇文校书郎。

《新唐书》卷二〇三《于邵传》

于邵,天宝中举进士。岁中,以书判①超绝流辈,授崇文馆

---

① "判",原本作"制",据《旧唐书》卷一三七《于邵传》改。

较书。

《册府元龟》卷六五〇《贡举部·应举》

卢迈字子玄,范阳人。少以孝友谨厚称,深为叔舅崔祐甫所亲重。两经及第,历太子正字、蓝田尉。以书判拔萃,授河南主簿,充集贤校理。

《旧唐书》卷一三六《卢迈传》

卢迈字子玄,河南河南人。性孝友。举明经入第,补太子正字。以拔萃调河南主簿、集贤校理。

《新唐书》卷一五〇《卢迈传》

李巽字令叔,赵郡人。少苦心为学,以明经调补华州参军,拔萃登科,授鄠县尉。

《旧唐书》卷一二三《李巽传》

李巽字令叔,赵州赞皇人。以明经补华州参军事,举拔萃,授鄠尉。

《新唐书》卷一四九《李巽传》

顾少连字夷仲,苏州吴人。举进士,尤为礼部侍郎薛邕所器,擢上第,以拔萃补登封主簿。

《新唐书》卷一六二《顾少连传》

大历中,陇西李生名益,年二十,以进士擢第。其明年,拔萃侯试于天官。夏六月,望长安,舍于新昌里。……其后年春,生以书判拔萃登科,授郑县主簿。

《霍小玉传》

公讳贽,字敬舆,吴郡苏人。溧阳令侃之子。年十八,登进士第。应博学宏辞科,授郑县尉。非其好也。省母归寿春,……是岁,以书判拔萃,调渭南簿,御史府以监察换之。德宗皇帝春宫时知名,召对翰林,即日为学士。由祠部员外转考功郎中。

《唐陆宣公翰苑集》序

郑珣瑜字元伯,郑州荣泽人。……大历中,以讽谏主文科高第,授大理评事,调阳翟丞,以拔萃为万年尉。

《新唐书》卷一六五《郑珣瑜传》

范传正字西老,南阳顺阳人也。父伦,户部员外郎,与郡人李华敦交友之契。传正举进士,又以博学宏辞及书判皆登甲科,授集贤殿校书郎、渭南尉,拜监察、殿中侍御史。

《旧唐书》卷一八五下《范传正传》

韦温字弘育,京兆人。祖肇,吏部侍郎。父绶,德宗朝翰林学士,以散骑常侍致仕。绶弟贯之,宪宗朝宰相,自有传。温七岁时,日念《毛诗》一卷。年十一岁,应两经举登第。释褐太常寺奉礼郎。以书判拔萃,调补秘书省校书郎。时绶致仕田园,闻温登第,愕然曰:"判入高等,在群士之上,得非交结权幸而致耶?"令设席于庭,自出判目试两节。温命笔即成,绶喜曰:"此无愧也。"调授咸阳尉。

《旧唐书》卷一六八《韦温传》

〔韦〕温字弘育。方七岁,日诵书数千言。十一,举两经及第,以拔萃高等,补咸阳尉。

《新唐书》卷一六九《韦温传》

崔珙,其先博陵人。……珙为人有威重,精吏治,以拔萃异等,累擢至泗州刺史。

《新唐书》卷一八二《崔珙传》

郑肃,荥阳人。祖烈,父阅,世儒家。肃苦心力学。元和三年,擢进士第,又以书判拔萃,历佐使府。

《旧唐书》卷一七六《郑肃传》

郑肃字乂敬,其先荥阳人,以儒世家。肃力于学,有根柢。第进士、书判拔萃,补兴平尉。

《新唐书》卷一八二《郑肃传》

卢商字为臣,范阳人。祖昂,澧州刺史。父广,河南县尉。商,元和四年擢进士第,又书判拔萃登科。少孤贫力学,释褐秘书省校书郎。

《旧唐书》卷一七六《卢商传》

〔卢〕商字为臣,……举进士、拔萃,皆中。由校书郎佐宣歙、西川幕府。

《新唐书》卷一八二《卢商传》

卢钧字子和，本范阳人。祖炅，父继。钧，元和四年进士擢第，又书判拔萃，调补校书郎，累佐诸侯府。

《旧唐书》卷一七七《卢钧传》

卢钧字子和，系出范阳，徙京兆蓝田。举进士中第，以拔萃补秘书正字。从李绛为山南府推官，调长安尉。

《新唐书》卷一八二《卢钧传》

李珏字待价，赵郡人。父仲朝。珏进士擢第，又登书判拔萃科，累官至右拾遗。

《旧唐书》卷一七三《李珏传》

李珏字待价，其先出赵郡，客居淮阴。幼孤，事母以孝闻。甫冠，举明经，李绛为华州刺史，见之，曰："日角珠廷，非庸人相，明经碌碌，非子所宜。"乃更举进士高第。河阳乌重胤表置幕府。以拔萃补渭南尉，擢右拾遗。

《新唐书》卷一八二《李珏传》

崔龟从字玄告，清河人。祖璜，父诚，官微。龟从，元和十二年擢进士第，又登贤良方正制科及书判拔萃二科，释褐拜右拾遗。

《旧唐书》卷一七六《崔龟从传》

大中时，又有宰相崔龟从，字玄告，初举进士，复以贤良方正、拔萃，三中其科，拜右拾遗。

《新唐书》卷一六〇《崔龟从传》

〔杨〕发字至之，大和四年登进士第，又以书判拔萃，释褐校书郎、湖南观察推官，再辟西蜀从事。入朝为监察，转侍御史，累迁至礼部郎中。大中三年，改左司郎中。

《旧唐书》卷一七七《杨发传》

〔杨〕收兄发，字至之，登进士，又中拔萃，累官左司郎中。

《新唐书》卷一八四《杨发传》

毕诚者，字存之，郓州须昌人也。……少孤贫，燃薪读书，刻苦自励。既长，博通经史，尤能歌诗。端悫好古，交游不杂。大和中，进士擢第，又以书判拔萃，尚书杜悰镇许昌，辟为从事。……子绍颜、知颜，登进士第，累历显官。

《旧唐书》卷一七七《毕诚传》

毕诚字存之，……大和中，举进士、书判拔萃，连中。辟忠武杜悰幕府。

《新唐书》卷一八三《毕诚传》

〔杜〕审权字殷衡，第进士，辟浙西幕府。举拔萃中，为右拾遗。

《新唐书》卷九六《杜审权传》

李蔚字茂休,系本陇西。举进士、书判拔萃,皆中,拜监察御史,擢累尚书右丞。

《新唐书》卷一八一《李蔚传》

李商隐字义山,怀州河内人。……商隐幼能为文。令狐楚镇河阳,以所业文干之,年才及弱冠。楚以其少俊,深礼之,令与诸子游。楚镇天平、汴州,从为巡官,岁给资装,令随计上都。开成二年,方登进士第,释褐秘书省校书郎,调补弘农尉。会昌二年,又以书判拔萃。王茂元镇河阳,辟为掌书记,得侍御史。……弟羲叟,亦以进士擢第,累为宾佐。

《旧唐书》卷一九〇下《李商隐传》

李商隐字义山,怀州河内人。……开成二年,高锴知贡举,令狐绹雅善锴,奖誉甚力,故擢进士第。调弘农尉,……又试拔萃,中选。王茂元镇河阳,爱其才,表掌书记,以子妻之,得侍御史。

《新唐书》卷二〇三《李商隐传》

郑畋字台文,荥阳人也。曾祖邻、祖穆、父亚,并登进士第。亚字子佐,元和十五年擢进士第,又应贤良方正直言极谏制科,吏部调选,又以书判拔萃,数岁之内,连中三科。聪悟绝伦,文章秀发。……畋年十八,登进士第,释褐汴宋节度推官,得秘书省校书郎。二十二,吏部调选,又以书判拔萃授渭南尉、直史馆事。

《旧唐书》卷一七八《郑畋传》

郑畋字台文,系出荥阳。父亚,字子佐。爽迈有文,举进士、贤良方正、书判拔萃,三中其科。李德裕为翰林学士,高其才,及守浙西,辟署幕府。

《新唐书》卷一八五《郑畋传》

郑畋,亚子也。年十八,登进士第,释褐汴州节度推官,得秘书省校书郎。二十二,吏部调选,又以书判拔萃,授渭南尉、直馆事。

《册府元龟》卷六五〇《贡举部·应举》

〔柳〕玭应两经举,释褐秘书正字。又书判拔萃,高湜辟为度支推官。逾年,拜右补阙。

《旧唐书》卷一六五《柳玭传》

〔柳〕玭以经明补秘书正字,由书判拔萃,累转左补阙。

《新唐书》卷一六三《柳玭传》

第三章

铨试内容与形式

一、 总叙

自周隋以来，选部率以书判取士，海内之所称服者，二百年间，数人而已。

《全唐文》卷四二〇《常衮·叔父故礼部员外郎墓志铭》

初，吏部选才，将亲其人，覆其吏事，始取州县案牍疑议，试其断割，而观其能否，此所以为判也。按：显庆初，黄门侍郎刘祥道上疏曰："今行署等劳满，唯曹司试判，不简善恶，雷同注官。"此则试判之所起也。后日月浸久，选人猥多，案牍浅近，不足为难，乃采经籍古义，假设甲乙，令其判断。既而来者益众，而通经正籍又不足以为问，乃征僻书、曲学、隐伏之义问之，惟惧人之能知也。佳者登于科第，谓之"入等"；其甚拙者谓之"蓝缕"，各有升降。选人有格限未至，而能试文三篇，谓之"宏词"；试判三条，谓之"拔萃"，亦曰"超绝"。词美者，得不拘限而授职。

《通典》卷一五《选举三·历代制下》

······四曰判。每试判之日,皆平明集于试场,试官亲送,侍郎出问目,试判两道。或有糊名,学士考为等第。或有试杂文,以收其俊义。

《唐六典》卷二《尚书吏部》

乾封三年十月,敕:司戎诸色考满,又选司诸色考满入流人,并兼试一经一史,然后授官。

《唐会要》卷七五《选部下·杂处置》

武后以史部选人多不实,乃令试日自糊其名,暗考以定等第。判之糊名,自此始也。

《隋唐嘉话》下

周天官选人沈子荣诵判二百道,试日不下笔。人问之,荣曰:"无非命也。今日诵判,无一相当。有一道颇同,人名又别。"至来年选,判水碨,又不下笔。人问之,曰:"我诵水碨,乃是蓝田,今问富平,如何下笔?"闻者莫不抚掌焉。

《朝野金载》卷四

天册元年十月二十二日,敕:"品藻人物,铨综士流,委之选曹,责成斯在。且人无求备,用匪一途。理当才地并升,轮辕兼授,或收其履历,或取其学行。糊名考判,立格注官,既乖委任之方,颇异铨衡之术。朕厉精思化,侧席求贤,必使草泽无遗,方员曲尽。改弦易调,革故鼎新,载想绲熙之崇,式伫清通之效。其常选人自今已后,宜委所司依常例铨注。其糊名入试,及令学士考判,宜停。"

《唐会要》卷七五《选部下·杂处置》

〔开元〕十五年九月，敕："今年吏部选人，宜依例糊名试判，临时考第奏闻。"

《唐会要》卷七五《选部下·杂处置》

后唐天成三年八月，中书舍人刘赞奏："请令选人依旧试判。"从之。

《五代会要》卷二二《杂处置》

其年①十月三日，敕："访闻每年及第举人，牒送吏部关试，判题虽有，判语全无，只见各书未详，仍或正身不至。如斯乖谬，须议去除。此后应关送举人，委南曹官吏准格考试，如是进士并经学及第人，曾亲笔砚，其判语即须缉构文章，辨明治道。如是无文章，许直书其事，不得只书未详。如关试时正身不到，又无请假字，即牒贡院申奏停落。"

《五代会要》卷二三《缘举杂录》

〔后唐天成〕五年二月九日，敕："近年文士，轻视格条，就试时疏于帖经，登第后耻于赴选。宜绝躁求之路，别开奖劝之门。其进士科已及第者，计选数年满日，许令就中书陈状，于都堂前各试本业诗赋判文。其中才艺灼然可取者，便与除官，如或事业不甚精者，自许准添选。"

《旧五代史》卷一四八《选举志》

长兴元年八月三日，尚书吏部据礼部贡院牒称："送到附试请

① 后唐天成三年。

应书判拔萃,前虢州卢氏县主簿张岫对六节判,四通二粗,准例入第五等上。其所试判,今录奏闻。"

《五代会要》卷二二《宏词拔萃》

其年^①十月,中书奏:"吏部流内铨诸色选人,先条流试判两节,并委本官优劣等第申奏。文优者宜超一资注拟,其次者宜依资,更次者以同类官注拟,所以励援毫之作,亦不掩历任之劳。其或于理道全疏者,以人户少处州县同类官中比拟,仍准元敕,业文者任征引古今,不业文者但据公理判断可否。不当,罪在有司。兼诸色选人,或有元通家状,不实乡里名号,将来赴选者,并令改正,一一竖本贯属乡,兼无出身,一奏一除官等,宜并不加选限。"从之。

《旧五代史》卷一四八《选举志》

〔后〕晋天福二年十月,敕:"选人试判二道。"

《五代会要》卷二二《杂处置》

二、 命题

国初因隋制,以吏部典选,主者将视其人,核之吏事,始取州、县、府、寺疑狱,课其断决,而观其能否。此判之始焉。

《大唐新语》卷一〇《厘革》

宏词独孤绶,所司试《放驯象赋》,及进其本,上自览考之,称叹者久,因吟其句曰:"化之式孚,则必受乎来献;物或违性,斯用

---

① 长兴元年。

感于至仁。"上以绶为知去就，故特书第三等。先是，代宗朝文单国累进驯象三十有二，上即位，悉令放之于荆山之南。而绶不辱其受献，不伤放弃，故赏其知去就焉。

《杜阳杂编》卷上

三、 各类试题与试卷

（一） 博学宏词诗

皎洁澄泉水，荧煌照乘珠。沉非将宝契，还与不贪符。风折璇成浪，空涵影似浮。深看星并入，静向月同无。光价怜时重，亡情信道枢。不应无胫至，自为暗投殊。

《文苑英华》卷一八六《独孤良器·沉珠于渊》

至道归淳朴，明珠被弃捐。失真来照乘，成性却沉泉。不是灵蛇吐，犹疑合浦旋。岸旁随日落，波底共星悬。致远终无胫，怀贪遂比肩。欲知恭俭德，所宝在唯贤。

《文苑英华》卷一八六《独孤绶·沉珠于渊》①

春仲令初吉，欢娱乐大中。皇恩贞百度，宝尺赐群公。欲使方隅法，还令规矩同。捧观珍质丽，拜受圣心崇。如荷丘山重，恩酬方寸功。从兹度天地，与国庆无穷。

《文苑英华》卷一八〇《陆复礼·中和节诏赐公卿尺》

---

① "沉珠于渊"，因避唐讳，又作"沉珠于泉"。据徐松《登科记考》，此为大历十四年博学宏词诗题。

阳和行庆赐，尺度为臣工。宠荷乘佳节，倾心立大中。短长恩合制，远近贵相同。共荷裁成德，将酬分寸功。作程施有用，垂范播无穷。愿续延洪寿，千春奉圣躬。

《文苑英华》卷一八○《李观·中和节诏赐公卿尺》

淑景风光媚，皇明宠赐重。具寮颁玉尺，成器幸良工。岂止寻常用，将传度量同。人何不取则，物亦赖其功。紫翰宣殊造，丹诚励匪躬。奉之无失坠，恩泽自天中。

《文苑英华》卷一八○《裴度·中和节诏赐公卿尺》①

寒日临清昼，寥天一望时。未消埋迳雪，先暖读书帷。属思光难驻，舒情影若遗。晋臣曾比德，谢客昔言诗。散彩宁偏照，流阴信不追。余辉如可就，回烛幸无私。

《文苑英华》卷一八一《陈讽·冬日可爱》

宿雾开天霁，寒郊见初日。林疏照逾远，冰轻影微出。岂假阳和气，暂忘玄冬律。愁抱望自宽，羁情就如失。欣欣事几许，曈曈状非一。倾心傥知期，良愿自兹毕。

《文苑英华》卷一八一《庾承宣·冬日可爱》②

常爱凌寒竹，坚贞可喻人。能将先进礼，义与后凋邻。冉冉犹全节，青青常有筠。陶钧二仪内，柯叶四时春。待凤花仍吐，停

① "中和节诏赐公卿尺"，为贞元八年博学宏词科诗题。
② "冬日可爱"，为贞元十年博学宏词科诗题。

第三章　铨试内容与形式

霜色更新。方持不易操,对此欲观身。

共爱东南美,青青叹有筠。贞姿众木异,秀色四时均。枝叶
当无改,风霜岂惮频。虚心如待物,劲节自留春。鲜润期栖凤,婵
娟可并人。可怜初箨卷,粉泽更宜新。

东南生绿竹,独美有筠箭。枝叶讵曾凋,风霜孰云变。偏宜
林表秀,多向岁寒见。碧色乍葱茏,青光常蒨练。皮开凤彩出,节
劲龙文见。爱此守坚贞,含歌属时彦。

精庐惭夜景,天宇灭埃氛。幽磬此时击,余音几处闻。随风
树杪去,支策月中分。断绝如残漏,凄清不隔云。羁人方罢梦,独
雁忽迷群。响尽河汉落,千山空纠纷。

《文苑英华》卷一八四《独孤申叔·终南精舍月中闻磬》

月中禅室掩,幽径净昏氛。思入空门妙,声从觉路闻。泠泠
流众壑,杳杳出重云。天籁疑难辨,霜钟讵可分。偶来依法界,便
欲谢人群。竟夕听真响,荷花积露文。

② "终南精舍月中闻磬",为贞元十五年博学宏词科诗题。

礼圣来群彦，观光在此时。闻歌音乍远，合乐和还迟。调朗能偕竹，声微又契丝。轻泠流簨簴，缭绕动缨緌。九变将随节，三终必尽仪。国风由是正，王化自雍熙。

《文苑英华》卷一八四《吕炅·贡举人谒先师闻雅乐》

蔼蔼观光士，来同鹄鹭群。鞠躬遗像在，稽首雅歌闻。度曲飘清汉，余音遏晓云。两楹凄已合，九仞杳难分。断续同清吹，洪纤入紫氛。长言听已罢，千载仰斯文。

《文苑英华》卷一八四《王起·贡举人谒先师闻雅乐》[1]

（二）博学宏词赋

《易》穷则变，变则乃通。二气相感，万物初蒙。拆于阳甲，化于阴风。彼君臣有际会，屠钓无终穷。其未遇也，如兽之槛，如禽之笼。其合德也，起阿衡于莘媵，获太师于渭翁。睹公孙之发迹，知汉帝之尊崇。堙厄则异，元亨则同。火有炎光，木有根柢。寒者斯附，暑者蒙蔽。苟得其所，亦为大惠。动必有获，自然之势。抑折节以下人，亦开国而来诣。衣布被以薄己，散金帛以赒济。近乎仁者之心，与裘马而俱弊。以光招贤之策，不失终身之计。故能多士爰处，佥谋是行。拓南蛮之徼，增朔方之城。大启侯国，载扬天声。与夫嗤嗤以致诮，孰若兢兢而立名。僭上则差，逼下则鄙。反坫谁咎，豚肩陋矣。或俭奢而得中，即达人之至理。嗟服勤以抗节，在庶几乎君子。璞玉在山，白虹在上。精灵不隐，物

① “贡举人谒先师闻雅乐”，为贞元十九年博学宏词科诗题。

理相畅。君任下以不疑，臣荐贤以答贶。失之者丧，得之者王。况乎左右股肱，举尔无妄！道有兴废，人亦焉庾？屈之则否，伸之则休。不正其名，亦去其实。宾阁既关，拥门自佚。使贤丑错杂而不分，登驽骀于招士之室。喟然宣父，悲之已久。觊相府之可依，铭盛德于不朽。

《文苑英华》卷六九《王昌龄·公孙弘开东阁赋》

客有海上浴德，淄川养蒙。业因才进，位以经通。当汉皇之有道，登股肱于此公。顺天招物，德盛声崇。接士于衡门之下，起阁于相府之东。阳荣纳日，阴户生风。尔其建高规，起崇制，檐宇深静，垣墙闭卫。取木非南涧之才，延宾乃北山之滞。访善不日，驯道以岁。其选器也，则收用而弃瑕；其进德也，则取材而远势。故能克遏厥声，休绩莫京。宴私则布衣韦带，自公惟脱粟菜羹。服之而德以廉耻，食之而心以和平。岂粱肉夏屋，而宾实之名哉？则知厚内者德先，薄外者事理。身正则远怨，心邪则近耻。固恶盈而守冲，诚见足而知止。太常居甲第之日，丞相作封侯之始。是以作汉名相，惠音流畅。诚前哲之用心，岂后贤之觖望。及夫人殁政绝，阁废道休，俾马厩之是宅，奚人德之不修。言念于此，我心其瘳。故知道劣者事微，徇名者失实。奚量才之远近，宁比迹于劳逸。

《文苑英华》卷六九《李琚·公孙弘开东阁赋》

君立相以道崇，相辅仁而协同。庶绩多士，允厘百工。始于其家，且有招贤之义；刑于四海，大启尚贤之风。猗乎哉！汉武照临之秋，孙弘辅弼之岁，能好善以逮下，不恃贵而怙势。子兴视夜，届宾阁而犹开；莺鸣在春，知贤路之不蔽。道有行止，时有兴废。虽盛明多士，乃知人则下第。遇风雨而不易，将安乐以无替。善乎立身，谁为之继？夫拔茅者利其汇征，开阁者求其友生。茅思同茹，友贵同荣。故秩秩执初筵之礼，丁丁谐伐木之声。在贵则勿遗乎贱，于旧而孰能无情？况阁可以备时之燥湿，相可以为君之听视。贤是斯来，宾是攸止。升降出入，温柔之始。脱粟布被，虽逢汲黯之嗤；下荐上闻，竟遇汉皇之美。况亲仁而又崇此，亦存乎下理。动不为妄，德风遐畅。善固有由，仁声允休。岂比夫汉臣崇奢，后堂空罗夫妓乐；齐相为隘，累年不易其狐裘者哉！惟其人心，酌乎故实。德不遐弃，敬之终吉。然后知扫门者亦孔之丑，望尘者未离乎咎。当效平津而延宾，知可大而可久。

《文苑英华》卷六九《杨谏·公孙弘开东阁赋》

千载之下，凛然清风。才生于代，道积厥躬。洎十五而达，为百夫之雄。时然后遇，否极斯通。贱不忧贫，牧豕之心在；贵而好我，招贤之德崇。招贤伊何，东阁不闭。常虚怀以应物，每趋风以接袂。屈己于士，德必不孤。应以同声，冥而合契。爰符礼以为食，不倨贤而恃势。故门多长者之辙，奄有辉光；座必非常之人，亘以年岁。岂徒开阁于假日之中，抑亦留心于接应之际？道不虚行，有闻无声。方积善以志其大，匪饰非以外其情。故人得盛大之誉，馆得招贤之名。欣其托身之先，美其投足之始。名以才著，高因下起。槐市居尊，柏台是履。多士拭目，群英倾耳。犹尚德以尊贤，将兴化以致治。岂比夫郑驿迎而为贤，陈榻解而称美？然以匪阶而迁，任道而畅。自家刑国，封侯作相。不出十年之中，独立群贤之上。钦若前哲，惟德之休。其仪棣棣，其政优优。知足则止，辞荣而归顺；好贤不倦，垂范而空留。且资以时须，贤为代出。得之者则政举，失之者则政佚。安得不开阁以崇敬，祛繁华而摭实？谁其嗣之，代何不有？惟秉钧与当轴，宜钦风而善诱。庶斯道之不亏，信昭彰而可久。

《文苑英华》卷六九《韩液·公孙弘开东阁赋》①

圣人守公器，膺大宝，下顺乎黔黎，上法乎玄造。天且不言而亲于德，星有同色兮应以道。日月既运，欃枪必扫。近接唐尧，远征太昊。惠化已敷于万国，降精何惭于五老？若乃二仪覆载，七曜回旋，运行有准，次舍有躔。或以璧合，或以珠联。更水火之启闭，遝金木而推迁。且镇也者，配万象以时应，周四序以功全。德位居中，混仪之人事著矣；色黄主土，国家之王气在焉。故岁以春而布令，辰以冬而候宣。荧惑奉炎于夏日，太白御煞于秋天。皆青白各尔，赤黑自然。忽与土而同色，瑞我皇之应乾。逖览传记，遐征休咎。阴数六，阳数九。上苍降精，玄象所守。事须合于往契，政必由乎厥后。二仪交泰兮，自古同休；五星辉彩兮，当今信有。天下欢洽，百姓殷阜。况运昌兮属乎羲轩，叙岁稔兮逢乎申酉。且夫据大号，宝鸿名，既资乎日角，亦禀乎星精。然后征符瑞，叶休祯。天虽高兮，取则不远；象既设兮，其应甚明。观五曜之同质，审四序之有成。则知圣能法天，天能瑞圣，君臣合作，远近相庆。德迈乎古今，道洽乎歌咏。信五星之一色，乃昊天之眷命。

《文苑英华》卷八《张叔良·五星同色赋》

---

① "公孙弘开东阁赋"，为开元二十二年博学宏词科赋题。

大仪设象,下土是保。作炯戒于人主,垂吉凶于穹昊。咎厥失政,休厥有道。盈缩之分足推,进退之心可考。或主德而有功必祐,或主法而有罪必讨。为天之佐兮融融,作乾之纬兮杲杲。若乃从横天宇,经纪星躔,光芒井口,煜燿斗边,乍聚乍散,或离或连。分道则荧荧冰散,周流乃点点珠圆。其动也直,其静也专。道浊则失位,时清则色妍。岂比夫二使独能承命,七纪徒为丽天者也!今我后运乾之符,握坤之纽,表正万方,肇康九有。启土继圣,乃人和而岁阜;顺时立政,故天长而地久。所以有伦有次,不淫不守。光光兮作邦之孚,崇崇兮作圣不朽。故我后修五礼,偃五兵,君臣一德,歌舞以行。斯仓斯廪,如坻如京。玉衡正,太阶平。遂使金也、水也,不能知白而守黑;木也、火也,不能全曜而自贞。乃并用而丕变,与黄中而同明。东为四方之首,胡不与岁而同色?水为五行之长,胡不助神以同荣?繄土也,是我皇之休运,乃昊天而有成。且玉烛常明,霜天若镜,邻月魄而璀灿,落天津而隐映。朝临日道,助我后夙兴之勤思;暮入天枢,表圣皇夜寐之勤政。有以见日月之贞观,有以见天地之宝命。暂逢急景之时,更作重晖之咏。

《文苑英华》卷八《崔淙·五星同色赋》[1]

彼炎荒兮,王国是宾;此驯象兮,越俗所珍。化之式孚,则必受其来献;物或违性,所用感于至仁。吾君于是诏掌兽之官,谕如天之意。惟越献象,不远而致。推己于物,曾何以异?徒见弭雄姿而屈猛志,安知不怀其土而感其类?揆夫国用,刍豢之费则多;

---

[1]　"五星同色赋",为大历四年博学宏词科赋题。

许以方来，道途之勤亦至。与其绁之而厚养，孰若纵之而自遂？且彼集于禁林，我则有五色九苞之禽；在于灵囿，我则有双骼共骶之兽。何必致远物于外区，崇伟观于皇都？是用返诸林邑之野，归尔梁山之隅。时在偃兵，岂婴乎燧尾？上惟贱贿，宁恤乎焚躯。非同委弃，罔或踟蹰。知拜跪兮则有，谢渥恩兮岂无？复得顾侣求群，跨川登陆，食丰草以垂鼻，出平林而瞪目。逍遥乎存存之乡，保守乎生生之福。怀仁初就于牵挚，顺理竟资于亭育。游乎水同反身之龟，处乎山异放麛之鹿。大道兹始，淳风不遏。感以和乐，亦参乎百兽率舞；躯之仁寿，宁阻乎四海为家。奚必充帝庭之实，驾鼓吹之车，然后可以为国华者哉！由是圣心孚于下国，物靡不获其所，化乃允臻其极。放一兽而庶类知归，遂四方而万代作则。彼周驱犀象，汉放骏马，未可论功而校德。

《文苑英华》卷一三一《独孤授①·放驯象赋》

皇上御宝，历之惟新，阐乾符，发坤珍。德被华夷，敷云雨之广泽；恩及飞走，含天地之全仁。乃却走马以反素，斥驯象而不异。非耳目之可役，同宝玉之遐弃。放之于无人之境，归之于不毛之地。或群或友，伊饮龁之无虞；载寝载兴，信生成之自遂。解网之惠无闻，放麛之仁克类。然后以儒为林，毓贤哲以为禽；以道为囿，利忠良以为兽。亮功格于人神，德齐于宇宙。是由化与泽俱，仁与道符。贤为其宝，太康之训不作；兽用不扰，虞人之箴遂无。徇物之情允著，好生之德式孚。可以顺天然，可以遂亭育。既绝燧尾之患，不虞焚身之戮。去狂顾于人寰，徇野心于林麓。

① "独孤授"，《登科记考》作"独孤绶"。

伊昔汉氏,惟其晋家。焚翟头之裘于前殿,却千里之马于后车。犹自飏休垂美,有闻无哗。况我一人,温恭允塞。本忽之而勿营,非欲之而复抑。往籍之所未睹,前王之所不克。诚可以怀四夷,柔万国者也。

《文苑英华》卷一三一《独孤良器·放驯象赋》①

嘉大乐之同和,惟上帝之申锡。岂功成之可致,必神遇而来觌。吉梦足征,奇音无敩。爰升天表,备听乎缴如绎如;方悟人间,徒闻乎击石拊石。想夫秦穆、赵简,游魂太清。下连霄而无觉,上和奏而有声。感之深,殊九变之曲;神而化,异三代之名。则知昭假于下,潜通在上。俾昼作夜,既尚寐而冥蒙;好乐无荒,乃克谐而浏亮。翕然并作,隐尔尽畅。所以娱其精诚,所以涤夫昏妄。既而受天锡,降天衢。空惚恍于冲漠,犹仿佛于虚无。余响惜惜而在听,抚躬眇眇而异途。原夫育万灵,腾九有。纵未央之娱乐,表不息之悠久。永为二主,观乐钧天。假梦中之高会,岂邦内之欢然? 未若我皇,冲一气而独运,协六律而相宣。发善令为钟鼓,播仁声于管弦。将兴庆于乾坤之内,非取乐于耳目之前。不识不知,顺天之道。傍流喜气,宁候于铿锵;尽得欢心,讵资于击考? 斯乃常闻于率土,不闷于重霄。致中和而广被,诚教化之孔昭。是曰钧天之乐也,又何《万舞》之与《九韶》?

《文苑英华》卷七三《裴度·钧天乐赋》

何上天之默默,有钧天之可名? 盖德至而则至,从无声而有

声。和乐发音，与梦寐而潜契；精诚自感，何耳目之能营？懿乎玄德升闻，天降灵贶。匪同乎搏拊之和，岂在乎霄云之上？感夫心志，达乎肌肤。都万物而有喜，闻九奏而可娱。其静也寂寂，其动也于于。异霜天之钟应，同汉月之山呼。盼响兮乍有，杳冥兮若无。表穆公之休烈，为简子之祥符。以遨以游，实我之独得；不考不击，岂他人之是愉？惟兹至乐，信夫玄造。非天私于二君，惟天响于有道。不然，何融融泄泄，发于自然，万籁不杂，八音相宣？且降惧以入梦，知惟德之动天。实深乎骨髓之内，岂专于视听之前？惟寤语之有说，何言词之能全？至哉无金石之迭代，无宫商之先后。忽变化于合漠，韵铿锵于妙有。既登不死之福庭，自谐保生之仁寿。则知夫天可通兮，道可守。自感应之无差，知影响之不苟。降鉴匪遥，德音孔昭。鄙未善之周《武》，甚尽美之虞《韶》。岂独聆之兮四肢酣畅，感之兮心神洗涤？将使道德之不昧，必受如斯之殊锡者也。

《文苑英华》卷七三《陆复礼①·钧天乐赋》

异哉天帝之乐，其可闻乎？美矣盛矣，神夫至夫。谓其有不见其有，谓其无不见其无。是惟德盛者能感，匪词工者足愉。故昔秦穆之寐也，去乎人间，即乎天上。豁若有遇，杳若无妄。太音嘈兮交作，上帝俨以延望。百神纷纭而齐赴，万变合沓而殊状。日月正其东西，星辰分其背向。乃有地祇上谒，天仙下朝。奕奕翩翩，霓裳羽盖之荟集；砰砰磕磕，撞钟击鼓之相嚣。舞之者偅偅而中节，歌之者泄泄而匪骄。其疾武足畏，其徐文足昭。遇之以

神，殊季札之观鲁乐，而忘味类宣尼之听《韶》。是知穷深极厚，于何不有？罕见其真，莫寻其首。德声及于无外，协气积于虚受。骇矣乎乐以和，和之至而天用作，天之神而乐克宣。其动也与元气迭运，其静也与太虚相全。噫乎哉，不可阶升者天道，但见夫乘虚蹑浩。乍如周文之梦，实异季路之祷。获睹天乐之和罗，神工之击考。是天之所合，道不虚行。九奏未终，初疑八佾；三叹既退，方异《六英》。徒观夫铿锵之内响，优柔之正声。六幽为之震魄，七曜为之重晶。而莫识其曲，达其情。既觉既悟，如喜如戚。天乐之遗音在耳，天神之仿像犹觌。顾何德而承之，受祉于天锡。

《文苑英华》卷七三《李观·钧天乐赋》[1]

　　乐者所以谐万国，舞者所以节八风。故玄宗致[2]《紫极》之舞，朝太清之宫。俾观舞以知德，德以容备；省风以作乐，乐以文同。吾君缵道纪，修祖功，将有事以朝献，必斯舞之是崇。方其一人在庭，群后列位，奉常执礼以恭命，太乐陈仪而藏事，望圣主以龙升，见舞童而麇至。舞之作矣，应其度而展其容；乐乃遍焉，动于天而蟠于地。其始也，顾步齐进，蹁跹有序。既乍抑而复扬，遂将坠而还举。始蹑迹以盼睐，每动容于取与。陈器用之煌煌，曳衣裳之楚楚。观乎俯仰回旋，乍离乍联。轻风飒然，杳兮若俯虹霓而观列仙。飘飖迁延，或却或前。清宫肃然，俨兮若披云雾而睹青天。惟紫也取紫宫之清，惟极也明太极之先。用之则邦国之光备，施之则中和之气宣。徐而匪浊，比上帝钧天之乐；静而不过，小圆丘云门之和。亦何必持彼羽旌，方闻乎得礼；执其干戚，然后为止

① "钧天乐赋"，为贞元八年博学宏词科赋题。
② "致"，他本或作"制"。

戈？彼延陵空叹于象箾，宋玉徒美其阳阿，讵能合天地之大德，调阴阳之大讹者乎！洪惟我后，遵祖为大。道其乐使万物无不宣，饰其容使兆人无不赖。客有观而作颂，愿播之于九域之外。

《文苑英华》卷一二五《张复元·太清宫观紫极舞赋》

开元中，赐海内以正朔，示天下以礼乐。舞《紫极》于宫庭，飨玄元于云幄。乃树以旌旄，设以宫悬。由中出以表静，用上荐于告虔。盛德之容，昭之于行缀；至和之节，奉之以周旋。激乎流音之下，存乎大乐之先。八佾以敷，肃然舞于清庙；九奏之作，杳若享乎钧天。如是，则《文始》不得盛于汉日，《大章》未可比于尧年。振万古而独出，岂百王之相沿？洎乎秉翟而叙，候乐以举。协黄钟，歌大吕。乍阳开于箫管，忽阴闭于柷敔。淹速以度，正直是与。若中正而离立，复徐动而进旅。和之感物，应鸟兽以跄跄；礼以成文，垂衣裳之楚楚。由是俾有司，夙夜在躬；候吉日，鼓钟于宫。方将《万舞》，爰节八风。于以易其俗，于以告厥功。因乎所自，制在其中。申敬也，其恭翼翼；宣滞也，其乐融融。齐无声于合莫，感有情而统同。则其业之所肄，习之则利。作兹新乐，著为故事。享当其时，舞于此地。退而成列，周庙之干戚以陈；折而复施，鲁宫之羽籥斯备。美乎冠之象以峨峨，舞其容以傞傞。合九变之节，动四气之和。散玄风以条畅，洽皇化之弘多。是时也天地泰，人神会，舞有容，歌无外。故曰作乐以象德，有功而可大。

《文苑英华》卷一二五《李绛·太清宫观紫极舞赋》①

---

　① "太清宫观紫极舞赋"，为贞元九年博学宏词科赋题。

达者睹物而自识，眷绳而象直。白能受采，知成用而可修；乐匪在音，遂执中而有得。谅丝绳之为物，类托质以自植。幸操张以一伸，任纵横而取则。故能贞而守正，劲以全真。含至和以不屈，抱孤直以谁邻。若刚克以自致，谅柔立而有音。齐达人之履道，比君子之修身。久而莫渝，岂红紫之见夺；劲而不挠，非纠缠之为伦。当其悦水初滋，势如未理。女工爰作，视其所以。如疑积微于秒忽，遂立质于经纪。察其本，同成经以自纶。喻乎时，表直道以如砥。挂端标以有准，持正色而为美。将配德于清壶，愿齐名于直矢。故能从绳作直，因物寓词。苟一绳之可法，将百行以为师。义足仰而象矣，理自中而得之。直可自侔，奚感鲍君之与；色非我行，徒兴墨子之悲。将劲挺而自守，庶回邪而不欺。俾夫取象师心，必由斯道。考朱丝之外物，得素尚于中抱。奚水鉴之足征，讵韦弦之是保。观夫正不与奸色俦，劝吾人之聿修；直不为虚声枉，俾吾人之取象。故能名昭乐曲，义畅人谟。鄙在梦不理，贱为直以就污。愿处微而自正，终守直以不渝。足以诡良材而转雅操，端循质而喻通途。苟中正之可进，愿从绳而已乎！

《文苑英华》卷七七《王太真[①]·朱丝绳赋》

丝之为体兮，柔以顺德。丝之为用兮，施之则直。从其性而不改，成其音而罔忒。故君子体直以为象，履中而立身。岂委曲而取媚，将劲挺而惟新。既端懿以难匹，想高张而莫伦。初未为弦兮，信任其舒卷。既比夫矢也，谅难乎屈伸。宁惧不合于众而改操，不同其类而易直。虽立质以假物，立音而因人。敦夫慌氏

---

① "王太真"，原本阙，据《永乐大典》补。

之功,辨夫园客之养,非绕指以可悦,将如丝而是仰。志士以是而
兴叹,诗人因此而取象。清庙之瑟,非我而莫闻;空桑之琴,非我
而奚响?惟直是与,惟端是求。恶靡然以从俗,耻纷若以随流。
天心保真,侧媚见而用悔;神道助正,謇谔鉴而无忧。信乎去邪以
受福,孰不履正而身修?间其色兮未嘉,素其质兮孰美?信挺挺
而直绳是若,固奕奕而渥丹无比。欲众之好,我染之而匪他;知代
之恶,邦直之而有以。非矫其俗,将迁其时。宁三思而有赞,谅一
向而无疑。道在斯而为得,文舍此而何之?古所以嗟是非而莫
分,怨邪正之难考。多将任情而媚俗,鲜能率性而行道。何不鉴
朱绳而独异,与群类而且殊?其美虽偶,其道则孤。傥斯言而是
当,又可得而已乎?

《文苑英华》卷七七《庾承宣·朱丝绳赋》①

物有感者,其沙之同流。韬至精之未吐,俟明鉴以来求。披
陬泚,历汀洲。期往而有觌,必专而是谋。若不克见,何远不讨?
大无间于洪流,细宁忽于潢潦。必因目击,信夫川则效珍;不假镜
临,所谓地不藏宝。於戏!未分美恶,必在妍媸。当有期于慎简,
幸无见于忽遗。经营乎永昌之日,徘徊乎丽水之湄。初若决浮
云,摇星光之的的;又似剖群蚌,贯珠彩之累累。充一镒而有待,
贯三品而方期。出轻涟而沉潜自照,别丽景而光昃生姿。泪乎沙
之汰之,既坚既好。断之则同心斯得,用之则从革是宝。必资作
砺,自同选众以求仁;曾是满籝,未若劝学而知道。伊昔识真者
寡,罕遇良工。遗我于一撮之内,混我于众流之中。纯固空知夫

① "朱丝绳赋",为贞元十年博学宏词科赋题。

自守,精英不得而外融。与砂碛而杂居,则如云积;处矿璞而自异,讵可雷同? 宝既有矣,况于人乎! 夫辨之掌握,尚辱在泥涂。则将排碧沙,涉清浅,虽有怀于拣金,庶不遗于片善。今则藻鉴既朗,庸将自媒? 兴公雅符于通论,士衡犹患于多才。不然者则怀宝而退矣,曷为体物而来哉!

宝之至者,金实难俦。何混质于微细,每随沙以沉浮? 不耀其光,诚观而莫辨;退藏于密,故披而可求。玄鉴在人,至诚斯保。察晶荧于碛砾,视隐映于潭岛。澹以冥搜,静而穷讨。翻混浊,酌澄浩。得之为利,虽云货以藩身;拣必于精,终是不贪为宝。道以之至,行无越思。研精既辨,取舍奚疑? 浩浩同流,讵谓众难分矣? 专专匪惑,尽可汰而出之。信多杂而不混,何在小而见遗? 故得方以选才,比诸振藻。符至人和光之德,明君子知微之道。岂止匪固于穷,思滥于中,怀至宝,窃玄功,披隙沱而不厌,积货产以未丰。则情惟盗比,而业于商同也。徒观夫敷彩污涂,涅而不渝,外浊如汨,中明自殊。养正以蒙,潜虽伏矣,从人之欲,道岂远乎? 彼荆山采玉,河上求珠,刖双足而未偶,冒万死而争趋。匪曰能智,是为至愚。曷若隐而自彰,微而可辨,常保质于坚重,匪沦精而展转。以是为德,则和而不同;以是求贤,则举不失选。况今至珍必见,朗鉴恒开。细无不察,大无不该。在沉潜而未耀,求拣炼而斯来。亦何必披鄱阳之沙,方见为宝;览士衡之赋,然后称才?

第三章　铨试内容与形式

披流沙之至宝，惟良金而可求。谅禀质以相混，信韬光而莫俦。处其污而含洁，潜其刚以产柔。将陶甄以入用，在晶荧而必收。尔乃发彼众彩，莹然秘宝。砂砾之下，自守其坚刚；茫昧之中，我得其精好。远迩必取，纤微罔遗。泛隤滀以吐色，洗蒙垢以成姿。匪尘泥之足乱，岂玉石以生疑？既乍明以乍灭，在沙之而汰之。同至人受污以不吝，等君子藏光以俟时。且流形厚地，晦质玄造。厥贡取戒于不贪，旁求必归于有道。然后百宝惟斥，三品惟崇。美价初炫，微明内融。晦沉潜而不杂，秉熠爚以潜通。将耀质而有异，岂藏山之与同？鉴裁无疲，期必分于丑好；拂拭相借，固不假于磨砻。俾精炼以作范，庶从革以成功。亦何异夫才为物表，道出常途，标百行以卓尔，摛繁文而焕乎！每和光而不昧，居众流而有殊。善恶犹兹必分，真伪于焉可辨。虽知己而见录，本良工而妙选。将永隔于下流，且不遗于片善。故明因特达，道靡邅回。乍披之而可玩，亦求之而乃来。同无胫而斯感，岂众口以为猜？今振藻以作赋，而愧乎掷地之才。

《文苑英华》卷一一八《张仲方·披沙拣金赋》[①]

沙之为物兮，视污若浮。金之为宝兮，耻居下流。沉其质兮，五才或阙。耀其光兮，六府以修。然则抱成器之珍，必将有待，当慎择之日，则又何求？配珪璋而取贵，岂泥滓而为俦？披而择之，斯焉见宝。荡浸淫而顾眄，指炫熀而探讨。动而愈出，幽以即明。涅而不缁，既坚且好。潜虽伏矣，获则取之。翻混混之浊质，见熠熠之殊姿。久暗未彰，固亦将君是望。先迷后得，孰谓弃予如遗？

① “披沙拣金赋”，为贞元十二年博学宏词科赋题。

其隐也，则杂昏昏，沦浩浩，晦英姿兮自保，和光同尘兮，合于至道。其遇也，则散弈弈，动融融，焕美质兮其中，明道若昧兮，契彼玄同。傥俯拾而不弃，谅致美于无穷。欲盖而彰，将炯尔而见素，不索何获，遂昭然而发蒙。观其振拔污涂，积以锱铢，碎清光而竞出，耀真质而特殊。锥处囊而纤光乍比，剑拭土而异彩相符。用之则行，斯为美矣。求而必得，不亦说乎？岂独媚旭日以晶荧，带长川之清浅。皎如珠吐，疑剖蚌之乍分；粲若星繁，似流云之初卷。是以周德思比，而歧昌即咏；陆文可侔，而昭明是选。若然者，可以议披沙之所托，明拣金之所裁，良工何远，善价爰来。拂以增光，宁谢满簏之学；汰之愈朗，讵惭掷地之才。客有希采掇于求宝之际，庶斯文之在哉！

《柳宗元集》外集卷上《披沙拣金赋》

心为灵府，乐有正声。感通而调畅之理自得，讦合而邪僻之虑不生。翕如冥契，混若化成。孕和平于德宇，保纯粹于元精。故先王立极受命，制民作则。修匏土革木之器，备干戚羽毛之饰。将以悦万人，康四国，动荡其心志，推移于道德。薰然而煦日以和，悠尔而跻之寿域。成文不乱，知至乐之有融；从律弗奸，见王道之甚直。声之所感，性罔不悛。致和易于无象，禁奸邪于未然。希夷自适，郁结攸宣。苟斯须之不去，何嗜欲之能迁？况乎大乐同和，至音交畅。听寂寞而何求，视窅冥而无状。将欲革骄志以纯仁，化贪心为贞谅。在乎思不惑兮心不流，安至乐兮优而柔。顺至性之荡荡，符大道之油油。纯如曒如，足养浩然之气；融融泄泄，宁抱悄尔之忧。是知以德音为音，则合于仁义；以淫乐为乐，则比于慢易。《咸》《濩》作而理亦随之，郑、卫兴而时乃殆而。信至化之所系，实和乐之攸资。是以重华明兮，《箫韶》若此；独夫靡兮，颠沛若彼。忘味兴叹于宣尼，观风见称于季子。则知乐之为用也，不独逞烦手，谨俚耳。正心术而导淳源，非听其铿锵而已。

《文苑英华》卷七五《独孤申叔·乐理心赋》

道无象，天无声。圣人不有作，曷以观化成？由是鼓吹大块，铿锵元精。因乎心而式是理本，形乎器而强为乐名。以齐五方之俗，以厚万物之生。始积中发外，率充性与情。乐与心冥则所谓固天之纵，心由乐理亦得夫自明而诚。至若乐在朝廷，君臣叶义，一发而阳唱阴和，九变而云行雨施。上以见为君之难，下以知为臣之不易。有国者理心以此，必睹仪凤之瑞。若乃乐在闺阃，父子静专，盖取诸无荒，而乐有节而宣。和以严济，爱由敬全。有家者理心以此，必返天性于自然。且夫乐之作也，一动一息；心之理也，惟清惟直。然后在听而必聪，无入而弗克。节有序，观贯珠而匪珠；声成文，见五色而无色。其或惟邪是念，惟慝是廋，则虽琴瑟在御，管磬聿修，立乐之方既失，理心之术何求？亦焉望变淳风之浩浩，致和气之油油？徒观其心尚玄通，乐资交畅，明则赞天地之化育，幽则索鬼神之精状。会节有极，象之则发而时中；应变无方，拟之则贞而不谅。大矣哉！至乐希夷，俟其祎而。听之以思，固不资于子野；作必在听，亦无俟于后夔。方今敦和统同，反本复始。别六律以分听，纳八风而齐轨。洪钟虚受，我则开其直言；朱丝遗音，我则戒夫专美。此吾君之以乐理心也，宜乎贵为天子。

《文苑英华》卷七五《吕温·乐理心赋》①

---

① "乐理心赋"，为贞元十五年博学宏词科赋题。

素月霄凝，寒空迥彻。照琼树以增丽，焕瑶台而共洁。远而望也，浮皎晶之精光；近而察焉，带巍峨之积雪。美其清荧互映，绚练相鲜。洞玉砌以周设，对金波而正圆。增构参差，迥出林峦之表；光辉照烛，还同昆阆之前。睹重壁以发地，瞻百常之造天。乍动乍摇，难审详于众目；若明若灭，疑陟降于群仙。顾兔凄凉，崇台窈窕，慄尔意骇，倏然魂悄。骈阶级以云蠹，粲琼瑛之霄皎。徒引耀之可观，岂怀材之足表？若见仙阙，如游玉京。月映台而九天共霁，台照月而万里俱明。含冰霰而逾洁，轶氛埃而更清。斯可以涤鄙夫之幽抱，畅达士之高情。皎皎寒光，悠悠清质，凝精以降，委照而出。玩浮光而神竦，炫微辉而皆溢。视乎外，美清莹乎瑶华；鉴乎中，致斋庄于虚室。由斯可保，亦既有光。始激射以内照，忽飞腾而外扬。璧彩遥分，夺冰壶以的的；桂华中映，同日观之煌煌。于是天地朗然，纤埃不翳。九成由其直上，八表可以旁睨。将以象清都，朝玉帝，岂徒恣遐想，穷远睇，徘徊于台榭之间，怅望于蟾蜍之际而已哉！吟玩既久，规圆已斜。叹将倾于桂魄，思复搴于琼华。庶竭精于册府，宁远慕于仙家。

《文苑英华》卷七《王涯·瑶台月赋》[1]

（三）命判

安北副都护连帅，爱与人弈棋，闻寇至不辍。御史以逗挠纠察。

萧然北庭，不敢南牧，有备无患，尚劳我师。都护副彼军容，

---

[1] "王涯"，原本作"王准"，据《旧唐书》卷一六九、《新唐书》卷一七九《王涯传》改。据原注，"瑶台月赋"，为贞元十八年博学宏词科赋题。

属当戎旅，理宜躬擐甲胄，静柝边城，焉得留玩弈棋，桡师亭候。怀烂柯之末伎，亏授钺之良谋，苟失律而否臧，况慢令而致寇，逗挠之罪，已孽难逃。纠按之明，职司其举，请拘司败，以正爰书。

《文苑英华》卷五一二《郑少微·对围棋判》①

凤皇司历，象谋托算，象生有数，感而遂通。邈探浑元，是知玄妙，眇睹云物，必在精微。情至纷扰则他想交乱，形质浊秽则寄鉴不明，焉可以见天地之心，穷鬼神之状？幽变未测，孰辩端倪？相彼历生，迹参日御，台观是忝，泉蒙未豁。唐都不作，糟粕谁传？赵达何追，菁华莫继？失秒忽之度，曷以敬授人时？若归奇于扐，履端于始，则毫厘不爽，黍累无愆。如或未精，法将焉舍？

《文苑英华》卷五○三《李昂·对历生失度判》

瞻乎历生，迹编太史。按黄钟之妙算，玉管非工；察缇幕之微灰，铜仪罕究。今者三元奥术，尚懵履端之明；六律幽源，未达归余之数。失之黍忽，纠以简孚，诚楛龟之见毁，岂书马而致误？不堪敬授，将乱甲乙。颇异《太初》之差，宜正羲和之罪。

《文苑英华》卷五○三《畅诸②·对历生失度判》

律吕之本，今古攸尚。周行殷历，孔子于是兴嗟；汉袭秦正，刘歆以之条奏。莫不考于经传，稽之气象。惟彼历生，称明算法。理须铜壶晓唱，则听鸡鸣；玉斗夜回，方看蚁转。何得轻于秒忽，失以毫厘！裨灶多言，岂知天道？羲和废职，几乱人时？遂令太

---

① 郑少微于大足元年试拔萃登科。
② "畅诸"，原本阙，据《永乐大典》旧载本《文苑英华》补。

史罢占，畴人废业。陆佐公之漏刻，莫见新成；张平子之浑仪，但闻虚设。既失推蕚之典，何逃置棘之刑。

《文苑英华》卷五〇三《王泠然·对历生失度判》[1]

乙仕登三命，举以特牲，祀以少牢。人告其僭加于举礼也。

侑食以乐，执恭展礼，以辨等威，以明贵贱。乙以筮仕，策名清朝。从大夫之后，既登三命；循先人之祭，有事十伦。已而铿锵具举，和平不爽，苾芬承祀，胡考之宁。举特且叶于《礼经》，加牢永亏于祀典。人告其僭，罔知攸伏。

《文苑英华》卷五一八《颜真卿·对三命判》

《易》陈殷荐，《书》列禋宗，于昭考祀，作乐崇德。况春冰风泮，河滨有獭祭之鱼；秋叶霜凋，山林有豺祭之兽。微物尚尔，生灵伊何。且国有十伦，仕登三命，尊卑式序，威仪孔昭。车服以庸，祀享宁僭，矧惟举礼，无乃用心。凡举持牲者，克从其祀；少牢者，实符于班。失或归于讼人，礼不黩于君子。为之过矣，其在兹乎？

《文苑英华》卷五一八《卢先之·对三命判》

圣人成能，设位待仕；君子修业，考行入官。等威有伦，名器不假。乙爵登宠命，位列周行。举善有存乎礼物，敬享无亏于丰杀。既感霜露，不忘豺獭。是以用禴，于焉展牲。信以大夫之礼，

---

① "历生失度判"，为开元九年拔萃科试判题。

能行孝子之志。缘祀而加诚，不违于旧典，或入妄告，固未适于时宜。虽二簋之可享，岂少牢之为僭。此其礼欤，固无尤矣。

《文苑英华》卷五一八《马挽·对三命判》①

太学官后篇作得太学博士。教胄子，毁方瓦合，司业以为非训导之本，不许。

国崇太学，礼尚师儒。教失其源，人将安放？学官懵夫古训，好是多方。徒探儒行之辞，俾从瓦合；罔思絜矩之道，不改松心。虽百行殊途，在来者之所择；而四教阐载，何先师之不遵！苟训导以生常，惧毁方之易性。乐正禁之非礼，抑有明征；胄子顺以向方，幸无迷复。

《文苑英华》卷五一二《吕颖·对毁方瓦合判》

学于是专，教所以立。信尊贤可上，在易性难从。眷彼儒流，职司学校，诚宜警不及之诚，惧将落之辞。苟毁方以为心，虽容众而奚用？且非善诱，在传授而则乖；曾是诡随，于博裕而何有？不可以训，无易由言。请从司业之规，无取学官之见。

《文苑英华》卷五一二《崔玄亮·对毁方瓦合判》

教以就贤，虽无黜下，俾其容众，则在毁方。太学以将务发蒙，宜先屈己。君子不器，须怀虚受之心；至人无方，何必自贤于物？爱因善诱，式念思恭。将戒同尘之诚，遂申合土之誉。况卑以自牧，仲尼尝述于为儒；礼贵用和，子张亦非于拒我。义存无

① "三命判"，为开元二十四年拔萃科判题。

傲，道在可嘉。长善之本不乖，成均之言何懵？

《文苑英华》卷五一二《元稹·对毁方瓦合判》

敬业服勤，冀闻立身之本；传经作诫，宁违从众之规。惟彼国庠，典夫胄之。以为公侯之胤，自伐淹中；谓其礼乐之家，难为人下。故毁方瓦合，承圣人之情；使慕贤容众，臻儒者之旨。正唯弟子可学，何虑成均见非？

《文苑英华》卷五一二《哥舒恒·对毁方瓦合判》

教惟驯致，道在曲成。将逊志以乐群，在毁方而和众。况化人由学，成性因师。虽和光以同尘，德终不杂；苟圜凿而方柄，物岂相容？道且尚于无隅，义莫先于不列。司业以训导贵别，或虑雷同；学官以容众由宽，何伤瓦合？教之未坠，盖宣尼之言然；文且有征，则戴氏之典在。将观学者，所宜匙之。

《文苑英华》卷五一二《白居易·对毁方瓦合判》[1]

乡举—作"贡"。进士，至省求试秀才，考功不听，求诉不已。

卿大夫之兴贤能，大司徒之论俊造，既升司马，又告诸王，天府拜而已登，内史职为其贰。周云进士，汉曰秀才，在今日之区分，非曩时之名数。文艺小善，进士之能；访对不休，秀才之目。美彼良士，贤乎我师。以穷乡之莫知，徒举其小；庶会府之达识，即致其大。亦犹鲸鱼之鼓溟海，叹蹄涔之暴鳞；骅骝之局中庭，望

---

① "毁方瓦合判"，为贞元十九年拔萃科判题。

云朔而骧首。考功自可表其秀杰,拔以殊伦。纵常式之文,不岁登其尤异;急贤之地,宜日新于进才。闻言不听,斯为蔽矣,试可乃已,何至是乎!公使湮沉,坐令求诉。

《文苑英华》卷五一四《赵岊·对乡举进士判》

孔安家贫耽书,一坐数载不移,故穿床。邑宰以为惰农,遂蒙笞责,廉使谓高贤,附状。

孔安家承阙里,训习淹中,黄叔度之平生,朱买臣之故事。康成进德,斯览卷于八千;士安行道,愿加年于数百。邑宰职当训俗,务在化人。管幼安之藜床,莫钦高义;王君公之板榻,靡尚真规。缧绁冶长,昔闻其事;鞭挞宁越,今见其人。徒有望于劝农,终致惭于励学。廉使亲承圣旨,肃事澄清。一字之褒,人知激节;片言之贬,士识愧心。附状称不□优贤,据理自□,惭德更□,文过怀刑,须事言提。

《全唐文》卷二二〇《崔融·对耽书穿床判》

郗珍性好读书,家贫,邻家富,乃穿邻壁取烛光。邻告为盗。

郗珍荷衣横带,缉柳编蒲,有贱赢金,将希片玉。南都自富,北郭实贫。殊谢梁鸿,不求因热;乃如苏季,愿借余光。已接武于匡衡,方齐踪于宁越。室仞非邃,未窥夫子之墙;纺绩可兼,辄凿邻人之壁。情非窃伏,事涉穿窬,抑有前闻,宜征故实。请从按记,不合论辜。

《全唐文》卷二六〇《康廷芝·对求邻壁光判》

京县宰冬日退朝，逢相害者至死，初不屑怀，委而不问。俄见行牛喘，停车寻诘，久而方去。所司以为不理所职，妄干他事。

皇都赤县，帝宅仙居，万国攸归，四方是则。县令幸陶昌化，谬宰神京，过北陆之寒初，属南宫之朝退。珂回九陌，骑历三条，俄逢荒芥之凶，复属阑单之变。材非玉铉，顾牛喘而多怀；任缩铜章，睹人亡而不问。既昧为邦之术，徒兴体国之心，是曰旷官，足成侵职。所司纠劾，有合通途。

《全唐文》卷二六〇《康廷芝·对京令问喘牛判》

晋陵县人王茂，于访察使所称县令任志有惠化，终日清谈，职务修理，每行笞罚，惟以蒲鞭举，请升进。使司以为宽疏不依令式，欲科县令，不伏。

任志庆偶千龄，荣登万室。弹弦作宰，动宓贱之芳声；制锦无伤，追尹何之美政。浃辰行化，方类子平；终日清谈，更同夷甫。有耻且格，宁收楬楚之威；以德代刑，但示蒲鞭之罚。王茂幸编名数，预奉弦歌，欣承赤子之恩，喜沐慈君之惠。属以皇明远散，天使遐巡，思甄三异之能，式举一同之善。访察使官膺珥笔，任总方书，饮骢马于江城，集霜乌于海树。埋轮纠忒，岂谢张纲？揽辔澄清，何惭孟博？眷言褒贬，当适古今；傥昧激扬，遂乖彰瘅。征刘宽之故事，仁迹斯存；览任志之清猷，嘉声可挹。既称良吏，雅合名闻；忽见吹毛，便亏直指。铜章有术，久垂桃李之阴；铁柱无谋，且寝梧桐之问。

《全唐文》卷二六〇《康廷芝·对县令有惠化判》

得成都令江延调县中子弟二十已上,除其吏徭,各率环刀一、密布十,令诣太学。府司科擅赋敛,录事批放,仍举科诸生谋杀之罪。

郎官上应列星,惟帝称难;邑宰下宣风化,得人斯委。江延材膺训俗,功寄临人。拜职周京,铜章之秩六百;随班蜀国,剑门之路五千。冀行邹、鲁之风,思变彭、岷之俗。上琴台而驯翟,依石镜而翔鸾,将宏富教之宜,用广文儒之业。爰调子弟,是蠲徭赋,环刀密布,聚粮求任土之资;裂裳负笈,函席就横经之道。惜乎英灵莫嗣,曾靡尚于抠衣;刚悍犹传,遂有歌于剚刃。不渐文翁之化,有逾原壤之愆。擅赋之条,在江延之何负?谋杀之状,顾诸生而已彰。上藩之断颇乖,录事之批为得。

《全唐文》卷二六六《李乂·对成都令劝学判》

任太学博士,或告教授失所,云:不知轻清,在何时叙。

宗伯建官,成均务学,本乎风化,爰立庠序。人惟教首,义在通经,所授复据礼文,有误深非儒者。讲信之道,自阙师资;齿胄之仪,曾非挑挞。四时训诱,事乃蔑如;三月违仁,岂无尤矣?且如迷复,未晓轻清。僛舞乐或乖,问夔则可;如论诗不足,在鼎何观?既投刃而非虚,宜称觖而见罚。

《全唐文》卷二七六《朱温·对博士教授判》

渤海县高迈、高秀,历官清途,位望崇重,及悬车之岁,挂冠辞归于邑。邑宰白雄令吏置酒肉于其家。吏于道傍停,肉为鸥鸢所食,还以此报。雄不之信,命官属科之。

高迈、高秀,俱承茂族;难兄难弟,各登清官。故能望高陆宝,价重韦珠。棠棣春风,芳菲两袭。桑榆日暮,光景同归。挂冠冕于东门,方休白首;奏弦歌于北里,直散黄金。邑宰率由旧章,礼宏于羔雁;县吏恭承嘉命,事失于鸥鸢。伏念刑书,眷言惇史。大夫学吏,狱虽成于鼠偷;京兆能官,罪不加于乌攫。

《全唐文》卷二七六《李思齐·对致仕判》

得乙居家理,廉使举请授官。吏部以无出身,不许。使执云:行成于内,可移于官。

选调正名,诚宜守序;敷求懋德,安可拘文? 乙积行于中,暗彰于外。廉使以道敦知己,欲致我于青云;天官以限在出身,将弃予于白屋。事虽异见,理可明征。抢琐琐之材,则循旧格;刘翘翘之楚,宁守常科? 幸当仄席之求,无惑刻舟之执。况自家刑国,移孝入忠。既闻道不虚行,足见举非失德。所宜坚决,无至深疑。

《白居易集》卷六七《对无出身判》

得吏部选人入试,请继烛以尽精思。有司许之。及考其书判,善恶与不继烛同。有司欲不许。未知可否。

旁求俊造,迨将筮仕;历试文辞,俾从卜夜。苟狂简而无取,宜确执而勿听。萃彼群才,登于会府。惟贤是急,虑失宝于握珠;有命则从,许借光于秉烛。及乎考核,罕有菁英。属词既谢于拣金,待问徒烦于继火。将期百炼之后,思若弥精;何意一场之中,心劳愈拙。曷如早已,焉用晚成? 敢告有司,勿从所请。

《白居易集》卷六七《对试选人继烛判》

得州府贡士,或市井之子孙,为省司所诘。甲称:群萃之秀出者,不合限以常科。

惟贤是求,何贱之有? 况士之秀者,而人其舍诸? 惟彼郡贡,或称市籍。非我族类,则嫌杂以萧兰;举尔所知,安得弃其翘楚? 诚其恶于裨败,谅难舍于茂异。拣金于砂砾,岂为类贱而不收? 度木于涧松,宁以地卑而见弃? 但恐所举失德,不可以贱废人。况乎识度冠时,出自牛医之后;心计成务,擢于贾竖之中。在往事而足征,何常科而是限? 州申有据,省诘非宜。

《白居易集》卷六七《对贡市之子判》

得乙与丁,俱应拔萃:乙则趋时以求名,丁则勤学以待命。互有相非,未知孰是。

立己徇名,则由进取;修身俟命,宁在躁求? 智乎虽不失时,仁者岂宜弃本? 属科悬拔萃,才选出群。勤苦修辞,乙不能也;吹嘘附势,丁亦耻之。躁静既殊,性习遂远。各从所好,尔由径而方行;难强不能,吾舍道而奚适? 观得失之路,或似由人;推通塞之门,诚应在命。所宜励志,焉用趋时? 若弃以菲莪,失则自求诸己;傥中其正鹄,得亦不愧于人。无尚苟求,盍嘉自致?

《白居易集》卷六六《对拔萃相非判》

得乙充选人识官，选人代试。法司断乙与代试者同罪。诉云：实不知情。

官择贤良，选稽名实，苟作伪以心拙，必代斫而手伤。乙情非容奸，行乖周慎。将如吾面，遂充识以不疑；未见子心，果代试而有悔。既彰闻而贻戚，乃连坐而论辜！察情谅不同谋，结罪诚应异罚。法无攸赦，选者当准格论；人不易知，识名所宜情恕。削夺恐为过当，贬降庶叶决平。

《白居易集》卷六七《对选人代试判》

得兵部试举人长垛，请用乐节。太常称格令无文，此乃选士之礼。

射以观德，乐以和声。将选士于泽宫，必张侯于相圃，所以誓宗庙之宾客，备飨宴之威仪，何忽武夫而要《雅》《颂》？岂图强饮强食，劳祝史之正辞；《采蘋》《采蘩》，令太常之逾局？一作"奏曲"。且五善之礼，无赳赳之武夫；三耦之间，尽呦呦之鸣鹿。苟用舍而有异，在格令而无文。责乃其不然乎！诉之又益耻也。

《文苑英华》卷五一二《姜公复·对兵部试射判》

漳浦郡贡人景，帖策不通，所由将坐。郡守云：未成公，仰处分。

惟贤是举，慎择为先。明试以言，得失斯在。惟景策名岁贡，待扣礼闱；将登甲乙之科，翻速主君之戾。何则帖兹学圃，既谢专经;策以词林,仍非善中?遂使仙台清镜,徒讶于才难;幽谷迁莺,空悲于岁晚。顾惟州将,岂曰能官?据条虽未成分,于事恐非公荐。景当冒贡,请用远郊之礼;守举非才,宜从削地之罚。

《文苑英华》卷五一四《张凭·贡人帖经判》

(四) 论

论曰:登孔氏之门者众矣,三千之徒,四科之目,孰非由圣人之道,为君子之儒者乎?其于过行过言,亦云鲜矣。而夫子举不贰过惟颜氏之子,其何故哉?请试论之:

夫圣人抱诚明之正性,根中庸之至德,苟发诸中形诸外者,不由思虑,莫匪规矩;不善之心,无自入焉;可择之行,无自加焉:故惟圣人无过。所谓过者,非谓发于行、彰于言,人皆谓之过而后为过也,生于其心则为过矣。故颜子之过此类也。不贰者,盖能止之于始萌,绝之于未形,不贰之于言行也。《中庸》曰:"自诚明谓之性,自明诚谓之教。"自诚明者,不勉而中,不思而得,从容中道,圣人也,无过者也。自明诚者,择善而固执之者也,不勉则不中,不思则不得,不贰过者也。故夫子之言曰:"回之为人也,择乎中庸,得一善,则拳拳服膺而不失之矣。"又曰:"颜氏之子,其殆庶几乎!"言犹未至也。而孟子亦云:"颜子具圣人之体而微者。"皆谓不能无生于其心,而亦不暴之于外。考之于圣人之道,差为过耳。

颜子自惟其若是也,于是居陋巷以致其诚,饮一瓢以求其志,不以富贵妨其道,不以隐约易其心。确乎不拔,浩然自守。知高坚之可尚,忘钻仰之为劳。任重道远,竟莫之致。是以夫子叹其"不幸短命","今也则亡",谓其不能与己并立于至圣之域,观教化之大行也。不然，夫行发于身加于人，言发乎迩见乎远，苟不慎也，败辱随之；而后思欲不贰过，其于圣人之道不亦远乎？而夫子尚肯谓之"其殆庶几"，孟子尚复谓之"具体而微"者哉？则颜子之不贰过，尽在是矣。谨论。

《韩昌黎文集校注》卷二《省试颜子不贰过论》

（五）议

斋郎职奉宗庙社稷之小事，盖士之贱者也。执豆笾，骏奔走，以役于其官之长。不以德进，不以言扬，盖取其人力以备其事而已矣。奉宗庙社稷之小事，执豆笾，骏奔走，亦不可以不敬也。于是选大夫士之子弟未爵命者以塞员填阙，而教之行事。其勤虽小，其使之不可以不报也，必书其岁。岁既久矣，于是乎命之以官而授之以事，其亦微矣哉。学生或以通经举，或以能文称，其微者，至于习法律、知字书，皆有以赞于教化，可以使令于上者也。自非天姿茂异，旷日经久，以所进业发闻于乡闾，称道于朋友，荐于州府，而升之司业，则不可得而齿乎国学矣。然则奉宗庙社稷之小事，任力之小者也。赞于教化，可以使令于上者，德艺之大者也，其亦不可移易明矣。

今议者谓学生之无所事，谓斋郎之幸而进，不本其意，因谓可以代任其事而罢之，盖亦不得其理矣。今夫斋郎之所事者力也，学生之所事者德与艺也，以德艺举之，而以力役之，是使君子而服小人之事，且非国家崇儒劝学，诱人为善之道也。此一说不可者也。

抑又有大不可者焉。宗庙社稷之事虽小，不可以不专，敬之至也,古之道也。今若以学生兼其事,及其岁时日月,然后授其宗彝罍洗,其周旋必不合度,其进退必不得宜,其思虑必不固,其容貌必不庄。此其无他,其事不习,而其志不专故也,非近于不敬者欤?又有大不可者,其是之谓欤!若知此不可,将令学生恒掌其事,而隳坏其本业,则是学生之教加少,学生之道益贬,而斋郎之实犹在,斋郎之名苟无也。大凡制度之改,政令之变,利于其旧什,则不可为已,又况不如其旧哉?

考之于古则非训,稽之于今则非利,寻其名而求其实,则失其宜,故曰:议罢斋郎而以学生荐享,亦不得其理矣。

《韩昌黎文集校注》卷二《省试学生代斋郎议》

（六）铭

〔崔〕涣博综经术,长论议。……起家亳州司功参军,还调。于是入判者千余,吏部侍郎严挺之施特榻试《彝尊铭》,谓曰:"子清庙器,故以题相命。"

《新唐书》卷一二〇《崔涣传》

第四章

铨试管理

一、 铨试条规

　　凡选,始于孟冬,终于季春。先时,五月颁格于郡县,示人科限而集之。初,皆投状于本郡或故任所,述罢免之由,而上尚书省,限十月至省。乃考核资绪、郡县乡里名籍、父祖官名、内外族姻、年齿形状、优劣课最、谴负刑犯,必具焉。以同流者五五为联,以京官五人为保,一人为识,皆列名结款,不得有刑家之子、工贾殊类及假名承伪、隐冒升降之徒。应选者有知人之诈冒而纠得三人以上者,优以授之。其试之日,除场援棘,讥察防检,如礼部举人之法。

《通典》卷一五《选举三·历代制下》

　　其择人有四事:一曰身,取其体貌丰伟。二曰言,取其词论辩正。三曰书,取其楷法遒美。四曰判。取其文理优长。四事可取,则先乎德行;德均以才,才均以劳。其六品以降,计资量劳而拟其官;五品以上,不试,列名上中书、门下,听制敕处分。凡选,始集而试,观其书判;已试而铨,察其身、言;已铨而注,询其便利,而拟其官。已注而唱示之,不厌者得反通其辞,他日,更其官而告之如初。又不厌者,亦如之。三唱而不服,听冬集。服者以类相从,攒之为甲,先简仆射,乃上门下省,给事中读之,黄门侍郎省之,侍中审之。不审者,皆得驳下。既审,然后上闻,主者受旨而奉行焉。各给以符,而印其上,谓之"告身"。其文曰"尚书吏部告身之印"。自出身之人,至于公卿,皆给之。武官,则受于兵部。兵部武选亦然,课试之法如举人之制,取其躯干雄伟,应对详明,有骁勇材艺及可为统帅者。若文吏求为武选,取身长六尺以上,籍年四十以下,强勇可以统人者。武夫求为文选,取书判精工,有理人之才而无殿犯者。凡官已受成,皆殿庭谢恩。其黔中、岭南、闽中郡县之官,不由吏部,以京官五品以上一人充使就补,御史一人监之,四岁一往,谓之"南选"。凡居官以年为考,六品以下四考为满。武德初,因隋旧制,以十一月起选,至春则停。至贞观二年,刘林甫为吏部侍郎,以选限既促,多不究悉,遂奏四时听选,随到注拟,当时以为便。十九年十一月,马周为吏部尚书,以吏部四时提衡,略无休暇,遂请取所由文解,十月一日起省,三月三十日毕。

《通典》卷一五《选举三·历代制下》

吏部常式,举选人家状,须云:"中形,黄白色,少有髭。"或武选人家状,云:"长形,紫黑,多有髭。"

《南部新书》乙

选曹每年皆先立版榜,悬之南院。选人所通文书,皆依版样,一字有违,即被驳落,至有三十年不得官者。

《封氏闻见记校注》卷三《铨曹》

武德初,因隋旧制,以十一月起选,至春即停。至贞观二年,刘林甫为吏部侍郎,以选限既促,选司多不究悉,遂奏四时听选,随到注拟,当时以为便。

《唐会要》卷七五《选部下·选限》

〔贞观〕二年正月,吏部侍郎刘林甫以隋代赴选者以十一月为始,至春而毕,选限既促,选司多不究悉。时赴选渐众,林甫请四时听选,随到注拟,当时甚以为便。

《册府元龟》卷六二九《铨选部·条制一》

贞观十九年十一月,马周为吏部尚书,以吏部四时持衡,略无暇休,遂奏请取所由文解,十月一日赴省,三月三十日铨毕。按:工部侍郎韦述《唐书》云:贞观八年,唐皎为吏部侍郎,以选集无限,随到补职。时渐太平,选人稍众。请以冬初,一时大集,终季春而毕,至今行用之。诸史又云是马周,未知孰是,两存焉。

《唐会要》卷七五《选部下·选限》

高宗显庆二年,黄门侍郎知吏部选事刘祥道上疏曰:"今选司取士,伤多且滥。每年入流数过一千四百人,是伤多也;杂色入流不如铨简,是伤滥也。古之选者,为官择人,不闻取人多而官员少也。今官员有数,入流无限,以有数供无限,遂令九流繁总,人随岁积。谨约准所须人,量支年别入流者,令内外文武官一品以下、九品以上一万三千四百六十五员,略举大数,当一万千人。壮室而仕,耳顺而退,取其中数,不过支三十年。此则一万四千人,三十年而略尽。若年别入流者五百人,三十年便得一万五千人。定顷者一万三千四百六十五人,足充所须之数。况三十年之外,在官者尤多，此便有余，不虑其少。今年当入流者遂逾一千四百，计应须数外，尝余两倍。又，尝选者仍停六七千人，更复年别新加，实非处置之法。望请厘革，稍清其选。"中书令杜正伦亦言："入流者多，为政之弊。"公卿以下惮于改作，事竟不行。

《册府元龟》卷六二九《铨选部·条制一》

　　自高宗麟德以后，承平既久，人康俗阜，求进者众，选人渐多。总章二年，裴行俭为司列少常伯，始设"长名姓历榜"，引铨注之法；又定州县官资高下升降，以为故事。其后莫能革焉。至玄宗开元中，行俭子光庭为侍中，以选人既无常限，或有出身二十余年而不获禄者，复作"循资格"，定为限域。凡官罢满以若干选而集，各有差等，卑官多选，高官少选，贤愚一贯，必合乎格者，乃得铨授。自下升上，限年蹑级，不得逾越。久淹不收者，皆荷之，谓之"圣书"。虽小有常规，而抡材之方失矣。此起于后魏崔亮停年之制也。其有异才高行，听擢不次，然有其制，而无其事。有司但守文奉式，循资例而已。

《通典》卷一五《选举三·历代制下》

　　总章二年四月一日，司列少常伯裴行俭，始设长名榜，引铨注期限等法，又定州县升降官资高下，以为故事，仍撰谱十卷。

《唐会要》卷七四《选部上·吏曹条例》

　　选曹。汉成帝置，后汉光武改为吏部，即今之铨曹也。

　　长名榜。唐总章二年司列少常伯，即今吏部侍郎也。裴行俭引铨注期限，定州县升降官资高下，作长名榜，以为故事，即今之长定格也。

《续事始》

司戎诸色考满人选，司列诸色考满入流，人并兼试一经一史，然后授官。《册府》六百二十七。[①]

《全唐文》附《唐文拾遗》卷一《高宗皇帝·选人试经史授官敕》

吏部员外，其日于南省试判两节。诸生谢恩，其日称门生，谓之"一日门生"。自此方属吏部矣。

《唐摭言》卷三《关试》

武太后又以吏部选人多不实，乃令试日自糊其名，暗考以定等第。糊名自此始也。

《通典》卷一五《选举三·历代制下》

则天天册万岁元年十月二十二日，敕："品藻人物，铨综士流，委之选曹，责成斯在。且人无求备，用匪一途，理宜才地并升，轮辕兼采，或收其履历，或取其学行，糊名考判，立格注官，既乖委任之方，颇异铨衡之术。朕厉精思化，仄席求贤，必使草泽无遗，方圆曲尽。改弦易调，革故鼎新，载想缉熙之崇，式伫清通之效。其常选人，自今以后，宜委所司，依常例铨注。其糊名入试及令学士考判，宜停。"

《册府元龟》卷六二九《铨选部·条制一》

① 查今本《册府元龟》卷六二七，未见此敕。

神功元年十月，敕：选司抑塞者，不须请不理状，任经御史台论告，不得辄于选司喧诉。有凌突选司，非理喧悖者，注簿量殿。尤甚者，仍于省门集选人决三十，仍殿五六选。

《唐会要》卷七五《选部下·杂处置》

圣历元年二月二十二日，敕：选人无故，三试三注唱不到者，不在铨试重注之例。其过门下三引，不过者，亦不在更注之限。

《唐会要》卷七五《选部下·杂处置》

其年[1]九月十二日，敕：诸色选人纳纸保后五日内，其保识官各于当司具名品，并所在人州贯头衔，都为一牒，报选司。若有伪滥，先用缺，然后准式处分。

《唐会要》卷七五《选部下·杂处置》

〔开元〕六年二月，诏曰："我国家敦朴质，断浮艳，礼乐诗书，是弘文德。绮罗珠翠，深格弊风，必使情见于词，不用言浮于行。比来选人试判，举人对策，剖析案牍，敷陈奏议，多不切事宜，广张华饰。何大雅之不足，而小能之是衒？自今以后，不得更然。"

《册府元龟》卷六三〇《铨选部·条制二》

〔开元六年〕八月，诏曰："明经进阶，虽著于甲令，儒道敦俗，宜申于旧章。其选人有能，仕优则学，所业不废者，当在甄收，以示劝奖。其能旧经外更业者，准初出身例加阶。"是月，敕："岭南

---

① 开元四年。

及黔中参选人曹如文①解,每限五月三十日到省,八月三十日内简勘使了。选使及选人,限十月三十日到选所,正月三十日内铨注使毕。其岭南选补使,宜移桂州安置。"

《册府元龟》卷六三〇《铨选部·条制二》

敕:官邪则败国,赏僭则利淫,自昔至言,政之明诫。朕祗膺大宝,岂忘竞业?临驭以来,且逾二纪。期大道之成化,冀天下之为公。凡百卿士,岂不协力?而选举之司,委任尤重。若名器失序,则劝沮何施!近者流外铨曹,颇多逾滥,有尘清议,实紊彝章。胥吏之徒,虽则微贱,仕进之路,终为厥初。必澄源流,无杂泾渭。不慎于细,其伤则多。小既不可不惩,大亦不可不诫。其吏部、兵部、礼部掌选知举官等,各宜饬励,当尽至公,必须杜邪枉之门,塞请托之路。何止一变,仍图永清。且铨综九流,必仗贤俊,取诸赏鉴,立断可知。何至淹时,致稽团奏?开门之后,余申未终,既滞官曹,长兹罪过。旧选未毕,新格不修,此乃因循,实为烦弊。自今已后,吏部选人,三月三十日已前团奏使毕,兵部二月内毕。其流外铨及武举,专委郎官,恐不详悉,共为取舍,适表公平。每至留放之时,皆就尚书侍郎对定。既上下检察,庶在得人;而覆车尚存,殷鉴非远。法不可废,宜识朕怀。

《唐大诏令集》卷一〇〇《诫励吏部礼部掌选知举官敕》

〔开元〕九年十月,敕:"如闻朝官子弟,未曾经历,即坐要司及京畿并州县理人官,或侍郎受财追游怠堕,或恣行决罚,妄作奸非,刑

---

① "文",他本或作"名"。

宪不可偏矜,父兄莫能训导,苟陷于法,良轸于怀。宜令本司及州府长官按实验察。有此色并少年未谙时事,可移与闲慢官。"

《册府元龟》卷六三〇《铨选部·条制二》

〔开元〕十一年四月十五日,敕:"要官儿子少年未经事者,不得作县官亲民。"

《册府元龟》卷六三〇《铨选部·条制二》

〔开元〕十二年三月,诏曰:"文武选人,十月下解,既逼铨注,勘简难周,不能自亲,并委猾吏,恣成奸滥,为蠹尤深。自今以后,兵、吏两司专定员外两人,判南曹事。每年选毕,起五月一日,所是文状,即预勘责关简,判南曹官亲自就覆。每包攒作簿书,对本司长官连署印记,不得委其胥吏。勘责毕,各具人数,奏闻其判。南曹官所司即进名,朕自简择。以陈希烈、席豫判吏部南曹,刘同昇、源复判兵部南曹。"

《册府元龟》卷六三〇《铨选部·条制二》

〔开元〕十五年九月,敕:"今年吏部选人,宜依例糊名试判,临时考等第奏闻。"

《册府元龟》卷六三〇《铨选部·条制二》

〔开元〕十七年三月,诏曰:"边远判官多有老弱,宜令吏部每年于选人内拣择强干堪边任者,随阙补受,秩满量减三两选与留,仍加优奖。"

《册府元龟》卷六三〇《铨选部·条制二》

开元十八年四月十一日，侍中兼吏部尚书裴光庭奏，用循资格。至二十一年，光庭薨，中书令萧嵩与光庭不协，以循资格取士不广，因奏事言之。六月二十八日，诏：古者，诸侯举士，必本于乡曲；府庭署吏，亦先于行能。所以人自检修，官无败政。及乎魏承汉弊，权立九品。今之吏部，用是因循，入仕浸多，为法转密。然于济治求才，未闻深职；持衡处事，徒具繁文。朕寤寐永怀，每以惆怅。夫琴瑟不调者，改而更张；法令不便者，义复何异？顷者，有司限数及拘守循资，遂令铨衡，不得拣拔天下贤俊，屈滞颇多。凡人三十始可出身，四十乃得从事，更造格限，分品为差。若如所制之文，六十尚不离一尉，有材能者始得如此，稍敦朴者遂以终身。由是取人，岂为明恕？自今以后，选人每年总令赴集，依旧以三月三十日为限。其中有才优业异，操行可明者，一委吏部临时擢用。贵于取实，何限常科？虽远郡下寮，名迹稍著，亦须甄拔，令其劝勉，俾人思为善之利，俗知进取之途。朕所责成，实在吏部，可举其大略，令有所依。比者，流外奏甲[①]，仍引过门下。簿书堆盈于琐闼，胥吏填委于掖垣，岂是合宜，过为烦碎？自今以后，亦宜依旧。

《唐会要》卷七四《选部上·吏曹条例》

　　〔开元〕十九年四月二十六日，敕："吏部选人请武选者，宜取强壮身材六尺以上、籍年四十以下，堪统领者。其兵部选人，请文选者，宜取材堪治民，工于书判，并无负犯。十二月内定品奏闻，一送以后，并不在却关之限。"

《唐会要》卷五九《尚书省诸司下·兵部尚书》

---

① "甲"，他本或作"申"。

开元二十年正月二十二日,吏部尚书裴光庭奏:文武选人,承前三月三十日始毕,比团甲已至夏末。自今以后,并正月三十日内团甲,二月内毕。至二十一年六月二十八日,萧嵩奏:吏部选人,请准旧例,至三月三十日团甲毕。

《唐会要》卷七五《选部下·选限》

〔开元〕二十一年六月二十八日,诏曰:"古者,诸侯举士,必本于乡曲;府庭署吏,亦先于能行。所以人自束脩,官无败政。及乎魏承汉弊,权立九品。今之吏部,用是因循,久仕浸多,为法转密。然于济理求才,未闻深识;持衡取事,徒立烦文。朕寤寐永怀,每以悁怅。夫琴瑟不调者,改而更张;法令不便者,义复何异?顷者,有司限数及拘守循资,遂令铨衡,不得深拔天下贤俊,屈滞颇多。凡人三十始可出身,四十乃得从事,更造格限,分品为差。若如所制之文,六十尚不离一尉,有才能者始得如此,稍敦朴者遂以终身。由是取人,岂为明恕?自今以后,选人每年总令赴集,仍旧以三月三十日为限。其中有才优业异,操行可明者,一委吏部临时擢用。贵于取实,何限常科?虽远郡下寮,名迹称著,亦须甄拔,令其劝勉,俾人思为善之利,俗知进取之途。朕所责成,实在吏部,可举其大略,令有所依。比者,流外奏申,乃引过门下。簿书堆盈于琐闼,胥使填委于掖垣,岂是事宜过为烦碎?自今以后,亦宜依旧。"

《册府元龟》卷六三〇《铨选部·条制二》

朕悯兹下人,不忘兴寐,庶乎富教,寄在牧宰。所以推择才能,亲加考核。卿等各膺时用,副朕虚求,亦既得人,伫闻佳政。

若能精锐为理,声绩有称,即当待以不次,信斯言之可复。如其政不能举,行且有遗,岂独败于厥躬? 必将坐于举主,此亦明法不得不然。各宜勉之,以成名节。令赐卿少物,各宜领取,并于朝堂坐食,食讫好去。(开元二十二年)

《唐大诏令集》卷一〇〇《处分选人敕》

〔开元〕二十四年十二月二十四日,敕:王子未出阁者,侍讲、侍读、侍文、侍书,并取见任官充,经三周年放选,与处分。习艺馆诸色内教,通取前资及常选人充,经二年已上,选日,各于本色量减两选,与处分。左右卫、三卫及五品以上子弟经七年,杂卫、三卫经八年,勋官经九年,并放选,与处分。

《唐会要》卷七四《选部上·吏曹条例》

天宝二年十一月,敕:诸州医学生等,宜随贡举人例,申省补署,十年与散官。恐年岁深久,检勘无凭,仍同流外例附甲。

《唐会要》卷七五《选部下·附甲》

〔天宝〕九载三月十三日,敕:吏部取人,必限书判,且文学政事,本自异科,求备一人,百中无一。况古来良宰,岂必文人? 又限循资,尤难奖擢。自今以后,简县令,但才堪政理,方圆取人,不得限以书判,及循资格注拟,诸畿、望、紧、上、中,每等为一甲。委中书门下察问,选择堪者,然后奏授。大理评事,缘朝要子弟中,有未历望畿县,便授此官,既不守文,又未经事。自今以后,有此色及朝要至亲,并不得注拟。

《唐会要》卷七五《选部下·杂处置》

〔天宝〕十一载七月，敕：吏部选人书判滥，及杂犯不合得留者，不限选数，并放。除此之外，先后选深人，一概并留。其选深被放人，选浅得留人名，具留放逗留，榜示选人，各令知悉。仍以单状奏闻，不须更起条目。至十二月二日，吏部尚书杨国忠奏：请两京选人集铨日，便定留放，无长名。遂诏：文部选人调集者，宜审定格限，令集铨日，各量官资、书判、状迹、功优，据阙合留，对众集便定。其宏词博学，或书判特优，超越流辈者，不须定以选数，听集。武部选人，集试日校第功优，亦对众留放。

《唐会要》卷七五《选部下·杂处置》

〔天宝〕十一载七月，诏曰："政理之源，实惟选士；铨综之道，必在至公。比来文武选人调集者，及于留放，末日引通。……须议事以制法，亦因时而革弊。自今以后，吏部选人，宜审定格限颁示，令集铨之日，各量官资、书判、状迹、功优，据阙合留，对众便定。岂惟免淹时日，抑亦共表公平？见收者既无滥升，被放者亦当敛分，则自近及远，以绝幸求。其有宏词博学，或书判特优，超越流辈者，不过限以选数，听集。其武部选人，试日较等第功优，亦对众便从留放。仍永为常式，并作条件处分。"

《册府元龟》卷六三〇《铨选部·条制二》

政理之源，实惟选士；铨综之道，必在至公。比来文武选人调集者，及于留放，末日引通。甄鉴匪周，或纪纲不一，以资取舍，讵免流言。须议事以制法，亦因时而革弊。自今已后，吏部选人，宜审定格限颁示，令集铨之日，各量官资、书判、状迹、功优，据阙合留，对众便定。岂惟免淹时日，抑亦共表公平？见收者既无溢升，被放者亦当敛分,则自近及远,以绝幸求。其有宏词博学,或书判特优,超越流辈者,不过限以选数,听集。其武部选人,试日较等功优,亦对众便从留放。仍永为常式,并作条件处分。

《全唐文》卷三三《玄宗·令文武选人对众留放诏》

〔天宝十三载〕七月二十七日,敕:"如闻岭南州县,近来颇习文儒。自今以后,其岭南五府管内,白身有词藻可称者,每至选补时,任令应诸色乡贡举,仍委去使准我考试。有堪及第者,具状闻奏。如有愿赴京者,亦听。其前资官并常选人等,有词理兼通,才堪理务者,亦任此选及授此官。"

《册府元龟》卷六三〇《铨选部·条制二》

大历元年二月,诏:许吏部选人自相举,如任官有犯,坐举主。从吏部侍郎王延昌所请。

《册府元龟》卷六三〇《铨选部·条制二》

其月①,敕大理法官及太常礼官,宜委吏部每至选时,简择才识相当者,与本司商量注拟。

《册府元龟》卷六三〇《铨选部·条制二》

是年②,敕吏部侍郎刘滋知洪州选事。时京师寇盗之后,天下蝗旱,谷价翔贵,选人不能赴调,乃命滋江南典选,以便江岭之人,时称举职。

《册府元龟》卷六三〇《铨选部·条制二》

---

① 建中元年正月。
② 兴元元年。

伏以艰难以来，年月积久，两都士庶，散在远方，三库敕甲，又经失坠。因此人多冒冒，吏或诈欺。混见官者，谓之譬名；承已死者，谓之接脚。乃至制敕旨甲，皆被改张毁裂。如此之色，其类颇多，比来因循，遂使滋长。所以选集加众，真伪混然。实资简责，用澄泾渭。谨具由历状样如前，伏望委诸州县府，界内应有出身以上，便令依样通状，限敕牒到一月内毕，务令尽出，不得遗漏。其敕请令度支悉付州府，州司待纳状毕，以州印印状尾，末缝相连，星夜送观察使司。定判官一人，专使勾当，都封印。差官给驿递驴送至省上都。五百里内，十二月上旬到；千里外，中旬到。每远较一千里外，即加一旬。虽五千里外，一切正月下旬到。尽黔中、岭南，应不合北选人，不纳文状，限其状直送吏部曹，不用都司发人。到日所司勘会，即奸伪必露，冤抑可明。如须盘问，即下所在州县责状。其隐漏未尽，及在远不及期限者，亦任续通，依前观察使兴送所在勘责。必有灼然逾滥事迹著明者，据轻重作条件商量闻奏。庶稍澄流品，永息逾滥。

《全唐文》卷九六四《阙名·澄清选例奏》[①]

贞元八年春，中书侍郎平章事陆贽，始复令吏部每年集选人。旧事，吏部常每年集人，其后遂三数年一置选，选人并至，文书多，不可寻勘，真伪纷杂，吏因得大为奸巧。选人一蹉跌，或十年不得官；而官之阙者，或累岁无人。贽令吏部分内外官为三分，计阙集人，岁以为常，其弊十去七八，天下称之。

《唐会要》卷七五《选部下·选限》

① 此篇为贞元四年八月吏部所奏。

国朝旧制,吏部选人,每年调集,自乾元已后,属宿兵于野,岁或凶荒,遂三年一置选。由是选人停拥,其数猥多,文书不接,真伪难辨,吏缘为奸,注授乖滥,而有十年不得调者。贽奏吏部分内外官员为三分,计阙集人,每年置选,故选司之弊,十去七八,天下称之。

《旧唐书》卷一三九《陆贽传》

〔贞元〕十五年六月,敕:吏部奏,选人依前三月三十日已前团奏毕。其流外兵部、礼部举人等,专委郎官,恐不详审,共为取舍,适表公平。每至流放之时,皆尚书、侍郎对定,既上下检察,务在得人。

《唐会要》卷七五《选部下·选限》

〔贞元十六年〕十二月戊寅,罢吏部复考判官及礼部别头贡举。

《旧唐书》卷一三《德宗本纪下》

〔齐〕抗字遐举,……初,吏部岁考书言,以他官第上下,中书、门下遣官覆实,以为常。抗以尚书、侍郎皆大臣选,今更覆核,非任人勿疑之道。礼部侍郎试贡士,其姻旧悉试考功,谓之"别头",皆奏罢之。

《新唐书》卷一二八《齐抗传》

〔贞元〕二十三年五月,齐抗以太常卿代郑余庆为中书侍郎平章事。先时,每岁吏部选人试判,别奏官考覆,第其上下。既考,中书门下覆奏：择官覆定，浸以为例。抗为相，乃奏言吏部尚书已是朝廷精选，不宜别差考官重覆。其年，他官考判讫，俾吏部侍郎自覆。明年，遂不置考判官，盖因抗所论奏也。

《唐会要》卷七四《选部上·吏曹条例》

选部每岁以四才三实铨署群吏，每三岁则有诏以诸曹郎分命南辕，调其仕次。

《权载之文集》卷三六《送主客仲员外充黔中选补使序》

冬荐官其令诸司尚书、左右丞、本司侍郎引于都堂，访以理术，兼试时务状，考其通否及历任考第事迹，定为二等，并举主名姓录奏，仍令御史一人监试。如授官有课效尤著及犯赃不任者，仍委御史台及观察使闻奏，以殿最举使。

《全唐文》卷五二《德宗·考试冬荐官诏》

中书门下：常参官曾为牧守，理行有闻者，具名闻奏。与诸荐守宰论政事，知所任者，具名封进。应被举官等，令御史台及吏部检校勘资次，勿令逾越，然后临试处分。仍永为常式。

《全唐文》卷五二《德宗·命奏举人材诏》

卫侍郎次公，在吏部避嫌，宗从皆不注拟。有从子申甫，自江淮来调选，因告主吏曰："但得官便出城，即可矣。"遂馆申甫于别第。未几，拨江南令，将出城，为次公老仆所遇。不得已，见次公。次公诘其由，申甫以实对。次公曰："今年所注，不省有汝姓名。"验其签名，则次公署之也，乃召主吏，贷其罪以问之。吏曰："凡所取押,皆冒。"次公叹曰:"某虑不及此!"

〔元和〕六年十月,中书门下奏状,准建中元年敕,常参官授上,讫三日内上表,让一人以自代者。伏以人臣拜职,皆有谢章。晋太尉刘实著《崇让论》,请因谢章,便有所让。令主者掌此让文,类其被举最多者,有官缺,据此选用。如此,则事不专于宰府,材须选于众人。唐虞佥谐,义实由此。臣请自今常参官举人后,便选择进具所举人,兼状上中书门下。如官缺要人,先于所举人中选择进拟。臣又闻,周之群仆,委于伯冏;汉之多士,辟于有司。故凡称大寮,皆得进善。陛下念黎元之困,设令长之科,群寮举知,四海蒙福。然荐延相继,沮劝未行,苟或容私,则虑害政。伏请所举县令到任后,刑罚冤滥及有赃犯者,其举荐官削阶及停见任。书下考,并准。

《册府元龟》卷六一二《刑法部·定律令四》

臣伏以铨选之司,国家重务,根本所系,在于簿书。承前诸色甲敕等,缘岁月滋深,文字凋缺,假冒逾滥,难于辨明。因循废阙,为弊恐甚。若据见在卷数,一时修写,计其功直,烦费甚多。窃以大历以前,岁序稍远,选人甲历,磨勘渐稀。其贞元二十一年以后,敕旨尚新,未至讹谬。纵须论理,请待他时。臣今商量,从大历十年至贞元二十年,都三十年,其间出身及仕宦之人要检覆者,多在此限之内。且据数修写,冀得精详。今冬选曹,便获深益。其大历十年向前甲敕,请待此一件修毕,续条贯补缉。臣内省庸薄,又忝选司,庶效涓埃,以裨朝典。谨具量补年月,及应须差选官吏,并所给用纸笔杂功费用,分析如前。

《全唐文》卷五二三《杨于陵·请修写铨选簿书奏》

元和十五年八月,中书舍人臣武儒衡等奏:驾部郎中、知制诰臣李宗闵,中书舍人臣王起,库部郎中、知制诰臣牛僧孺,祠部郎中、知制诰臣元稹。

吏部重奏举荐县令节文:

右,吏部以停年课资之格,取宰邑字人之官,公干强白者拘以考浅,疾废耄聩者得在选中,倒置是非,无甚于此。朝廷将欲渐去其弊,所以特设举荐之科。明诏既行,起请寻下,有司再议厘革,何以取信于人!据吏部云:"增加新户,开垦荒田,已是考课旧条。狱绝系囚,冤人申雪,亦是政途常事。举寮吏不法,恐生告讦之风。有利益公家,又未指陈其目。选授者例无异绩,尚得四考守常;举荐者从未殊尤,岂可二年便罢?今请但行连坐举主之文,不必更依吏部分外条件。"又云:"见任官及处士散试官,并请停集。"且起家散试,固有才能;见任他官,何妨抚字?若皆限其资历,即与常选何殊?今请除见任县令外,其余并令赴集。又云:"检勘榜样,剥放程式,及试书判,并请准平选人例处分。"若此,则案牍之吏得肆奸欺,书判虽工,何关政术?有同减选赴集,岂是特举与官!今请应举荐人,量纳文状,便令注拟,亦不在剥放及试书判之限。又云:"并请注破碎之县,责其效实。"本举良能,冀蒙优奖,此居破碎之处,恐同贬降之条。以前数件,并恐不可施行。伏请但依起请节文处分,仍请据今年县令员阙,先尽举荐人数。留阙有余,然后许注拟平选人等,冀将允当。同前五舍人同署。

《元稹集》卷三六《中书省议举县令状》

一夫不获,时予之辜,苟有向隅之悲,遂轸纳隍之虑。如闻去冬吏部三铨选人,驳放者众,或文状乖错,或书判差池。主司守文,不得不尔,既施惠泽,亦在沾恩。其长名及杂驳选人,如有未离京城者,委吏部,今月检勘毕,除涉逾滥者,余并却收。

《唐大诏令集》卷七〇《宝历元年正月南郊赦》

其年①六月,敕:应选人未试以前,南曹驳放后,经废置详断,及准堂判却收。比来南曹据给帖人数,续到续试,铨司更不考判,便同平留选人例注拟,稍涉侥幸。自今以后,应有此色,并请待正月十日,准格详断限毕都引。试判不及格,并杂犯,及续检勘库报,并前选子案不同,并驳放,不任更陈状披诉,及重详断之限。

《唐会要》卷七五《选部下·杂处置》

其月②五日,敕:应选人及冬集人子案,门下省检勘毕后,比来更差南曹令史收领,却纳门下甲库,在于公事,颇甚劳扰。自今以后,请勒吏部过院,本令史便自分付甲库,以备他年检勘。请门下省勒甲库令史,每过选照勘收拾,明立文案据,官吏等递相分付,不得妄有破除。南曹申请之时,如有称失落欠少,本令史专知官准勘检揩改违条流例处分。

《唐会要》卷七五《选部下·杂处置》

南曹简勘,废置详断,选人倘有屈事,足以往覆辨明。近年已来,不问有理无理,多经中书门下接诉,致令有司失职,莫知所守。

---

① 大和五年。
② 大和五年六月。

选人逾分,惟望哀矜。若无条约,恐更滋甚。起今已后,其被驳选人,若已依期限经废置详断不成,自谓有屈,任经中书门下陈状。状到吏部后,铨曹及废置之吏,更为详断,审其事理,可收即收。如数至三人已上,废置郎官请牒都省罚直;如至十人已上,具事状申中书门下取处分。如未经废置详断,公然越诉,或有已经详断不错,辄更有投论者,选人量殿两选,当具格文榜示。冀无冤滥,亦免幸求。

《全唐文》卷七二《文宗·量放驳选人滥行陈诉诏》

应选人及冬集人文案,门下省简勘毕后,比来更差南曹令史收领,却纳门下甲库,在于公事,颇甚烦劳。自今已后,谨敕吏部过选院本令史,便自分付甲库,以备他年简勘。仍请门下省勒甲库令史,每过选时,常加检点收拾,明立文案,据官吏等递相分付,不得妄有破除。南曹申请之时,如有称失落欠少,本令史及专知官准检报揩改违条例处分。

《全唐文》卷七四《文宗·专责令史简点选人文案敕》

〔大和〕八年正月,吏部奏:"准敕,疏理诸色入仕人等,今诸司流外令吏、府史、掌固礼生、楷书、医工及诸军、诸使承优官典,总一千九百七十二员,共请权减六百五十七员。兵部奏应管左右仗千牛,仆寺、殿中省进马,左右金吾仗长上,共一百六十一员,今三色共请减六十七员。文简武简三卫,每年三铨,都请留六十人为定。礼部奏明经、弘文馆生、大庙、郊社、斋郎、掌坐等,共五百一十二人,今六色共请一百三十八人。"从之。

《册府元龟》卷六三一《铨选部·条制三》

〔大和八年〕九月，诏："复集吏部、礼部、兵部，今年选举铨试之期递延一月。"

《册府元龟》卷六三一《铨选部·条制三》

开成二年四月，中书门下奏："天下之治，在能官人，古今以还，委重吏部。自循资授任，衡镜失权，立格去留，簿书得计。比缘今年三月，选事方毕，四月以后，方修来年格文，五月颁下，及到远地，已及秋期。今请起今月与下长定格，所在府州，榜门晓示。其前资官，取本任解黄衣，本贯解一千里内，三月十日解到省，二千里、三千里递加十日，并本州赍送。选人发解讫，任各归家。其年七月十五日，齐于所住府，看吏部长榜，定留放。其得留人，并限其年十二月十日，齐到省试注唱，正月内，铨门开，永为定例。如其年合用阙少，选人文书无违犯可较，则于本色阙内，先集选深人、年长人。其余既无缺可集，南曹但为判成榜，示所住州府，许次年取本住州府公验，便依限赴集，更不重取本住本贯解。"旧格已久，不便更改，事遂不行。

《唐会要》卷七四《选部上·论选事》

〔开成四年〕二月，敕："吏部去冬粟错及长名驳放选人等，如闻经冬在京，穷悴颇甚，街衢接诉，有可哀矜。宜委吏部简勘，条流钤辖。如非逾滥、正身不到、欠考、欠选、大段瑕病之外，即与重收。以比远残阙注拟，不得用平留阙。如员阙不相当，一唱不伏官者，便任冬集，不在更论诉限。如未经中书门下陈状，敕下后不得续收。今年已后，不得以为例。"

《册府元龟》卷六三一《铨选部·条制三》

会昌二年四月敕文：准太和元年十二月十八日敕，进士初合格，并令授诸州府参军及紧县尉，未经两考，不准奏职。盖以科第之人，必宏理化，黎元之弊，欲使谙详。近者，诸州长史，渐不遵承，虽注县寮，多糜使职。苟从知己，不念蒸民。流例浸成，供费不少。况去年选格，改更新条，许本郡奏官，便当府充职一人，从事两请，料钱虚占。吏曹正员，不亲本任公事。其进士宜至合选年，许诸道依资奏授，试官充职，如奏授州县官，即不在兼职之限。

《唐会要》卷七五《选部下·杂处置》

吏部选人，如闻累年驳放至多，或文状粟错，或书判差迟，有司守文，不得不尔。况选人例迫饥寒，远来调集，频年被驳，情实可矜，既遇鸿恩，合与优假，委吏部检勘去冬选人。若有此色，除非身名逾滥及欠选欠考外，并以比远残缺，取其情愿者，特与却收注拟。

《唐大诏令集》卷七二《乾符二年南郊赦》

朝廷悬爵赏之科，设抡才之政，言其藻鉴，在乎清通。况当求理之时，方切任贤之日，将宣至化，实赖平衡。宜于取舍之间，必叶公忠之论。如闻羁栖旅食，贫苦选人，守数考而方及选期，望一官而时希寸禄。注唱才毕，旋又更移，多被逗留，莫遂便稳。脂膏之地，须应有贿而升；迁避之官，即是孤寒所受。言斯猥弊，乃积岁年，纵有条流，寻亦隳改。况今行在，思溥渥恩，不欲使叹惋栖迟，吁嗟屈滞。归乎允当，倚在有司。宜令中书门下切在条流，如选人实有考课，堪理繁剧者，临时注拟，可以甄升。系生民之惨舒，在铨衡之慎择，勿令留滞，切速指挥。仍将朕意，宣示百寮及

吏部三铨并选人等,各令知悉。(中和四年二月)

贞观元年,京师米贵,始分人于洛州置选。

永徽元年,始置两都举,礼部侍郎官号,皆以两都为名,每岁两地别放及第。自大历十二年,停东都举,是后不置。

开耀元年十月,崇文馆直学士崔融议选事曰:关外诸州,道里迢递,洛河之邑,天地之中。伏望诏东西二曹,两京都分简留放,既毕同赴京师。

开元元年十二月,遣黄门监魏知古、黄门侍郎卢怀慎,往东都分知选事,便令拟宋璟为东都留守,摄门监过官。

元和二年九月,诏:东都留守赵宗儒权知吏部,令掌东都选事,铨试毕日停。

太和二年九月,敕:吏部今年东都选事,宜令河南尹王播权知侍郎,铨试毕日停。

三年四月,敕:东都选事宜权停。

桂、广、交、黔等州都督府:比来所奏拟士人任官,拣选未甚得所,宜准旧例。至应选补时,差内外官五品以上清正官充使选补,仍令御史同往注拟。其有应任五品以上官者,奏取处分。

桂广交黔等州选士例诏》

天宝十三载七月,敕:如闻岭南州县,近来颇习文儒。自今以后，其岭南五府管内白身，有词藻可称者，每至选补时，任令应诸色乡贡。仍委选补使准其考试，有堪及第者，具状闻奏。如有情愿赴京者，亦听。其前资官并常选人等，有词理兼通，才堪理务者，亦任北选，及授北官。

《唐会要》卷七五《选部下·南选》

后唐同光二年八月，中书门下奏："吏部三铨下省南曹废置、甲库格式、流外铨等司公事，并系《长定格》《循资格》《十道图》等格式。前件格文，本朝创立，检制奸滥，伦叙官资，颇谓精详，久同遵守。自乱离之后，巧伪滋多，兼同光元年八月，车驾在东京，权判南曹工部员外郎卢重本司起请一卷，益以兴复之始，务切怀来，凡有条流，多失根本。以至冬集赴选人，并南郊行事官，及陪位宗子，共一千三百余人，铨曹检勘之时，互有援引，去留之际，不绝争论。若又依违，必长讹滥。望差权判尚书省铨左丞崔沂，吏部侍郎崔贻孙，给事中郑韬光、李光序，吏部员外郎卢损等，同详定旧《长定格》《循资格》《十道图》务令简要，可久施行。"从之。

《五代会要》卷二〇《选事上》

〔后唐庄宗同光二年〕九月，侍中郭崇韬奏："臣伏见今年三铨选人并行事官等，内有冒名入仕，假荫发身，或卜祝之徒、工商之类，既淄渑之一乱，谅玉石之宁分。盖以伪朝已来，蠹政斯久，猾吏承宽而得计，非才行货以自媒，上下相蒙，薰莸同器，遂使寒素者多遭排斥，廉介者翻至湮沉，不唯显紊于官箴，抑亦颇伤于治本。近以注拟之后，送省之间，引验而已，有异同僭滥而果招论讼，将敷至化，须塞幸门。臣欲请别降条流，特行厘革，许其潜相觉察，互有告陈，若真伪之能分，即赏刑之必举。应见注授官员等，内有自无出身入仕，买觅鬼名告赤，及将骨肉文书楷改名姓。或历任不足，妄称失坠，押彼公凭；或假人荫绪，托形势，论嘱安排，参选所司，随例注官者。如有人陈论，勘鞫不虚者，元论事人，特议超奖。如未合格人或无名驳放者，便承伪滥。人所授官，资其所犯，人下所司，简格处分。如同保人，知保内有冒名滥进之谋，亦许陈首。若递相盖藏，被别人论告，并当驳放。其铨司阙头人吏如被形势迫胁，主张逾滥选人及自己不公，亦许陈首，并与放罪。若被人论告，当行朝典，兼恐见任官及诸道选人身死，多有不肖子孙将出身历任告赤，货卖与人。自今后，仰所在身死之处，并须申报本州，令录事参军于告敕上分明书身死月日，却分付子孙。兼每年南曹及三铨，停滞多及周岁，致选人广作京债，经费倍多，致其到官必不廉慎。此后至春来，并须公事了绝，若更逗留，当加责罚。所有惧罪逃移者，仰所司具录名姓申奏，请终身勿齿，兼牒本贯州县，各令知悉。或有条流未尽处，仰所司简长定格，别具条奏。"从之。铨综之司，伪滥斯久，识者皆知不可，承前未能卒除，及崇韬条奏之后，澄汰甚严，或放弃田间，毁抹告赤者，十七八矣。

《册府元龟》卷六三二《铨选部·条制四》

唐同光四年三月，中书门下奏议："左拾遗王松、吏部员外郎李慎仪上疏，以诸道州县，皆是摄官，诛剥生灵，渐不存济。比者郭崇韬在中书日，未详本朝故事，妄被闲人献疑，点检选曹，曲生异议，或告赤欠少，一事阙违，保内一人不来，五保即须并废，文书一纸有误，数任皆不勘详。其年选人及行事官一千二百五十余员，得官者才及数十，皆以渝滥为名，尽被焚毁弃逐，或毙踣于旅店,或号哭于道途。以至二年已来,选人不敢赴集,铨曹无人可注,中书无人可除,去年阙近二千,授官不及六十。伏请特降敕文,宣布遐迩,明往年制置,不自于宸衷,此日焦劳,特颁于睿泽。望以中书条件及王松等所论事节,委铨司点检,务在酌中,以为定制。"从之。时议以铨注之弊,非止一朝,搢绅之家,自无甄别,或有伯叔告赤,鬻于同姓之家,随赂改更,因乱昭穆,至有季父伯舅反拜侄甥者。郭崇韬疾恶太深,奏请厘革,豆卢革、韦说俛俯赞成。或有亲旧讯其事端者,革、说曰:"此郭汉子之意也。"及崇韬诛,韦说即教门人王松上疏奏论,故有此奏。识者非之。

《旧五代史》卷一四八《选举志》

〔后唐〕明宗天成元年四月,制曰:"力学登第,承荫出身,或欠文书,浸成逾滥。先遭抹毁,几至调选无人。州县多是摄官,为弊滋甚。宜令三铨,别为启请,止除伪滥,余复旧规。"

《册府元龟》卷六三二《铨选部·条制四》

后唐天成元年十月三日,尚书考功条奏格例如后:

一、准考课令,诸司内外文武官九品已上,每年当司长官考其属官,应考者皆具录一年功过行能,议其优劣,定九等考第。京官,九月三十日已前校定。外官,去京一千五百里内,八月三十日已前校定;三千里内,七月三十日已前校定;五千里内,五月三十日已前校定;七千里内,三月三十日已前校定;万里内,正月三十日已前校定,本州定讫。京官,十月一日送簿。外官,朝集使送簿限十月二十五日已前到京。考后功过,并入来年。无长官,次官考。县令已下及关镇庶官、岳渎令并州考。津非隶监者亦州考。

一、准考课令，诸每年考簿集日，考司校勘讫，别为簿具言功过。京官，三品已上，及同中书门下三品，并平章事奏裁，亲王及五大都督府亦同；四品已下及余外官，并使人量定闻奏，单数仍备状进，中考并单名录奏。

一、准考课令，诸每年尚书省诸司得州牧、刺史、县令，政有殊功异行，及祥瑞灾蝗，户口赋役增减，当界丰俭，盗贼多少，并录送考司。

一、准考课令，诸官人治迹功过，应附考者，皆须实录。其前任有犯私罪，断在今任者，同见任法。即改任，应计前任日为考者，功过并附，其状不得过两纸。州县长官，须言户口田地者，不得过三纸。注考正之最：一最已上有四善为上上。一最已上有三善，或无最而有四善为上中。一最已上有二善，或无最而有三善为上下。一最已上有一善，或无最而有二善为中上。一最已上，或无最而有一善为中中。职事粗理，善最不闻为中下。爱憎任情，处断乖理为下上。背公向私，职事废阙为下中。居官诌诈，及贪浊有状之类为下下。若于善最之外，别有可嘉，及罪虽成殿而情状可矜，或虽不成殿而情状可责者，省校之日，皆听考官临时详定。

一、准考课令，诸官人因加户口，及劝课田农，并缘余功进考者，于后事若不实，纵经恩降，皆从追改。

一、准式，校京官考限来年正月内外官考限二月内者，所司至三月内申奏了毕。伏以书校内外官考课，逐年申送考簿，各有程期。近年已来，诸道州府及在京诸司所送考解，多是稽违。自今后，所申考簿如违格限，二十日不到，其本判官并录事参军，伏请各罚一百直，本典句官，请委本道科责。如违一月日已上不申到，本判官伏请罚二百直,录事参军量殿一选,本直句官请委本道重加惩断。在京诸司如违格限不关牒到者,其本司人吏牒报御史台,请行追勘。

一、准格,应所阙县令计日成四考,余官计日成三考阙。今后州县官等,并许终三十个月成三考。自上官后至年终,但满一百八十日,便与头考。次二年即须两考满足。如头考满足,第二考全足,即许计日成末考,方与三十个月事理合同。如过月限无替人到,准上条处分者。伏以每年书校官员考课,格限则显有旧条,授上则难为定制。但以每月之内,皆有除移,今准格,且以六月内上为准。

一、应申校内外六品已下赴选官员考课,准格,自上任后但满一百八十日便与成头考。年终非书考时,须至来年准格书校时并申两考。如六月已前直至正月到任者,自上任日至校考时头考日足,即考后功过并入来年。如至书校时,头考欠日未成资考,亦至来年准格书校时,并申两考。如六月已后至年终上者,并至准格日收计一考,有剩日不在重使之限。

一、应经考后,合收次年,以一周岁为限。如未满一年停替者,但及三百四十日与成,如欠日,不在收计之限。

一、应收末考,但经考后去任时,得及二百日与成,如欠日,不在收计之限。如过月限无替人,并准上条处分。

一、应申校内外赴选官员考课,头须具经考,已后课绩,不得重叠计功。其末考,须具得替年月日,比类升降。

一、应申校内外六品已下官员考第,以去京地里远近,逐年书校,申送考解,各有程期。今后应内外赴选官员考第,既准格依限,逐年比校,即不合更将州府及本司考牒为据。其有已前罢任官员，不计年限考第，未经省校者，如有州府及本司考词考牒全备者，欲据在任年月日检勘，省司给与牒知。如在任之时，州府及本司向来元不曾书校给牒，只于解由历子内，批出考数者，欲与检勘，解由历子内，不竖过犯，称在任日并无公事遗阙，证验分明，亦据在官年月日，给与牒知。如检勘无凭者，不在给牒之限。其今年各准格赴集选人，便合请给省校考牒，直至南曹受纳告敕已前，并许经所司投状检勘出给。其考牒又准格须奏下当年内出给。如隔年者，不在行使之限。如或实有事故，次年内请给。自今后当年奏下敕考，许至来年内请给。如更违格限，请一年与殿一选。如至三年外不请给者，所司不在出给之限。其已前校奏下内外赴选官员考课，其间有未曾请给考牒者，并合投状请给，以备选曹磨勘。如将来选人，今在考第，依前固违格条，不经省司勘校给牒，及已曾奏校下敕考，不请给考牒者，南曹不在检勘判成之限。

一、应申投内外官员考课文解，须依格限到省。如申发后，其间或有非时事故停任，所司无以得知，请委本判官并录事参军，专切提举事由申省，以凭点校录奏。

一、准故事校考旧条，内外官员并校考之时，诸道差朝集使应考，内即差中书舍人、给事中监考。伏自校勘不行，往例尽废。自今后省校之时，伏请中书门下选差清望官两员，监校内外官员考课，便同点校申奏。其合经申中书、门下两省，准例各供宣黄，清守旧规，以为永制。

一、应申校内外官寮考课，如有过犯，便降书下考。如在任之日，于常课之外，别有异绩可称，比之上下考。如诸道州府及在京诸司故违格例，不具录在任事绩功过，依限比较，申牒到省，其本判官并录事参军，及在京诸司，并请准前殿罚。

一、应诸司诸流外职掌人等，准令本司量其行能功过，立四等考第而勉进之。今伏请准新定格内条件内，逐年依限投状，各具在职功过，书校考第，检勘录奏。

一、应诸司令史及勒留官丁忧，不计有官无官，并一百日后举追。如愿终丧，不在举限。除丁忧年一考不附奏，次年便许计选数赴集。其丁忧人仍牒考功及南曹，终丧者计三年忧。

一、诸色选人使上考减选，其下考并合殿选，并注令录铨曹勘验，只凭考功报检，多有差错。今请每年考功申校上考及下考，敕下后，请具单名牒门下省，及申三铨关报南曹，以凭勘会，并须九月已前报毕。

从之。

《五代会要》卷一五《考功》

〔后唐天成〕二年正月，吏部郎中孔邈奏："近见选人，或以志在循陔，难违色养；或以家同悬磬，不辨裂裳。致违调选之期，遂遇废沉之例。臣愚伏请，自天成元年已前有出身分明者，悉许注拟。况三蜀之内，员阙极多。俾出自于朝恩，免使希于假摄。"

《册府元龟》卷六三二《铨选部·条制四》

天成二年三月二十四日，铨司奏："据南曹驳放选人，累经铨及，经中书门下论诉，准堂判具新旧过格年限，分析申上者。伏以选人或有出身，或因除授，各拘常例，方赴调集，多因远地兵戈，兼以私门事故，遂致过格，固非愿为。新条标在七年，旧格容于十载。臣等参详，其选人过格年限，伏请且依旧格，不问破忧停集本数,过格十年外,不在赴选之限。"从之。其年十二月二十九日,中书门下条流:"应诸道选人等,选人中有过格年深,无门参选者。准天成二年十月二十三日德音,并委吏部南曹磨勘。如实曾阻兵戈者,许令注拟。如或诈称不在此限者,凡是选人,专思合格,不肯固逾选限,自滞身名,纵阻干戈,须在州县有应过格人等,仰吏部南曹子细磨勘。曾阻兵戈州府去处,或曾假摄,即有随处文牒,一一诣实,即便送铨司,亦须参详先授告身摄牒,及审验年貌,方可注拟参铨。注拟自有常规,从前或有宰臣占著好州县官员阙,不令铨曹注授。今年应是元阙,并送铨曹,候移省之时,若有好阙尚在,必议勘寻。其请托及受嘱人等,当行黜责。选人之内,族类甚多,历任之中,资考备在。应南曹判成人等,仰三铨各据逐人出身,入仕文书,一一比验年貌,灼然不谬,方与注官。据《长定格》,选人中有隐忧者,迟五选。伏以人伦之贵,孝道为先,既有负于尊亲,定不公于州县,有伤风教,须峻条章。今后诸色官员内,有隐忧冒荣者,勘责不虚,终身不齿。所有入仕已来告敕,并赴所司焚毁。"从之。

《五代会要》卷二〇《选事上》

其年^①十二月,敕:"选门官吏,滥进者多。自今已后,并令各录三代家状乡里、在朝骨肉,先于南曹印署,纳吏部、中书、门下三库各一本。候得判印状,即许所司给付新签告,兼本任处及乡里,亦具一本纳逐处州县。"

《五代会要》卷二二《杂处置》

---

① 后唐天成三年。

天成四年冬十月丙申，诏曰："本朝一统之时，除岭南、黔中去京地远，三年一降选补使，号为南选外，其余诸道及京百司诸色选人，每年动及数千，分为三选，尚为繁重。近代选人，每年不过数百，何必以一司公事，作三处官方？况有条格，各依资考，兼又明行敕命，务绝阿私，宜新公共之规，俾慎官常之要。其诸道选人，宜令三铨官员，都在省署子细磨勘，无违碍后，即据格同商量注拟，连署申奏，仍不得踵前于私第注官，如此则人吏易可整齐，公事亦无迟滞。"

《旧五代史》卷一四八《选举志》

其年①十二月，敕："三铨公事，宜准近敕指挥，仍只使吏部尚书铨印，并宜付中书门下，封送礼部权收管讫奏。"

《五代会要》卷二二《杂处置》

〔天成〕五年二月九日，敕："近年文士，轻视格条，就试时疏于帖经，登第后耻于赴选，宜绝躁求之路，别开奖劝之门。其进士科已及第者，计选数年满日，许令就中书陈状，于都堂前各试本业诗、赋、判文等，其中才艺灼然可取者，便与除官。如或事业未甚精者，自许准添选。"

《五代会要》卷二二《进士》

凡是选人，皆有资考，每至赴调，必验文书。或不具全，多称失坠，将明本末，须示规程。其判成诸色选人黄甲下后，将历任文

① 后唐天成四年。

书告敕连黏，宜令南曹逐缝使印。都于后面黏纸，具前后历任文书，都计多少纸数，具年月日，判成授某官。

《全唐文》卷一一〇《后唐明宗·

文书告敕宜黏连逐缝使印敕》

长兴元年三月，敕："其判成诸色选人，黄甲下后，将历任文书告身连黏，宜令吏部南曹逐缝使印。都于后面黏纸，具前后历任文书，都计多少纸数，兼具年月日判成，授官去处缴尾讫，给付本人。"其年十月，中书奏："吏部流外铨诸色选人，先条流试判两节，并以优劣等第申奏。文优者宜超一资注拟，次者依资，又其次者以同类官注拟，理道全疏者，以人户少处州县同类官中比拟。仍准元敕，业文者任征引古今，不业文者但据公理判断。可否不当，罪在有司。兼选人或有元通家状内乡贯不实，候将来赴选，并令改正，一一依本属乡县及有无出身，一奏一除官等，宜并不加选限。"从之。

《五代会要》卷二二《杂处置》

〔后唐长兴元年〕十月，吏部南曹关试今年及第举人进士李飞等六十九人，内三礼刘莹、李斐、李铣、李道全，明算宋延美等五人，所试判语皆同。寻勘状，皆称：晚，逼试，偶拾得判草，写净，实不知判语不合一般者。敕旨："贡院擢科，考详所业，南曹试判，激劝为官。刘莹等既不攻文，令直书其事，岂得相传稿草，侮渎公场？ 载究情繇，实为忝冒。及至定期覆试，果闻自惧私归。宜令所司落下，其所给春关，仍各追纳，兼放罪，许再赴举。兼自此南曹凡有及第人试判之时，切在精专点简，如更有效此者，准例处分。"

《册府元龟》卷六三三《铨选部·条制五》

〔长兴〕二年五月，敕：“举选之众，例自艰辛，曾因兵火之余，多无敕甲，不有详延之路，永为迁弃之人。其失坠告身者，先取本人状：当授官之日，何人判铨，与何人同官，上任与何人交代？仍勘历任处州县。如实，即别取命官人三人保明施行。”

《五代会要》卷二二《杂处置》

马缟为太子宾客。长兴三年四月，敕：“近以遍注石经，雕刻印板委国学。每经差专知业博士、儒徒五六人勘读并注。今更于朝官内别差五人充详勘官：太子宾客马缟、太常丞陈观、祠部员外郎兼太常博士段颙、太常博士路航、屯田员外郎田敏等。朕以正经事大，不同诸书，虽以委国学差官勘注，盖缘文字极多，尚恐偶有差误。马缟已下，皆是硕儒，各专经业，更令详勘，贵必精研。兼宜委国子监于诸色选人中召能书人，谨楷写出，族付匠人雕刻。每五百纸，与减一选。所减等第，优与选转官资。”

《册府元龟》卷六〇八《学校部·刊校》

〔长兴〕三年五月，敕：“今后合格选人，历任无违碍者，并仰吏部南曹判成。如文解差缪，不合式样，罪在发解官吏。”其年十二月二日，敕：“准近敕，应前资朝官及诸道节度、观察判官，罢任一周年后，许求官。其出选门官，虽准格例送名，未定别与除官年限。自此应除选门官等罢任后，亦宜一周年后，许更除授。仍令于所司投状磨勘，申送中书门下。”

《五代会要》卷二二《杂处置》

愍帝应顺元年闰正月，中书门下言以天成二年十二月诏曰：长定格，应文学出身人一任三考，许入下县令、下州县录事参军，亦入中下州录事参军。两任四考，许入中下县令、中州录事参军。两任五考，许入中县令、上州录事参军。两任六考，许入上县令及紧州录事参军。凡为进取，皆有因依。或少年便授好官，或暮齿不离卑任。况孤平举士，才年四十，始得经学及第，八年合选，方受一官。于初任之中，多不成三考，第二选渐而蹉跎，有一生终不至令、录者。若无改革，何以发扬？自此经学出身，请一任两考，许入中下县令、下州录事参军。诏曰："参选之徒，艰辛不一，发身迟滞，到老卑低。宜优未达之伦，显示惟新之泽。其经学出身，一任两考，元敕入中下县令、下州录事参军。起今后，更许入下县令、中州下州录事参军。一任三考者，于人户多处州县，如于近敕条内资叙无当者，即准格循资考入官。其两任四考者，准三任五考例入官。余准格条处分，不得起折。"

《册府元龟》卷六三三《铨选部·条制五》

　　是月[1]，诏："吏部三铨南北曹、礼部贡院注拟考试，依格疾速发遣，勿令虚有滞留。"

《册府元龟》卷六三三《铨选部·条制五》

　　〔后唐清泰元年冬十月〕戊子，宰臣姚顗奏："吏部三铨，近年并为一司，望令依旧分铨。"从之。

《旧五代史》卷四六《唐书·末帝纪上》

　　窃见诸道选人，合格下解，不出十月，立定三旬。此则常程，

---

① 愍帝应顺元年闰正月。

向来旧制。却是或有因解样所误,式例稍亏,字内点画参差,印处高下讹舛,便乃驳犯,致有艰难。其如有七年八年选期,千里万里途路,羁穷取士,辛苦到京,若粟错不容,乃滞塞无计。自今后伏乞特行明敕,显布新规:其黄衣选人,只验出身文书。已有前任者,据考牒及解繇历子,转年得尽合格,不许便与判行,小小不赐驳犯。则天下感明时事易,圣主恩宽,不使吏徒得行奸计者。

《全唐文》卷八五〇《何光乂·进策第二策》

晋天福三年正月,诏曰:"举选之流,苦辛备历,或则耽书岁久,或则守事年深,少有违碍格条,例是不知式样。今则方求公器,宜被皇恩,所有选人等,宜令所司,除元驳放及落下事由外,如无违碍,并与施行。仍令所司遍下诸道,起今后文解差错,过在发解州府官吏。"

《旧五代史》卷一四八《选举志》

〔后晋天福〕五年三月,诏令四时听选,吏部三铨拟官旋奏,不在团甲之限。

《五代会要》卷二二《杂处置》

应诸道前资州县令官等:明庭选士,历代通规,各系职司,共将抢拟,显有去留之式,明分真滥之源。今者州县前资官员,悉于中书陈状,来事却虑。虚陈铨管,永无常调之人;并在鼎司,难遏躁求之习。去岁以国朝创业,州县阙官,思广渥恩,是从优异。今则彝伦攸叙,庶政咸修,宜举规程,俾无侵越。其今日已前在中书陈状诸色人等,见点简引验,如不欠少出身历任文书,及无逾滥者,旋具奏拟。宜令今日后诸道前资州县官等,若是资考已出选门,及一任除官,未入选门,并一考前丁忧。及活得冤狱者,准元敕年限满日,许经中书陈状,当与简勘事理施行。此外须令并依前后敕格程限,赴吏部参选。或有公材出众,政绩异常者,临时超擢,不在此限。

《全唐文》卷一一五《晋高祖·更定铨选章程敕》

铨总之司,提举是务,时临注拟,尤在精详。宜令三铨子细看验关牒,或稍涉差谬,即据理科条,将澄刈楚之风,用诚侮文之吏。

《全唐文》卷一一八《晋少帝·令三铨详看关牒敕》

汉乾祐二年八月,敕:"今后诸色选人,年及七十者,宜注优散官;年少未历资考者,不得任注县令。"

三年七月,敕:"吏部南曹,今后及已前应有令佐招添点检出户口,据数须本处合征税赋钱物数目,于解由、历子内,一一开坐批书,方得准天福八年三月十日敕条施行。如不合前后敕例,不在施行之限。"

《五代会要》卷二二《杂处置》

其年①十月,诏曰:"选部公事,比置三铨,所有员阙选人,分在三处,每至注拟之际,资叙难得相当。况今年选人不多,宜令三铨公事,并为一处,委本司长官通判,同商量可否施行。今当开泰之期,宜轸单平之众,自今后合格选人,历任无违碍者,并仰吏部南

---

① 后周广顺元年。

曹判成，如文解差错，不合式样，罪在发解官吏。"

《旧五代史》卷一四八《选举志》

伏以选门格敕条件，具存藩府，官僚该详盖寡，所以凡给文解，莫晓规程，以致选人自诣京都，亲求解样，往来既苦，已堪悯伤，传写偶差，更当驳放。伏见礼部贡院逐年先书板榜，高立省门，用示举人，俾知状样。臣欲请选人文解，委南曹详定解样，兼备录《长定格》，取解条例，各下诸州，如礼部贡院板样书写，立在州县门。每遇选人取解之时，各准条件遵行，仍依板样给解。

《全唐文》卷八六一《王易简·请颁示文解板样奏》

古者立封树之制，定丧葬之期，著在典经，是为名教。洎乎世俗衰薄，风化陵迟，亲殁而多阙送终，身后而便为无主。或羁束于仕宦，或拘忌于阴阳，旅榇不归，遗骸何托？但以先王垂训，孝子因心，非以厚葬为贤，只以称家为礼。扫地而祭，尚可以告虔；负土成坟，所贵乎尽力。宜颁条令，用警因循，庶使九原绝抱恨之魂，千古无不归之骨。应内外职官及选人等，今后有父母、祖父母亡殁未经迁葬，其主家之长，不得辄求仕进，所由司亦不得申举解送。如是卑幼在下者，不在此限。其合赴举选者，或是葬事礼毕，或是卑幼在下，勒于所纳家状内具言，不得罔冒。宜令御史台及逐处长吏、本司长官、所由司觉察申举。其中有兵戈阻滞，或是朝廷特恩除拜，起复追征，及内外管军职员，皆以金革从事，并不拘此例。

《全唐文》卷一二二《周太祖·亲丧未葬不准选举诏》

周显德三年十月，敕："应诸司寺监，今后收补职役人等，并须人材俊敏，身言可采，书札分明，履行清谨。勒本司关送吏部，引验人材，校考笔札。其中选者，具引验可否，连所试书迹，并本州府不系色役回文，及正身引送中书后，吏部具夹名闻奏。候敕下，勒本司收补，余依前后格敕处分。每年只得一度奏补。其诸司寺监旧额人数，仍令所司量公事繁省，于未奏补人数内酌详增损，别为定额。"

《五代会要》卷一七《杂录》

其年①闰七月，吏部流内铨状申：

见行条件公事，铨司先准格例，南曹十一月末开宿，判成选人后，先具都数申铨，铨司举状，便榜示选人，引纳京诸司官使印家状，及试判纸三度榜引得齐足，方至十二月上旬内，定日锁铨者。铨司若候南曹十月内开宿引纳家状，虑成淹滞。今后才南曹锁宿后，先榜示选人，预纳家状，其合保文状，使识官司使印，限开曹后两日内赴铨送纳，须得齐足。如限内不纳到家状、保状，试纸人便具姓名落下，不在续纳之限。据纳到文状，至十月二十二日已前锁铨。先准格例，锁铨后便榜示引验正身、告赤文书，三引共九日，三度引如不至者，便落下铨司。今后锁铨日便牒示选人，至次日引验正身及告赤文书，限三日内三引毕。如不到者，便落下。

每年南曹判成，选人中多有托故不赴铨引，铨司准格例伺候，须及三引，计九日不至者，方始落下。今后有此色人，逐引不到，便据姓名落下。先准格，诸色人三引毕后，赍使印保状赴铨，并合

第四章 铨试管理

保后，令、录重引验合保，审其才术者，铨司欲三引后次日，重内引验令、录，审其才术及合保，如限内不至者，据姓名落下。铨司引验后，本行准格敕及将铨状、历任告赤文书，限三日内点检，无违碍，具姓名关报，试判注拟。

所有选人，历任省于未注官已前，写帖送过院选人所合注使员缺。锁铨后，便具状申中书门下，乞降指挥，应选人试判。今欲锁铨内，预准敕于中书省请印到逐人试纸，候点检毕，开报名衔齐足。此日便定日试判三场，逐场次日申奏后，限两日内供纳宣黄，次日乞降可否敕命。铨司自前注拟诸色选人，准格三注。每一注内，有不伏官者，限三日内具状通退，三注共九日者。铨司自今后第一、第二注榜出后，各限次日内具通官文状，便具姓名落下，第三注毕日开铨，不在开通官之限，三注共五日者。准格，铨司逐年二月二十五日送门下省毕，三月十五日过官毕，三月三十日进黄，移省毕。

三拟毕后，省甲案便于格式司逐旋覆阙入官，过院修写省历，至十月十四日已前，牒送门下省毕，铨司门下省押定，牒到取两日祗候，取判过堂。次日乞降可否堂帖。其黄甲限四日内修写，句勘印署，至十二月六日牒送门下省，至十二月九日进黄毕。所有�衔谢对扬，在格限内应行内诸司公事，或有干系，申铨取裁，铨司便准敕格指挥。如铨司难议裁酌，即申堂取裁。

《五代会要》卷二一《选限》

周显德五年闰七月，吏部南曹状申：

所行事件，画一如后：

一、每年十月一日入选限，判曹员外郎准例免常朝。

一、新起请十月一日锁曹,磨勘选至,至开曹日使具判成名衔榜示,及申中书门下,申铨兼牒门下省。

一、锁宿内有违碍选人,准久例,至开曹日晓示驳放,及申堂、申铨、牒台、刺省,课绩官,准敕经曹投状。不欠选限及磨勘无违碍者,申送中书门下减选。诸色选人成资考丁忧,及过三年已上,准敕经曹投状,磨勘无违碍,申中书门下除官。

一、每年及第举人,自于官诰院纳官钱一千,买绫纸五张并褾轴,于当曹写印缝,缝给于官诰院,却每人牒送朱胶钱三百到曹,支备铨中及当司公使。

一、官诰院牒送到朱胶钱一千内抽二百文,刺送到都省,充抽贯钱。

一、每年及第举人,于省内试判二道后,具判申堂,及具成状申铨团奏,请定冬集。

一、斋郎、挽郎请定冬集者,当曹试判二道后,申堂及申铨请团奏。

一、外州府牒到亡没官姓名,当曹便牒取官诰文书等,批注亡没年月。

一、准格,主掌逐年选人历任家状一本,以备他年磨勘。

一、出给逐年三旬选人赴任历子各一道,判曹员外郎印署、判铨侍郎通押后,当曹使印,缴连新旧告身文书等,当曹出给特敕除官历子。据本官纳到历任家状及新旧告身,点检同,只是判曹员外郎印押。

一、锁宿内具判成选人细衔,申铨及牒门下省,当曹句勘,铨司院写录团奏,选人黄甲无差误,即判曹员外郎署名,及使印背缝。

一、磨勘三旬选人及非时投状人等，并准例引验正身，及取有官三人保明，识官司使印文状，及旬当人状。如有疾病，于成状内收竖申送。

《五代会要》卷二二《吏曹裁制》

〔后周显德〕六年七月二十三日，敕："摄官承乏，或久罄于公勤；因时侧扬，宜特行于旌录。诸处自前应有摄官，曾经五度者，与一时出身，仍先令所司磨勘。须得亲任公事，文书解由分明，每摄须及半年已上，方得充为任数。仍令所司引验人材，及考试书判，的然堪录用者，方得施行。"

《五代会要》卷一七《试摄官》

武成元年春正月……壬午，大赦境内，改元武成。敕文曰：……朕昨才登宝位，更布优恩，或擢在班行，或委之州县。凡选用略尽，搜罗其间。或有谬给前衔，妄称入仕，既未辨其真伪，又可哀其困穷。是用铨衡，冀分玉石。切在精研选士，摅实推公，自执规绳，勿随请托。但曾经赴任，委不败官，不犯刑章，又无赃污，告身周备，考课分明，便仰依次注官，铨司不得稽滞。如有失坠告身，无以自明，但有失坠时公凭及于本任官处取得文解者，并准例参选。然则自唐朝兵革之后，逾滥尤多，附势力者未必有材，抱孤直者或闻无位。自今已后，委有司博求干济，慎择端良，谙熟吏途，详明法律，先能洁己，方可理人，就中令录之尤难，切在铨衡之精选。或有节度刺史，上表论荐，皆须审诸行事，显著才能，保无苛虐之心，方允奏陈之命。如闻失举，必罪所知。诸州府或有贤良方正能直言极谏，达于教化，明于吏才，政术精详，军谋宏远，韬光待用，藏器俟时，或智辨过人，或辞华出格，或隐山林之迹，或闻乡里之称，仰所在州府奏闻，当与量材叙用。……

《十国春秋》卷三六《前蜀·高祖本纪下》

二、 入试资格

太宗贞观元年正月，侍中摄吏部尚书杜如晦上言曰："比吏部择人，准取言辞刀笔，不悉景行。数年之后，恶迹始彰，虽加刑戮，而百姓已受其弊。"上曰："如何可以得人？"如晦对曰："两汉取人，皆行著州间，然后入用。今每年选集，尚数千人，厚貌饰词，不可知悉，选司但配其阶品而已，所以不能得才。"魏徵亦曰："知人之事，自古为难，故考绩黜陟，察其善恶。今欲求人，必须审访才行兼美，始可任用。"上将依古法，令本州辟召，会功臣将行世封，其事遂止。

《册府元龟》卷六二九《铨选部·条制一》

贞观九年五月，敕：自今已后，明经兼习《周礼》并《仪礼》者，于本色量减一选。

《唐会要》卷七五《贡举上·帖经条例》

贞元二年六月，诏：其明经举人，有能习律一部，以代《尔雅》者，如帖经俱通，于本色减两选，合集日与官。

《唐会要》卷七五《贡举上·明经》

徐大理有功，每见武后将杀人，必据法廷争。尝与武后反复，词色愈厉，后大怒，令拽出斩之，犹回顾曰："身虽死，法终不可改。"至市，临刑得免，除为庶人。如是再三，终不挫折。朝廷倚赖，至今犹忆之。其子预选，有司皆曰："徐公之子，安可拘以常调乎？"

《唐语林》卷三《方正》

吏部令史马游秦,开元中,以年满当选。时侍郎裴光庭,以本铨旧吏,问其所欲,游秦不对。

《前定录》之《马游秦》

瀛州人安县令张怀礼、沧州弓高令晋行忠就蔡微远卜。转式讫,谓礼曰:“公大亲近,位至方伯。”谓忠曰:“公得京官,今年禄尽,宜致仕可也。”二人皆应举,怀礼授左补阙,后至和、复二州刺史。行忠授城门郎,至秋而卒。

《朝野佥载》卷一

给事中陈安平子年满赴选,与乡人李仙药卧,夜梦十一月养蚕。仙药占曰:“十一月养蚕,冬丝也,君必送东司。”数日,果送吏部。

《朝野佥载》卷三

郑虔工诗嗜酒,性甚闲放。玄宗爱其旷达,欲致之郎署,又以其不事事,故特置广文馆,命虔为博士。……有郑相如者,沧州人,应进士举入京,闻虔重名,以宗姓因谒。虔因之叙叔侄,见其老倒,未甚敬之。后数日谒,虔独与坐,问其艺业,相如笑谓虔曰:“……相如今年进士及第,五选得授衢州信安尉,至三考,死于衢州。官禄如此,不可强致也。”其年果进士及第,辞虔归乡。及期而选,见虔京师,为吏部一注信安尉。相如有喜色,于是辞虔赴任。

《太平广记》卷八二《异人二·郑相如》

代宗宝应元年九月，诏曰："知人则哲，尧舜犹难；类能而举，古今常式。自顷中原多故，汔未小康，州县屡空，守宰多阙。摄官承乏者，颇无举职之能；怀才抱器者，或有后时之叹。朕所以宵夜不能寐，侧席未皇，思弘政理之规，冀及大中之道。而庶尹卿士，列于朝廷，岂无叶赞之心，以助旁求之义？其内外文武官中如有堪任刺史、县令，及出身前资人中有堪任判、司、丞、尉者，宜令京堂参官各慎择所知，具状闻奏。诸州刺史、县令，既藉寮属，亦宜准此。古者得人受赏，赏不逾时，增秩赐金，有国通典。其或任非称职，举不当才，顾多附下之心，非无不适之罚。其所举人授官后，如政能尤异，清白著闻，三两考后，仰本道观察使具状奏闻。其举主及所举官人，并量加进改。如懦弱暴政、处置乖宜，并冒犯赃私等，议罪论刑，亦连坐。宣示中外，知朕意焉。"

《册府元龟》卷六八《帝王部·求贤二》

知人则哲，尧舜犹难；类能而举，古今常式。自顷中原多故，汔未小康，州县屡空，守宰多阙。摄官承乏者，颇无举职之能；怀才抱器者，或有后时之叹。朕所以宵衣不寐，侧席未遑，思弘致理之规，冀及大中之道。而庶尹卿士，备列朝廷，岂无协赞之心，以助旁求之义？其内外文武官，如有堪任刺史、县令，及出身前资人中堪任判司、丞、尉者，宜令京常参官，各慎择所知，具状奏闻。及诸州刺史、县令，既藉寮属，宜亦准此。古者得人受赏，曾不逾时，增秩赐金，有国通典。其或任非称职，举不当事，顾多附下之心，岂无不适之罚？其所举人受官后，如政能尤异，清白著闻，三两考后，仰本道观察使闻奏。其举主及所举人，并量加进改。如懦弱不举，及暴政处置乖宜，并冒犯赃私等罪，论刑当亦连坐。宣示中

外,知朕意焉。（宝应元年九月）

《唐大诏令集》卷一〇三《令常参官举人诏》

大历中,有吕生者,自会稽上虞尉调集于京师,既而侨居永崇里。

《宣室志》卷六

太和元年十月,中书门下奏:"凡未有出身未有官,如有文学,只合于礼部应举。有出身有官,方合于吏部赴科目选。近年以来,格文差误,多有白身及用散试官并称乡贡者,并赴科目选。及注拟之时,即妄论资次,曾无格例,有司不知所守。其有宏辞拔萃、《开元礼》、学究一经,则有定制,然亦请不任用在散试官限。其三礼、三传、一史、三史,明习律令等,如白身,并令国学及州府,同明经一史,三礼、三传同进士三史,当年关送吏部,便授第二任官。如有出身及有正员官,本是吏部常选人,则任于吏部不限选数应科目选,仍须检勘出身,及授官无逾滥否,缘取学艺;其余文状错缪,则不在驳放限。如考试登科,并依资注与好官,唯三史则超一资授官。如制举人暨诸色人皆得选试,则无出身无官人并可,亦请不用散试官。伏以散试偶于诸道甄录处得便第二、第三任官,既用虚衔,及授官则胜进士及诸色及第登科人授官,实恐侥幸。"敕旨:"依奏。"

《唐会要》卷七七《贡举下·科目杂录》

平卢从事、御史辛神邕,太和五年冬,以前白水尉调集于京师。

《宣室志》卷六

延陵包隰，因选溯舟于隋河。时已迫选限，舟人寡而力殆。乃率同舟僮仆辈七八人，次为之挽。

《前定录》之《延陵包隰》

郭郛罢栎阳县尉，久不得调，穷居京华，困甚。

《宣室志》卷六

京兆尹有生杀之柄，然而清要之官多轻薄之，目为所由之司。京国士子进士成名后，便列清途，屈指以期大用。故事，若登廊庙，须曾扬历于字人。遂假途于长安、万年之邑，或驾在东洛，亦为河南、洛阳之宰。数月之后，必迁居阁下，京尹不可侔也。两县令初欲莅事，须谒谢京尹，皆异常待之。庭前铺置茵褥，府史引一人投刺于尹前，云某邑令某姓名，赞两拜而已。大尹降西廊迎之，从容便就饭，会府中遂为体例。

《中朝故事》卷上

后唐天成二年四月二日，中书奏："尚书礼部贡院申，当司奉今月六日敕，吏部流内铨状申，据白院状申，当司先准礼部贡院牒称：'据成德军解送到前进士王蟾状，请罢设深州司公参军应宏词举。前件人准格例应重科，合在吏部。其王蟾并解送牒吏部，请准例指踪者。'当司随具状申堂，奉判送吏部分析近年事例如何者。伏缘近年别无事例，今检登科录内，于伪梁开平三年应宏词登科二人，前进士余渥、承旨舍人李遇；考官二人，司勋郎中崔景、员外郎张贻宪。再具状申堂，奉判送吏部准例指挥。其前进士王蟾请宏词，伏自近年以来，无人请应，今详格例，合差应考官二人，又缘只有王蟾一人请应，铨司未敢奏请差官者。奉中书门下牒：'奉敕，宜令礼部贡院就五科举人考试者。'伏以举选公事，皆有格条，准《新定格》节文，宏词拔萃，准长庆二年格，吏部差考试官二人，与知铨尚书侍郎同考试闻奏。又准格节文内，准太和元年十月二十三日敕：'应礼部诸色贡举人，及吏部诸色科目选人，凡无出身及未有官，只合于礼部应举。有出身有官，方合于吏部赴科目选。'其请应宏词举，前进士王蟾当年放及第后，寻已闻过吏部讫，若应宏词，待南曹判成，即是科选之人，以理合归吏部。况缘五科考试官只考学业，难于同考宏词者。"奉敕："王蟾宜令吏部准往例差官考试。"

《五代会要》卷二二《宏词拔萃》

〔后唐天成〕四年七月，中书门下奏："今年及第人，先曾守摄职官者，宜令所司于守摄文书内竖出应举及第年月日，或改名不改名，分各印押。其中曾受正官御署并佐幕者，仍约前任资序，与除一任官。如自中兴已来，诸科第人曾受职官，并令所司追纳文书，及到日，准今年及第人例处分。已受官者，不在此限。兼勒贡院，将来举人纳家状内，各分析曾为官及不曾为官，改名不改名。其曾为职官者，先纳历任文书，及第准例指挥。"从之。

《五代会要》卷二三《缘举杂录》

三、铨试出路

凡叙阶之法，……有以秀孝。谓秀才上上第，正八品上；已下递降一等，至中上第，从八品下。明经降秀才三等。进士、明法甲第，从九品上；乙第，降一等。若本荫高者，秀才、明经上第，加本荫四阶；已下递降一等。明经通二经已上，每一经加一阶；及官人通经者，后叙加阶亦如之。

《唐六典》卷二《尚书吏部》

初州县混同，无等级之差，凡所拜授，或自大而迁小，或始近而后远，无有定制。其后选人既多，叙用不给，遂累增郡县等级之差，郡自辅至下凡八等，县自赤至下凡八等。其折冲府亦有差等。按格、令，内外官万八千八十五员。而合入官者，自诸馆学生以降，凡十二万余员。弘文、崇文馆学生五十员，国子、太学、四门、律、书、算凡二千二百一十员，州县学生六万七百一十员；两京崇玄馆学生二百员，诸州学不计；太史历生三十六员，天文生百五十员，太医童、针、咒诸生二百一十一员，太卜卜筮生三十员；千牛备身八十员，备身二百五十六员，进马十六员，斋郎八百六十二员；诸三卫监门直长三万九千四百六十二员；诸屯主、副千九百八十四员，诸折冲府录事、府、史千七百八十二员，校尉三千五百六十四员，执仗、执乘每府六十四员，亲事、帐内一万员；集贤院御书手一百员；翰林药童数百员；诸台、省、寺、监、军、卫、坊、府之胥吏，及上州市令、录事，省司补授者约六千余员。其外文武贡士及应制、挽郎、辇脚、军功、使劳、征辟、奏荐、神童、陪位，诸以亲荫并艺术百司杂直，或恩赐出身受职不为常员者，不可悉数。大率约八九人争官一员。

《通典》卷一五《选举三·历代制下》

〔开元〕十四年十一月二十五日，敕：比来所拟注官，多不慎择，或以资授，或未适才。宜令吏部每年先于选人内，精加简试，灼然明闲理法者留拟，其评事已上，仍令大理长官相加简择，并不授非其人。

《唐会要》卷七五《选部下·杂处置》

大历十一年五月，敕：礼部送进士、明经、明法、宏文生及崇贤生、道举等，准式，据书判资荫，量定冬集授散。其《春秋》《公羊》《穀梁》《周礼》《仪礼》业人，比缘习者校少。开元中，敕一例冬集。其礼业每年授散。自今以后，礼人及道举、明法等，有试书判稍优，并荫高及身是勋官三卫者，准往例注冬集，余并授散。

《唐会要》卷七五《选部下·冬集》

其年[①]三月，敕：秘书省、宏文馆、崇文馆、左右春坊、司经局校书郎、正字，宜委吏部，自今平流选人中，择取志行贞进、艺学精通者注拟。

《唐会要》卷七五《选部下·杂处置》

元和八年四月，吏部奏："应《开元礼》及学究一经登科人等，旧例据等第高下，量人才授官。近日缘校书、正字等名望稍优，但沾科第，皆求注拟。坚待员阙，或至逾年。若无科条，恐长侥幸。起今已后，等第稍高，文学兼优者，伏请量注校、正，其余署《开元礼》人。太常寺官有阙，相当注，通经；国子监官阙，相当者：并请先授，以备讲讨。如不情愿，即通注他官。庶名实有名，纪律可守。其今年以前待阙人，亦请依此条限，使为常制。"敕旨："依奏。"

《唐会要》卷七六《贡举中·开元礼举》

〔大中〕二年正月，中书门下奏："从贞元元年、大和九年秋冬

① 元和三年。

前，皆是及第便从诸侯府奏试官，充从事，兼史馆、集贤、弘文诸司诸使，奏官充职。以此取人，常多得士，由是长不乏材用。大和、会昌末，中选后四选，诸道方得奏充州县官职；如未合选，并不在申奏限。臣等昨已奏论，面奉进止。自今已后，及第后第三年，即任奏请。"敕旨："依奏。"

文宗勤于政道，每苦选曹讹弊，延英谓宰臣曰："吏部殊不选才，安得撅实无滥，可厘革否？"李石对曰："令录可以商量，他官且宜循旧。"上曰："循旧如配官耳，贤不肖安能甄别？"帝召三铨谓之曰："卿等比选令录，如何注拟？"〔崔〕郸对曰："资叙相当，问其为治之术，视可否而拟之。"帝曰："依资合得，而才劣者何授？"对曰："与边远慢官。"帝曰："如以不肖之才治边民，则疾苦可知也。凡朝廷求理，远近皆须得人。苟非其才，人受其弊矣。"

今年吏部应送科目及平判人所试文书等。

右，臣等奉中书门下牒，称奉进旨，令臣等重考定闻奏者。臣等窃有所见，不敢不奏。伏以今年吏部科第，不置考官，唯遣尚书侍郎二人考试。吏部事至繁剧，考送固难精详；所送文书，未免瑕病。臣等若苦考覆，退者必多。韩皋累朝旧臣，伏料陛下不能以小事致责。臣等又以朝廷所设科目，虽限文字，其间收采，兼取人材。今吏部只送十人，数且非广，其中更重黜落，亦恐事体不弘。以臣所见，兼请不考。已得者不妨徼幸，不得者所胜无多，贵收人材，务存大体。伏乞以臣等此状，宣付宰臣，重赐裁量。伏听进旨。

元和十五年十二月十三日，重考定科目官、将仕郎守尚书司门员外郎臣白居易等状奏。

重考定科目官，将仕郎守尚书祠部员外郎上护军臣李虞仲。

《白居易集》卷六〇《论重考科目人状》

〔后唐长兴元年冬十月辛亥，〕中书奏："吏部流内铨诸色选人，所试判两节，欲委定其等第，文优者超一资，其次者次资，又次者以同类，道理全疏者于同类中少人户处注拟。"从之。

《旧五代史》卷四一《唐书·明宗纪第七》

朕大启四门，无遗片善，冀有智能之士，来陈利害之言。是命擢量，贵行酬奖，须论条件，以定等差。应进策人等，若是选人，所进策内，一件可行，与减两选；两件减四选；三件已上，便依资与官；如无选可减，及所欠选数则少，可行事件则多，据等级更优与处分。如是诸色举人，贡院自考试本业格式，不在进策之限。如有智谋宏远，文艺优长，或一言可以兴邦，一事可以济国，是为奇杰，难预品量，待有献投，旋令拟议。

《全唐文》卷一一一《后唐明宗·减进策选数敕》

参选之徒，艰辛不一，发身迟滞，到老卑底，宜优未达之伦，显示惟新之泽。其经学出身，一任两考，元敕入中下县令、下州录事参军，起今后更许入中下县令，中州、下州录事参军。一任三考者，于人户多处州县注拟，如于近敕条内资叙无相当者，即准格循资考入官。其两任四考者，准三任五考例入官。余准格条处分，不得起折。

《全唐文》卷一一三《后唐闵帝·准优经学出身选任诏》

四、铨试考场管理

承天门街之东第五横街之北。

从西第一左领军卫，卫北有兵部选院。次东左威卫，卫北有刑部格式院。次东吏部选院，以在尚书省之南，亦曰吏部南院，选人看榜名之所也。次东礼部南院，四方贡举人都会所也。院东安上门街，横街抵此而绝。

《长安志》卷七《唐皇城》

吏部南院旧无选人坐，韦嗣立尚书之为吏部，始奏请有司供床褥，自后因为故事。

《隋唐嘉话》卷下

姜晦为吏部侍郎，性聪悟，识理体。旧制，吏曹舍宇悉布棘，以防令史为与选人交通。及晦领选事，尽除之，大开铨门，示无所禁。私引置者，晦辄知之，召问，莫不首伏。初，朝庭以晦改革前规，咸以为不可。竟铨综所得，贿赂不行，举朝叹服。

《大唐新语》卷一〇《厘革》

〔后汉高祖乾祐二年〕四月，中书门下奏："准吏部南曹镰宿内选人中，有契丹会同年号历子解由考牒，未审，各令改就天福年号，为复别有指挥。"

《册府元龟》卷六三四《铨选部·条制六》

五、 铨试舞弊与处罚

李义府，……明年，召为吏部尚书、同中书门下三品。……既主选，无品鉴才，而溪壑之欲，惟贿是利，不复铨判，人人咨讪。又母、妻、诸子卖官市狱，门如沸汤。……右金吾仓曹参军杨行颖白其赃，诏司刑太常伯刘祥道与三司杂讯，李勣监按，有状，诏除名，流巂州，子率府长史洽、千牛备身洋及婿少府主簿柳元贞并流廷州，司议郎津流振州，朝野至相贺。三子及婿尤凶肆，既败，人以为诔"四凶"。或作《河间道元师刘祥道破铜山大贼李义府露布》，榜于衢。

《新唐书》卷二二三上《李义府传》

英公李勣为司空，知政事，有一番官者参选被放，来辞英公。公曰："明朝早向朝堂见我来。"及期而至，郎中并在傍，番官至辞，英公频眉谓之曰："汝长生不知事尚书、侍郎，我老翁不识字，无可教汝，何由可得留，深负愧汝。努力好去。"侍郎等惶惧，遽问其姓名，令南院看榜。须臾引入，注与吏部令史。

《朝野佥载》卷五

刘思立任考功员外，子宪为河南尉。思立今日亡，明日选人有索宪阙者。吏部侍郎马载深咨嗟，以为名教所不容，乃书其无行，注名籍。朝庭咸曰："□直铨宗流品之奇，可谓振理风俗。"其人比出选门，为众目所视，众口所诮，亦趑趄而失步矣。自垂拱之后，斯风大坏，苟且公行，无复曩日之事。

《大唐新语》卷一一《惩戒》

及武太后临朝，务悦人心，不问贤愚，选集者多收之，职员不足，乃令吏部大置试官以处之，故当时有"车载""斗量"之谣。又以邓玄挺、许子儒为侍郎，无所藻鉴，委成令史，依资平配。其后，诸门入仕者猥众，不可禁止，有伪立符告者，有接承他名者，有远人无亲而买保者，有试判之日求人代作者，如此假滥，不可悉数。

《通典》卷一五《选举三·历代制下》

则天革命，举人不试皆与官，起家至御史、评事、拾遗、补阙者，不可胜数。张鷟为谣曰："补阙连车载，拾遗平斗量。杷推侍御史，椀脱校书郎。"时有沈全交者，傲诞自纵，露才扬己，高巾子，长布衫，南院吟之。续四句曰："评事不读律，博士不寻章。面糊存抚使，眯目圣神皇。"遂被杷推御史纪先知捉向左台，对仗弹劾，以为谤朝政，败国风，请于朝堂决杖，然后付法。则天笑曰："但使卿等不滥，何虑天下人语？不须与罪，即宜放却。"先知于是乎面无色。

《朝野佥载》卷四

景龙中，斜封得官者二百人，从屠贩而践高位。景云践祚，尚书宋璟、御史大夫毕构奏停斜封人官。璟、构出，后见鬼人彭卿受斜封人贿赂，奏云见孝和，怒曰："我与人官，何因夺却？"于是斜封皆复旧职。伪周革命之际，十道使人天下选残。明经、进士及下村教童蒙博士，皆被搜扬，不曾试练，并与美职。尘黩士人之品，诱悦愚夫之心。庸才者得官以为荣，有才者得官以为辱。

《朝野佥载》卷一

赵冬曦任吏部尚书，吏部参选事例，每年铨曹人吏，旧例各合得一员外，及论荐亲族，众人皆悉论请。有令史魏思明一人，二年之内，未尝有言。冬曦谓曰："铨曹往例，各合得一官，或荐他人亦得。"思明又不言，但"唯"而退。冬曦益怪之。一日，又召而谓曰："以某今日之势，三千余人选客，某下笔，即能自贫而富，舍贱而贵，饥之饱之，皆自吾笔。人人皆有所请，而子独不言，何也？"思明曰："夫人生死有命，富贵关天，官职是当来之分，未遇何以怅然？三千之人，一官一名，皆是分定，只假尚书之笔。"

《会昌解颐》

魏知古起诸吏，为姚崇引用。及同升也，崇颇轻之。无何，请知古摄吏部尚书知东都选事，以吏部尚书宋璟门下过官，知古心衔之，思有以中之者。时崇二子并分曹洛邑，会知古至，恃其家君，颇招顾请托。知古归，悉以上闻。他日，上召崇，从容谓曰："卿子才乎？皆何官也？又安在？"崇揣知上意，因奏曰："臣有三子[①]，两人皆分司东都矣。其为人多欲而寡慎，是必以事干知古。然臣未及闻之耳。"上始以丞相子重言之，欲微动崇，而意崇私其子，或为之隐。及闻崇所奏，大喜，且曰："卿安从知之？"崇曰："知古微时，是臣荐以至荣达。臣之子愚，谓知古见德，必容其非，故必干之。"上于是明崇不私其子之过，而薄知古之负崇也。上欲斥之，崇为之请曰："臣有子无状，挠陛下法，陛下特原之，臣为幸大矣！而由臣逐知古，海内臣庶，必以阶下为私臣矣，非所以裨元化也。"上久乃许之。翌日，以知古

孙培青文集 第五卷 隋唐五代考试文献集成

---

① "臣有三子"，原脱，据清陈莲塘辑《唐人说荟》本补。

为工部尚书，罢知政事。

《次柳氏旧闻》

　　自开元二十二年，吏部置南院，始县长名，以定留放。时李林甫知选，宁王私谒十人。林甫曰："就中乞一人卖之。"于是放选榜云："据其书判，自合得留。缘嘱宁王，且放冬集。"

《唐国史补》卷下

　　开元中，吏部侍郎被宁王宪嘱亲故十人官，遂诣王请见，云："十人之中有商量去者乎？"王云："九人皆不可矣，一人某者听公。"吏部归，九人皆超资好官，独某者当时出，云："据其书判，自合得官。缘嘱宁王，且放冬集。"

《大唐传载》

　　天宝元年冬选，六十四人判入等。来年正月，玄宗亲自重试，张奭不措一辞，时人谓之"拽白"。

《续事始》

　　苗晋卿典选，御史中丞张倚男奭参选。晋卿以倚子思悦附之，考等第凡六十四人，奭在其首。苏考蕴者为蓟令，乃以选事告禄山。禄山奏之，玄宗乃集登科人于花萼楼前重试，升第者十无一二。奭手持试纸，竟日不下一字，时人谓之"拽白"。上大怒，贬倚，敕曰："庭闱之间，不能训子；选调之际，乃以托人。"天下为戏谈。晋卿贬安康。

《太平广记》卷一八六《铨选二·张奭》

王怡为中丞,宪台之秽;姜晦为掌选侍郎,吏部之秽;崔泰之为黄门侍郎,门下之秽:号为"京师三秽"。

《朝野佥载》卷二

唐姜晦为吏部侍郎,眼不识字,手不解书,滥掌铨衡,曾无分别。选人歌曰:"今年选数恰相当,都由座主无文章。案后一腔冻猪肉,所以名为姜侍郎。"

《朝野佥载》卷四

郑愔为吏部侍郎掌选,赃污狼藉。引铨有选人系百钱于靴带上。愔问其故。答曰:"当今之选,非钱不行。"愔默而不言。时崔湜亦为吏部侍郎掌选,有铨人引过,分疏云:"某能翘关负朱。"湜曰:"君壮,何不兵部选?"答曰:"外边人皆云'崔侍郎下,有气力者即存'。"

《朝野佥载》卷一

张文成曰:乾封以前选人,每年不越数千;垂拱以后,每岁常至五万。人不加众,选人益繁者,盖有由矣。尝试论之,只如明经、进士、十周、三卫、勋散、杂色、国官、直司,妙简实材,堪入流者十分不过一二。选司考练,总是假手冒名,势家嘱请。手不把笔,即送东司;眼不识文,被举南馆。正员不足,权补试、摄、检校之官。贿货纵横,赃污狼藉。流外行署,钱多即留,或帖司助曹,或员外行案。更有挽郎、辇脚、营田、当屯,无尺寸功夫,并优与处分。皆不事学问,唯求财贿。是以选人冗冗,甚于羊群;吏部喧喧,多于蚁聚。若铨实用,百无一人。积薪化薪,所从来远矣。

《朝野佥载》卷一

开元四年，玄宗悉召县令策于廷，考下第者罢之。〔卢〕从愿坐拟选失实，下迁豫州刺史。

《新唐书》卷一二九《卢从愿传》

苗晋卿，……开元二十三年，迁吏部郎中。二十四年，与吏部郎中孙逖并拜中书舍人。二十七年，以本官权知吏部选事。晋卿性谦柔，选人有诉讼索好官者，虽至数千言，或声色甚厉者，晋卿必含容之，略无愠色。二十九年，拜吏部侍郎。前后典选五年，政既宽弛，胥吏多因缘为奸，贿赂大行。

时天下承平，每年赴选常万余人。李林甫为尚书，专任庙堂，铨事唯委晋卿及同列侍郎宋遥主之。选人既多，每年兼命他官有识者同考定书判，务求其实。天宝二年春，御史中丞张倚男奭参选，晋卿与遥以倚初承恩，欲悦附之，考选入判等凡六十四人，分甲、乙、丙科，奭在其首。众知奭不读书，论议纷然。有苏孝愠者，尝为范阳蓟令，事安禄山，具其事告之。禄山恩宠特异，谒见不常，因而奏之。玄宗大集登科人，御花萼楼亲试，登第者十无一二；而奭手持试纸，竟日不下一字，时谓之"拽白"。上怒，晋卿贬为安康郡太守，遥为武当郡太守，张倚为淮阳太守。敕曰："门庭之间，不能训子；选调之际，仍以托人。"时士子皆以为戏笑。

《旧唐书》卷一一三《苗晋卿传》

苗晋卿字元辅，潞州壶关人，世以儒素称。擢进士第，调为修武尉，累进吏部郎中、中书舍人，知吏部选事。选人诉索好官，厉言倨色纷于前，晋卿与相对，终日无愠颜。久之，进侍郎，积宽纵，而吏下因缘作奸。方时承平，选常万人，李林甫为尚书，专国政，以铨事委晋卿及宋遥，然岁命他官同较书判，核才实。天宝二年，判入等者凡六十四人，分甲、乙、丙三科，以张奭为第一。奭，御史中丞倚之子，倚新得幸于帝，晋卿欲附之。奭本无学，故议者嚣然不平。安禄山因间言之，帝为御花萼楼覆实，中裁十一二，奭持纸终日，笔不下，人谓之"拽白"。帝大怒，贬倚淮阳太守，遥武当太守，晋卿安康太守。

《新唐书》卷一四〇《苗晋卿传》

天宝元年冬选，六十四人判入等。时御史中丞张倚男奭判入高等，有下第者尝为蓟令，以其事白于安禄山。禄山遂奏之。至来年正月二十一日，遂于勤政楼下，上亲自重试，惟二十人比类稍优，余并下第。张奭不措一词，时人谓之"拽白"。吏部侍郎宋遥贬武当郡太守；苗晋卿贬安康郡太守；考官礼部郎中裴朏、起居舍人张烜、监察御史宋昱、左拾遗孟国朝，并贬官。

《唐会要》卷七四《选部上·掌选善恶》

〔天宝〕十一载十一月，杨国忠为右相，兼吏部尚书，奏请两京选人，铨日便定留放，无长名，于宅中引注，虢国垂帘观之，或有老病丑陋者，皆指名以笑，虽士大夫亦遭诟耻。故事，兵部注官讫，于门下过，侍中、给事中省不过者，谓之退量。国忠注官，呼左相陈希烈于坐隅，给事中列于前，曰："既对注拟，即是过门下了。"希烈等腹非而已，侍郎韦见素、张倚皆见衣紫，与本曹郎官藩屏外排比案牍，趋走谘事。乃谓帘中杨氏曰："两个紫袍主事何如？"杨乃大噱。选人郑昂等，附会其旨焉。二十余年，人率铨于勤政楼设斋帘，为国忠立牌于尚书省南。所注吏部三铨选人，务专鞅掌，不能躬亲,皆委与令史及孔目官为之。国忠但押一字,犹不可遍。

《唐会要》卷七四《选部上·掌选善恶》

长安富民王元宝、杨崇义、郭万金等,国中巨豪也。各以延纳四方多士,竞于供送。朝之名寮,往往出于门下,每科场文士集于数家。时人目之为"豪友"。

《开元天宝遗事》卷上《开元·豪友》

其倩人暗判,人间谓之"判罗",此最无耻,请榜示以惩之。

《通典》卷一七《选举五·杂议论中》

三、或曰:"若使外州辟召,必是牧守亲故,或权势嘱托,或旁邻交质,多非实才,奈其滥何?"答曰:"诚有之也。然其滥孰与吏部多?请较其优劣。且州牧郡守,古称共理,政能有美恶之迹,法令有殿最之科,分忧责成,谁敢滥举?设如年多人怠,法久弊生,天网恢疏,容其奸谬,举亲举旧,有嘱有情,十分其人,五极其滥,犹有一半,尚全公道。如吏部者,十无一焉。请试言之:凡在铨衡,唯征书判,至于补授,只校官资,善书判者何必吏能?美资历者宁妨贪戾?假使官资尽惬,刀笔皆精,此为吏曹至公之选,则补授之际,官材匪详。或性善缉人,则职当主辨;或才堪理剧,则官授散员。或时有相当,亦幸中耳,非吏曹素得而知也。有文无赖者,计日可升;有用无文者,终身不进。况其书判,多是假手,或他人替入,或旁坐代为,或临事解衣,或宿期定估,才优者一兼四五,自制者十不二三。况造伪作奸、冒名接脚,又在其外。令吏受略,虽积谬而谁尤?选人无资,虽正名而犹剥。又闻昔时公卿子弟亲戚,随位高低，各有分数，或得一人、二人、三人、四人不在放限者，礼部明经等亦然，俗谓之‘省例’，斯非滥欤？若等为滥，此百而多者也。”

《通典》卷一八《选举六·杂议论下》

贞元九年正月，御史中丞韦贞伯劾奏，称：“吏部贞元七年冬，以京兆府逾滥解送之人，已授官总六十六人。或有不到京铨试，悬授官告。又按选格，铨状选人自书，试日书迹不同，即驳放。殿选违格文者，皆不覆验，及降资不尽，或与注官。伏以承前选曹乖误，未有如此。遂使衣冠以贫乏待缺，奸滥以贿赂成名，非陛下求才审官之意。”由是，刑部尚书刘滋以前吏部尚书及吏部侍郎杜黄裳，皆坐削阶。

《唐会要》卷七四《选部上·掌选善恶》

刘滋为刑部尚书。德宗贞元九年，御史中丞韦贞伯劾奏吏部：“贞元七年冬，以京兆府逾滥解选，已授官总六十六人。或有不到京铨试，悬受官告。又按选格，铨状选人自书，试日书迹不同，即驳放。殿选违格文者，不复验，及降资不尽，或与注官。伏以承前选曹乖谬，未有如此。遂使衣冠以贫乏待阙，奸滥以贿赂成名，非陛下求才审官之意。”繇是，滋以前任吏部尚书及吏部侍郎杜黄裳，皆削一阶。

《册府元龟》卷六三八《铨选部·谬滥》

贞元中，刘忠州任大夫科选，多滥进，有无名子自云山东野客，移书于刘：“吏部足下：公总角之年，奇童入仕，有方朔之专对，无枚皋之敏才，佳句推长，竿妙入神，善谑称名字不正，过此以往，非仆所闻。徒以命偶良时，身居显职，方云好经术，重文章，卖此虚名，负其美称。今年圣上虚天官之署，委平衡之权，所期公有独见之明，清平为首。岂意公有专恣之幸，高下在心。且数年以来，皆无大集，一昨所试，四方毕臻。公但以搜索为功，纠讦为务，或有小过，必陷深文，既毁其发肤，又贬其官叙，使孝子亏全归之望，良臣绝没齿之怨。岂以省闼从容之司，甚于府县暴虐之政？所立严法，树威胁人，云奉德音，罔畏上下。使圣主失含宏之道，损宽仁之德，岂忠臣之节耶？主上居高拱穆清之中，足下每以烦碎之事，奏请无度，尘黩颇多，呈三接以示人，期一言以悟主。朝臣气慑，选士胆惊，内以承宠承荣，外以作威作福，岂良臣之体耶！且两京常调，五千余人，书判之流，亦有硕学之辈，莫不风趋洛邑，雾委咸京。其常衮之徒，令天下受屈，且衮以小道矫俗，以大言夸时，宏辞曾下登科，平判又不入等，徒以窃居翰苑，谬践掖垣。虽十年掌于王言，岂一句在于人口！以散铺不对为古，以率意不经为奇，作者见之痛心，后来闻之抚掌。奈何轻蔽天下之才，以自称为己高，以少取为公道。故郤至自伐称兵，处父尚云终丧其族。以兹偏见，求典礼闱，深骇物情，实乖时望。故《诗》曰：'济济多士，文王以宁。'夫圣人用心，异代同体，衮云亲奉密旨，令少取入等，岂圣人容众之意耶！为近臣而厚诬，干处士之横议，甚不可也！况杜亚薄知经籍，素懵文辞；李翰虽有辞藻擢第，不以书判擅名，不慎举人，自贻伊咎。又，常衮谓所亲曰：昨者考判，以经语对经，以史对史，皆未点对，考为下等。先翰有常无名判云：'卫侯之政由宁氏，鲁侯之令出季孙。'又，常无欲云：'在陵室而须开，阙夷盘而不可。'岂以经对史耶？又，严迪云：'下樊姬之车，曳郑崇之履。'岂以史对经耶？数十年之间，布众多之口，纵世人可罔，而先贤安可诬也？今信四竖子，取彼五幽人，且吉中孚判以'大明御宇'为头，以'敢告车轩'为尾，初类是颂，翻乃成箴。其问又'金盘'对于'玉府'，非惟问头不识，抑亦义理全乖，据此口嘲，堪入觊缕。张载华以'江皋'对'瀍洛'，朱邵南以'养老'对'乞言'，理目未通，对仍未识，并考入等，可哀也哉！王申则童子何知？裴通以因人见录！苟容私谒，岂谓公平？夫有西施之容，方可论于美丑；无太阿之利，安可议其断割？使五千之人，嚣然腾口；四海之内，孰肯甘心！况宏辞大国光华，吏曹物色公明，立标榜令尽赴上都、东京者，弃而不收。常衮大辱于国，岂以往来败绩，自丧秣陵之使？今日复仇，欲雪会稽之耻。虽擢须贾之发，衮不足以赎罪；负廉颇之荆，公不足以谢过。况所置科目，标在格文，尽无宏辞，固违明敕。欺天必有大咎，陵人必有不祥。足下以此持衡，实负明公；以此求相，实负苍生！况公为主司，自合参议，信衮等升降由己，取舍在心。使士子含冤不得申，结舌不得语，罔上若是，欺下如斯。岂以天德盖高，帝阍难叫，亦由宰臣守道，任公等弄权！呜呼，使朱云在朝，汲黯当位，则败不旋踵，安能保家？宰辅侍郎，非公等所望也！无名子长揖诗曰：'三铨选客不须嗔，五个登科各有因。无识伯和怜吉獠，弄权虞候为王申。载华甲第归丞相，裴子门徒入舍人。莫怪邵南书判好，他家自有景监亲。'"

《唐摭言》卷一三《无名子谤议》

　　陈归，德宗时为考功员外郎，充岭南选补使，选人流放，注官美恶，违背令文，以意出入。复供求无厌，邮传患之。监察御史韩泰奏劾，得罪，配流恩州。

《册府元龟》卷六三八《铨选部·贪贿》

太和二年三月，都省奏："落下吏部三铨注今春二月旨甲内超资官洪师敏等六十七人。"敕："都省所执是格，铨司所引是例，互相陈列，颇似纷纭。所贵清而能通，亦由议事以制，今选已满，方此争论，选人可哀，难更停滞。其三铨已授官，都省落下者，并依旧注，重与团奏，仍限五日内毕。其如官超一资半资，以今授稍优者，至后选日，量事降折。尚书、侍郎注拟不一，致令省都以此兴词。郑絪、丁公著宜罚一季俸。东铨所落人数较少，杨嗣复罚两月俸。其今年选格，仍分明标出近例，冀绝徼求。"时尚书左丞崔宏景以吏部注拟，多不守文，选人中侥幸者众，纠案其事，落下甲敕。选人辈惜已成之官，经宰相喧诉，故特降此敕。

《唐会要》卷七四《选部上·掌选善恶》

郑絪，文宗时为吏部尚书。丁公著为工部侍郎，知选事。太和二年闰三月己亥，都省奏落下吏部三铨甲内，今春注超资官，凡六十七人。敕："都省所执是格，铨司所引是例，互相陈列，颇以纷纭。所贵清而能通，亦犹议事以制。今选期已过，方此争论，选人可哀，难更停滞。其三铨已授官，都省落下，并依旧注与重团奏，仍限五日内毕。其中如官超一资半资，比格令已令据稍优者，至后选日量事降折。尚书、侍郎注拟不一，致令都省以此兴词。郑絪、丁公著各罚一季俸。东铨所落人数较少，杨嗣复罚两月俸。其今年选格，仍分明标出近例，有可行者收入格，不可者于格内书破。则所司有文可守，选人无路侥求。"时尚书左丞韦弘景以吏部注拟不公，选多超资授官，纠按其事，落下敕申。吏部引例以为据，选人辈又惜官已成，道路沸腾，日接宰相喧诉，遂降此敕。

《册府元龟》卷六三八《铨选部·谬滥》

杨虞卿为吏部员外郎。太和二年十二月，御史台奏："准敕推勘逾滥官都六十五人，应取受钱物，伪出告身签符，卖凿空伪官。令赴任南曹令史李宾等六人及卖凿空伪官人许稜等，共取受钱都一万六千七百四十贯文。又据李宾等款称，去年三月已后，商量敛钱三千贯文，与吏部员外郎杨虞卿。厅典温亮嘱求杨虞卿不举勘滥官事，得杨虞卿状：虞卿迹忝郎署，为明天子举伪捕奸，幸无差谬。今李宾之辈，结党构虚，而云商量，敛率甚明。用此致尤，谁则无罪？据李宾款，本与温亮钱物，嘱求虞卿不举逾滥官者。若虞卿遂不举勘，则小吏卜射计行。今虞卿简举伪官，牒台推勘于公事，足以自明。缘温亮在宅外居住，于李宾处取受，虞卿无繇得知，简下不明，伏候严责。"敕："李宾等八人并伪造印符，构卖巨蠹，推穷尽法，伏断死刑。宜付京兆府，各决痛杖一顿，处死。马羽卿等一十二人，引致梯媒，合成奸计，各决六十，配流岭外。杨虞卿勾举，虽则尽心简下，终是无术，亲吏逃逸，赃状未明，量罚两月俸料。逾滥官六十五人，内已付所司者，速令详断，见勘具申奏。其赃及伪印等，并付所司，准法处分。"

《册府元龟》卷六三八《铨选部·谬滥》

大中九年正月十九日，制曰："朝议郎守尚书刑部郎中柱国赐绯鱼袋唐技，将仕郎守尚书职方员外郎裴，庭裕先父。早已科名，荐由台阁，声猷素履，亦有可嘉。昨者，吏部以尔秉心精专，请委考覆，而临事或乖于公当，物议遂至于沸腾，岂可尚列弥纶？是宜并分等符，善绥凋瘵，以补悔尤。技可虔州刺史，散官、勋封如故。裴可申州刺史，散官如故。"舍人杜德公之词也。

吏部侍郎兼判尚书铨事裴谂，左授国子祭酒。吏部侍郎周敬复,罚一月俸。监察御史冯颛,左授秘书省著作佐郎。考院所送博学宏词科赵秬等十人,并宜覆落,不在施行之限。初,裴谂兼上铨,主试宏、拔两科。其年,争名者众,应宏词选,前进士苗台符、杨严、薛近、李询、古敬翛已下一十五人就试。谂宽豫仁厚,有赋题不密之说。前进士柳翰,京兆尹柳憙之子也。故事,宏词科只三人,翰在选中。不中选者言翰于谂处先得赋题,托词人温庭筠为之。翰既中选,其声聒不止,事彻宸听。杜德公时为中书舍人,言于执政曰:某两为考官,未试宏词,先镞考官,然后考□□□□□□□□文书,若自先得赋题者必佳。糊名考文书得佳者,考官乃公。当罪上铨为宜,考官不合坐。宏词赵秬,丞相令狐绹故人之子也。同列将以此事嫁患于令狐丞相。丞相□逐之,尽覆去。初,日官□星毫奏于□:"星暗,科场当有事。"沈询为礼部侍郎,闻而忧焉。至是,三科尽覆,日官之言方验。

《东观奏记》卷下

大中元年二月,吏部宏辞举人漏泄题目,为御史台所劾。侍郎裴谂改国子祭酒,郎中周敬复罚两月俸料,考试官刑部郎中唐扶出为虔州刺史,监察御史冯颛罚一月俸料。其登科十人并落下。

《唐会要》卷七六《贡举中》

〔大中九年〕三月,试宏词举人,漏泄题目,为御史台所劾。侍郎裴谂改国子祭酒,郎中周敬复罚两月俸料,考试官刑部郎中唐枝出为处州刺史,监察御史冯颛罚一月俸料。其登科十人并落下。其吏部东铨委右丞卢懿权判。

《旧唐书》卷一八下《宣宗本纪》

宣宗大中九年，吏部试宏辞举人，漏泄题目，为御史台所劾。侍郎裴谂改国子祭酒，郎中周敬复罚两月俸料，考试官刑部郎中唐扶出为虔州刺史，监察御史冯颛罚一月俸料。其登科人并落下。

《册府元龟》卷六五一《贡举部·谬滥》

〔前蜀乾德五年〕冬十月，以韩昭为吏部侍郎，判三铨。昭受赂徇私，选人诣鼓院挝鼓上诉，又为嘲语曰："嘉、眉、邛、蜀，侍郎骨肉；导江、青城，侍郎亲情；果、阆二州，侍郎自留；巴、蓬、集、壁，侍郎不惜。"帝闻言召问，昭对曰："此皆太后、太妃、国舅之戚，非臣之亲。"帝默然。

《十国春秋》卷三七《前蜀·后主本纪》

九月，诏置贤良方正、博通经史、明达吏治、识洞兵机、沉滞丘园五者，令黄衣选人、白衣举人投策就试，吏部考较。十月，以韩昭为吏部侍郎。昭受赂徇私，选人诣鼓院诉之，又嘲曰："骨肉遵法清城，侍郎亲情稍间。二州侍郎自留，御职集壁侍郎。"衍前蜀王衍。一日闻言，召而问之。昭曰："此皆太后、太妃、国舅之亲，亦臣之亲。"衍为之默然。

《幸蜀记》

诸道州县，皆是摄官，诛剥生灵，渐不存济。此盖郭崇韬在中书日，未详本朝故事，妄被闲人献疑，点检选曹，曲生异议。行矫枉过直之道，成欲益反损之文。其选人，凡关一事阙违，并是有涉逾滥，或告赤欠少，或文字参差，保内一人不来，五保皆须并废；文书一纸有误,数任皆不勘详。且自天下乱离,将五十载,无人不遇兵革,无处不遭焚烧。性命脱免者尚或甚稀,文书保全者故应极少。其年选人及行事官一千三百余员,得官者才及数十,皆以逾滥为名,尽被焚毁弃逐。遂令选人或毙踣于旅店,或号哭于行途,万口一词,同为怨酷。臣等顷曾商议,坚确不回,以致二年以来,选人不敢赴集,铨曹无人可注,中书无人可除。去年阙近二千,授官不及六十,及致诸道皆是摄官。朝廷之恩泽不行,搢绅之禄秩皆废。衔冤负屈,不敢申陈;列局分曹,莫非侥幸。且摄官只自州府,多因贿赂而行,朝廷不知姓名,所司不考课绩,皆无拘束,得恣贪残。及有罪名,又不申奏,互相掩蔽,无迹追寻。遂使人户流移,州县贫困,日甚一日,为弊转多。若不直具奏闻,别为条例,不惟难息时病,兼且益乱国章。臣等商量,伏请特降敕文,宣布远迩。明言往年制置,不自于宸衷。此日焦劳,特颁于睿泽。兼以选曹公事,情伪极多,中书条流,亦恐未尽。望以中书所条件及王松等所论事节,并与新定选格有轻重未尽处,并委铨曹仔细点检酌量。但可以去其逾滥,革彼弊讹,不失本朝旧规,能成选曹永例者,务在酌中,以为定制。

《全唐文》卷九六三《阙名·请更定选曹事例表》[①]

后唐明宗长兴元年七月,吏部南曹奏:"磨勘南郊行事官、前守濮州范县主簿李范,是同光元年不纳告身人数,准敕终身不齿。今又冒名于四方馆行事。前河南府长水县主簿赵知远,使兄为父荫行事者。"敕旨:"李范已该恩赦,特放罪收纳文书。赵知远以兄

---

① 时在同光四年三月。

为父，未之前闻，既遇郊禋，特从恩宥。出身历任文书，付所司焚毁，放罪勒归乡贯。本道长吏与改昭穆，奏闻。"

《册府元龟》卷六三八《铨选部·谬滥》

其年[①]十一月，吏部南曹关试今年及第进士李飞等七十九人，内三礼刘莹、李诜、李守文，明算宋延美等五人，所试判语皆同。寻勘状称晚逼试，偶拾得判草写净，实不知判语不合一般者。敕："贡院擢科，考详所业；南曹试判，激劝校官。刘莹等既不攻文，合直书其事，岂得相传稿草，侮渎公场？载考情由，实为忝冒。及至定期覆试，果闻自擅私归，且令所司落下，其所给春关，仍各追纳放罪，许后放举。自此南曹凡有及第人试判之时更效此者，准例处分。"

《五代会要》卷二二《杂处置》

后唐崔贻孙为吏部侍郎，性好干人，喜得小惠。天官任重，昏耄罔知，瞀目将瞑，犹以所欲，托于选人。铨管难虚，遂除礼部尚书致仕。

《册府元龟》卷六三八《铨选部·不称》

臣伏见今年三铨选人并行事官等，内有冒名入仕，假荫发身，或卜祝之徒、工商之类，既淄渑之一乱，谅玉石之宁分。盖以伪朝已来，蠹政斯久，猾吏承宽而得计，非才行货以自媒，上下相蒙，薰莸同器，遂使寒素者多遭排斥，廉介者翻至湮沉。不唯显紊于官

① 长兴元年。

箴，抑亦颇伤于治本。近以注拟之后，送省之间，引验而已有异同，僭滥而果招论讼。将敷至化，须塞幸门。臣欲请别降条流，特行厘革，许其潜相觉察，互有告陈。若真伪之能分，即赏刑之必举。应见注授官员等，内有自无出身入仕，买觅鬼名告敕，及将骨肉文书，指改名姓，或历任不足，妄称失坠，押彼公凭；或假人荫绪，托形势论属安排，参选所司，随例注官者。如有人陈论，勘鞫不虚者，元论事人特议超奖。如未合格人或无名驳放者，便承伪滥人所授官资，其所犯人下所司简格处分。如同保人知保内有冒名滥进之谋，亦许陈首。若递相盖藏，被别人论告，并当驳放。其铨司阙头人吏，如被形势迫胁，主张逾滥选人，及自己不公，亦许陈首，并与放罪。若被人论告，当行朝典。兼恐见任官及诸道选人身死，多有不肖子孙将出身历任告敕货卖与人。自今后仰所在身死之处，并须申报本州，令录事参军于告敕上分明书身死月日，却分付子孙。兼每年南曹及三铨停滞，多及周岁，致选人广作京债，经费倍多，致其到官必不廉慎。此后至春来，并须公事了绝，若更逗留，当加责罚。所有惧罪逃移者，仰所司具录名姓申奏，请终身勿齿，兼牒本贯州县，各令知悉。或有条流未尽处，仰所司简长定格，别具条奏。

《全唐文》卷八四四《郭崇韬·条陈三铨事例奏》

六、　铨试暂停

〔贞元十九年〕秋七月戊午，以关辅饥，罢吏部选、礼部贡举。

《旧唐书》卷一三《德宗本纪下》

献可效忠,前经之令典;因时建议,有国之明规。道既务于化成,事亦敷于竞劝,敢裨宸听,辄罄刍言。伏惟陛下业茂经纶,功成理定。五材七德,威冠于伐谋;百氏三坟,义彰于知教。爰自中兴启运,下武膺期。照临而日月光华,鼓舞取乾坤交泰。英明取士,睿哲崇儒,诚宜便广于搜罗,岂可尚令于淹抑?但以今春贡士,就试不多;即目选人,磨勘未毕。宗伯莫臻于俊乂,天官难辨于妍媸。况已过秋期,将行公事,侧闻道路,悉是家贫。比及到京,多逾程限,文闱选部,皆碍条流。伏请权停贡举一年,俟迁莺者更励进修,希干禄者益加循省,然后精求良干,博采异能,免其遗贤,庶同乐圣。

《全唐文》卷九六九《阙名·请权停选举奏》①

〔长兴元年〕五月,敕:"宏词、拔萃、明算、道举、百篇等科,并宜停废。"

《册府元龟》卷六四二《贡举部·条制四》

长兴元年八月三日,尚书礼部奏:"据礼部贡院牒送到府,试请应书判拔萃、前虢州卢氏县主簿张岫亲书纸内对六节判,肆通二粗,准例及第五上等。其所试判,今录奏闻。"奉敕:"宜令所司,今后吏部所应宏词、拔萃,宜并权停。"

《册府元龟》卷六四五《贡举部·科目》

长兴元年八月三日,尚书吏部据礼部贡院牒称:"送到附试请

① 时在同光二年十月。

应书判拔萃、前虢州卢氏县主簿张岫对六节判,四通二粗,准例入第五等上。其所试判,今录奏闻。"奉敕:"宜付附所司,今后吏部所应宏词、拔萃,宜并权罢,其贡院据见应进士、九经并五科、童子外,诸色科名亦宜停罢。"

《五代会要》卷二二《宏词拔萃》

第四编

时人评议

第一章

选才任官的标准

隋文帝开皇中，持书侍御史李谔以选才失中，上书曰："自魏之三祖，更尚文词，忽君人之大道，好雕虫之小艺。下之从上，有同影响，竞骋浮华，遂成风俗。江左齐、梁，其弊弥甚，贵贱贤愚，唯务吟咏。遂复遗理存异，寻虚逐微，竞一韵之奇，争一字之巧。连篇累牍，不出月露之形；积案盈箱，唯是风云之状。代俗以此相高，朝廷据兹擢士。禄利之路既开，爱尚之情愈笃。于是闾里童昏，贵游总角，未窥六甲，先制五言。至如羲皇、舜、禹之典，伊、傅、周、孔之说，不复关心，何尝入耳？以傲诞为清虚，以缘情为勋绩，指儒素为古拙，用辞赋为君子。故文笔日烦，其政日乱，良由弃大圣之轨范，构无用以为用也。捐本逐末，流遍华壤，递相师祖，浇漓愈扇。及大隋受命，圣道聿兴，屏黜轻浮，遏止华伪。自非怀经抱质，志道依仁，不得引领措绅，参厕缨冕。是以开皇四年，普诏天下，公私文翰，并宜实录。其年九月，泗州刺史司马幼之上表华艳，付所司理罪。由是公卿大臣，咸知正路，莫不钻仰坟素，弃绝华绮，择先王之令典，行大道于兹代。如闻在外州县，仍踵弊风，选吏举人，未遵典则。至于宗党称孝，乡曲归仁，学必典谟，交不苟合，则摈落私门，不加收齿；其学不稽古，逐俗随时，作轻薄之篇章，结朋党而称誉，则选充吏职，举送天朝。盖由县令、刺史，未行风教，犹挟私情，不存公道。臣既忝宪司，职当纠察。若闻风即劾，恐挂网者多，请勒诸司，普加搜访，有如此者，具状送台。"

《通典》卷一六《选举四·杂议论上》

苏威为纳言，重庄器识，常①奏帝云："江南人有学业者，多不习世务；习世务者，又无学业。能兼之者，不过于柳庄。"

《隋书》卷六六《柳庄传》

曩者齐、陈二国，并居大位，自谓与天地合德，日月齐明，罔念忧虞，不恤刑政。近臣怀宠，称善而隐恶，史官曲笔，掩瑕而录美。是以民庶呼嗟，终闭塞于视听，公卿虚誉，日敷陈于左右。法网严密，刑辟日多，徭役烦兴，老幼疲苦。昔郑有子产，齐有晏婴，楚有叔敖，晋有士会。凡此小国，尚足名臣，齐、陈之疆，岂无良佐？但以执政壅蔽，怀私徇躯，忘国忧家，外同内忌。设有正直之士，才堪干持，于己非宜，即加摈压；倘遇谄佞之辈，行多秽匿，于我有益，遽蒙荐举。以此求贤，何从而至！夫贤材者，非尚膂力，岂系文华？唯须正身负戴，确乎不动。譬栋之处屋，如骨之在身，所谓栋梁骨鲠之材也。齐、陈不任骨鲠，信近谗谀，天高听卑，监其淫僻，故总收神器，归我大隋。向使二国祇敬上玄，惠恤鳏寡，委任方直，斥远浮华，卑菲为心，恻隐为务，河朔强富，江湖险隔，各保其业，民不思乱，泰山之固，弗可动也。然而寝卧积薪，宴安鸩毒，

---

① "常"，他本或作"尝"。

孙培青文集　第五卷　隋唐五代考试文献集成

遂使禾黍生庙，雾露沾衣，吊影抚心，何嗟及矣！

《隋书》卷六六《房彦谦传》

贞观元年正月，侍中摄吏部尚书杜如晦上言曰："比者吏部择人，唯取言辞刀笔，不悉才行。数年之后，恶迹始彰，虽加刑戮，而百姓已受其弊。"上曰："如何可以得人？"如晦对曰："两汉取人，皆行著州闾，然后入用。今每年选集，尚数千人，厚貌饰词，不可悉知，选司但配其阶品而已，所以不能得才。"魏徵亦曰："知人之事，自古为难。故考绩黜陟，察其善恶。今欲求人，必须审访，才行兼美，始可任用。"上将依古法，令本州辟召，会功臣将行世封，其事遂止。

《唐会要》卷七四《选部上·论选事》

贞观二年，太宗谓侍臣曰："为政之要，惟在得人，用非其才，必难致治。今所任用，必须以德行、学识为本。"谏议大夫王珪曰："人臣若无学业，不能识前言往行，岂堪大任？汉昭帝时，有人诈称卫太子，聚观者数万人，众皆致惑。隽不疑断以蒯聩之事。昭帝曰：'公卿大臣，当用经术明于古义者，此则固非刀笔俗吏所可比拟。'"上曰："信如卿言。"

《贞观政要》卷七《崇儒学第二十七》

贞观三年，太宗谓吏部尚书杜如晦曰："比见吏部择人，惟取其言词刀笔，不悉其景行。数年之后，恶迹始彰，虽加刑戮，而百姓已受其弊。如何可获善人？"如晦对曰："两汉取人，皆行著乡间，州郡贡之，然后入用，故当时号为多士。今每年选集，向数千人，厚貌饰词，不可知悉，选司但配其阶品而已。铨简之理，实所未精,所以不能得才。"太宗乃将依汉时法,令本州辟召,会功臣等将行世封,事遂止。

《贞观政要》卷三《择官第七》

　　贞观六年,太宗谓魏徵曰:"古人云,王者须为官择人,不可造次即用。朕今行一事,则为天下所观;出一言,则为天下所听。用得正人,为善者皆劝;误用恶人,不善者竞进。赏当其劳,无功者自退;罚当其罪,为恶者戒惧。故知赏罚不可轻行,用人弥须慎择。"徵对曰:"知人之事,自古为难,故考绩黜陟,察其善恶。今欲求人,必须审访其行。若知其善,然后用之。设令此人不能济事,只是才力不及,不为大害。误用恶人,假令强干,为害极多。但乱世惟求其才,不顾其行。太平之时,必须才行俱兼,始可任用。"

《贞观政要》卷三《择官第七》

　　太宗曰:"百官之内,应有堪用者,朕未能知之,不可造次。为天下主诚亦难。朕今行一事,则为天下所观;出一言,即为天下所听。用得好人,为善者皆劝;误用恶人,不善者竞进。赏当其劳,无功者自退;罚当其罪,为恶者戒惧。故知赏罚不可轻行,用人弥须审悉。"公对曰:"举选之事,自古为难,故考绩黜陟,察其善恶。今欲求人,必须先访其行,审知其善,然后任之。假令此人不能济事,只是才力不及,不为大害。误用恶人,假令强干,为患极多。但乱代唯求其材,不顾其行。太平必须材行俱兼,始可任用也。"

《魏郑公谏录》卷三《对百官应有堪用者》

有司奏近臣所荐凌敬乞贷之状，太宗责："公等滥进，何也？"公对曰："臣等每蒙顾问，常具言其长短，有学识，强谏争，是其所长；爱生产，好经营，是其所短。今其为人作碑文，教人读书，即附托官人，回易求利，与臣等所说事实未乖。陛下未用其长，唯见其短，以为臣等欺罔，实不甘心。"

《魏郑公谏录》卷四《对凌敬乞贷责所举》

其年①，马周上书曰："自古郡守、县令皆妙选贤德，欲有擢升，必先试以临人，或从二千石入为丞相。今朝廷独重内官，县令、刺史，颇轻其选，刺史多是武夫、勋人，或京官不能职，方始外出；而折冲、果毅之内，身材强壮者，先入为中郎将，其次始补州任。边远之处，用人更轻，其才堪宰莅，以德行见擢者，十不能一。所以百姓未安，殆由于此。"

《通典》卷一七《选举五·杂议论中》

初，吏部侍郎裴行俭典选，有知人之鉴，见〔王〕勮与苏味道，谓人曰："二子亦当掌铨衡之任。"李敬玄尤重杨炯、卢照邻、骆宾王与〔王〕勃等四人，必当显贵。行俭曰："士之致远，先器识而后文艺。勃等虽有文才，而浮躁浅露，岂享爵禄之器耶！杨子沉静，应至令长，余得令终为幸。"果如其言。

《旧唐书》卷一九〇上《王勔传》

上元元年，刘峣上疏曰："国家以礼部为考秀之门，考文章于

---

① 贞观二十二年。

甲乙，故天下响应，驱驰于才艺，不务于德行。夫德行者可以化人成俗，才艺者可以约法立名，故有朝登甲科而夕陷刑辟，制法守度使之然也。陛下焉得不改而张之！至如日诵万言，何关理体？文成七步，未足化人。昔子张学干禄，仲尼曰：'言寡尤，行寡悔，禄在其中矣。'又曰：'行有余力，则以学文。'今舍其本而循其末。况古之作文，必谐风雅。今之末学，不近典谟，劳心于卉木之间，极笔于烟云之际，以此成俗，斯大谬也。昔之采诗，以观风俗，咏《卷耳》则忠臣喜，诵《蓼莪》而孝子悲，温良敦厚，诗教也。岂主于淫文哉！夫人之爱名，如水之务下，上有所好，下必甚焉。陛下若以德行为先，才艺为末，必敦德励行，以伫甲科，丰舒俊才，没而不齿，陈寔长者，拔而用之，则多士雷奔，四方风动。风动于下，圣理于上，岂有不变者欤！"

《通典》卷一七《选举五·杂议论中》

上元元年，刘峣上疏曰："臣闻《论语》有曰：'为政以德，譬如北辰。'《诗》曰：'恺悌君子，民之父母。'岂有使父养子而忧不得所者哉？今国家以吏部为铨衡，以侍郎为藻鉴。镜所鉴者，貌也，妍媸可知；衡所平者，法也，年劳可验。至于心之善恶，何以取之？取之不精，必贻后患。今选曹以检勘为公道，以书判为得人。夫书判者，以观其智也。知及之，仁不能守之，可使从政者欤？不可使之而或任之，是贻患于天下也。如有德行侔于甲科，书判不能中的，其可舍之乎？况于书判，借人者众矣，求士本于乡闾者，可谓至矣。且人不孝于其亲者，岂有忠于君乎？不友于兄弟者，岂肯顺于长乎？不恤于孤遗者，岂肯恤百姓乎？不义而取材者，岂有不犯赃乎？不直而好讼者，岂肯守恒乎？强悖而任气者，其肯惠和乎？博奕而畋游者，其肯贞廉乎？不以辱为辱者，其肯敬慎乎？荐士无此病，则可任之以官也。"

《唐会要》卷七四《选部上·论选事》

开元三年，左拾遗张九龄上疏曰："古之选用，取其声称，或遥闻辟召，或一见任之。是以士修素行，而流品不杂。臣以为吏部始造簿书，以备人之遗忘。今反求精于案牍，不急于人才，亦何异遗剑中流，而刻舟以记？去之弥远，可为伤心。凡有称吏部之能者，则曰从县尉于主簿，从主簿于县丞，斯选曹执文而善知官次者也。唯论合与不合，不论贤与不贤，大略如此，岂不谬哉！臣以为选部之弊，在不变法，变法之易，在陛下涣然行之。夫以一诗一判，定其是非，适使贤人君子，从此遗逸，斯亦明代之阙政，有识者之所叹息也。"

《唐会要》卷七四《选部上·论选事》

垂拱元年七月，……秘书省正字陈子昂上疏曰："臣伏见陛下忧勤政治，而未以刺史、县令为念。臣何以知陛下未以刺史、县令为念？窃见吏部选人，补县令，如补一县尉耳，但以资次考第，从官涟历即补之。不论贤良德行，何能以化民？而拔擢见补者，纵使吏部侍郎时有知此弊，而欲超越用人，则天下小人，已嚣然相谤矣。所以然者，习于常也。所以天下庸流，皆任县令。庸流一杂，贤不肖莫分，但以资次为选，不以才能得职。所以天下凌迟，百姓无由知陛下圣德勤劳凤夜之念，但以愁怨，以为天子之令使如是也。自有国以来，此弊最深，而未能除也。"

《唐会要》卷七四《选部上·论选事》

刘迺字永夷,河南伊阙人。少警颖,暗诵六经,日数千言,善文词,为时推目。天宝中,擢进士第。丧父,以孝闻。服终,中书舍人宋昱知铨事,迺方调,因进书曰:"《书》称:'知人则哲,能官人则惠。'此唐虞以为难。今文部始抢材,终授位,是知人、官人,两任其责。昔禹、稷、皋陶之圣,犹曰载采有九德,考绩以九载。今有司独委一二小宰,察言于一幅之判,观行于一揖之内,何其易哉?夫判者,以狭词短韵为体,是以小冶鼓众金,虽欲为鼎镛,不可得已。故虽有周公、尼父图书《易象》之训,以判责之,曾不及徐、庾;虽有至德,以喋喋取之,曾不若啬夫。故干霄蔽日,巨树也,求尺寸之材,必后于榡杙;龙吟虎啸,希声也,尚颊舌之感,必下于蛙黾。岂不悲乎!执事诚能先政事,次文学,退观其治家,进察其临节,则庞鸿深沉之事,亦可窥其门阈矣。"昱嘉之,补剡尉。刘晏在江西,奏使巡覆,充留后。

《新唐书》卷一九三《刘迺传》

　　天宝十载,吏部选才多滥,选人刘迺献议于知铨舍人宋昱曰:"《虞书》称:'知人则哲,能官人则巍巍。'唐虞举以为难。今夫吏部既始之以抢才,终之以授位,是则知人、官人,斯为重任。昔在禹、稷、皋陶之众圣,犹曰载采采有九德,考绩以九载。近代主司,独委一二小冢宰,察言于一幅之判,观行于一揖之内。古今迟速,何不侔之甚哉!夫判者,以狭辞短韵,语有定规为体,犹以一小冶而鼓众金,虽欲为鼎为镛,不可得也。故曰:判之在文,至局促者。夫铨者,必以崇文冠首,媒耀为贤,斯固士之丑行,君子所病。若引周公、尼父于铨庭,则虽图书《易象》之大训,以判体措之,曾不及徐、庾。虽有渊默罕言之至德,以喋喋取之,曾不若啬夫。呜呼！彼干霄蔽日，诚巨树也，当求尺寸之材，必后于橡杜；龙吟虎啸，诚希声也，若尚颊舌之感，必下于蛙黾。观察之际，能不悲夫！执事虑过龟策，文含雅诰，岂拘以琐琐故事，曲折因循哉？诚能先咨以政事，次征以文学，退观其治家，进察其临节，则庞鸿深沉之士，亦可以窥其门户矣。"

《唐会要》卷七四《选部上·论选事》

薛登本名谦光，常州义兴人也。……

……天授中，为左补阙，时选举颇滥，谦光上疏曰：

臣闻国以得贤为宝，臣以举士为忠。是以子皮之让国侨，鲍叔之推管仲，燕昭委兵于乐毅，苻坚托政于王猛。子产受国人之谤，夷吾贪共贾之财，昭王锡辂马以止谗，永固戮樊世以除谮。处猜嫌而益信，行间毁而无疑，此由默而识之，委而察之深也。至若宰我见愚于宣尼，逢萌被知于文叔，韩信无闻于项氏，毛遂不齿于平原，此失士之故也。是以人主受不肖之士则政乖，得贤良之佐则时泰，故尧资八元而庶绩其理，周任十乱而天下和平。由是言之，则士不可不察，而官不可妄授也。何者？比来举荐，多不以才，假誉驰声，互相推奖，希润身之小计，忘臣子之大猷，非所以报国求贤，副陛下翘翘之望者也。

臣窃窥古之取士，实异于今。先观名行之源，考其乡邑之誉，崇礼让以励己，明节义以标信，以敦朴为先最，以雕虫为后科。故人崇劝让之风，士去轻浮之行。希仕者必修贞确不拔之操，行难进易退之规。众议以定其高下，郡将难诬于曲直。故计贡之贤愚，即州将之荣辱；秽行之彰露，亦乡人之厚颜。是以李陵降而陇西惭，干木隐而西河美。故名胜于利，则小人之道消；利胜于名，则贪暴之风扇。是以化俗之本，须摈轻浮。昔冀缺以礼让升朝，则晋人知礼；文翁以儒林奖俗，则蜀士多儒。燕昭好马，则骏马来庭；叶公好龙，则真龙入室。由是言之，未有上之所好而下不从其化者也。

自七国之季，虽杂纵横，而汉代求才，犹征百行。是以礼节之士，敏德自修，闾里推高，然后为府寺所辟。魏氏取人，尤爱放达；晋、宋之后，只重门资。奖为人求官之风，乖授职惟贤之义。有梁荐士，雅爱属词；陈氏简贤，特珍赋咏。故其俗以诗酒为重，不以修身为务。逮至隋室，余风尚在。开皇中，李谔论之于文帝曰："魏之三祖，更好文词，忽君人之大道，好雕虫之小艺。连篇累牍，不出月露之形；积案盈箱，唯是风云之状。代俗以此相高，朝廷以兹擢士，故文笔日烦，其政日乱。"帝纳李谔之策，由是下制禁断文笔浮词。其年，泗州刺史司马幼之以表不典实得罪。于是风俗改励，政化大行。炀帝嗣兴，又变前法，置进士等科。于是后生之徒，复相放效，因陋就寡，赴速邀时，缉缀小文，名之策学，不以指实为本，而以浮虚为贵。

有唐纂历，虽渐革于故非；陛下君临，思察才于共理。树本崇化，惟在旌贤。今之举人，有乖事实。乡议决小人之笔，行修无长者之论。策第喧竞于州府，祈恩不胜于拜伏。或明制才出，试遣搜扬，驱驰府寺之门，出入王公之第。上启陈诗，唯希咳唾之泽；摩顶至足，冀荷提携之恩。故俗号举人，皆称觅举。觅为自求之称，未是人知之辞。察其行而度其材，则人品于兹见矣。徇己之心切，则至公之理乖；贪仕之性彰，则廉洁之风薄。是知府命虽高，异叔度勤勤之让；黄门已贵，无秦嘉耿耿之辞。纵不能抑己推贤，亦不肯待于三命。岂与夫白驹皎皎，不杂风尘，束帛戋戋，荣高物表，校量其广狭也！是以耿介之士，羞自拔而致其辞；循常之人，舍其疏而取其附。故选司补署，喧然于礼闱；州贡宾王，争讼于阶闼。谤议纷合，浸以成风。夫竞荣者必有竞利之心，谦逊者亦无贪贿之累。自非上智，焉能不移？在于中人，理由习俗。若重谨厚之士，则怀禄者必崇德以修名；若开趋竞之门，邀仕者皆戚施而附会。附会则百姓罹其弊，洁己则兆庶蒙其福。故风化之渐，靡不由兹。今访乡闾之谈，唯只归于里正。纵使名亏礼则，罪挂刑章，或冒籍以偷资，或邀勋而窃级，假其不义之赂，则是无犯乡闾。岂得比郭有道之铨量，茅容望重，裴逸人之赏拔，夏少名高，语其优劣也！

　　只如才应经邦之流，唯令试策；武能制敌之例，只验弯弧。若其文擅清奇，便充甲第，藻思微减，便即告归。以此收人，恐乖事实。何者？乐广假笔于潘岳，灵运词高于穆之，平津文劣于长卿，子建笔丽于荀彧。若以射策为最，则潘、谢、曹、马必居孙、乐之右；若使协赞机猷，则安仁、灵运亦无裨附之益。由此言之，不可一概而取也。至如武艺，则赵云虽勇，资诸葛之指挥；周勃虽雄，乏陈平之计略。若使樊哙居萧何之任，必失指纵之机；使萧何入戏下之军，亦无免主之效。斗将长于摧锋，谋将审于料事。是以文垒聚米，知隗嚣之可图；陈汤屈指，识乌孙之自解。八难之谋设，高祖追惭于郦生；九拒之计穷，公输息心于伐宋。谋将不长于弓马，良相宁资于射策。岂与夫元长自表，妄饰词锋，曹植题章，虚飞丽藻，校量其可否也！

　　伏愿陛下降明制，颁峻科。千里一贤，尚不为少，侥幸冒进，须立堤防。断浮虚之饰词，收实用之良策，不取无稽之说，必求忠告之言。文则试以效官，武则令守御，始既察言观行，终亦循名责实，自然侥幸滥吹之伍，无所藏其妄庸。故晏婴云："举之以语，考之以事；寡其言而多其行，拙于文而工于事。"此取人得贤之道也。其有武艺超绝，文锋挺秀，有效伎之偏用，无经国之大才，为军锋之爪牙，作词赋之标准。自可试凌云之策，练穿札之工，承上命而赋《甘泉》，禀中军而令赴敌，既有随才之任，必无负乘之忧。臣谨案吴起临战，左右进剑，吴子曰："夫提鼓挥枹，临难决疑，此将事也。一剑之任，非将事也。"谨案诸葛亮临戎，不亲戎服，顿蜀兵于渭南，宣王持剑，卒不敢当。此岂弓矢之用也！谨案杨得意诵长卿之文，武帝曰："恨不得与此人同时。"及相如至，终于文园令，不以公卿之位处之者，盖非其所任故也。

　　谨案汉法，所举之主，终身保任。扬雄之坐田仪，责其冒荐；成子之居魏相，酬于得贤。赏罚之令行，则请谒之心绝；退让之义著，则贪竞之路消。自然朝廷无争禄之人，选司有谦挹之士。仍请宽立年限，容其采访简汰，堪用者令其试守，以观能否，参验行事，以别是非。不实免王丹之官，得人加翟璜之赏，自然见贤不隐，食禄自专。荀彧进钟繇、郭嘉，刘陶荐李膺、朱穆，势不云远。有称职者受荐贤之赏，滥举者抵欺罔之罪，自然举得贤行，则君子之道长矣。

《旧唐书》卷一〇一《薛登传》

　　〔开元十七年，〕左监门卫录事参军刘秩论曰：

　　王者官人，必视国之要，杜诸户，一其门，安平则尊经术之士，有难则贵介胄之臣。

　　夏、殷、周选士必于庠序，非其道者莫得仕进，是以诱人也无二，其应之者亦一。及周之末，诸侯异政，取人多方，故商鞅患之，说秦孝公曰："利出一孔者王，利出二孔者强，利出三孔者弱。"于是下令：非战非农，不得爵位。秦卒以是能并吞六国。汉室干戈以定祸乱，贵尚淳质。高后举孝悌力田，文景守而不变，故下有常业，而朝称多士。及孝武察孝廉，置五经博士弟子，虽门开二三，而未失道德也。逮至晚岁，务立功名，锐意四夷，故权谲之谋设，荆楚之士进，军旅相继，官用不足。是以聚敛计料之政生，设险兴利之臣起，番系、严熊罴等经淮造渠以通漕运，东郭偃、孔仅建盐铁诸利策，富者冒爵射官，免刑除罪。公用弥多，而为官者徇私，上下并求，百姓不堪刑弊。故巧法惨急之臣进，而见知废格之法作，杜周、减宣之属以峻文决理贵，而王温舒之徒以鹰击敢杀彰。而法先王之术，习俎豆之容者，无所任用，由是精通秀颖之士不游于学，游于学者率章句之儒也。是以昭帝之时，霍光问人疾苦，不本之于太常诸生，征天下贤良文学以访之，是常道不足以取人也。至于东汉，光武好学，不能施之于政，乃躬自讲经。肃宗以后，时或祖效，尊重儒术，不达其意而酌其文；三公尚书虽用经术之士，而不行经术之道。是以元、成以降，迄于东汉，慷慨通方之士寡，廉隅立节之徒众。无何，汉氏失驭，曹魏僭窃，中正取士，权归著姓，虽可以镇伏旷庶，非尚贤之术，盖尊尊之道。于时圣人不出，贤哲无位，诗道大作，怨旷之端也。洎乎晋、宋、齐、梁，递相祖习，其风弥盛。舍学问，尚文章；小仁义，大放诞。谈庄周、老聃之说，诵《楚词》《文选》之言。六经九流，时曾阅目；百家三史，罕闻于耳。撮群钞以为学，总众诗以为资。谓善赋者，廊庙之人；雕虫者，台鼎之器。下以此自负，上以此选材，上下相蒙，持此为业，虽名重于当时，而不达于从政。故曰："取人之道，可以敦化。"《周书》曰："以言取人，人竭其言；以行取人，人竭其行。"取人之道，不可不慎也。原夫诗赋之义，所以达下情，所以讽君上。上下情通天下乱者，未之有也。近之作者，先文后理，词冶不雅，既不关于讽刺，又不足以见情，盖失其本，又何为乎！隋氏罢中正，举选不本乡曲，故里闾无豪族，井邑无衣冠，人不土著，萃处京畿，士不饰行，人弱而愚。

夫古者以勋赏功，以才莅职，是以职与人宜；近则以职赏功，是以官与人乖。古者计人而贡士，计吏而用人，故士无不官，官无乏吏；近则官倍于古，士十于官，求官者又十于士，故士无官，后魏羽林士，今之万骑，军功是也。官乏禄，吏扰人。古者王畿千里，千里之外，封建诸侯，诸侯之吏，自卿以降，各自举任。当乎汉室，除保傅将相，余尽专之。州县佐史，则皆牧守选辟。夫公卿者，主相之所任也；甸外之官吏者，又诸侯牧守之事也。然则主司之所选者，独甸内之吏，公卿府之属耳，岂不寡哉！所选既寡，则焉得不精！近则有封建而无国邑，五服之内，政决王朝；一命拜免，必归吏部。按名授职，犹不能遣，何暇采访贤良，搜核行能耶？时皆共嗤其失，而不知失之所以，故备详之。

《通典》卷一七《选举五·杂议论中》

〔开元十七年，刘秩〕又曰：

夫官有大小，材有短长，长者任之以大官，短者任之以小职，职与人相宜，而功与事并理。是以孟公绰为赵、魏老则优，不可以为滕、薛大夫。近之任官，其选之也略，其使之也备，一人之身，职无不莅，若委游、夏以政事，责冉、季以文学也，何其谬欤！故人失其长，官失其理。

是以三代之制，家有代业，国有代官。孔子曰：“医不三世，不服其药。”史墨曰：“古之为官，代守其业，朝夕思之。一朝失业，死则及焉。”是知业不代习，则其事不精。此周之所以得人也。昔羲氏、和氏掌天地，刘氏代扰龙，籍氏代司人，庚氏、库氏代司出纳，制氏代司铸钟，即其事也。至后代，以代卿执柄，益私门，卑公室，齐夺于田氏，鲁弱于三桓。革代卿之失，而不复代业之制，医、工、筮、数，其道浸微，盖为此也。

故老子曰："圣人常善救人，故无弃人；常善救物，故无弃物。"不善用人者，譬若使骥捕鼠，令鹰守肉：骥之捕鼠，终不可获，而千里之功废矣；鹰之守肉，死有余罪，而攫撮之效没矣。夫裁径尺之帛，刊方寸之木，不任左右，必求良工者，裁帛、刊木非左右之所能故也。径尺之帛，方寸之木，薄物也，非良工不能裁之。况帝王之佐，经国之任，可不审择其人乎？故构大厦者先择木，然后拣材；理国家者先择佐，然后守人。大匠构屋，必以大材为栋梁，小材为榱橑，苟有所中，尺寸之木无弃，此善理木者也。

《通典》卷一七《选举五·杂议论中》

五月二十日，宣义郎左拾遗内供奉臣张九龄谨再拜，死罪死罪！上书开元神武皇帝陛下：

臣所以上事，以臣愚见，并当时尤切，不敢饰词。伏愿陛下亲览可否之宜，幸甚幸甚！臣伏以陛下自克清内难，光宅天下，常欲跻人于富寿，致国于太平。圣虑每勤，德音屡发，然犹黎人未息，水旱为优。臣窃伏思之，有由然矣。臣闻乖政之气，发为水旱，天道虽远，其应甚速。昔者东海杀孝妇，旱者久之，一吏不明，匹妇非命，则天为之旱，以昭其冤。况今六合之间，元元之众，莫不悬命于县令，宅生于刺史。陛下所与共理，此尤亲于人者也。多非其任，徒有其名，致旱之由，岂惟孝妇一事而已！是以亲人之任，宜得其贤；用才之道，宜重其选。而今县令、刺史，除京辅近处、雄望之州，刺史犹择其人，县令或备员而已。其余江、淮、陇、蜀、三河诸处，除大府之外，稍稍非才。但于京官之中出为州县者，或是缘身有累，在职无声，用于牧宰之间，以为斥逐之地；或因势附会，遂忝高班，比其势衰，且无他责，又谓之不称京职，亦乃出为刺史。至于武夫，流外积资而得官，成于经久，不计于有才。诸若此流，尽为刺史，其余县令已下，固不可胜言。盖甿庶所系，国家之本务，本务之职，反为好进者所轻。承弊之人，每遭非才者所扰。陛下圣化，从此不宣，皆由不重亲人之选，以成其弊；而欲天下和洽，固不可得也！古者刺史入为三公，郎官出宰百里，莫不于其所重，劝其所行。臣窃怪近俗偏轻此任，今朝廷卿士，入而不出。于其私情，遂自得计，何则？京华之地，衣冠所聚，子弟之间，身名所出，从容附会，不劳而成，一出外藩，有异于此。人情进取，岂忘于私？但立法制之，不敢违耳！原其本意，固私是欲。今大利在于京职，而不在于外郡。如此，则智能之士欲利之心，日夜营营，宁有复出为刺史、县令？而陛下国家之利，方赖智慧之人。此辈既自固而不行，在外者又技痒而求入。如此，则智能之辈常无亲人之责，陛下又未格之以法，无乃甚不可乎！故臣愚，以为欲理之本，莫若重刺史、县令，此官诚重，智能者可行。正宜悬以科条，定其资历，凡不历都督、刺史，有高第者不得入为侍郎、列卿；不历县令，有善政者，亦不得入为台、郎、给、舍。即虽远处都督、刺史，至于县令，以久差降，以为出入，亦不得十年频在京职，又不得十年尽任外官。如此设科，以救其失，则内外通理，万姓获宁。如积习为常，遂其私计，陛下独宵衣旰食，天下亦未之理也！

又古人之选用贤良，取其称职，或遥闻而辟召，或一见而任之。是以士修素行，不图侥幸；群小不逮，亦用息心。以故奸伪自止，流品不杂。今天下未必理于上古，而事务日倍于前，诚为不设其本而设巧于末。所谓末者，吏部条章，动盈千百；刀笔之吏，辨析毫厘；节制抢攘，溺于文墨；胥徒之猾，又缘隙而起。臣以为始造簿书，以备用人之遗亡身。今反求精于案牍，不急于人才，亦何异遗剑中流，刻舟以记？去之弥远，可为伤心。凡有称吏部之能者，则曰从县尉与主簿，从主簿与县丞，斯选曹执文而善知官次者也。惟据其合与不合，不论贤与不肖，大略如此，岂不谬哉！陛下若不以吏部尚书、侍郎为贤，必不授以职事；尚书、侍郎既以贤而受委，岂复不能知人？人之难知，虽自古所慎，而拔十得五，其道可行。今则执以格条，贵于谨守，幸其心能自觉者，每选于所拔，亦有三人、五人；若又专固者，则亦一人不拔。据资配职，自以为能；为官择人，初无此意。故使时人有平配之议，官曹无得贤之实，朱紫同色，清浊不分。是于圣朝者有何裨益？故臣以为选部之法，弊于不变。变法之易，在陛下焕然行之。假且今之铨衡，欲自为意，亦限行之已久，动必见疑，遂用因循，益为淳薄。今若刺史、县令，精核其人。即每当管之内，应有合选之色，先委考其才行，堪入品流，然后送台；台又推择，据所用之多少，为州县之殿最。一则州县慎其所举，必取入官之才；二则吏部因其有成，无多庸人之数。纵有不在送者妄起怨端，且犹分谤于外台，不至喧哗于南省。今则每岁选者动以万计，京师米物为之空虚。岂多士若斯？盖渝滥至此。而欲仍旧致理，难于改制，只益文法烦碎，贤愚浑杂。就中以二诗一判，定其是非，适使贤人君子从此遗逸。斯亦明代之阙政，有识者之所难息也。夫天下虽广，朝廷虽众，而士之名贤，诚可知也。若使毁誉相乱，听受不明，事将已矣，无复可说。如知其贤能，各有品第，每一官阙，而不以次用之，则是知而不为,焉用彼相?借如诸司清要之职,当用第一之人,及其要官阙时,或以下等叨进。以故时议无高无下,惟论得与不得,自然清议不立,名节不修。上善则守志而后时,中人则躁求而易操,何哉?朝廷若以令名而进人,士子亦以修名而获利,而利之所出,众则趋焉。已而名利不出于清修,所趣多归于人事,其小者苟求辄得,一变而至阿私;其大者许以分义,再变而成朋党。斯盖教化渐渍,使之必然。故以用人之际,不可不第高下,若高下不可妄与,天下士流必刻意修饰,思齐日众,刑政自清。此皆兴衰之大端,焉可不察?《易》曰"履霜,坚冰至",言圣人之见终始之征矣。臣今所言上刺史、县令等事,一皆指实。纵臣所欲变法不合时宜,伏望更发睿图,及询于执事,作为长算,振此颓风。使官修其方,人受其福,天下幸甚!伏惟陛下聪明神武,动以圣断,正当可为之运,未行反本之法。微臣企竦,窃有所望,伏愿少留宸眷,稍览愚诚,必无可施行,弃之非晚。不胜尘露裨补之诚!

《张九龄集校注》卷一六《上封事书》

臣读唐史,见薛登上疏云:"古之取士,实异于今。先观名行之原,考其乡曲之誉。崇礼让以厉己,取名节以标言。以敦朴为先最,以雕文为后科。故人从礼让之风,士去轻浮之行。希进者必修贞确不拔之操,行难进易退之规。"臣因览前书,睹兹旧事,望于圣代,复用此言,则有才者皆务造修,无行者不宜推择。

《全唐文》卷四三三《卢贾·请仿古举士奏》

〔大历十四年十二月,〕湖南贼帅王国良阻山为盗,上遣都官员外郎关播招抚之。辞行,上问以为政之要,对曰:"为政之本,必求有道贤人，与之为理。"上曰："朕比以下诏求贤，又遣使臣广加搜访，庶几可以为理乎！"对曰："下诏所求及使者所荐，惟得文词干进之士耳，安有有道贤人肯随牒举选乎！"上悦。

《资治通鉴》卷二二六《唐纪四十二·代宗睿文孝武皇帝下》

国家设尊官厚禄，为人民也，为社稷也。在求其人，非与人求；在得其人，非与人得。唯道德膺厥求，唯贤能膺厥得。贤能事事而后见，道德诚诚而后信。苟须事事，苟须诚诚，则必委以务，命以职，从而核之。四海之大，亿兆之众，不可逢而委命之。

是用启稍异之间，姑致其我乐而自耀者。读往载，究前言，则曰明经；属以辞，赋以事，则曰进士。中夫程度者，取政事最轻小者命以始。又令公侯子孙、卿大夫子弟能力役供给者，曰千牛进马、三卫齐郎，限以年月，终亦试之。其有成则陟，陟不已，乃尊乃厚；其有败则黜，黜不已，乃戮乃亡。取之于诸科暂殊，用之于诸科则一。良未即以进士贤而明经不贤也，但以选才如选材焉。以规则失之于方，以矩则失之于圆。欲方圆毕至，然后择其利用者宝之。中方则善于圆，中圆而善于方。

木材也者，在坚贞可久；人才也者，在德行有恒。不可久，不有恒，虽售之于今，必不售之于后。蚩蚩之人，贵此贱彼，是不深达国家选士之意，见近而迷远者，居方宁斯人之徒欤！

况目睹进士出身，十年、二十年而终于一命者有之。明经、诸色入仕，须臾而践卿相者有之。忠与孝相生，君与父相随。于家美，即于国良；为闺门重，则为朝廷尚。此古今圣贤绝虑，万不失一之得也。

《欧阳行周文集》卷八《与郑伯义书》

近代已来，俗尚文字，为学者以钞集为科第之资，曷尝知不迁怒、不贰过为兴学之根乎？入仕者以容和为贵富之路，曷尝以仁义博施之为本乎？由是经之旨，弃而不求，圣人之心，外而不讲，干办者为良吏，适时者为通贤，仁义教育之风，于是乎扫地而尽矣。生人困穷，不亦宜乎？州郡之乱，又何怪焉？

《李文公集》卷八《与淮南节度使书》

郑覃，……〔大和九年〕十月，迁尚书右仆射，兼判国子祭酒。训、注伏诛，召覃入禁中草制敕，明日以本官同平章事，封荥阳郡公，食邑二千户。

覃虽精经义，不能为文，嫉进士浮华，开成初，奏礼部贡院宜罢进士科。初，紫宸对，上语及选士，覃曰："南北朝多用文华，所以不治。士以才堪即用，何必文辞？"帝曰："进士及第人已曾为州县官者，方镇奏署即可之，余即否。"覃曰："此科率多轻薄，不必尽用。"帝曰："轻薄敦厚，色色有之，未必独在进士。此科置已二百年，亦不可遽改。"覃曰："亦不可过有崇树。"

《旧唐书》卷一七三《郑覃传》

文宗太和九年十二月庚辰，……〔帝〕又曰："宰相之务，在选贤任用。"石奏曰："臣与郑覃，俱为辅弼，罄竭肝胆，岂敢不尽？但以人各有所求，苟遂所欲则美誉至，稍不如意则谤议生。"覃曰："事有百司，请各有委任。"帝曰："各须求才，仍委百司，宰相岂可一一自领？慎不得惧百司有权。"覃曰："臣常闻李林甫忌前好权。"帝曰："林甫奸臣也，岂足论？"石曰："比者选才，先试以吏事。文武兼才者，或主边兵，或营钱谷。苟有能事，然后入用。近日皆以资序，递是进用乏人。"帝曰:"国朝近来取士与向前颇异。"覃曰:"臣闻南朝多用文华,所以不理。今请以才堪即用,不必文词。借如中书舍人草制诏,每人只要三数句语粗说。其人岂必全序官资历任?"帝曰:"凡进士及第,有方镇奏请判官者,第一任未经作州县官,莫依。但第一任曾作州县官,即第二任依奏。"覃曰:"此科多轻薄,不必尽用。"帝曰:"轻薄敦重,色色皆有,亦未必全在此科。况此科已二百年,亦不可遽改。"覃曰:"亦乞不崇树。"石曰:"人家兄弟十数人或三五人,但稍可知惠者即业文学。若州县有一文学人在其中,虽地至偏远,必少差事。陛下若尽命选授州县官,即请减选。"帝曰:"令加至四十人。三年即选,与州县官得资即任。诸处奏充判官,卿便处置奏来。"

《册府元龟》卷四六《帝王部·智识》

〔会昌四年十二月,〕时左仆射王起频年知贡举,每贡院考试讫,上榜后,更呈宰相取可否。后人数不多,宰相延英论言:"主司试艺,不合取宰相与夺。比来贡举艰难,放人绝少,恐非弘访之道。"帝曰:"贡院不会我意。不放子弟,即太过,无论子弟、寒门,但取实艺耳。"李德裕对曰:"郑肃、封敖有好子弟,不敢应举。"帝曰:"我比闻杨虞卿兄弟朋比贵势,妨平人道路。昨杨知至、郑朴之徒,并令落下,抑其太甚耳。"德裕曰:"臣无名第,不合言进士之非。然臣祖天宝末以仕进无他伎,勉强随计,一举登第。自后不于私家置《文选》,盖恶其祖尚浮华,不根艺实。然朝廷显官,须是公卿子弟。何者?自小便习举业,自熟朝廷间事,台阁仪范,班行准则,不教而自成。寒士纵有出人之才,登第之后,始得一班一级,固不能熟习也。则子弟成名,不可轻矣。"

《旧唐书》卷一八上《武宗本纪》

是月[①]，太常丞史在德上疏言事，其略曰："朝廷任人，率多滥进。称武士者，不闲计策，虽被坚执锐，战则弃甲，穷则背军。称文士者，鲜有艺能，多无士行，问策谋则杜口，作文字则倩人。所谓虚设具员，枉耗国力。逢陛下惟新之运，是文明革弊之秋。臣请应内外所管军人，凡胜衣甲者，请宣下本部大将一一考试武艺短长，权谋深浅。居下位有将才者便拔为大将，居上位无将略者移之下军。其东班臣僚，请内出策题，下中书令宰臣面试。如下位有大才者便拔居大位，处大位无大才者即移之下僚。"其疏大约如此。卢文纪等见其奏不悦，班行亦多愤悱，故谏官刘涛、杨昭俭等上疏，请出在德疏，辨可否宣行，中书覆奏亦驳其错误。帝召学士马裔孙谓曰："史在德语太凶，其实难容。朕初临天下，须开言路，若朝士以言获罪，谁敢言者！尔代朕作诏，勿加在德之罪。"

《旧五代史》卷四七《唐书·末帝纪中》

　　酒徒鲍生，家富畜妓。开成初，行历阳道中，止定山寺，遇外弟韦生下第东归，同憩水阁。鲍置酒，酒酣，……有紫衣冠者二人，导从甚众，自水阁之西升阶而来。鲍、韦……乃恐悚入室，阖户以窥之。……长须云："数年来在长安，蒙乐游王引至南宫，入都堂，与刘公干、鲍明远看试秀才。予窃入司文之室，于烛下窥能者制作。见属对颇切，而赋有蜂腰鹤膝之病，诗有重头重尾之犯。若如足下'洞庭''木叶'之对，为纰缪矣。"……顾谓长须曰："吾闻古之诸侯，贡士于天子，尊贤劝善者也。故一适谓之好德，再适谓之尊贤，三适谓之有功，乃加九锡。不贡士，一黜爵，再黜地，三黜

① 后唐清泰二年三月。

孙培青文集　第五卷　隋唐五代考试文献集成

爵地。夫古之求士也如此，犹恐搜山之不高，索林之不深，尚有遗漏者。乃每岁季春，开府库，出币帛，周天下而礼聘之。当是时，儒墨之徒，岂尽出矣？智谋之士，岂尽举矣？山林川泽，岂无遗矣？日月照临，岂得尽其所矣？天子求之既如此，诸侯贡之又如此，聘礼复如此，尚有栖栖于岩谷，郁郁不得志者。吾闻今之求聘之礼缺，是贡举之道隳矣。贤不肖同途焉，才不才汩汩焉。隐岩冗者，自童髦穷经，至于白首焉；怀方策者，自壮岁力学，讫于没齿。虽每岁乡里荐之于州府，州府贡之于有司，有司考之诗赋，蜂腰鹤膝，谓不中度；弹声韵之清浊，谓不中"中"字原阙，据明抄本补。律。虽有周、孔之贤圣，班、马之文章，不由此制作，靡得而达矣。然皇王帝霸之道，兴亡理乱之体，其可闻乎？今足下何乃赞扬今之小巧而隳张古之大体？况予乃诉皓月长歌之手，岂能拘"拘"原作"欢"，据明抄本改。于雕文刻句者哉？今珠露既清，桂月如昼，吟咏时发，杯觞间行，能援笔联句，赋今之体调一章，以乐长夜否？"……韦生发箧取红笺，跪献于庑下。二公大惊曰："幽显路殊，何见逼之若是？然吾子非后有爵禄，不可与鄙夫相遇。"谓生曰："异日主文柄，较量俊秀轻重，无以小巧为意也。"言讫，二公行十余步间，忽不知其所在矣。

《太平广记》卷三四九《鬼三十四·韦鲍生妓》

颍川陈先生讳黯，字希孺。曩者与余声迹相接于京师，各获誉于进取。咸通庚寅岁，胶其道于蒲津秋试之场。自后俱为小宗伯所困，不一至。甲申春，告予以婚嫁之牵制，东归青门。操执之后，余亦东游。逮大梁时，故杭州卢员外浔在幕，赍其文轴谓余曰："陈君罢而东，岂其斯文之终窒乎？子东及之，为我归其文而激其来。"余至维扬,及归其文,遵其言,相欢月而后别:"为我谢范阳公,龙门之役不复顾矣。"由是音尘杜绝。天复元年,四门博士江夏君通家相好,于吴越面余。论及场中曩之名士及希孺之表也,余不觉怆然怀旧。明年,黄君以其文章德业为之序以寄,俾予系述,遂得申斯言。呜呼!大唐设进士科三百年矣,得之者或非常之人,失之者或非常之人。若陈希孺之才美,则非常之人失者矣。夫德行莫若敦于亲戚,文章莫若大于流传,今已备于江夏之笔矣。余不克再叙,止书交道于是。噫!

《罗隐集》之《杂著·陈先生集后序》

唐文宗议贡举曰:"子弟寒门,但取实艺。"宰相李德裕对曰:"臣无名第,不合言进士之非。其祖尚浮华,不根实艺。朝廷显官,须公卿子弟。自小便习举业,日熟朝廷间事,台阁仪范,不教而自成,寒士固不能习也。"夫治平之器曰政,布政之具曰文,守文之基曰道,行道之夫曰士。士之于政,由左右手焉。故有国之典,先夫取士,虽沿革异轨,而同归求聘之涂。古者诸侯荐贤,有三适之制;射宫选士,观五善之节。姬周受命,文物明备,郡吏献贤能之书,登于天府;乐正论造士之秀,升于司马。进士之名立矣,礼贤之道广矣,暨六国行玉帛之聘,两汉立四科之选,魏晋或表荐而登仕,齐梁或版辟而起家。故孝廉、明经之科,秀才、茂才之举,限□限年之制,射策待诏之选,损益无常,而察德观言之规不妄设也。李唐御统,艰厥制度。立进士之科,正名也;行辞赋之选,从时也。而天下之士诵《诗》《书》,秉刀笔,乘仁义之道而进。朝廷辟场屋,诏宗伯,以方圆曲直而取。名材大儒,比比而有。然诗赋之制非古也。古者《国风》《雅》谓之诗,不歌而颂谓之赋。暨三季移统，七雄黩武，大道既隐，正音去矣。故少卿五字以叙别，邹、孟四言以述祖，陆、谢励锋于晋宋，任、范治荣于齐梁，诗之体失矣，颂刺之义微焉。若孙卿畅幽恻之意，屈、宋起迂谈之说，相如阃衍以前导，扬雄淫丽而后殿，赋之体璷矣，规讽之音衰焉。唐兴，文流愈甚前失，执雕饰为规矩，正俪偶为绳墨。诗则协声而合律，赋则限韵而拘字。灿然清才，而不复质矣。譬诸柏梁、永明体，犹若秦、汉之于唐虞也，故德裕许其浮华则可矣。

至于言朝廷显官须公卿子弟，斯言之玷，无乃甚欤！夫诸侯袭封，功臣继绝，须子弟奉祭祀而爵及世也。若其靡恃门阀之贵，屈身士大夫之间，讲习仁义，延揽时誉，有《缁衣》之美，成作述之志，虽寒士之贤，弗可知也。若其日尚轻浮之饰，驰逐豪侠之伍，以奢僭自大，意气相烁，不知衣食之出，而忘弓裘之业，虽将相之世，不可任也。哀哉！堂构之业多坠，嗣兴之贤甚寡。若子弟不教而成，则尧之丹朱，舜之商均，皆可君天下也。……何教之而不成，目熟而不知，保傅而无补哉？盖上智下愚之不移也。故杨兴说于史高，毋荐乳母子弟；王吉疾其骄骜，请除任子之令。则知子弟之才，非专任之器也。《诗》曰："其父析薪，其子不克负荷。"《书》曰："世禄之家，鲜克有礼。"况朝廷崇爵丰禄，设案分职，治乱之道不在它而在贤愚也。子弟寒士，贤治愚乱，其揆一也。然则子弟以嗣荫而受禄，士以历试而颁爵，历试之下，黜陟章明，故士之不肖者鲜矣。至于傅说胥靡而兴商，吕望屠钓而王周，管仲商贩而霸齐，由余戎狄而强秦，斯皆历试诸难，登将相之任，诚不让于子弟也。故舜、汤不用三公九卿之世，而举皋陶、伊尹，不仁者远矣。《易》曰："贲于丘园。"《书》曰："野无遗贤。"则岂谓子弟邪？若以寒士窘急衣食，不能熟习德业，则仲舒下帷，儿宽带经，乃子弟邪？若以寒士杜门闾巷，不识阙朝仪范，则仲尼正鲁国之《雅》《颂》，叔孙定汉家之仪制，亦子弟邪？夫志士之学也，终日不食，终夜不寝，将负周、孔之戈，而舂杨、墨之喉。以圣君之道左之，生民之心右之，誓消漓薄之器于太平之炉，故遑遑然急于行道也。虽九经之奥，必由仁义之质；载籍之广，必取礼乐之制。前言往行，灿灿在目，立于朝无惭色，无愧辞也。《书》曰："学古入官。"此之谓欤？得士之道，不其伟哉！《诗》曰："思皇多士，生此王国。"於戏！宰制天下，代天工也，当改正朔，易服色，制礼乐，发号令，革袭因损，颐指而行，何不合言之有？苟以选举人制离失中道，则以德进，以事举，以言扬，择善而行，斯可也。苟谓辞赋非古，则策以时务，问以康济，非五经不得以对，非常道不得以言，则经纬之术，宏达之材见矣。而德裕以吉甫余烈，陟位国相，知简贤附势之旨，无宰制补衮之德。而场屋之下，英杰间出，缙绅之士，勋名相望，欲骋材术，专国政，不可得矣。故将隳贡举以杜贤路，进子弟以崇私党，俾朝廷之人，无能杰出己右。故宣宗制曰："委国史于爱婿之手，宠秘文于弱子之身。泊参信书，亦引亲昵。"斯乃扼其咽喉而中其膏肓矣。厥有朱崖之贬，以谢天下，宜哉！

《文庄集》卷二〇《李德裕非进士论》

第二章

考试制度利弊与改革建议

高宗显庆初,黄门侍郎刘祥道以选举渐弊,陈奏。其一曰:

吏部比来取人,伤多且滥:每年入流数过千四百人,是伤多;永徽五年,一千四百三十人;六年,一千十八人。显庆元年,一千四百五十人。不简杂色人即注官,是伤滥。杂色解文:三卫、内外行署、内外番官、亲事、帐内、品子任杂掌、伎术、直司、书手、兵部品子、兵部散官、勋官、记室及功曹、参军、检校官、屯副、驿长、校尉、牧长。经学时务等比杂色,三分不居其一。经明行修之士犹罕有正人,多取胥徒之流,岂可皆求德行? 即知天下共厘百姓之务者,善人少而恶人多。为国以来四十余载,尚未刑措,岂不由此! 且官人非材者,本因用人之源滥;滥源之所起,复由入流人失于简择。今行署等劳满,唯曹司试判,不简善恶,雷同注官。但服膺先王之道者,奏第然始付选;趋走几案之间者,不简便加禄秩。稽古之业虽信难成,斗筲之材伤于易进。其杂色应入流人,请令曹司试判讫,简为四等奏闻。量有材用,兼有景行者为第一等;身品强壮,及第八上,并兵部所送人不沾第一等,及准例合送兵部者,为第二等;余量简为第三、第四等。第一等付吏部,第二等付兵部,第三等付主爵,第四等付司勋,并准例处分。其行署等私犯下第公坐下下,虽经赦降,情状可责者,亦量配三司,不经赦降者,放还本贯。冀入流不滥,官皆得人,非材不取,不至冗杂;且令胥徒之辈知有铨择,虽复素非廉谨,必将渐自饬励。

其二曰:

古之选者,为官择人,不闻择人多而官员少。今之选者亦择人,但择之无准约。官员有数,入流无限,以有数供无限,人随岁积,岂得不剩?谨准约所须人,量支年别入流数:今内外文武官一品以下、九品以上,一万三千四百六十五员,略举大数,当一万四千人。人之赋命,自有修促。弱冠而从宦,悬车而致仕,五十年食禄者,罕见其人。壮室而仕,耳顺而退,取其中数,不过支三十年。此则一万四千人,三十年而略尽。若年别入流者五百人,经三十年便得一万五千人,定须者一万三千四百六十五人,足充所须之数。况三十年之外,在官者犹多,此便足有剩人,不虑其少。今每年入流者遂至一千四百余人,应须五百数外,常剩一倍以上。又比来放还者,见停亦千余人,更复年别新加,实非搜扬之法。

其三曰:

杂色人请与明经、进士通充入流之数,以三分论,每二分取明经、进士,一分取杂色人。

其四曰:

儒为教化之本,学者之宗,儒教不兴,风俗将替。今庠序遍于四海,儒生溢于三学,劝诱之方,理实为备,而奖进之道,事或未周。但永徽以来,于今八载,在官者以善政粗闻,论事者以一言可采,莫不光被纶旨,超升不次。而儒生未闻恩及,臣故以为奖进之道未周。

其五曰:

国家富有四海,于今已四十年,百姓官寮未有秀才之举。未知今人之不如昔,将荐贤之道未至? 岂使方称多士,遂阙斯人。请六品以下,爰及山谷,特降纶言,更审搜访,仍量为条例,稍加优奖。不然,赫赫之辰,斯举遂绝,一代盛事,实为朝廷惜之。

其六曰:

唐虞三载考绩,三考黜陟幽明。两汉用人,亦久居其职,所以因官命氏,有仓、庾之姓。魏晋以来,事无可纪。今之在任,四考即迁。官人知将秩满,岂无去就? 百姓见官人迁代,必怀苟且。以去就之人,临苟且百姓,责其移风易俗,必无得理。请四考,依选法就任所加阶,至八考满,然后听选。岭南及瘴疠之所,四考不得替者,不在此限例。若计至五品,及有中上以上私犯,中下公坐,下上以下考者,四考满,依旧置替,得替人依式听选。还淳反朴,虽未敢期;送故迎新,实减其劳扰。

其七曰:

尚书省二十四司及门下、中书主事等,比来选补,皆取旧任流外有刀笔之人。欲参用经学时务之流,皆以俦类为耻。前后相承,遂成故事。但禁省崇峻,王言秘密,尚书政本,人物攸归,而多用胥徒之人,恐未尽铨衡之理。请降进止,稍清其选。

奉敕付所司,集群官详议。议者多难于改作,事竟不行。

《通典》卷一七《选举五·杂议论中》

显庆二年,黄门侍郎知吏部选事刘祥道上疏曰:"今之选司取士,伤多且滥,每年入流,数过一千四百人,是伤多也。杂色入流,不加铨简,是伤滥也。古之选者,不闻为官择人,取人多而官员少也。今官员有数,而入流无限,以有数供无限,遂令九流繁总,人随岁积。谨约准所须人,量支年别入流者,令内外文武官一品以下、九品以上，一万三千四百六十五员，举大数当一万四千人。壮室而任，耳顺而退，取其中数，不过支三十年。此则一万四千人，支三十年而略尽。若年别入流者五百人，三十年便得一万五千人定数，顷者一万三千四百六十五人，足充所须之数。况三十年之外，在官者犹多，此便有余，不虑其少。今年当入流者，遂逾一千四百，计应须数外，常余两倍。又常选者仍停六七千人，更复年别新加，实非处置之法。望请厘革，稍清其选。"中书令杜正伦亦言，入流者多，为政之弊。公卿以下，惮于改作，事竟不行。

《唐会要》卷七四《选部上·论选事》

开耀元年四月十一日，敕："吏部、兵部选人渐多，及其铨量，十放六七，既疲于来往，又虚费资粮。宜付尚书省，集京官九品已上详议。"崇文馆直学士崔融议曰："今皇家两曹妙选，三官备设，收其杞梓，搴其萧稂。其有疾状犯赃私罪当惩贬者，此等既未合得。伏望许同选例，录以选劳。又选人每年长名，常至正月半后。伏望速加铨简，促以程期。因其物情，亦何疲于来往？顺其人欲，亦何费于资粮？又所铨简，以德行为上，功状次之，折中之方，庶几此道。"尚书右仆射刘仁轨奏曰："谨详众议，条目虽广，其大略不越数途。多欲使常选之流，及负谴之类，递立年限。如令赴集，便是拥自新之路，塞取进之门。或请增置具僚，广授官之数；加习艺业，峻入仕之途。亦恐非劝奖之通规，乖省员之茂躅，徒云变更，实恐纷扰。但升平日久，人物滋殖，解巾从事，抑有多人。顷岁以来，据员多阙，临时虽有权摄，终是不能总备。望请尚书侍郎依员补足，高班卑品，准式分铨。分铨则留放速了，限速则公私无滞。应选者暂集，远近无聚粮之劳；合退者早归，京师无索米之弊。既循旧规，且顺人情，如更有不便，随事厘革。其殿员及初选，及选浅自知未合得官者等色，情愿不集，即同选部曹司商量，望得久长安稳。"

《唐会要》卷七四《选部上·论选事》

谨详众议，条目虽广，其大略不越数途。多欲使尝选之流，及负谴之类，递立年限。如不令赴集，便是拥自新之路，塞取俊之门。或请增置具僚，广授官之数；加习艺业，峻入仕之科。亦恐非宏奖之通规，乖省员之茂躅，徒云变更，实恐纷扰。但升平日久，人物滋植，解巾从事，抑有多人。顷岁以来，据员多阙，临时虽有权摄，终是不能总备。望请尚书侍郎依员补足，高班卑品准试。分铨则留放速了，限速则公私无滞。应选者暂集，远近无聚粮之劳；合退者早归，京师无索米之弊。既循旧轨，且顺人情，如更有不便，随事厘革。其殿负及初选，其选践自知未合得官等色，情愿不集，即同选劳，曹司商量，久长安稳。

《全唐文》卷一五八《刘仁轨·吏兵部选人议》

议曰：太极生而两仪见，圣人作而万物睹，仰以观法于天。夫君人者，以天下之目视，以天下之耳听，以天下之智虑，以天下之力动。故号令能究，而臣情得上闻，八千年之初，不可得而详矣。夫二十四气之后，请榷扬而陈之。轩辕氏之立议明台，斯所以上官于贤也；陶唐氏之清问衢室，斯所以下听于人也。以大舜之德也，而有告善之旌；以大禹之功也，而有欲谏之鼓。然则三皇垂策而下济，五帝击手而上行，唐虞按辔而光宅，禹汤驱驰而奄旬。虽步骤之道不同，而启沃之情一贯，可不务乎！今天皇垂衣裳，负黼宸，独得千年之景运，犹惧一物之未安。发德音，采舆议，忧选司之或爽，虑考绩之弗明，此天皇尧舜之用心也。有司伏奉明旨，以吏部、兵部选人，每年万人已上，及其铨量，十放六七，疲于来往，虚费资粮者，愚臣敢不悉以陈之？夫唐虞稽古，建官惟百，举八才，命四子，上有以明其化，下有以晏其风：康哉之歌，于是乎出；郁乎之德，于此自兴。夏商倍之，亦克用乂，济济多士，文王以宁。自周道无章，秦原竞逐，张官设府，班员积于简书；选众举才，受垂疑一于典宪。降及汉魏，下逮周隋，岂其然欤？无闻焉尔。皇家再造区夏，重张宸极，四神骤雨而来游，五圣奔星而下降。礼明乐备，天平地成，八百余国之君长，袭宾廷之冠带；七十二代之帝王，仰仙闾之轨躅。量其土宇，固可顿竖亥而迷大章；算其臣人，固已眢容成而惊隶首。室多忠信，家尽孝慈，老夫不知帝力，童子羞称霸道。文也武也，左之右之，实蕃有徒，不可胜既。出门无咎，适显于明时；比屋可封，何惊于圣俗？诚望博谋俊德，敷求哲人，两曹妙选，三官备设，然后收其杞梓，搴其萧稂。其有状犯赃私，罪当惩贬，案覆已定，景迹具存者，此等既未合得官，远来徒为劳费，伏望许同选例，限以岁年。诸色入流，每年参选，资品未著，伎艺未工，此等自知未合得官，情愿更加修习，伏望许同选例，录以选劳。关外诸州，道里迢递，河洛之邑，天地所中，伏望诏东西二曹，两都分简，留放既毕，同赴京师。选人每年长名，常至正月半后，伏望速加铨简，促以程期。夫然，有署者不来，无德者不至，来者就而简之，至者速而遣之。因其物情，亦何疲于来往？顺其人欲，亦何费于资粮？入官考绩，先凭善最，比来乃有不论德行，惟据功夫，奖劝之道，未为折中者，愚臣敢不明目以论之？《书》不云乎，"三考黜陟"，唐帝、虞帝之遗烈灿焉；《礼》有之矣，"百官会计"，文王、武王之彝典存焉。京房进课式之言，汉王之所未暇；卢毓苦真伪之杂，魏后竟以施行：尽善之文，明诏攸在。至如不论德行，惟据功夫者，此由外州郡牧，未尽得贤，监司长官，时有其滥，褒贬不遵令式，高下随其爱憎，至公外爽，曲私内结。伏望播告天下，申明旧章：其有德有行，府寮共推者，虽有公坐小失，重加褒进之；无才无识，朝廷罕称者，虽有公事微效，量加抑退之。德行虽不能茂，因之以勤劳者，亦量加褒进之。然后命绣衣骢马，纠举内外，随状推科，以情案察，刑兹无赦，令在必行。夫然，德行为上，功夫次之，折中之方，庶几此道。微臣等才谢知今，学惭半古，海内无事，君子盈朝，天下有道，庶人何议？谨议。

《全唐文》卷二一九《崔融·吏部兵部选人议》

　　武太后临朝，垂拱中，纳言魏玄同以为吏部选举未尽得人之术，上疏曰：

　　昔之列国，今之州县，士无常君，人有定主，自求臣佐，各选英贤，大臣乃命于王朝耳。秦并天下，罢侯置守。汉氏因之，有沿有革：诸侯得自置吏四百石以下，其傅相大官，则汉为置之；州郡掾史、督邮、从事，悉任之于牧守。爰自魏晋，始归吏部，递相因循，以迄于今。以刀笔求才，以簿书察行，法之弊久矣。

　　盖君子重因循而惮改作，有不得已者，亦当运独见之明，定卓然之议。如今选司所行者，非上皇之令典，乃近代之权道，所宜迁革，实为至要。何以言之？夫尺丈之量，所及不永；钟庾之器，所积不多。非其所及，焉能度之？非其所受，何以容之？况天下之大，士人之众，而可委之数人之手乎？假使平如权衡，明如水鉴，力有所极，照有所穷，铨综既多，粢失斯广。况比居此任，时有非人而徇于势利者哉！使赃货交易，同乎市井，加以厚貌深衷，险如丘陵，使百行九流，折之于一面，具僚庶品，专断于一司，不亦难矣！

且前古以来，乱多理少。武德、贞观，与今亦异，皇运之初，庶事草创，岂唯日不暇给，亦乃人物稀少。天祚大圣，享国永年，比屋可封，异人闲出，咸以为有道耻贱，得时无怠。诸色入流，年以千计。群司列位，无复新加，官有常员，人无定限。选集之始，雾积云屯，擢叙于终，十不收一。淄渑混淆，玉石不分，用舍去留，得失相半。既即事为弊，致后来滋甚。

夫夏殷以前，制度多阙，周监二代，焕乎可睹。岂诸侯之臣，不皆命于天子；王朝庶官，亦不可专于一职。故穆王以伯臩为太仆正，命之曰："慎简乃僚，无以巧言令色，便僻侧媚，其唯吉士。"此则令其自择下吏之文也。太仆正，中大夫耳，尚以僚属委之，则三公九卿亦然矣。《周礼》，太宰、内史，并掌爵禄废置；司徒、司马，别掌兴贤诏事。当是分任于群司，而统之以数职，各自求其小者，而王命其大者也。昔区区宋朝，尚为裴子野所叹，而况于当今乎！

又夫从政莅官，不可以无学。《书》曰："学古入官，议事以制。"《传》曰："我闻学以从政，不闻以政入学。"今贵戚子弟，例早求官，或龆龀之年，已腰银艾；或童丱之岁，已袭朱紫。弘文、崇贤之生，千牛、辇脚之徒，课试既浅，艺能亦薄，而门阀有素，资荫自高。夫象贤继及，古之道也。所谓胄子，必裁诸学，修六礼以节其性，明七教以兴其德，少则受业，长而出仕，并由德进，必以才升，然后可以利用宾王，移家事国。少仕则废学，轻试则无才，于其一流，良足惜也。又勋官三卫流外之徒，不待州县之举，直取之于书判,恐非先德行而后言才之义也。

臣窃见制书,每令三品荐士,下至九品,亦令举人,此圣朝仄席旁求之意也。但以褒贬不甚明,得失无大隔,故人上不忧黜责,下不尽搜扬,苟以应命,莫慎所举。且惟贤知贤,圣人笃论;伊、皋既举,不仁咸远。复患阶秩虽同,人才异等,身且滥进,鉴岂知人?今欲务得实才,兼宜择其举主。流清以源洁,影端由表正,不详举主之行能,而责举人之庸滥,不可得也。

武太后不纳。

《通典》卷一七《选举五·杂议论中》

垂拱元年七月,鸾台侍郎兼天官侍郎魏玄同,以吏部选举不得其人,上表曰:"汉诸侯得自置吏四百石以下,其傅相大官,则汉为之置;州郡掾吏、督邮、从事,悉任之牧守。爰自魏晋,始归吏部,递相祖袭,以迄于今。用刀笔以量才,案簿书而察行,法令之弊,由来久矣。盖君子重因循而惮改作,有不得已者,亦当运独见之明,定卓然之议。如今选司所行者,非上皇之令典,乃近代之权道,所宜迁革,实为至要。且天下之大,士人之众,而可委之数人之手乎?假如平如权衡,明如水镜,力有所极,照有所穷,铨综既多,紊失斯广。又以比居此任,时有非人,情故既行,何所不至?悠悠风尘,此焉奔竞;扰扰游宦,同乎市井。加以厚貌深衷,险如溪壑,择言观行,犹惧不胜。今使考行究能,折中于一面,百寮庶职,专断于一司,不亦难乎!况今诸色入流,岁有千计。群司列位,无复新加,官有常员,人无定限。选集之始,雾积云屯,擢叙于终,十不收一。淄渑既混,玉石难分,用舍去就,得失相半。周穆王以伯冏为太仆正,命之曰:'慎简乃寮,无以巧言乱色,便僻侧

第二章　考试制度利弊与改革建议

媚,其唯吉士.'此则命其自择下吏之文也。太仆正,中大夫耳,尚以寮属委之,则三公九卿亦必然矣。夫委任责成,君之体也。所委者众,所用者精,故能得济济之多士,盛芃芃之桢朴。裴子野有言曰：官人之难,先王言之尚矣。居家观其孝友,乡党取其诚信。出入观其志义,忧难取其知谋。烦之以事,以观其能；临之以义,以察其度。始于学校,抡于州里,告诸六事,而后贡之于王庭。其在汉家,尚犹然矣。州郡积其功能,而为五府所辟；五府举其掾属,而升于朝廷。三公得参除署尚书,奏之天子。一人之身,所关者众；一贤之进,其课也详。故能官得其人,鲜有败事。晋魏反是,所失弘多。子野所论,盖区区之宋耳,犹谓不胜其弊,而况于当今乎！今不待州县之举,直取于书判,恐非先德行而后言语之意也。臣又闻《汉书》,张耳、陈余之宾客厮役,皆天下俊杰,彼之蕞尔,犹能若斯。况以今国家而不建长久之策,为无穷之根,尽得贤取士之术,而但顾望魏晋之遗风,留意周隋之末事,臣窃惑之。伏愿依周汉之规,以分吏部之选,即望所用精详,鲜于差失。"

《唐会要》卷七四《选部上·论选事》

神龙元年,李峤、韦嗣立同居选部,多引用权势,求取声望,因请置员外官一千余员。由是侥幸者趋进,其员外官悉依形势,与正官争事,百司纷竞,至有相殴击者。及峤复入相,乃深悟之,见朝野喧议,乃上疏曰："自宝命中兴,鸿恩溥被,唯以爵赏为惠,不择才能任官。授职加阶,朝迁夕改,正阙不足,加以员外。非复求贤助治,多是为人择官。接武随肩,填曹溢府,无益政化,虚请俸禄。在京则府库为之殚竭,在外则黎庶被其侵渔。伏愿微惜班荣,稍减除授,使匪服之议,不兴于圣朝;能官之谣,复光于曩载。"

《唐会要》卷七四《选部上·论选事》

　　玄宗开元六年二月,诏曰:"我国家敦古,质断浮艳。《礼》《乐》
《诗》《书》,是弘文德;绮罗珠翠,深革弊风。必使情见于词,不用
言浮于行。比来选人试判,举人对策,剖析案牍,敷陈奏议,多不
切事宜,广张华饰。何大雅之不足,而小能之是衒? 自今以后,不
得更然。"

《册府元龟》卷六三九《贡举部·条制》

　　〔开元〕十三年十二月,封岳回,以选限渐迫,宇文融上策,请
吏部置十铨。礼部尚书苏颋、刑部尚书韦抗、工部尚书卢从愿、右散骑常侍徐
坚、御史中丞宇文融、朝集使蒲州刺史崔林、魏州刺史崔沔、荆州长史韦虚心、郑州
刺史贾曾、懹州刺史王邱等十人。当时榜诗云:员外却题铨里榜,尚书
不得数中分。尚书裴漼、员外郎张均。其年,太子左庶子吴兢上表谏
曰:"臣闻《易》称君子思不出其位,言各止其所,不侵官也。此实
百王准的。伏见敕旨,令刑部尚书韦抗等十人,分掌吏部铨选,及
试判将毕,遽召入禁中决定。虽有吏部尚书及侍郎,皆不得参议
其事。议者皆以陛下曲受谗言,不信于有司也。然则居上临民之
道,经邦纬俗之规,必在推诚,方能感物。抑又闻欲用天下之智力
者,莫若使天下信之也。故汉光武置赤心于人腹,良有旨哉! 昔
魏明帝尝卒至尚书省,尚书令陈矫跪问曰:'陛下欲何之? '帝曰:
'欲案行省司文簿。'矫曰:'此是臣之职分,非陛下所宜临。若臣
不称职,则宜就黜退。陛下宜还宫。'帝惭,回车而反。又,陈平、
丙吉者,汉家之宰相,尚不对钱谷之数,不问路死之人。故知自天

子至于卿士，守其职分，而不可侵越也。况我大唐万乘之君，卓绝千古之上，岂得下行选曹之事，顿取怪于朝野乎？凡是选人书判，并请委之有司，仍停此十铨分选，依旧以三铨为定。"

《唐会要》卷七四《选部上·论选事》

〔开元〕十六年，……〔杨〕玚又奏曰："窃见今之举明经者，主司不详其述作之意，曲求其文句之难，每至帖试，必取年头月日，孤经绝句。且今之明经，习《左传》者十无二三，若此久行，臣恐《左氏》之学废无日矣。臣望请自今已后，考试者尽帖平文，以存大典。又，《周礼》《仪礼》及《公羊》《穀梁》殆将废绝。若无甄异，恐后代便弃。望请能通《周礼》《仪礼》《公羊》《穀梁》者，亦量加优奖。"于是下制："明经习《左氏》及通《周礼》等四经者，出身免任散官。"遂著于式。由是生徒为玚立颂于学门之外。

《旧唐书》卷一八五下《杨玚传》

〔开元〕十七年三月，国子祭酒杨玚上言："伏闻承前之例，每年应举常有千数，及第两监不过一二十人。臣恐三千学徒，虚费官廪；两监博士，滥縻天禄。臣窃见入仕诸色出身，每岁向二千余人，方于明经、进士，多十余倍，自然服勤道业之士不及胥吏，以其效官，岂识先王之礼义？陛下设学校务以劝进之，有司为限约务以黜退之，臣之微诚，实所未晓。今监司课试，十已退其八九，考功及第，十又不收一二，长以此为限，恐儒风渐坠，小道将兴。若以出身人多，应须诸色都减，岂在独抑明经、进士也！"上然之。

《通典》卷一七《选举五·杂议论中》

杨玚为国子祭酒,开元十七年三月上言曰:"太学者,教人务《礼》《乐》,敦《诗》《书》也。古制,卿大夫子弟及诸侯岁贡小学之异者,咸造焉。故曰十五入大学,学先圣礼乐,而知朝廷君臣之礼。班以品类,分以师长,三德以训之,四教以睦之。人既知劝,且务通经,学成业著,然后爵命加焉。以之效职,则知礼节;以之莅人,使识廉让:则《棫朴》之咏兴也。伏闻承前之例,监司每年应举者尝有千数。简试取其尤精,上者不过二三百人。省司重试,但经明行修,即与擢第,不限其数。自数年以来,省司定限,天下明经、进士及第,每年不过百人,两监惟得一二十人。若常以此数而取,臣恐三千学徒虚费官廪,两监博士滥糜天禄。臣窃见流外入仕,诸色出身,每岁尚二千余人,方于明经、进士,多十余倍。自然服勤道业之士,不及胥吏浮虚之徒,以其效官,岂识于先王之礼义?国家大启庠序,广置教道,厚之以政始,训之以士先,岂徒然哉?将有以也。陛下设学校,务以劝进之;有司为限约,务以黜退之。臣之微诚,实所未晓。臣伏见承前以来制举,遁迹丘园、孝悌力田者,或试时务策一道,或通一经,粗明文义,即放出身,亦有与官者,此国家恐其遗才。至于明经、进士,服道日久,请益无倦,经策既广,文辞极难。监司课试,十已退其八九;考功及第,十又不收其一二。若长以为限,恐儒风渐坠,小道将兴。若以出身人多,应须诸色都减,岂在独抑明经、进士也!"玄宗甚然之。

《册府元龟》卷六〇四《学校部·奏议三》

〔贾〕至,天宝末为中书舍人。……

宝应二年,为尚书左丞。时礼部侍郎杨绾上疏请依古制,县令举孝廉于刺史,试其所通之学,送名于省;省试每经问义十条、对策三道,取其通否。诏令左右丞、诸司侍郎、大夫、中丞、给、舍等参议,议者多与绾同。

《旧唐书》卷一九〇中《贾至传》

〔杨绾〕再迁礼部侍郎,上疏条奏贡举之弊曰:

国之选士,必藉贤良,盖取孝友纯备,言行敦实,居常育德,动不违仁。体忠信之资,履谦恭之操,藏器则未尝自伐,虚心而所应必诚。夫如是,故能率己从政,化人镇俗者也。自叔叶浇诈,兹道浸微,争尚文辞,互相矜衒。马卿浮薄,竟不周于任用;赵壹虚诞,终取摈于乡间。自时厥后,其道弥盛,不思实行,皆徇空名,败俗伤教,备载前史,古人比文章于郑、卫,盖有由也。

近炀帝始置进士之科,当时犹试策而已。至高宗朝,刘思立为考功员外郎,又奏进士加杂文,明经填帖,从此积弊,浸转成俗。幼能就学,皆诵当代之诗;长而博文,不越诸家之集。递相党与,用致虚声,六经则未尝开卷,三史则皆同挂壁。况复征以孔门之道,责其君子之儒者哉!祖习既深,奔竞为务。矜能者曾无愧色,勇进者但欲凌人,以毁讟为常谈,以向背为己任。投刺干谒,驱驰于要津;露才扬己,喧腾于当代。古之贤良方正,岂有如此者乎!朝之公卿,以此待士;家之长老,以此垂训。欲其返淳朴,怀礼让,守忠信,识廉隅,何可得也!譬之于水,其流已浊,若不澄本,何当复清?方今圣德御天,再宁寰宇,四海之内,颙颙向化,皆延颈举踵,思圣朝之理也。不以此时而理之,则太平之政又乖矣。

凡国之大柄,莫先择士。自古哲后,皆侧席待贤;今之取人,令投牒自举,非经国之体也。望请依古制,县令察孝廉,审知其乡间有孝友信义廉耻之行,加以经业,才堪策试者,以孝廉为名,荐之于州。刺史当以礼待之，试其所通之学，其通者送名于省。自县至省，不得令举人辄自陈牒。比来有到状保辩识牒等，一切并停。其所习经，取《左传》《公羊》《穀梁》《礼记》《周礼》《仪礼》《尚书》《毛诗》《周易》，任通一经，务取深义奥旨，通诸家之义。试日，差诸司有儒学者对问，每经问义十条，问毕对策三道。其策皆问古今理体及当时要务，取堪行用者。其经义及策全通为上第，望付吏部便与官；其经义通八、策通二为中第，与出身；下第罢归。其明经比试帖经，殊非古义，皆诵帖括，冀图侥幸。并近有道举，亦非理国之体，望请与明经、进士并停。其国子监举人，亦请准此。如有行业不著，所由妄相推荐，请量加贬黜。所冀数年之间，人伦一变，既归实学，当识大猷。居家者必修德业，从政者皆知廉耻，浮竞自止，敦庞自劝，教人之本，实在兹焉。事若施行，即别立条例。

……尚书左丞〔贾〕至议曰：

谨按夏之政尚忠，殷之政尚敬，周之政尚文，然则文与忠敬，皆统人之行也。且夫谥号述行，美极人文，人文兴则忠敬存焉。是故前代以文取士，本文行也，由辞以观行，则及辞也。宣父称颜子不迁怒，不贰过，谓之好学。至乎修《春秋》，则游、夏之徒不能措一辞，不亦明乎！间者礼部取人，有乖斯义。《易》曰："观乎人文以化成天下。"《关雎》之义曰："先王以是经夫妇，成孝敬，厚人伦，美教化，移风俗，盖王政之所由废兴也。"故延陵听《诗》，知诸侯之存亡。今试学者以帖字为精通，不穷旨义，岂能知迁怒贰过之道乎？考文者以声病为是非，唯择浮艳，岂能知移风易俗化天下之事乎？是以上失其源而下袭其流，波荡不知所止，先王之道，莫能行也。夫先王之道消，则小人之道长；小人之道长，则乱臣贼子生焉。臣弑其君，子弑其父，非一朝一夕之故，其所由来者渐矣。渐者何？谓忠信之凌颓，耻尚之失所，末学之驰骋，儒道之不举，四者皆取士之失也。

夫一国之事，系一人之本谓之风。赞扬其风，系卿大夫也，卿大夫何尝不出于士乎？今取士试之小道，而不以远者大者，使干禄之徒，趋驰末术，是诱导之差也。夫以蜗蚓之饵杂垂沧海，而望吞舟之鱼，不亦难乎！所以食垂饵者皆小鱼，就科目者皆小艺。四人之业，士最关于风化。近代趋仕，靡然向风，致使禄山一呼而四海震荡，思明再乱而十年不复。向使礼让之道弘，仁义之道著，则忠臣孝子比屋可封，逆节不得而萌也，人心不得而摇也。

且夏有天下四百载，禹之道丧而殷始兴焉；殷有天下六百祀，汤之法弃而周始兴焉；周有天下八百年，文、武之政废而秦始并焉。观三代之选士任贤，皆考实行，故能风化淳一，运祚长远。秦坑儒士，二代而亡。汉兴，杂三代之政，弘四科之举，西京始振经术之学，东都终持名节之行。至有近戚窃位，强臣擅权，弱主孤立，母后专政，而社稷不陨，终彼四百，岂非兴学行道、扇化于乡里哉？厥后文章道弊，尚于浮侈，取士术异，苟济一时。自魏至隋，仅四百载，三光分景，九州阻域，窃号僭位，德义不修，是以子孙速颠，享国咸促。国家革魏、晋、梁、隋之弊，承夏、殷、周、汉之业，四隩既宅，九州攸同，覆焘亭育，合德天地。安有舍皇王举士之道，踪乱代取人之术？此公卿大夫之辱也。杨绾所奏，实为正论。

然自典午覆败，中原版荡，戎狄乱华，衣冠迁徙，南北分裂，人多侨处。圣朝一平区宇，尚复因循，版图则张，闾井未设，土居乡土,百无一二,因缘官族,所在耕筑,地望系之数百年之外,而身皆东西南北之人焉。今欲依古制乡举里选,犹恐取士之未尽也,请兼广学校,以弘训诱。今京有太学,州县有小学,兵革一动,生徒流离,儒臣师氏,禄廪无向。贡士不称行实,胄子何尝讲习,独礼部每岁擢甲乙之第,谓弘奖擢,不其谬欤?只足长浮薄之风,启侥幸之路矣。其国子博士等,望加员数,厚其禄秩,选通儒硕生,间居其识。十道大郡,量置太学馆,令博士出外,兼领郡官,召置生徒。依乎故事,保桑梓者乡里举焉,在流寓者庠序推焉。朝而行之,夕见其利。如此,则青青不复兴刺,扰扰由其归本矣。人伦之始,王化之先,不是过也。

《旧唐书》卷一一九《杨绾传》

洋州刺史赵匡《举选议》曰:

昔三代建侯,与今事异。理道损益,请自汉言之。汉朝用人,自诏举之外,其府、寺、郡国属吏,皆令自署。故天下之士,修身于家,而辟书交至,以此士务名节,风俗用修。魏氏立九品之制,中正司之,于是族大者第高,而寒门之秀屈矣。国朝举选,用隋氏之制,岁月既久,其法益讹。

夫才智因习就,固然之理。进士者时共贵之,主司褒贬,实在诗赋,务求巧丽,以此为贤,不唯无益于用,实亦妨其正习;不唯挠其淳和,实又长其佻思。自非识度超然,时或孤秀,其余溺于所习,悉昧本源。欲以启导性灵,奖成后进,斯亦难矣!故士林鲜体国之论,其弊一也。又,人之心智,盖有涯分,而九流七略,书籍无穷。主司征问,不立程限,故修习之时,但务抄略,比及就试,偶中是期。业无所成,固由于此。故当代寡人师之学,其弊二也。疏以释经,盖筌蹄耳。明经读书,勤苦已甚,其口问义,又诵疏文,徒竭其精华,习不急之业。而当代礼法,无不面墙,及临人决事,取办胥吏之口而已。所谓所习非所用,所用非所习者也。故当官少称职之吏,其弊三也。举人大率二十人中方收一人,故没齿而不登科者甚众,其事难,其路隘也如此。而杂色之流,广通其路也。此一彼十,此百彼千,揆其秩序,无所差降,故受官多底下之人,修业抱后时之叹,待不才者何厚,处有能者何薄!崇末抑本,启昏窒明,故士子舍学业而趋末伎,其弊四也。收人既少,则争第急切,交驰公卿,以求汲引,毁訾同类,用以争先。故业因儒雅,行成险薄,非受性如此,势使然也。浸以成俗,亏损国风,其弊五也。大抵举选人以秋末就路,春末方归,休息未定,聚粮未办,即又及秋。事业不得修习,益令艺能浅薄,其弊六也。羁旅往来,縻费实甚,非唯妨阙生业,盖亦隳其旧产,未及数举,索然以空,其弊七也。贫窭之士在远方,欲力赴京师,而所冀无际,以此揆度,遂至没身。使兹人有抱屈之恨,国家有遗才之阙,其弊八也。官司运江、淮之储,计五费其四,乃达京邑,刍薪之贵,又十倍四方。而举选之人,每年攒会,计其人畜,盖将数万,无成而归,十乃七八,徒令关中烦耗,其弊九也。为官择人,唯才是待。今选司并格之以年数,合格者,判虽下劣,一切皆收;如未合格而应科目者,才有小瑕,莫不见弃,故无能之士,禄以例臻;才俊之流,坐成白首。此非古人求贤审官之义,亦已明矣,其弊十也。选人不约本州所试,悉令聚于京师,人既浩穰,文簿繁杂,因此渝滥,其事百端。故俗闲相传云:"入试非正身十有三四,赴官非正身十有二三。"此又弊之尤者。

今若未能顿除举选,以从古制,且稍变易,以息弊源,则官多佳吏,风俗可变。其条例如后:

举人条例

一、立身入仕，莫先于《礼》，《尚书》明王道，《论语》诠百行，《孝经》德之本，学者所宜先习。其明经通此，谓之两经举，《论语》《孝经》为之翼助。诸试帖一切请停，唯令策试义及口问。其试策自改问时务以来，经业之人鲜能属缀，以此少能通者。所司知其若此，亦不于此取人，故时人云："明经问策，礼试而已。"所谓变实为虚，无益于政。今请令其精习，试策问经义及时务各五节，并以通四以上为第。但令直书事义，解释分明，不用空写疏文及务华饰。其十节，总于一道之内问之。余科准此。其口问诸书，每卷问一节，取其心中了悟，解释分明，往来问答，无所滞碍，不用要令诵疏，亦以十通八以上为第。诸科亦准此。外更通《周易》《毛诗》，名四经举。加《左氏春秋》，为五经举。不习《左氏》者，任以《公羊》《穀梁》代之。其但习《礼记》及《论语》《孝经》，名一经举。既立差等，随等授官，则能否区分，人知劝勉。

一、明法举亦请不帖，但策问义并口问，准经业科。

一、学《春秋》者能断大事，其有兼习三传，参其异同，商榷比拟，得其长者，谓之春秋举。策问经义并口问，并准前。

一、进士习业，亦请令习《礼记》《尚书》《论语》《孝经》并一史。其杂文请试两首，共五百字以上、六百字以下，试笺、表、议、论、铭、颂、箴、檄等有资于用者，不试诗赋。其理通，其词雅，为上；理通词平，为次；余为否。其所试策，于所习经史内征问，经问圣人旨趣，史问成败得失，并时务，共十节。贵观理识，不用征求隐僻、诘以名数，为无益之能。言词不至鄙陋，即为第。

一、其有通《礼记》《尚书》《论语》《孝经》之外，更通《道德》诸经，通《玄经》《孟子》《荀卿子》《吕氏春秋》《管子》《韩子》，谓之茂才举。达观之士，既知经学，兼有诸子之学，取其长，舍其偏滞，则于理道无不该矣。试策征问诸书义理，并时务，共二十节。仍与之言论，观其通塞。

一、其有学兼经史，达于政体，策略深正，其词典雅者，谓之秀才举。经通四经，或三礼，或三家《春秋》，兼通三史以上，即当其目。其试策，经问圣人旨趣，史问成败得失，并时务，共二十节。仍与之谈论，以究其能。

一、学倍秀才，而词策同之，谈论贯通，究识成败，谓之宏才举。以前三科，其策当词高理备，不可同于进士。其所征问，每十节通八以上为第。

一、其史书，《史记》为一史，《汉书》为一史，《后汉书》并刘昭所注《志》为一史，《三国志》为一史，《晋书》为一史，李延寿《南史》为一史，《北史》为一史。习《南史》者，兼通《宋》《齐》志；习《北史》者，通《后魏》《隋书》志。自宋以后，史书烦碎冗长，请但问政理成败所因，及其人物损益关于当代者，其余一切不问。国朝自高祖以下及睿宗《实录》，并《贞观政要》，共为一史。

一、天文律历，自有所司专习，且非学者卒能寻究，并请不问。唯五经所论，盖举其大体，不可不知。

一、每年天下举人来秋入贡者，今年九月，州府依前科目，先起试其文策，通者注等第讫，试官、本司官、录事参军及长吏连押其后。其口问者，题策后云口问通若干。即相连印缝，并依写解为先后，不得参差。封题讫，十月中旬送观察使，观察使差人都送省司，随远近比类，须合程限。省司重考定讫，其入第者，二月内符下诸道、诸州追之，限九月内尽到，到即重试之。其文策，皆勘会书迹词理，与州试同即收之，伪者送法司推问。其国子监举人亦准前例。

一、诸色身名都不涉学，昧于廉耻，何以居官？其简试之时，虽云试经及判，其事苟且，与不试同。请皆令习《孝经》《论语》。其《孝经》口问五道，《论语》口问十道，须问答精熟，知其义理，并须通八以上。如先习诸经书者，任随所习试之，不须更试《孝经》《论语》。其判问以时事，取其理通。必在责其重保，以绝替代。其合外州申解者，依举选例处分。

一、一经及第人，选日请授中县尉之类；判入第三等及荫高，授上县尉之类。两经出身，授上县尉之类；判入第三等及荫高，授紧县尉之类。用荫止于此。其以上当以才进。四经出身，授紧县尉之类；判入第三等，授望县尉之类。五经，授望县尉之类；判入第二等，授畿县尉之类。明法出身，与两经同资。进士及三礼举、《春秋》举，与四经同资。其茂才、秀才，请授畿尉之类。其宏才，请送词策上中书、门下，请授谏官、史官等。《礼经》举人，若更通诸家礼论及汉已来礼仪沿革者，请便授太常博士。茂才等三科，为学既优，并准五经举人，便授官。其杂色出身人，量书判，授中县尉之类。判入第三等及荫高者，加一等。凡荫除解褐官外，不在用限。

一、其今举人所习既从简易，士子趋学必当数倍往时。每年诸色举人，主司简择，常以五百人为大限，此外任收杂色。

选人条例

一、其前资官及新出身，并请不限选数任集，庶有才不滞，官得其人。

一、不习经史，无以立身；不习法理，无以效职。人出身以后，当宜习法。其判问，请皆问以时事、疑狱，令约律文断决。其有既依律文，又约经义，文理弘雅，超然出群，为第一等；其断以法理，参以经史，无所亏失，粲然可观，为第二等；判断依法，颇有文彩，为第三等；颇约法式，直书可否，言虽不文，其理无失，为第四等。此外不收。但如曹判及书题如此则可，不得拘以声势文律，翻失其真。故合于理者数句亦收，乖于理者词多亦舍。其倩人暗判，人闲谓之“判罗”，此最无耻，请榜示以惩之。

一、其授试官及员外官等，若悉不许选，恐抱才者负屈；若并令集，则侥幸者颇多。当酌事宜，取其折中。请令所在，审加勘责，但无渝滥，并准出身人例，试判送省。授官日，其九品、八品官请同黄衣选人例授官；七品、六品依前资解褐官例；五品、四品依前资第二正官例。其官好恶，约判之工拙也。

一、旧法，四品、五品官不复试判者，以其历任既久，经试固多，且官班已崇，人所知识，不可复为伪滥耳。自有兵难，仕进多门，侥幸超擢，不同往日，并请试判。待三五年，举选路清，然后任依旧法。其曾经登科及有清白状，并曾任台省官并诸司长官判史者，已经选择，并不试，依常例处分。

一、每年天下来冬选人，今秋九月，依举人召集审勘，责绝其奸滥。试时，长吏亲自监临，皆令相远，绝其口授及替代。其第四等以上，封送省，皆依举人例处置。吏部计天下阙员讫，即重考天下所送判，审定等第讫，从上等据本色人数收人，具名下本道观察使追之，限十月内到，并重试之讫，取州试判，类其书踪及文体。有伪滥者，准法处分。其合留者，依科目资绪，随稳便注拟。

一、其两都选人，不比外州，请令省司自试。隔年先试，一同外州。东都选人，判亦将就上都，考定等第，兼类会人数。明年，依例追集重试之，还以去秋所试，验其书踪及词理。则隔年计会替代，事亦难为。

一、兵兴以来，士人多去乡土，既因避难，所在寄居，必欲网罗才能，隔年先试，令归本贯，为弊更深。其诸色举选人，并请准所在寄庄寄住处投状，请试举人。既不虑伪滥，其选人但勘会符告，并责重保，知非伪滥，即准例处分。

一、宏词拔萃，以甄逸才；进士、明经，以长学业：并请依常年例。其平选判入第二等，亦任超资授官。

一、诸以荫绪优劳、准敕授官者，如判劣恶者，请授员外官。待稍习法理，试判合留，即依资授正员官。

一、诸合授正员官人，年未满三十者，请授无职事京官及外州府参军，不得授职事官。

后论：有司或诘于议者曰："吏曹所铨者四，谓身、言、书、判。今外州送判，则身、言阙矣，如何？"对曰："夫身、言者，岂非《洪范》貌、言乎？貌谓举措可观，言谓词说合理，此皆才干之士方能及此。今所试之判，不求浮华，但令直书是非，以观理识，于此既蔽，则无貌、言，断可知矣。书者，非理人之具，但字体不至乖越，即为知书。判者，断决百事，真为吏所切，故观其判，则才可知矣。彼身、言及书，岂可同为铨序哉！"有司复诘曰："王者之盛，莫逾尧舜，《书》称敷纳以言，为求才之通轨。今以言为后，亦有说乎？"对曰："夫敷纳以言者，谓引用贤良，升于达位，方将询以庶政，非言无以知之，其唐虞官百，咨俞无几；其下小吏，官长自求，各行敷纳，事至简易。今吏曹所习，辄数千人，三铨藻鉴，心目难溥，酬喧竞之不暇，又何敷纳之有乎？其茂才以上，学业既优，可以言政教，接以谈论，近于敷纳矣。”有司复曰：“士有言行不差而阙于文学，或颇有文学而言行未修。但以诸科取之，无乃未备？”对曰：“吏曹所铨，必求言行，得之既审，然后授官，则外州遥试，未为通矣。今铨衡之下，奸滥所萃，纷争剧于狱讼，伪滥深于市井，法固致此，无如之何。岂若外州先试，兼察其行，苟居宅所在，则邻伍知之，官司耳目，易为采听。古之乡举里选，方斯近矣。且今之新法，以学举者，一经毕收；以判选者，直书可否：可谓易矣。修言行者，心当敦固，不能为此，余何足观？若有志性过人，足存激劝，及躬为恶行，不当举用者，则典章已备，但举而行之耳，故无云焉。”有司复曰：“其有效官公清，且有能政，以其短于词判，不见褒升，无乃阙于事实乎？”对曰：“苟能如此，最为公器。使司善状，国有常规，病在不行耳。但令诸道观察使，每年终必有褒贬，不得僭滥，则善不蔽矣。”问曰：“试帖经者，求其精熟，今废之，有何理乎？”对曰：“夫人之为学，帖易于诵，诵易于讲。今口问之，令其讲释，若不精熟，如何应对？此举其难者，何用帖为！且务于帖，则于义不专，非演智之术，固已明矣。夫帖者，童稚之事，今方授之以职，而待以童稚，于理非宜。”有司复曰：“旧法，口问并取通六，今令通八，无乃非就易之义乎？”答曰：“所习者少，当务其精，止于通六，失在卤莽，是以然耳。”复曰：“举人试策，例皆五通，今并为一，有何理？”对曰：“夫事尚实则有功，徇虚则益寡。试策五通，多书问目，数立头尾，徇虚多矣，岂如一策之内并问之乎！”

《通典》卷一七《选举五·杂议论中》

〔贞元元年〕十一月癸卯，冬至大礼，大赦天下。制曰：“致理之本,在乎审官,审官之由,资乎选士。将务选士之道,必精养士之方。魏晋已还,浇风未革。国庠乡校,唯尚浮华,选部礼闱,不稽实行。学非为己,官必徇人,法且非精,弊将安救?宜令百僚,详思所宜,各修议状,送中书门下参较得失,择善而行。"

《登科记考》卷一二《唐德宗神武孝文皇帝·贞元元年》

礼部员外郎沈既济议曰:

计近代以来,爵禄失之者久矣,其失非他,在四太而已。何者?入仕之门太多,代胄之家太优,禄利之资太厚,督责之令太薄。请征古制以明之。

管子曰:"夫利出一孔者,其国无敌;出二孔者,其兵不屈;出三孔者,不可以加兵;出四孔者,其国必亡。先王知其然,故塞人之养,隘其利途。"使人无游事而一其业也。而近代以来,禄利所出数十百孔,故人多歧心,疏泻漏失而不可辖也。夫入仕者多,则农工益少,农工少则物不足,物不足则国贫。是以言入仕之门太多。

《礼》曰:"天子之元子,士也。天下无生而贵者。"则虽储贰之尊,与士伍同。故汉王良以大司徒免归兰陵,后光武巡幸,始复其子孙邑中徭役,丞相之子不得蠲户课。而近代以来,九品之家皆不征,其高荫子弟,重丞恩奖,皆端居役物,坐食百姓,其何以堪之!是以言代胄之家太优。

先王制士,所以理物也;置禄,所以代耕也。农工商有经营作役之劳,而士有勤人致理之忧。虽风猷道义,士伍为贵;其苦乐利害,与农工商等不甚相远也。后代之士,乃撞钟鼓,树台榭,以极其欢;而农工鞭臀背,役筋力,以奉其养。得仕者如升仙,不仕者如沈泉。欢娱忧苦，若天地之相远也。夫上之奉养也厚，则下之征敛也重。养厚则上觊其欲，敛重则下无其聊。故非类之人，或没死以趣上，构奸以入官，非唯求利，亦以避害也。是以言禄利之资太厚。

语曰："陈力就列，不能者止。"昔李膺、周举为刺史，守令畏惮，睹风投印绶者四十余城。夫岂不怀禄而安荣哉？顾汉法之不可偷也。自隋变选法，则虽甚愚之人，蠕蠕然，第能乘一劳，结一课，获入选叙，则循资授职，族行之官，随列拜揖，藏俸积禄，四周而罢；因缘侵渔，抑复有焉？其罢之日，必妻孥华楚，仆马肥腯，而偃仰乎士林之闲。及限又选，终而复始，非为巨害，至死不黜。故里语谓"人之为官若死然，未有不了而倒还"者。为官如此易，享禄如此厚，上法如此宽，下敛如此重，则人孰不违其害以就其利者乎！是以言督责之令太薄。

既济以为当轻其禄利，重其督责，使不才之人，虽虚座设位，置印绶于旁，揖让而进授之，不敢受。宽其征徭，安其田里，使农商百工各乐其业，虽以官诱之，而莫肯易。如此，则规求之志不禁而息，多士之门不扃而闭。若上不急其令，下不宽其徭，而欲以法术遮列，禁人奸冒，此犹坏土以壅横流也，势必不止。

夫古今选用之法，九流常叙，有三科而已，曰：德也，才也，劳也。而今选曹，皆不及焉。何以言之？且吏部之本，存乎甲令，虽曰度德居官，量才授职，计劳升秩，其文具矣，然考校之法，皆在书判簿历、言词俯仰之间，侍郎非通神，不可得而知之。则安行徐言，非德也；丽藻芳翰，非才也；累资积考，非劳也。苟执此不失，犹乖得人，况众流茫茫，耳目有不足者乎！盖非鉴之不明，非择之不精，法使然也。先朝数人以下言之详矣。是以文皇帝病其失而将革焉。夫物盈则亏，法久终弊，虽文武之道，亦与时弛张，五帝三王之所以不相沿也。是以王者观变以制法，察时而立政。按前代选用，皆州府察举，及年代久远，讹失滋深。至于齐、隋，不胜其弊，凡所置署，多由请托。故当时议者以为，与其率私，不若自举；与其外滥，不若内收。是以罢州府之权而归于吏部。此矫时惩弊之权法，非经国不刊之常典。

今吏部之法蹙矣，复宜扫而更之，无容循默，坐守刓弊。伏以为当今选举，人未土著，不必本于乡间；鉴不独明，不可专于吏部。谨按详度古制，折量今宜，谓五品以上及群司长官，俾宰臣进叙，吏部、兵部得参议焉；其六品以下，或僚佐之属，许州府辟用。则铨择之任，悉委于四方；结奏之成，咸归于二部。必先择牧守，然后授其权：高者先署而后闻，卑者听版而不命。其牧守、将帅或选用非公，则吏部、兵部得察而举之。圣主明目达聪，逖听悬视，罪其私冒不慎举者，小加遣黜，大正刑典，责成授任，谁敢不勉？夫如是，则接名伪命之徒，菲才薄行之人，贪叨贿货，懦弱奸宄，下诏之日，随声而废。通计大数，十除八九，则人少而员宽，事详而官审，贤者不奖而自进，不肖者不抑而自退。除隋权道，复古美制，则众才咸得，而天下幸甚。

或曰："当开元、天宝中，不易吏部之法，而天下砥平，何必外辟，方臻于理？"既济以为不然。夫选举者，经邦之一端，虽制之有美恶，而行之由法令。是以州郡察举，在两汉则理，在魏、齐则乱；吏部选集，在神龙则紊，在开元、天宝则理。当其时，久承升平，御以法术，庆赏不忒，威刑必齐，由是而理，匪关吏部而臻此也。向以此时用辟召之法，则其理不益久乎！夫议事以制不以权，当征其本末，计其遐迩，岂时得时失之可言耶！

或曰："帝王之都，必浩穰辐辏，士物繁合，然后称其大。若权散郡国，远人不至，则京邑索矣，如之何？"又甚不然。自古至隋，数百千年，选举之任，皆分郡国。当汉文、景、武帝之时，京师庶富，百廛九市，人不得顾，车不得旋，侈溢之盛，亦云极矣，岂待举选之士为其助哉！又，夫人有定土，土无剩人，浮冗者多，则地著者少。自隋罢外选，招天下之人聚于京师，春还秋往，鸟聚云合，穷关中地力之产，奉四方游食之资，是以筋力尽于漕运，薪粒方于桂玉，是由斯人索我京邑，而谓谁索乎？且权分州郡，所在辟举，则四方之人无有遐心，端居尊业，而禄自及；禄苟未及，业常不废。若仕进外绝，要攒乎京，惜时怀禄，孰肯安堵？必货鬻田产，竭家赢粮，糜费道路，交驰往复，是驱地著而为浮冗者也！夫京师之冗，孰与四方之实？一都之繁，孰与万国之殷？况王者当繁其天下，岂廛闬之中校其众寡哉！

或曰："仕门久开，入者已众。若革其法，则旧名常调，不足以致身，使中才之人，进无所容，退无所习，其将安归乎？"既济以为，人系贤愚，业随崇替，管库之贤既可以入仕，则士之不肖宁愧乎出流？从古以然，非一代也。故《传》云："三后之姓，于今为庶。"今士流既广，不可以强废，但键其旧门，不使新入；峻其宦途，不使滥登。十数年间，新者不来，而旧者耗矣，待其人少，然后省官。夫人之才分，各有余裕，自为情欲所汩，而未尝尽焉，引之则长，萦之则短，在勉而已。故凡士族，皆禀父兄之训，根聪明之性，盖以依倚官绪，无湮沦垫溺之虞，故循常不修，名义罕立，此教使然也。若惟善是举，不才决弃，前见爵禄，后临涂泥，人怀愤激，孰不腾进？则中品之人，悉为长材，虽曰慎选，舍之何适？

选举杂议凡七条

一、或曰：“按国家甲令，凡贡举人，本求才德，不选文词，故《律》曰：‘诸贡举人非其人者，徒。’注云：‘谓德行乖僻者也。’居州郡则廉使升闻，在朝廷则以时黜陟，用兹惩劝，足为致理。有司因循，不修厥职，浸以讹谬，使其陵颓。今但修旧令，举旧政，则人服矣，焉用改作？”答曰：“州郡以德行贡士，礼闱以文词拣才，试官以帖问求学，铨曹以书判择吏，俱存甲令，何令宜修？且惟德无形，惟才不器，搏之弗得，聆之弗闻，非在所知，焉能辨用？今礼部、吏部一以文词贯之，则人斯远矣。使臣廉举，但得其善恶之尤者耳，每道累岁，罕获一人。至如循常谆谆，蚩駿愚鄙者；或身甚廉谨，政为人蔽者；或善为奸滥，秘不彰闻者：一州数十人，曷尝闻焉？若铨不委外，任不责成，不疏其源，以导其流，而以文字选士，循资授职，虽口诵律令，拳操斧钺，以临其人，无益也。非改之不可。”

二、或曰：“昔后汉贡士，诸生试经学，文吏试笺奏。则举人试文，乃前王典故，而子独非于今，何也？”答曰：“汉代所贡，乃王官耳。凡汉郡国每岁贡士，皆拜为郎，分居三署，储才待诏，无有常职，故初至必试其艺业，而观其能否。至于郡国僚吏，皆府主所署，版檄召用，至而授职，何尝宾贡，亦不试练。其遐州陋邑，一掾一尉，或津官戍吏，皆登铨上省，受试而去者，自隋而然，非旧典也。”

三、或曰：“若使外州辟召，必是牧守亲故，或权势嘱托，或旁邻交质，多非实才，奈其滥何？”答曰：“诚有之也。然其滥孰与吏部多？请较其优劣。且州牧郡守，古称共理，政能有美恶之迹，法令有殿最之科，分忧责成，谁敢滥举？设如年多人怠，法久弊生，天网恢疏，容其奸谬，举亲举旧，有嘱有情，十分其人，五极其滥，犹有一半，尚全公道。如吏部者，十无一焉。请试言之：凡在铨衡，唯征书判，至于补授，只校官资，善书判者何必吏能？美资历者宁妨贪戾？假使官资尽惬，刀笔皆精，此为吏曹至公之选，则补授之际，官材匪详。或性善缉人，则职当主辨；或才堪理剧，则官授散员。或时有相当，亦幸中耳，非吏曹素得而知也。有文无赖者，计日可升；有用无文者，终身不进。况其书判，多是假手，或他人替入，或旁坐代为，或临事解衣，或宿期定估，才优者一兼四五，自制者十不二三，况造伪作奸、冒名接脚，又在其外。令史受赂，虽积谬而谁尤？选人无资，虽正名而犹剥。又闻昔时公卿子弟亲戚，随位高低，各有分数，或得一人、二人、三人、四人不在放限者，礼部明经等亦然，俗谓之'省例'，斯非滥欤？若等为滥，此百而多者也。"

四、或曰："吏部有滥，止由一门；州郡有滥，其门多矣。若等为滥，岂若杜众门而归一门乎？"答曰："州郡有滥，虽多门，易改也；吏部有滥，虽一门，不可改也。何者？凡今选法，皆择才于吏部，述职于州郡。若才职不称，紊乱无任，责于刺史，则曰：'官命出于吏曹，不敢废也。'责于侍郎，则曰：'量书判资，考而授之，不保其往也。'责于令史，则曰：'按由历出入而行之，不知其他也。'黎庶从弊，谁任其咎？若牧守自用，则罪将焉逃？必州郡之滥，独换一刺史则革矣；如吏部之滥，虽更其侍郎，无益也。盖九流浩浩，不可得知，法使之然，非主司之过。故云门虽多而易改，门虽一而不可改者，以此。"

五、或曰："今人多情，故吾恐许其选吏，必纲纪紊失，不如今日之有伦也。"答曰："不假古义,请征目前以明之。今诸道节度、都团练、观察、租庸等使,自判官、副将以下,皆使自铨择,纵其闲或有情故,大举其例,十犹七全。则辟吏之法见行于今,但未及于州县耳。利害之理,较然可观,何纪之失,何纲之紊?向令诸使僚佐,尽授于选曹,则安获镇方隅之重,理财赋之殷也?"

六、或曰："顷年尝见州县有摄官,皆是牧守所自署置,政多苟且,不议久长,才始到官,已营生计,迎新送故,劳弊极矣。今令州郡召辟,则其弊亦尔,奈何?"答曰："国家职员,皆禀朝命,摄官承乏,苟济一时,不日不月,必乎停省,人虽流而责不及,绩虽著而官不成,便身而行,不苟何待?若职无移夺,命自州邦,所摄之官,便为己任,上酬知己,下利班荣,争竭智力,人谁不尽?今常调之人,远授一职,已数千里赴集,又数千里之官,挈携妻孥,复往劳苦,必一周而在路,料闲岁而停官,成名非知己之恩,后任可计考而得,此之不苟,而谁为苟!"

七、或曰："今四方诸侯,或有未朝觐者。若天下士人既无常调,久不得禄,人皆怨嗟,必相率去我,入于他境,则如之何?"答曰："善哉问乎!夫辟举法行,则搜罗毕尽,自中人以上,皆有位矣。此禄之不及者,皆下劣无任之人,复何足惜!当今天下凋弊之本,实为士人太多。何者?凡士人之家,皆不耕而食,不织而衣,使下奉其上不足故也。大率一家有养百口者,有养十口者,多少通计,一家不减二十人,万家约有二十万口。今有才者既为我用,愚劣者尽归他人,有万家归之,内则二十万人随之,食其黍粟,衣其缣帛,享其禄廪,役其人庶。我收其贤,彼得其愚;我减浮食之口二十万,彼加浮食之人二十万:则我弊益减,而彼人益困。自古兴邦制敌之术,莫出于是。唯惧去我之不速也,夫何患焉!"

请改革选举事条

内外文武官五品以上。应非选司注拟者。右请宰相总其进叙，吏部、兵部得参议可否。

吏部尚书、侍郎。右请掌议文官五品以上、除拜六品以下，攒奏兼察举选用之不公者。诸京司长官及观察使、刺史举用僚佐，有才职不称，背公任私者，得察举弹奏。非选用滥失，不得举。凡有所察，郎中刺举，员外郎判成，侍郎、尚书署之，而后行。诸官长若犯他过，使司自当弹奏，即非吏部所察。故云非选用滥失，不得举。余所掌准旧。若官长选用滥失有闻，而吏部不举，请委御史台弹之。御史台不举，即左右丞弹之。按《六典》，御史有纠不当者，即左右丞得弹奏。

兵部尚书、侍郎。右请掌议武官五品以上、除拜六品以下，攒奏兼察举选用之不公者。诸军卫长官及节度、都团练使举用将校，才职不称，背公任私者，得察举弹奏。非选用滥失，不得举。凡有所察举及台省纠弹，如吏部之法。余所掌准旧。

礼部每年贡举人。右并请停废。有别须经艺之士，请于国子监六学中铨择。国子学、太学、四门学、律学、书学、算学。

兵部举选。右请停废。昔隋置折冲府，分镇天下，所以散兵。及武太后，升平置武举，恐人之忘战。则武官、武选，本末可征。今内外邦畿，皆有师旅；偏裨将校，所在至多。诚宜设法减除，岂复张门诱入？况若此辈，又非骁雄，徒称武官，不足守御，虽习弓矢，不堪战斗，而坐享禄俸，规逃王徭。今请悉停，以绝奸利。

京官六品以下。应合选司注拟者。右请各委本司长官自选用，初补称摄，然后申吏部、兵部，吏部、兵部奏成，乃下敕牒，并符告于本司,是为正官。考从奏成日计。凡摄官,俸禄各给半。

州府佐官。别驾、少尹、五府司马、赤令,不在此例。右自长史以下,至县丞、县尉,诸州长史、司马,或虽是五品以上官,亦同六品官法。请各委州府长官自选用,不限土、客。其申报正、摄之制,与京官六品以下同。其边远羁縻等州,请兼委本道观察使,共铨择补授。

上州省事、市令,中州参军、博士,下州判司,录事参军不在此例。中下县丞以下及关、津、镇戍官等。右请本任刺史补授讫,申吏部、兵部,吏部、兵部给牒,然后成官,并不用闻奏。其员数不得逾旧制。虽吏部未报,并全给禄俸。若承省牒,在任与正同,去任后不得称其官。若州司以劳效未著而不申者,请不限年月并听之。

州县。右请准旧令,州为三等,上、中、下。县为五等,赤、畿、上、中、下。其余紧、望、雄、辅之名请废。夫等级繁多,则仕进淹滞,使其周历,即务速迁,官非久安,政亦苟且。请减众级,以惩侥心,则官达可期,群才无壅。

六品以下官资历。右并请以五周为满,唐虞迁官,必以九载。魏晋以后,皆经六周。国家因隋为四,近又减削为三。考今三、四则太少,六、九则太多,请限五周,庶为折中。其迁转资历,请约修旧制。修旧制,谓迁转资次也。但以一官亦满,即任召用,并无选数。若才行理绩有尤异者,请听超迁。每长官代换,其旧僚属若有负犯及不称职者,请任便替;若无负犯,皆待考满,未满者不得替。

诸道使管内之人及州县官属,有政理尤异,识略宏通,行业精修,艺能超绝及怀才未达,隐德丘园,或堪充内官,不称州县者;并申送吏部。将校偏裨有兵谋武艺,或堪充宿卫,或可为统帅者。右请不限少多,各令长官具述才行谋略,举送朝廷,皆申上。吏部、兵部各设官署以处之,审量才能,铨第高下,每官职有阙及别须任使,则随才擢用。如汉光禄勋领三署郎。称举者,举主加阶进爵;得贤俊者，迁其官。若自用僚属，虽得贤不赏。

禁约杂条

一、诸使及诸司州府长官举用僚属，请明书事迹、德行、才能、请授某官某职，皆先申吏部、兵部，若诸使奏官兼带职掌者，即以职掌分其文武，不计本官。带州县职，即申吏部；带军职，即申兵部。吏部、兵部誊其词而奏，云得某使、某曹司、某州府状称。以元状入入，按每使、每司、每州，各为一簿。

一、所举官吏在任日，有行迹乖谬，不如举状及犯罪至徒以上者，请兼坐举主，其所犯人，自依常法本条处分。一人夺禄一年，诸使无禄者，准三品官以料钱折纳，依时估计。二人夺赐，无赐者贬其色，降紫从绯，降绯从绿，降绿从碧。三人夺阶及爵，有爵无阶、有阶无爵者，加夺赐及勋。四人解见任职事官，已上任者，并追解之。五人贬官，节度、观察使降为刺史，刺史降为上佐，皆以边州。六人除名。虽六人以上，罪止除名。有犯赃罪至流以上者，倍论之。倍，谓一人从二人之法，二人从四人之法，罪止三人。若举用后，续知过谬，具状申述及自按劾者，请勿论。此谓所知不审，举用失误者。

一、所举官有因奸纳赂而举者，有亲故非才而举者，有容受嘱托而举者，有明知不善而故举者。有犯一科，请皆以罔上论，不在官赎限。嘱托举者，两俱为首，规求者为从。

《通典》卷一八《选举六·杂议论下》

〔杜佑〕评曰：

夫人生有欲，无君乃乱。君不独理，故建庶官。昔在唐虞，皆访于众，则舜举八元、八凯，四岳之举夔龙、稷、契，此盖用人之大略也。降及三代，择于乡庠，然后授任，其制渐备。秦汉之道，虽不师古，闾塾所推，犹本乎行。而郡国佐史，并自奖擢，备尝试效，乃登王朝；内官有僚属者，亦得征求俊彦。暨于东汉，初置选职，推择之制，尚习前规，左雄议以限年，其时不敢谬举，所以二汉号为多士。魏晋设九品，置中正，盖论阀阅，罕考行能，选曹之任，益为崇重。州郡之刺史、太守，内官之卿、尹、大夫，咸吏部所署，而辟召及乡里之举，旧式不替。永嘉之后，天下幅裂，三百余祀，方遂混同，中间各承正号，凡有九姓，大抵不变魏晋之法，皆乱多理少，谅无足可称。夫文质相矫，有如循环，教化所由，兴衰是系。自魏三主俱好属文，晋、宋、齐、梁风流弥扇，体非典雅，词尚绮丽，浇讹之弊，极于有隋。且三代以来，宪章可举，唯称汉室；继汉之盛，莫若我唐。惜乎当创业之初，承文弊之极，可谓遇其时矣，群公不议救弊以质，而乃因习尚文，风教未淳，虑由于此。

缅征往昔，论选举者，无代无之，或云"官繁人困，要省吏员"，或云"等级太多，患在速进"，或云"守宰之职，所择殊轻"，或云"以言取人，不如求行"：是皆能知其失，而莫究所失之由。何者？按秦法，唯农与战始得入官。汉有孝悌力田、贤良方正之科，乃时令征辟；而常岁郡国率二十万口贡止一人，约计当时推荐，天下才过百数，则考精择审，必获器能。自兹厥后，转益烦广。我开元、天宝之中，一岁贡举，凡有数千；而门资、武功、艺术、胥吏，众名杂目，百户千途，入为仕者，又不可胜纪，比于汉代，且增数十百倍。安得不重设吏职，多置等级，递立选限以抑之乎？常情进趋，共慕荣达，升高自下，由迩陟遐，固宜骤历方至，何暇淹留著绩。秦氏列郡四十，两汉郡国百余，太守入作公卿，郎官出宰县邑，便宜从事，阙略其文，无所可否，责以成效，寄委斯重，酬奖亦崇。今之剖符三百五十，郡县差降，复为八九，邑之俊义，不得有之；事之利病，不得专之。八使十连，举动咨禀，地卑礼薄，势下任轻，诚曰徒劳难阶，超擢容易而授，理固然也。

始后魏崔亮为吏部尚书，无问贤愚，以停解日月为断，时沉滞者皆称其能，魏之失才，实从亮始。洎隋文帝，素非学术，盗有天下，不欲权分，罢州郡之辟，废乡里之举，内外一命，悉归吏曹；才厕班列，皆由执政。则执政参吏部之职，吏部总州郡之权，罔征体国推诚、代天理物之本意，是故铨综失叙，受任多滥。岂有万里封域，九流丛凑，抡才授职，仰成吏曹，以俄顷之周旋，定才行之优劣，求无其失，不亦谬欤！尔后有司尊贤之道，先于文华；辨论之方，择于书判。靡然趋尚，其流猥杂。所以阅经号为"倒拔"，征词同乎射覆，置"循资"之格，立选数之制，压例示其定限，平配绝其逾涯，或糊名考核，或十铨分掌。苟济其末，不澄其源，则吏部专总，是作程之弊者；文词取士，是审才之末者；书判，又文词之末也。

凡为国之本，资乎人甿；人之利害，系乎官政。欲求其理，在久其任；欲久其任，在少等级；欲少等级，在精选择；欲精选择，在减名目。俾士寡而农工商众，始可以省吏员，始可以安黎庶矣。诚宜斟酌理乱，详览古今，推仗至公，矫正前失，或许辟召，或令荐延，举有否臧，论其诛赏，课绩以考之，升黜以励之，拯斯刊弊，其效甚速，实为大政，可不务乎！

《通典》卷一八《选举六·杂议论下》

冕白：昔仲弓问为政，子曰"先有司"，有司之政在于举士。是以三代尚德,尊其教化,故其人贤。西汉尚儒,明其理乱,故其人智。后汉尚章句,师其传习,故其人守名节。魏晋尚姓,美其氏族,故其人多矜伐。隋氏尚吏道,贵其官位,故其人寡廉耻。唐承隋法,不改其理,此天下所以待圣主正之。何者?进士以诗赋取人,不先理道;明经以墨义考试,不本儒意。选以书判殿最,不尊人物。故吏道之理天下,天下奔竞而无廉耻者,以教之者末也。阁下岂不谓然乎?自顷有司试明经,奏请每经问义十道,五道全写疏,五道全写注。其有明圣人之道,尽六经之义,而不能诵疏与注,一切弃之。恐清识之士无由而进,腐儒之生比肩登第,不亦失乎!阁下因从容启明主,稍革其弊,奏为二等。其有明六经之义,合先王之道者,以为上等;其有精于诵注者与精于诵疏者,以为次等;不登此二科者,以为下等:不亦善乎?且明六经之义,合先王之道,君子之儒,教之本也。明六经之注与六经之疏,小人之儒,教之末也。今者先章句之儒,后君子之儒,以求清识之士,不亦难乎?是以天下至大,士人至众,而人物殄瘁,廉耻不兴者,亦在取士之道未尽其术也。诚能革其弊,尊其本,举君子之儒,先于理行者,俾之入仕,即清识君子也;俾之位朝,即王公大人也。一年得一二十人,十年得一二百人,三十年得五六百人,即海内人物不亦盛乎?昔唐虞之盛也,十六族而已;周之兴也,十乱而已;汉之王也,三杰而已;太宗之圣也,十八学士而已。岂多乎哉!今海内人物,颙然而理,推而广之,以风天下,即天下之士靡然而至矣。是则由于有司以化天下,天下之士得无廉耻乎?冕顿首。六月十四日。

……今之取士，在于礼部、吏部。吏部按资格以拟官，奏郎官以考判，失权衡轻重之本，无乃甚乎！至于礼部求才，犹以为仁由己，然亦沿于时风，岂能自振？尝读刘秩祭酒上疏云："太学设官，职在造士。士不知方，时无贤才，臣之罪也。"每读至此，心尝慕之。当时置于国庠，似在散地，而方以乏贤内讼，慨然上奏，此君子之心也，君子之言也。况以蒙劣，辱当仪曹，为时求人，岂敢容易？然再岁计偕，多有亲故。故进士初榜有之，帖落有之，策落有之，及第亦有之。不以私害公，不以名废实，不敢自爱，不访于人。两汉设科，本于射策，故公孙弘、董仲舒之伦痛言理道。近者祖习绮靡，过于雕虫，俗谓之甲赋、律诗，俪偶对属。况十数年间至大官右职，教化所系，其若是乎！是以半年以来，参考对策，不访名物，不征隐奥，求通理而已，求辨惑而已。习常而力不足者，则不能回复于此，故或得其人。庶他时有通识懿文，可以持重不迁者，而不尽在于龌龊科第也。明经问义有幸中所记者，则书不停缀；令释通其义，则面墙木偶然。遂列上第，末如之何。顷者参伍其问，令书释意义，则于疏注之内苟删撮旨要，有数句而通者，昧其理而未尽；有数纸而黜者，虽未尽善，庶稍得之。至于来问明六经之义，合先王之道，而不在于注疏者，虽今吏部学究一经之科，每岁一人，犹虑其不能至也。且明经者，仕进之多数也；注疏者，犹可以质验也。不者，悦有司率情，下上其手，既失其末，又不得其本，则荡然矣，无乃然乎？……

《权载之文集》卷四一《答柳福州书》

幸属昭代，以此官人，敬趋条目，遂希诠择。五试于礼部，方售乡贡进士。四试于吏部，始授四门助教。……四门助教，限以四考,格以五选,十年方易之官也。自兹循资历级,然得太学助教,其考选年数,又如四门,若如之,则二十年矣。自兹循资历级,然得国子助教,其考选年数,又如太学,若如之,则三十年矣。三十年间,未离助教之官。人寿百岁,七十者稀。某今四十年有加矣,更三十年于此,是一生不睹高衢远途矣。

《欧阳行周文集》卷八《上郑相公书》

　　舒元舆,婺州东阳人。⋯⋯

　　元和中,举进士,见有司钩校苛切,既试尚书,虽水炭脂炬餐具,皆人自将,吏一倡名乃得入,列棘围,席坐庑下,因上书言:"古贡士未有轻于此者,且宰相公卿緰此出,夫宰相公卿非贤不在选,而有司以隶人待之,诚非所以下贤意。罗棘遮截疑其奸,又非所以求忠直也。诗赋微艺,断离经传,非所以观人文化成也。臣恐贤者远辱自引去,而不肖者为陛下用也。今贡珠贝金玉,有司承以棐笥皮币,何轻贤者,重金玉邪?"又言:"取士不宜限数,今有司多者三十,少止二十,假令岁有百元凯,而曰吾格取二十,谓求贤可乎? 岁有才德才数人,而曰必取二十,谬进者乃过半,谓合令格可乎?"

　　俄擢高第,调鄠尉,有能名。

《新唐书》卷一七九《舒元舆传》

　　草茅臣某昧死奏书皇帝陛下:圣德修三代之教,尽善矣。唯贡士一门,阙然不修,臣窃以为有司过矣。臣为童子时学读书,见《礼经》有乡举里选,必得其人,而贡于上,上然后以弓旌束帛招之。臣年十五,既通经,无何,心中有文窍开,则又学之。遍观群籍，见古人有片善可称，必闻于天子有司，天子有司亦修礼待之不苟。臣既学文，于古圣人言皆信之，谓肖质待问上国，必见上国礼。无几，前年臣年二十三，学文成立，为州县察臣，臣得备下土贡士之数。到阙下月余，待命有司，始见贡院悬板样，立束缚检约之目，磨勘状书，剧责与吏胥等伦。臣幸状书备，不被驳放，得引到尚书试。试之日，见八百人尽手携脂烛水炭，洎朝晡餐器，或荷于肩，或提于席，为吏胥纵慢声大呼其名氏。试者突入，棘闱重重，乃分坐庑下，寒余雪飞，单席在地。呜呼！唐虞辟门，三代贡士，未有此慢易者也。臣见今之天下贡士既如此，有司待之又如此，乃益大不信古圣人言。及睹今之甲赋律诗，皆是偷折经诰，侮圣人之言者，乃知非圣人之徒也。臣伏见国朝开进士一门，苟有登升者，皆资之为宰相、公侯、卿大夫，则此门固不轻矣。凡将为公侯、卿相者，非贤人君子不可。有司坐举子于寒庑冷地，是比仆隶已下，非所以见征贤之意也。施棘闱以截遮，是疑之以贼奸徒党，非所以示忠直之节也。试甲赋律诗，是待之以雕虫微艺，非所以观人文化成之道也。有司之不知其为弊若此，臣恐贤人君子远去，不肖污辱为陛下用。且指近陈之，今四方贡珠玉金银，有司则以篚筐皮币承之；贡贤才俊乂，有司以单席冷地承之。是彰陛下轻贤才而重金玉也，贤才耻之，臣亦耻之。臣又见每岁礼部格下天下，未有不言察访行实无颇邪，然后上贡。苟不如格，抵罪举主。臣初见之，窃独心贺，谓三代之风必作于今日矣。及格既下而法不下，是以岁有无艺朋党，哗然扇突不可绝，此又恶用格为？徒乱人耳。又于格中程之人数，每岁多者固不出三十，少或不满二十，此又非天子纳士之心也。何以言之？今日月出没，皆为陛下内地，自渐海流沙朔南，周环绵亿万千里，其间异气所钟，生英豪俊彦固不少矣。若陛下明诏必以礼举之,忽一岁之内有百数元、凯、杨、马之才德者来之,则有司必曰:吾格取二十,而黜八十。是为求贤邪,遗贤邪?若有司以仆隶待之,忽一岁之内负才德来者无十数辈,则有司必曰:吾拔二十,是缪收其半,徒足满人数。是为取才邪,取合格邪?其不可先定人数,亦昭昭矣。向之数事,臣久为陛下疾。有司不供职,使圣朝取士首科委就地矣。臣寒微若此,出言不足以定贡士之得失,然百虑之中,或几一得之。臣窃欲陛下诏有司,按三代故事,明修格文,使天下入贡者皆茂行实,不拘人数。其不茂行实,法与之随。此为澄源,源既澄,则来者皆向方矣。俾有司加严礼待之,举六艺试之。试之时,免自担荷,廊庑之下,特设茵榻,陈炉火脂烛,设朝晡饭馔,则前日之病庶几其有瘳矣。人人知天子重贤奖士之道,胜气坌漫,如此,士之立身无不由正以成之者。为士身正,则公卿正。公卿正,未有天下不治者。天下治,而陛下求不垂拱以高揖羲轩,不可得也。苟不如此,则士之求名无不由邪以成者。为士名邪,未有公卿不邪者。公卿邪,未有天下而治者。天下不治,而陛下欲不役圣虑而忧黔首,不可得也。臣虽至愚,以此观之,知贡士之道所系尤重,是以愿输写血诚,以正此门。陛下无以臣迹在贡士中,疑臣自谓。臣虽不敏,窃窥太常一第不为难得。何以明之?若使臣为今日贡士之体事,便辟巧佞,驰骛关键,固非臣之所不能也,耻不为也。故互以顽才干有司,得之固无忝,不得则纳履而去,踪迹巢由,以乐陛下熙熙之化,何往而无泉石之快哉!伏惟陛下,留神独听,天下之幸也,于臣何幸!死罪死罪!

李建为吏部郎中，尝曰："方今秀茂皆在进士，使吾得志，当令登第之岁，集于吏部。使尉紧县，既罢复集。使尉望县，既罢又集。使尉畿县，而升于朝。大凡中人三十成名，四十乃至清列，迟速为宜。既登第，遂食禄。既食禄，必登朝。谁不欲也？无淹滞以守常限，无纷竞以求再捷。下曹得其修举，上位得其更历。就而言之，其利甚溥。"议者是之。

《唐语林》卷二《政事下》

〔开成〕元年秋，诏礼部高侍郎锴复司贡籍，曰："夫宗子维城，本枝百代，封爵便宜，无令废绝。常年宗正寺解送人，恐有浮薄，以忝科名。在卿精拣艺能，勿妨贤路。其所试赋则准常规，诗则依齐梁体格。"乃试《琴瑟合奏赋》、《霓裳羽衣曲》诗。主司先进五人诗，其最佳者，其李肱也。次则王收《日斜见赋》，则《文选》中《雪赋》《月赋》也。况肱宗室，德行素明，人才俱美，敢不公心，以辜圣教！乃以榜元及第。《霓裳羽衣曲》诗，任用韵。李肱："开元太平时，万国贺丰岁。梨园献旧曲，玉座流新制。风管递参差，霞衣竞摇曳。宴罢水殿空，辇余春草细。蓬壶事已久，仙药功无替。讵肯听遗音，圣明知善继。"上披文曰："近属如肱者，其不忝乎！有刘安之识，可令著书；执马孚之正，可以为傅。秦嬴统天下，子弟同匹夫。根本之不深固，曹冏曷不非也？"评曰："李君文章精练，行义昭详。策名于睿哲之朝，得路于韦、萧之室。然止于岳、齐二牧，未登大任，其有命焉！"

《云溪友议》卷上《古制兴》

议曰：吏部择才用之地，职在辨九流之清浊，择四科之邪正，推忠良而进英杰，举廉直而黜不职。夫天生万民，树之以元后，元后不能以独任，故委之以群吏；群吏不能以自达，故系之以选部。选部者，风化之本源，人伦之砥砺也。《书》曰："知人则哲，能官人安民则惠。"哲与惠，其选部之志欤！所谓群吏者，君之耳目。君以众耳听天下之哀乐，则无远不闻矣；君以众目视天下之得失，则无远不见矣。若以耳不为君之聪，目不为君之明，非群吏之过，抑亦选部之过。其故何也？背轮辕之用，杂贤愚之迹，以至于此也。夫圣人求贤良而授之政事，非徒贵贤良之德义，盖重元元之性命也。今之有司，罕通其意。每岁调天下之士，但考其书判，据其资格，为之品第，授之禄秩。先访私家利便，次论俸钱之厚薄，多士盈庭而自售，若众贾之徙市焉。岂铨综人物，品藻英髦之所在也？是以天下百姓未臻于和乐者，职此之由矣。夫以一镜之明，而照天下之形者，固难尽其妍媸；以一衡之平，而称天下之轻重者，固难定其毫厘矣。今每岁选人，请委州府长史先研其迹行，次考其渝滥。曾理务者，以恪勤廉慎为一科；处丘园者，以孝悌贞良为一科。著此二科，然后申送主司。按其词而阅其材，材与行必良，则试之以理要，可观则从而禄之。其郡府长史当校其殊考，若材行相反，朋党相资，则从而黜之。其郡府长史亦书以下考材，如此则天下之共公于选吏，吏部郎亦不敢私于天下矣。俾夫人顾行，行顾材，材顾禄，禄无虚授，人无苟得，廉耻之化行，贪竞之风息矣。恭闻十目所视，十手所指，犹是非可辨，贤愚可验，况用天下之目乎？况用天下之手乎？率是道而寮案不得其人，风俗不致和平者，未之有也。谨议。

议曰：弧矢之利，以威天下，其来尚矣。仲尼有云："不教民战，是谓弃之。"盖用仁义为之本，筹略为之次，果敢为之末。故曰：齐之技击，不可以遇魏之武卒；魏之武卒，不可以直秦之锐士；秦之锐士，不可以当桓文之节制；桓文之节制，不可以敌汤武之仁义。所谓善师者不阵，善阵者不战，盖有自矣。今之有司，不曾端其本，而徒袭其末。取天下之士，以悬的布埒为之标准，舍矢之中否，跨马之迟速，以貌第其人，升降其秩，岂暇全武之七德，射之五善者欤！及国家有边境之虞，则被之以甲胄，授之以弓矢，驱以就役，当数倍之师，不能屠名城克强敌者，何也？在司武之不经，择士之无本矣。孙吴者，兵家之首足，不可不行也。今孙吴之术，卷而不张，徒以干戈为择士之器，何异夫无首而冠，无足而履哉？今请天下应兵部举选者，各习兵书一艺，然后试以弓矢，优其武弁。所谓智勇兼资，材略并运，仁义之师，复行于汤武之代，岂惟式遏寇虐，震怛戎虏者哉？谨议。

《全唐文》卷七一九《蒋防·兵部议》

某顿首再拜。自去岁前五年，执事者上言，云科第之选，宜与寒士，凡为子弟，议不可进。熟于上耳，固于上心，上持下执，坚如金石，为子弟者鱼潜鼠遁，无入仕路，某窃惑之。

科第之设，圣祖神宗所以选贤才也，岂计子弟与寒士也？古之急于士者，取盗取仇，取于夷狄，岂计其所由来，况国家设取士之科，而使子弟不得由之？若以科第之徒浮华轻薄，不可任以为治，则国朝自房梁公已降，有大功，立大节，率多科第人也。若以子弟生于膏粱，不知理道，不可与美名，不令得美仕，则自尧已降，圣人贤人，率多子弟。凡此数者，进退取舍，无所依据，某所以愤懑而不晓也。

……其在汉、魏已下,至于国朝,公族之子弟,卿大夫之胄裔,书于史氏为伟人者,不可胜数,不知论圣贤才能,于子弟中复何如也?

言科第浮华,轻薄不可任用,则国朝房梁公玄龄,进士也,相太宗凡二十一年,为唐宗臣,比之伊、吕、周、邵者。郝公处俊,亦进士也,为宰相时,高宗欲逊位与武后,处俊曰:"天下者,高祖、太宗之天下,非陛下之有,但可传之子孙,不可私以与后。"高宗因止。来济、上官仪、李玄义,皆进士也,后为宰相。济助长孙太尉、褚河南共榷武后者,后突厥入塞,免胄战死。仪草废武后诏。玄义助处俊言不可以位与武后。娄侍中师德,亦进士也,吐蕃强盛,为监察御史,以红抹额应猛士诏,躬衣皮袴,率士屯田,积谷八百万石,二十四年西征,兵不乏食。荐狄公为相,取中宗于房陵,立为太子。汉阳王张公柬之,亦进士也,年八十为相,驱致四王,手提社稷,上还中宗。郭代公元振,亦进士也,镇凉州仅十五年,北却突厥,西走吐蕃,制地一万里,握兵三十万,武氏惕息不敢移唐社稷。魏公知古,亦进士也,为宰相,废太平公主谋以佐玄宗,及卒也,宋开府哭之曰:"叔向古之遗直,子产古之遗爱,兼而有者,其魏公乎。"姚梁公元崇,登第下笔成章举,首佐玄宗起中兴业,凡三十年,天下几无一人之狱。宋开府璟,亦进士也,与姚唱和,致开元太平者。刘幽求登制策科,与玄宗徒步讳氏,立睿宗者。苏氏父子,皆进士也。大许公为相于武后朝酷吏中,不失其正,于中宗朝,诛反贼郑普思于韦后党中。小许公佐玄宗朝,号为苏、宋。张燕公说登制策科,排张易之兄弟,赞睿宗请玄宗监国,竟诛太平公主,招置文学士,开内学馆。玄宗好书尚古,封中太山,祀后土,因燕公也。张曲江九龄，亦进士也，排李林甫、牛仙客，骂张守珪不斩安禄山，谪老南服，年未七十。张巡，亦进士也，凡三入判等，以兵九千守睢阳城，凡周岁，拒贼十三万兵，使贼不能东进尺寸，以全江淮。元和中，宰相河东司空公，中书令裴公，皆进士也，裴公仍再得宏辞制策科。当贞元时，河北叛，齐、蔡亦叛，阶此蜀亦叛，吴亦叛，其他未叛者，皆高下其目，熟视朝廷，希向强弱，而施其所为。司空公始相宪宗，废权幸之机牙，令不得张，收敛百职，归于有司，命节度使出朝廷，不由兵士，拔取沉滞，各还其官，然后西取蜀，东取吴，天下仰首，始见白日。裴公抚安魏博，使田氏尽忠，剪蔡剧贼于洛师胁下，招来常山，质其二子以累其心，取十三城使不得与齐交手为寇，因诛师道，河南尽平。当是时，天下几至于太平。凡此十九公，皆国家与之存亡安危治乱者也，不知科第之选，复何如也？

至于智效一官，忠立一节，德行文学，不可悉数。董生云："《春秋》之义，变古则讥之。"傅说命高宗曰："鉴于先王成宪，其以永无愆。"故殷道复兴。《鸿雁》美周宣王能复先王之道。西汉魏相佐汉宣帝为中兴，但能奉行汉家故事。姚梁公佐玄宗，亦以务举贞观之法制耳。自古及今，未有背本弃古而能致治者。昨获览三郎秀才新文，凡十篇，数日在手，读之不倦。其旨意所尚，皆本仁义而归忠信，加以辞彩遒茂，皎无尘土。况有诚明长厚之誉于千人中，傥使前五六年得进士第，今可以出入谏官、御史，助明天子为治矣。古人云："三月不仕，则相吊。"安有凡五六年来，选取进士，施设网罟，如防盗贼？言子弟者，噫哑抑郁，思一解布衣，与下士齿，厥路无由，于古今未前闻也。

某因览三郎文章，不觉发愤，略言大概，干触尊重，无任惶惧。

某再拜。

《樊川文集》卷一二《上宣州高大夫书》

圣人之道，不过乎经。经之降者，不过乎史。史之降者，不过乎子。子不异乎道者，《孟子》也。舍是子者，必戾乎经史。又率于子者，则圣人之盗也。夫《孟子》之文，粲若经传，天惜其道，不烬于秦。自汉氏得之，常置博士以专其学，故其文继乎六艺，光乎百氏，真圣人之微旨也。若然者，何其道畔畔于前，而其书没没于后，得非道拘乎正，文极乎奥，有好邪者惮正而不举，嗜浅者鄙奥而无称耶！盖仲尼爱文王、嗜昌歜以取味。后之人将爱仲尼者，其嗜在《孟子》矣。呜呼！古之士以汤、武为逆取者，其不读《孟子》乎！以杨、墨为达智者，其不读《孟子》乎！由是观之，《孟子》之功利于人亦不轻矣！今有司除茂才、明经外，其次有熟庄周、列子书者，亦登于科，其诱善也虽深，而悬科也未正。夫庄、列之文，荒唐之文也，读之可以为方外之士，习之可以为鸿荒之民，有能汲汲以救时补教为志哉？伏请命有司，去庄、列之书，以《孟子》为主。有能精通其义者，其科选视明经。苟若是也，不谢汉之博士矣。既遂之，如儒道不行，圣化无补，则可刑其言者。

《皮子文薮》卷九《请孟子为学科书》

朝廷求贤之道，备于往古。以经学文艺之流，凡设十有二科以待之。郡国每岁贡士，尽应其科，其外诸侯，各举所知，以为裨补圣世。奏章不绝于明廷，爵赏实烦于王命。当承平之时，卿大夫家召佣书者，给之纸笔之资，日就中书录其所命。每昏暮，亲朋子弟，相与候望，以其升沉，以备于庆贺。除书小者五六幅，大者十有二三幅，每日断长补短，以文以武，不啻三十余人。一岁之内，万有余众。或考秩迁满，或方伯慰荐，或伐阅功劳，或升奖旧勋。诏制之辞，必嘉其官业，赏其才艺，褒其行实，叙其劳绩，无一日不为之。未尝得一贤士，与天子共治于四海；未尝得一贤将，与天下镇静于二边。非求之不广，荐之不至也。岂五百年一贤生世哉！夫画饼不可以充饥，诵药不可以愈疾。盖无其实而有其名使之然也。自朝廷及郡国诸侯之所举，皆无其实，将如之何？尝试论之。自文艺之流，假手于人，投掷于公卿之门者，率不能知其伪。公试之地，尚复乞贷。经学之子，考帖之时，预有歌括。问义之日，一席之内，对者六七，皆诵本疏，别无新意。更相救助，发起义端。有司但记其属求之也，以为之去留。即经学文艺之谬也如是。况汉世公卿大夫，皆以通经对策，名动天下，然后登用。或居谏诤之列，或处燮理之任。朝廷每有水旱灾沴，彗孛陵犯，日月薄蚀，必引所通经义证据，以为之救，殆与今日之经学者异矣。若文学侍从之臣，必选于切问近对之才，必本于讽谏理辞之要。故其文章，传之至今，又与今日之辞赋者异矣。郡国所送群众千万，孟冬之月，集于京师，麻衣如雪，纷然满于九衢，是非相难，固不可知矣。诸侯所荐，率皆应权幸之旨，承交游之命，取其虚名奏署，谓之借听，取其谬举之说，谓之横荐。凡四方表函，达于中书者，必可指期于清贯美秩，名邦剧邑。诸侯之荐士，宰执之命官，岂唯平生未交于一言，盖见其姓氏而已？岂能摭实哉？官达幸门，易如秋草，能复贵贱之别阙冠裳之重矣。朝廷委辅相之权衡，览诸侯之章疏，视其文，信其人，以为荐公孙弘、董仲舒之学也，相如、枚皋之才也，冉季政事之能也，孙吴将帅之略也。时君既不问其实，安可不信大臣之言？从而与之，上下相蒙，其何以济？且姬周之世，荐贤者多受赏，鲁史有之矣。魏晋之日，门生故吏有罪，必连坐举主，史有之矣。今荐贤之赏，久已废矣；连坐之典，又不行矣。况今之所举，非徒古者知之审，取其必达，取其必富贵，阙如一死生不变之为诚明也。荐其为将也，覆军擒师，伐国获地，然后以为得；荐其为相也，富国安人，来诸侯之朝，成霸王之业，然后以为得。今之举士，为筮仕结绶之渐，一命一官而已，他日之功过，皆莫知也。荐人用人之道，何以得其贤矣！昔孔文举荐祢正平，以为堪任大臣，有皋陶稷契之才，汉后委而弃之，竟不能知其道之否臧；狄仁杰荐张柬之有宰相业，武后用之为相，果能克正唐祚，有中兴之功。文举之荐祢衡也，委而弃之；仁杰之荐柬之也，举而用之：岂系吾道之废兴？岂系历数之理乱乎？然用之则如此，不用之则如彼。骐骥伏枥，安能千里之步？龙泉在匣，孰知截玉之利？悲夫！用与不用耳。士之于世，不可期于一人之知己者。苟有知者，甘心死节，尚且不疑，况复升荣显之中，行心胸之事。安人之安，而存随之；利人之利，而亡有之。利天下者，以利己之厚者也；利百姓者，乃利其身之远者也。君子之人，岂不利其身哉？为国家得人则理，失人则乱，古今不易之常理，安可不以求士为急？《诗》曰："济济多士，文王以宁。"以四海所归之圣，尚假多士之力，况中庸之主哉！《易》曰："君子不家食吉。"仲尼以天纵之德，犹思贤者与之共食，况寻常人哉！又曰："皎皎白驹，在彼空谷。"盖遗贤之叹也。又曰："束帛戋戋，贲于丘园。"盖求之于野也。贤人君子，何代无之哉！上之人其求之以道，既不废于朝夕，于所荐不公，所用非贤，将难以至于理，当在申明上赏连坐之典以正之。奸邪攀援之路，渐将息矣。一举之妄，后当自获其辜，知有畏矣。在位者斯有贤者矣，有道之士争趋之矣。

《全唐文》卷八四六《牛希济·荐士论》

禹画九州，列贡轻重，举贤用才，咸在其中。故《周官》司马得俊造之名，乃进于天子，谓之进士。又，天子于射宫以择诸侯所贡之士，若善者乃受上赏，不善者黜爵，其次削地。得预于射宫以射诸侯之义，而为诸侯所举者重，所用者大。汉法：每州若干户，岁贡若干人，更以籍上闻。计州里之大小，材之多少，谓之计籍。人主亲试所通经业，策问、理优深者乃中高第。有行著乡里辟选，自古而然。汉世得人，于斯为盛。国家武德初，令天下冬季集贡士于京师，天子制策，考其功业辞艺，谓之进士，已废于行实矣。其后以郎官权轻，移之于礼部，大率以三场为试：初以词赋，谓之杂文；复对所通经义；终以时务为策。目虽行此，擢第又不由于文艺矣。唯王公子弟器貌奇伟，无才无艺者，亦冠于多士之首。然相士之道，备尝闻之，有门阀清贵者，有状骨卿相者，有容质秀丽者，有才藻可尚者，有权势抑取者，有朋友力盛者。机权沉密，词辩雄壮，臧否由己，升沉在心。群众必集其门，若见公相来交请友，识面为难。动必有应，游必有从，密处隐会，深诚重约。朱门甲第之间，鬼神不能知者，尽知之。虽名臣硕德，高位重权，可以开阖之，可以摇动之，可以倾覆之。有司畏之，不敢不与之者，言泉疾于波浪，舌端利若锋铓，所排殁九泉，所引升霄汉。默默无言，众必谓之长者；发中心病，时皆目之凶人。秋风八月，鞍马九衢，神气扬扬，行者避路，取富贵若咳唾，视州县如奴仆，亦不独高于贵胄，亦不贱彼孤介。得其术者，舍末耜而取公卿；乖其道者，抱文章而成痼疾。朝廷取士之门，于斯为最。衰世以来，多非其人。明廷无策问之科，有司亡至公之道。登第之人，其辞赋皆取能者之作，以玉易石，羊质虎皮。阙抱愤之人，汩没尘土，天九重高，不可以叫。加以浮薄之子，递相唱和。名第之中，以只数为上，贱其双数；以甲乙为贵，轻彼两科。题目之间，增其异名。至于傅粉熏香，服饰鞍马之费，多致匪人。成于牧宰，取资货以利轻肥。朋党比周，交游酒食。乱其国政，于斯为盛。窃愿明君贤臣，悉力同心，大革其弊，复以经明行修为急。所谓斥彼浮华，敦其茂实，儒风免坠，不失取士之道。

《全唐文》卷八四六《牛希济·贡士论》

　　王者列官分职，以成庶政，材不可失，官不可旷。故铨者以慎择为目，衡者以公平无私。或失于是，岂称其本？自周室以司马宗伯选士，汉魏晋宋，降及国朝，委吏部择官。上自郎吏，下至丞簿，皆禀之铨注。科名入选，品秩所荫，勋伐授任，四方奏荐。加黜伸书，易名取姓，其为猥诈，不可胜纪。以天下之大，九州之众，职官将万余员。令长簿尉，官秩至卑，理民与下最亲，朝廷轻之，委有司而已。今吏部自尚书至郎吏五人，抱案者向百余辈，桀黠诡谲，必出于是。视其官属，如弄婴儿。若啖之以利，即左右手之不如，皆舐笔署名，且未之暇，焉能得其过者？抢材为官，久废其事。为人择官，殆无虚日。其稍留心者，止于诘其荫绪，循其资历，黜其升迁，求其殿犯，岂有问其为政之本、为理之道？至若试以章判，拘以棘围，嚣文之徒，偏得其便；乞怜之子，略无愧容。大为笑端，不可以取。亦有居清官苦，罢无资财，考秩既深，然后送堂。时宰视之，不成乌狗。区区风尘，殍死者众。胥吏贿赂之交，填咽街巷，聒于耳目。清资剧邑，必有主者。朝列之中，以乐为之。某官若干万钱，某邑若干束帛，公然大言，曾无畏惧。憧憧政路，指期而取。某之官也，纳贿偿债，且未之能，岂复为政为理？是以生民致困，岁月雕弊，遁逃林薮，窜伏萑苻。小者掠行旅，大者破井邑。天下九州，蜂飞猬起，以至于阽危宗社。夫众庶非乐于远父母、弃妻子而为盗贼，甘心于白刃之下。生业既亡，饥寒是逼，遂陷于此，皆为政之驱也。持衡者得不以铨择为急？

《全唐文》卷八四六《牛希济·铨衡论》

〔天福五年〕四月，礼部侍郎张允……又奏："国家悬科待士，贵务搜扬，责实求才，须除讹滥。童子每当就试，止在念书背经，则虽似精详，对卷则不能读诵。及名成贡院，身返故乡，但刻日以取官，更无心而习业。滥蠹徭役，虚占官名。其童子一科，亦请停废。"

《册府元龟》卷六四二《贡举部·条制四》

〔显德二年〕五月，翰林学士、尚书礼部侍郎、知贡举窦仪上言："伏以朝廷设科，比来取艺，州府贡士，只合荐能。爰因近年，颇隳旧制。其举子之弊也，多是才谋习业，便切干名。《周》《仪》未详，赴三礼之举；《公》《穀》不究，应三传之科。经学则偏试帖由，进士则鲜通经义。取解之处，讲张妄说于辛勤；到京之时，奔竞惟求于荐托。其举送之弊也，多是明知荒浅，具委凶粗。新差考试之官，利其情礼之物，虽所取无几，实启幸非轻。凡对问题，任从同议，谩凿通而凿否，了无去以无留，惟徇人情，仅同儿戏。致令至时就试，不下三千；每岁登科，罕逾一百。假使无添而渐放，约须毕世而方周。乃知难其举则至公而有益于人，易其来则小惠而无实于事。有益者知滥进不得，必致精勤；无实者欲多放无能，虚令来往。且明经所业，包在诸科。近闻应者渐多，其研精者益少。又，今之童子，比号神童。既幼稚之年，禀神异之性，语言辨慧，精采英奇，出于自然，有则可举。窃闻近日，实异于斯。抑嬉戏之心，教念诵之语，断其日月，委以师资。限隔而游思不容，扑跌而痛楚多及。孩童之意，本未有知；父母之情，恐或不忍。而复省试之际，岁数难知。或念诵分明，则年貌稍过；或年貌适中，则念诵未精。及有司之去留，多家人之诉讼。伏况晋朝之日，罢此三科，年代非遥，敕又具在。今宜厘革，别俾进修。臣谬以非才，获承此任，本重难而为最，复遗阙以相仍。虔奉敕文，重令条奏。或从长而仍旧，亦因弊以改为，上副圣情，广遵公道。除依旧格敕施行外，其明经、童子，请却依晋天福五年敕停罢，任改就别科赴举。其进士，请今后省卷限纳五卷已上，于中须有诗、赋、论各一卷，余外杂文、歌篇并许同纳，只不得有神道碑、志文之类。其帖经、对义，并须实考，通三已上为合格，将来却复书试。候考试终场，其不及第人以文艺优劣定为五等：取文字乖舛、词理纰缪最甚者为第五等，殿五举；其次者为第四等，殿三举；以次稍优者为第三、第二、第一等，并许次年赴举。三礼，请今后解试，省试第一场《礼记》，第二场《周礼》，第三场《仪礼》。三传，第一场《左氏》，第二场《公羊》，第三场《穀梁》，并终而复始。学究，请今后《周易》《尚书》并为一科，每经对墨义三十道，仍问经考试。《毛诗》依旧为一科，对墨义六十道。及第后请并咸为上选。集诸科举人所对策问，或不应问目，词理乖错者，并当驳落。其诸科举人，请第一场十否者，殿五举；第二场、三场十否者，殿三举；

其三场内有九否者，并殿一举。其进士及诸科所殿举数，并于所试卷子上朱书，封送中书门下，请行指挥，及罪发解试官、监官等。其监官、试官如受取解人情礼、财物，请今后并准枉法赃论。又，进士以德行为基，文章为业，苟容欺诈，何称科名？近年场中，多有诈伪，托他人之述作，窃自己之声光。用此面欺，将为身计，宜加条约，以诫轻浮。今后如有倩人述作文字应举者，许人告言，送本处色役，永不得仕进。又，切览《唐书》，见穆宗朝礼部侍郎王起奏所试贡举人，试讫申送中书，候覆讫下当司，然后大字放榜。……”诏并从之。唯进士并诸科举人放榜，一依旧施行。

《册府元龟》卷六四二《贡举部·条制四》

昔中书舍人孙何汉公著论曰："唐有天下，科试愈盛，自武德、贞观之后，至贞元、元和已还，名儒巨贤，比比而出。有宗经立言如邱明、马迁者；有传道行教如孟轲、扬雄者；有驰骋管、晏，上下班、范者；有凌栎颜、谢，诋诃徐、庾者。如陆宣公、裴晋公皆负王佐之器，而犹以举子事业飞腾声称。韩退之、柳子厚、皇甫持正皆好古者也，尚克意雕琢，曲尽其妙。持文衡者，岂不知诗赋不如策问之近古也？盖策问之目，不过礼乐刑政、兵戎赋舆、岁时灾祥、吏治得失，可以备拟，可以曼衍。故汗漫而难校，淟涊而少工，词多陈熟，理无适莫。惟诗赋之制，非学优才高，不能当也。破巨题期于百中，压强韵示有余地。驱驾典故，混然无迹；引用经籍，若己有之。咏轻近之物，则托兴雅重，命词峻整；述朴素之事，则立言遒丽，析理明白。其或气焰飞动，而语无孟浪；藻绘交错，而体不卑弱。颂国政，则金石之奏间发；歌物瑞，则云日之华相照。观其命句，可以见学植之深浅；即其构思，可以觇器业之大小。穷体物之妙，极缘情之旨，识春秋之富艳，洞诗人之丽则，能从事于斯者，始可以言赋家流也。"其论作赋之工如此，非过也。

《寓简》卷五

第三章

时论杂记

昔周公使伯禽理鲁，三年而后报政。周公曰："何迟?"伯禽曰："变其理，易其俗，难，所以迟。"太公理于齐，三月而后报政。周公曰："何疾?"曰："因其俗，简其礼，易，所以速。"故孔子论之曰："齐一变，至于鲁；鲁一变，至于道。"由是而言，劳不甚者理不极，功不积者泽不深。故尧舜三年而考，三考而黜陟，所以能尽其智术也。近古人情敦厖，未淳乎尧舜；礼正乐和，未愈于虞夏；官贤吏能，未称于殷周。或一年而考，或四考黜陟，或比年而巡狩，或岁时便迁，或旬月升擢令长。今日既上，明日部内有犯名义者，即坐之，不其速欤！

《全唐文》卷三七二《刘秩·考课论》

天宝初，适于平阳。平阳太守稷山公，则衡之从考舅。雅好古道，门尚词客，当今文人，相与多矣。尝叹曰："取士之道，才其难乎？或精文而薄于行，或敦行而浅于文，斯乃有失其道，一至于此。"顾衡曰："吾尝谓尔知言，尔其言之。"衡私门以文场而进五世，鄙虽不嗣，忝藉余训，敢著《元龟》，以叙其事。

《元龟》曰：文道之兴也，其当中古乎？其无所始乎？且天道五行以别纬,地道五色以别方,人道五常以别德。《易》曰:"观乎天文,以察时变;观乎人文,以化成天下。"非五纬孰可以知天?非五方孰可以辨地?非五常孰可以化人?文之为道,斯亦远矣。天人之际,其可以得于是乎?夫卦始乎三画,文章之阃,大抵不出乎三等,斯乃从人而有焉。工与不工,各区分而有之。君子之文为上等,其德全;志士之文为中等,其义全;词士之文为下等,其思全。其思也可以纲物,义也可以动众,德也可以经化。化人之作,其惟君子乎?君子之作,先乎行,行为之质;后乎言,言为之文。行不出乎言,言不出乎行,质文相半,斯乃化成之道焉。志士之作,介然以立诚,愤然有所述,言必有所讽,志必有所之,词寡而意恳,气高而调苦,斯乃感激之道焉。词士之作,学古以摅情,属词以及物,及物胜则词丽,摅情逸则气高,高者求清,丽者求婉,耻乎质,贵乎情,而忘其志,斯乃颓靡之道焉。古人之贵有文者,将以饰行表德,见情著事,杼轴乎天人之际,道达乎性命之无,正复乎君臣之位,昭感乎鬼神之奥。苟失其道,无所措矣。君子也,文成而业著;志士也,文成而德丧。然今之代,其多词士乎?代由尚乎文者,以斯文而欲轨物范众,经邦叙政,其难致乎化成。悲失!敢著《元龟》,庶观文章之道,得丧之际,悔各之所由者也。

《全唐文》卷三九四《尚衡·文道元龟》

天宝丁亥中,诏征天下士,人有一艺者,皆得诣京师就选。相国晋公林甫,以草野之士猥多,恐泄漏当时之机,议于朝廷曰:举人多卑贱愚瞆,不识礼度,恐有諕言,污浊圣听。于是奏待制者,悉令尚书长官考试,御史中丞监之,试如常吏。如吏部试诗赋论策。已而布衣之士无有第者,遂表贺人主,以为野无遗贤。

元子时在举中，将东归。乡人有苦贫贱者，欲留长安，依托时权，徘徊相谋。因谕之曰：昔世已来，共尚丘园洁白之士，盖为其能外独自全，不和不就，饥寒切之，不为劳苦，自守穷贱，甘心不辞。忽天子有命，聘之玄纁束帛，以先意荐论，拥篲以导道。欲有所问，如咨师傅。听其言则可为规戒，考其行则可为师范，用其材则可为经济。与之权位，乃社稷之臣。君能忘此，而欲随逐驽骀，入栈枥中，食下厩赘敖，为人后骑负皂隶受鞭策耶？

《元次山文集》卷八《喻友》

建中初，金吾将军裴冀曰："若使礼部先时颁天下曰某年试题取某经，某年试题取某史，至期果然，亦劝学之一术也。"

《唐国史补》卷下

方今天下入仕，惟以进士、明经及卿大夫之世耳。其人率皆习熟时俗，工于语言，识形势，善候人主意，故天下靡靡，日入于衰坏。恐不复振起，务欲进足下趋死不顾利害去就之人于朝，以争救之耳，非谓当今公卿间无足下辈文学知识也。

《韩昌黎文集校注》卷三《答吕医山人书》

仆始年十六七时，未知人事，读圣人之书，以为人之仕者皆为人耳，非有利乎己也。及年二十时，苦家贫，衣食不足，谋于所亲，然后知仕之不唯为人耳。及来京师，见有举进士者，人多贵之，仆诚乐之，就求其术，或出礼部所试赋、诗、策等以相示，仆以为可无学而能，因诣州县求举。有司者好恶出于其心，四举而后有成，亦未即得仕。闻吏部有以博学宏辞选者，人尤谓之才，且得美仕，就求其术,或出所试文章,亦礼部之类,私怪其故,然犹乐其名,因又诣州府求举。凡二试于吏部,一既得之,而又黜于中书,虽不得仕,人或谓之能焉。退自取所试读之,乃类于俳优者之辞,颜忸怩而心不宁者数月。既已为之,则欲有所成就,《书》所谓耻过作非者也。因复求举,亦无幸焉,乃复自疑,以为所试与得之者不同其程度,及得观之,余亦无甚愧焉。夫所谓博学者,岂今之所谓者乎?夫所谓宏辞者,岂今之所谓者乎?诚使古之豪杰之士若屈原、孟轲、司马迁、相如、扬雄之徒进于是选,必知其怀惭乃不自进而已耳。设使与夫今之善进取者竞于蒙昧之中,仆必知其辱焉。然彼五子者,且使生于今之世,其道虽不显于天下,其自负何如哉!肯与夫斗筲者决得失于一夫之目而为之忧乐哉!故凡仆之汲汲于进者,其小得盖欲以具裘葛、养穷孤,其大得盖欲以同吾之所乐于人耳,其他可否自计已熟,诚不待人而后知。

《韩昌黎文集校注》卷三《答崔立之书》

古之士三月不仕则相吊,故出疆必载质,然所以重于自进者:以其于周不可,则去之鲁;于鲁不可,则去之齐;于齐不可,则去之宋、之郑、之秦、之楚也。今天下一君,四海一国,舍乎此则夷狄矣,去父母之邦矣,故士之行道者不得于朝,则山林而已矣。山林者,士之所独善自养而不忧天下者之所能安也,如有忧天下之心,则不能矣,故愈每自进而不知愧焉。

《韩昌黎文集校注》卷三《后廿九日复上书》

居方足下:……承今冬以前,明经赴调,罢举进士,何颠且不沛,逝而能复欤!……国家设尊官厚禄,为人民也,为社稷也。在求其人，非与人求；在得其人，非与人得。唯道德膺厥求，唯贤能膺厥得。贤能事事而发见，道德诚诚而后信。苟须事事，苟须诚诚，则必委以务，命以职，从而核之。四海之大，亿兆之众，不可逢而委命之，是用启稍异之间，姑致其我乐而自耀者。读往载，究前言，则曰明经；属以辞，赋以事，则曰进士。中夫程度者，取政事最轻小者命以始。又令公侯子孙、卿大夫子弟能力役供给者，曰千牛、进马、三卫、斋郎，限以年月，终亦试之。其有成则陟陟不已，乃尊乃厚；其有败则黜黜不已，乃戮乃亡。取之于诸科暂殊，用之于诸科则一。良未即以进士贤而明经不贤也。……况目睹进士出身，十年、二十年而终于一命者有之；明经、诸色入仕，须臾而践卿相者有之。忠与孝相生，君与父相随，于家美即于国良，为闺门重则为朝廷尚。此古昔圣贤绝虑，万不失一之得也。仆忝居方游，自贞元之初于今十有三祀，熟得居方之为人。……年才弱冠，行迹如此，岂徒行哉！……得之以道，为姜，为傅；不得以道，为回，为宪。时之令人，岂不善欤！面叙不周，此亦何云？

《欧阳行周文集》卷八《与郑伯义书》

李翱与弟正辞书，贞元末，正辞取京兆解，掾不送，翱故以书勉之。其书曰："知汝京兆府取解，不得如其所怀，念勿在意。凡人之穷达，所遇犹各有时尔，何独至于贤丈夫而反无其时哉！此非吾人之所忧也。吾所忧者何？畏吾之道未到于天下人之际耳。其心既自以为到，且无谬，则吾何往而不得所乐？何必与夫时俗之人同得失忧喜而动乎心？借如用汝之所知，分为十焉，用其九学圣人之道而和其心，使余者以与时进退俯仰，如可求也，则不啬富且贵也。如非吾力也，虽尽其十，只益动其心尔，安能有所得乎？汝勿信人号文章为一艺。夫所谓一艺者,乃时俗所好之文,或有盛名于近代者是也;其能到古人者,则仁义之辞也,恶得一艺而名之哉!仲尼、孟轲,没千余岁矣,吾不及见其人,能知其圣且贤者,以吾读其辞而得之者也。后来者不可期,安知其读吾辞者而不知吾心之所存乎?亦未可诬也。夫性于仁义者,未见其无文也;有文而能到者,则吾未见其不力于仁义也。由仁义而后文者,性也;由文而后义者,习也。犹诚明之必相依尔。贵与富,在乎外者也,吾不能知其无也,非吾求而能至者也。吾何爱屑屑于其间哉!仁义与文章,生乎内者也,吾知其有也,吾能求而充之者也。吾何惧而不为哉!汝虽性过于人,然而未能浩浩于其心,吾故书其所怀以张汝,且以乐言吾道云尔。"

《唐摭言》卷二《得失以道》

冯生自负其气而中立,上无援,下无交,名声未大耀于京师。生信无罪,是乃时之人,见之者或不能知之,知之者则不敢言,是以再举进士,皆不如其心。谓生无戚戚,盖以他人为解。予联以杂文罢黜,不知者亦纷纷交笑之,其自负益明。退学书,感愤而为文,遂遭知音成其名。当黜辱时,吾不言其拙也,岂无命耶?及既得时,吾又不自言其智也,岂有命耶?故谓生无戚戚。

《李文公集》卷五《送冯定序》

太和初,李相回任京兆府参军,主试,不送魏相公谟,深衔之。会昌中,回为刑部侍郎,谟为御史中丞,尝与次对,官三数人候对于阁门。谟曰:"某顷岁府解,蒙明公不送,何幸今日同集于此?"回应声答曰:"经,上呼。如今也不送。"谟为之色变,益怀愤恚。后回谪牧建州，谟大拜，回有启状，谟悉不纳。既而回怒一衙官，决杖勒停建州，衙官能庇徭役，求隶籍者所费不下数十万，其人切恨停废。后因亡命至京师，接时相诉冤，诸相皆不问。会停午，憩于槐阴，颜色憔悴，傍人察其有私，诘之。其人具述本意，于是诲之曰："建阳相公素与中书相公有隙，子盍诣之！"言讫，魏公导骑自中书而下。其人常怀文状，即如所诲，望尘而拜。导从问，对曰："建州百姓诉冤。"公闻之，倒持尘尾，敲檐子门，令止。及览状，所论事二十余件，第一件取同姓子女入宅。于是为魏相极力锻成大狱。时李相已量移邓州刺史，行次九江，遇御史鞫，却回建阳，竟坐贬抚州司马，终于贬所。

卢吉州肇，开成中，就江西解试，为试官不送。肇有启谢曰："巨鳌屃赑，首冠蓬山。"试官谓之曰："昨某限以人数挤排，虽获申展，深惭名第奉浼，焉得翻有'首冠蓬山'之谓？"肇曰："必知明公垂问。大凡顽石处上[①]，巨鳌戴之，岂非'首冠'耶？"一座闻之大笑。

华良夫尝为京兆解，不送。良夫以书让试官曰：圣唐有天下，垂二百年；登进士科者，三千余人。良夫之族，未有登是科者，以此慨叹愤惋。从十岁读书，学为文章，手写之文，过于千卷。

王泠然与御史高昌宇书曰："仆之怪君，甚久矣。不忆往日任宋城县尉乎？仆稍善文章，每蒙提奖，勤勤见过，又以齐甿，叨承恩顾，铭心在骨。复闻升进不出台省，当为风波可望，故旧不遗。近者，伏承'皇皇者华'，出使江外，路次于宋，依然旧游，门生故人，动有十辈，蒙问及者众矣，未尝言泠然。明公纵欲高心，不垂

① "上"，原本作"土"。

半面,岂不畏天下窥公侯之浅深与著绿袍,乘骢马,跄跄正色,谁敢直言?仆所以数日伺君,望尘而拜,有不平事,欲图于君,莫厌多言而彰公短也。先天年中,仆虽幼小,未闲声律,辄参举选。公既明试,量拟点额;仆之枉落,岂肯缄口!是则公之激仆,仆岂不知!公之辱仆,仆终不忘,其故亦上一纸书,蒙数遍读,重相摩奖,道有性灵云。某年来掌试,仰取一名,于是逡巡受命,匍匐而归,一年在长安,一年在洛下,一年在家园。去年冬十月得送,今年春三月及第。往者虽蒙公不送,今日亦自致青云。天下进士有数,自河以北,唯仆而已。光华藉甚,不是不知,君须稍垂后恩,雪仆前耻,若不然,仆之方寸别有所施。何者?故旧相逢,今日之谓也。仆之困穷,如君之往昔;君之未遇,似仆之今朝。因斯而言,相去何远!君是御史,仆是词人,虽贵贱之间,与君隔阔;而文章之道,亦谓同声。而不可以富贵骄人,亦不可以礼义见隔。且仆家贫亲老,常少供养,兄弟未有官资,嗷嗷环堵,菜色相看,贫而卖浆。值天凉,今冬又属停选。试遣仆为御史,君在贫途,见天下文章、精神、气调得如王子者哉!实能忧其危,拯其弊。今公之富贵亦不可多得。意者,望御史今年为仆索一妇,明年为留心一官。幸有余力,何惜些些?此仆之宿憾,口中不言;君之此恩,顶上相戴。傥也贵人多忘,国士难期,使仆一朝出其不意,与君并肩台阁,侧眼相视,公始悔而谢仆,仆安能有色于君乎?仆生长草野,语诚触忤,并诗若干首,别来三日,莫作旧眼相看。山东布衣,不识忌讳。泠然顿首。”

《唐摭言》卷二《恚恨》

史臣曰:举才选士之法,尚矣。自汉策贤良,隋加诗赋,罢中正之法，委铨举之司。由是争务雕虫，罕趋函丈，矫首皆希于屈、宋，驾肩并拟于《风》《骚》。或俦箴阙之篇，或效补亡之句。咸欲锱铢《采葛》，糠粃《怀沙》，较丽藻于碧鸡，斗新奇于白凤。暨编之简牍，播在管弦，未逃季绪之诋诃，孰望《子虚》之称赏？迨今千载，不乏辞人，统论六义之源，较其三变之体，如二班者盖寡，类七子者几何？至潘、陆情致之文，鲍、谢清便之作，迨于徐、庾，踵丽增华，纂组成而耀以珠玑，瑶台构而间之金碧。国初开文馆，高宗礼茂才，虞、许擅价于前，苏、李驰声于后。或位升台鼎，学际天人、润色之文，咸布编集。然而向古者伤于太僻，徇华者或至不经，龌龊者局于宫商，放纵者流于郑、卫。若品调律度，扬榷古今，贤不肖皆赏其文，未如元、白之盛也。昔建安才子，始定霸于曹、刘；永明辞宗，先让功于沈、谢。元和主盟，微之、乐天而已。臣观元之制策，白之奏议，极文章之壸奥，尽治辞之根荄。非徒谣颂之片言，盘盂之小说。就文观行，居易为优，放心于自得之场，置器于必安之地，优游卒岁，不亦贤乎！

《旧唐书》卷一六六《白敏中传》

日休自布衣受九江之荐，与计偕寓止永崇里。居浃旬，有来候者曰："子几退于有司，几执于执事，其誉与名，晔晔于京师矣。致是也者，孰自？"曰："偶与计偕者，曾未识咸阳城阙，所赞者未及卿相之门，所趋者未入势利之地，其誉与名，反不知其自矣。"曰："闻子受今小司徒河东公知素矣。公当时之望，溟渤于文场，嵩、华于朝右，子之上第，不足凭他门。"曰："公之为前达接后进，今人之中古人也。愚欲自知其道，干之以其文。以名臣之威，绁贱士之礼，其为知大矣。所谓干之以其道，知之亦以其道。遇其人则宣之于口,不遇其人则贮之于心,非佞传媚说者也。"或者不怿而退。居一日,又有来者曰:"喋喋之人,谓子赖其知,欲一举于有司,信哉?"曰:"於戏!圣天子之世,文教如膏雨,儒风如扶摇,草茅之士得以达,市井之子可以进。名场大辟,豁若广路,千百人各负异能,时执事各立名誉。如日休之才,处于场中,若放鲲鲕于东溟,逐獐麕于五岳,以小入大,以微混众,其汩汩没没,昭然可知矣。岂能一举于有司哉!或练穷物态,晓尽时机,一二十举于有司,倘处之下列,行其道也。上可以布大知,下可以存禄利而已矣。"曰:"若能者,谤欤?子宜默处梁上,第防其萌。"曰:"大圣者不过周、孔,然犹管、蔡谤于前,叔孙毁于后,何由?处世而然,亦犹登高者必望,临深者必窥矣。"《诗》曰:"谗言罔极,交乱四国。"夫四国且乱,况一士哉?虽然,敢不防其萌?呜呼!防而免者,人欤?防而不免者,天欤?

《皮子文薮》卷八《内辨》

论曰:科第之设,沿革多矣。文皇帝拨乱反正,特盛科名,志在牢笼英彦。迩来林栖谷隐,栉比鳞差。美给华资,非第勿处;雄藩剧郡,非第勿居。斯乃名实相符,亨达自任,得以惟圣作则,为官择人。有其才者,靡捐于瓮牖绳枢;无其才者,讵系于王孙公子!莫不理推画一,时契大同。垂三百年,擢士众矣。然此科近代所美,知其美之所美者,在乎端己直躬,守而勿失;昧其美之所美者,在乎贪名巧宦,得之为荣。噫!大圣设科,以广其教,奈何昧道由径,未旋踵而身名俱泯,又何科第之庇乎!矧诸寻芳逐胜,结友定交,竞车服之鲜华,骋杯盘之意气;沽激价誉,比周行藏。如胶漆于群强,终短长于逐末。乃知得失之道,坦然明白。丘明所谓"求名而亡，欲盖而彰"。苟有其实，又何科第之阙欤！

《唐摭言》卷三《慈恩寺题名游赏赋咏杂纪》

论曰：《书》云："人无常师，主善为师。"於戏！近世浮薄，率皆贵彼生知，耻乎下学。质疑问礼者，先怀愧色；探微赜奥者，翻汨沉流。风教颓圮，莫甚于此！由是李华自曰："师于茂挺。"李翱亦曰："请益退之。"于时，名遂功成，才高位显，务乎矫俗，以遏崩波，盛则盛矣，方之缪公以小吏一言，北面而师之者，可谓旷古一人而已！有若考核词艺之臧否，振举后生之行藏，非唯立贤，所谓报国。噫！今之论者，信侥幸之贼欤！

《唐摭言》卷五《以其人不称才试而后惊》

论曰：古人举事之所难者，大则赴汤火，次则临深履薄。李少卿又曰操空拳，冒白刃，闻者靡不胆寒发竖，永为子孙之戒。噫，危矣！彼之得因我也，失亦因我也。殊不知三百年来，科第之设，草泽望之起家，簪绂望之继世。孤寒失之，其族馁矣；世禄失之，其族绝矣。愧彼为裘之义，觊乎析薪之喻，方之汤、火、深、薄、空拳、冒刃，危在彼矣。是知瓜李之嫌，薏苡之谤，斯不可忘。若邵郑二子，单进求名之志先其类，虽顺坂之势可惜，而揠苗之戒难忘。名既靡扬，得之不求。崔公胁制，仁者所不为也。许，蔡二公所取者，道也，非为名也。莎锦之譬，谑浪而已。

《唐摭言》卷九《好及第恶登科》

费冠卿，池州人也，进士擢第，将归故乡，别相国郑公余庆。公素与秋浦刘令友善，喜费之行，托以寓书焉。手札盈幅，缄以授费。戒之曰:"刘令久在名场,所以不登甲乙之选者,以其褊率,不拘于时。舍科甲而就卑宦,可善遇之也。"

《太平广记》卷五四《神仙五十四·费冠卿》

苗给事子缵应举次,而给事以中风语涩,而心中至切。临试又疾亟,缵乃为状请许入试否。给事犹能把笔淡墨为书曰:"入。"其父子之情切如此。其年,缵及第。

《唐语林》卷四《企羡》

薛中书元超谓所亲曰:"吾不才,富贵过分,然平生有三恨:始不以进士擢第,不得娶五姓女,不得修国史。"

《隋唐嘉话》中

进士崔涯、张祜下第后,多游江淮,常嗜酒,侮谑时辈,或乘饮兴,即自称豪侠。

《桂苑丛谈》之《崔张自称侠》

宣宗酷好进士及第,每对朝臣问及第,苟有科名对者,必大喜,便问所试诗赋题目,拜主司姓名。或有人物稍好者,偶不中第,叹息移时。常于内自题"乡贡进士李道龙"。

《太平广记》卷一八二《贡举五·宣宗》

君讳戬,字定臣,⋯⋯年三十,尽明六经书,解决微隐,苏融雪释,郑玄至于孔颖达辈凡所为疏注,皆能短长其得失。一举进士,耻不肯试,归晋陵阳羡里,得山水居之,始开百家书,缘饰事业。……居江南，秀人张知实、萧置、韩乂、崔寿、宋邢、杨发、王广，皆趋君交之，后皆得进士第，有名声官职，君尚为布衣，然于君不敢稍怠。

《樊川文集》卷九《唐故平卢军节度

巡官陇西李府君墓志铭》

　　八月，衍受道箓于苑中，以杜光庭为真天师、崇真馆大学士。光庭字宾至，京兆杜陵人。方干见之，谓曰："此宗庙中宝王大圭也。"举制科不中，入天台为道士。僖宗召见，赐紫衣，出入禁中。上表乞游成都，隐青城山白云溪，卒于蜀，年八十五，颜貌如生，世以为尸解。有文千余卷，皆本无为之旨。

《幸蜀记》

　　杜羔妻刘氏，善为诗。羔累举不中第，乃归。将至家，妻即先寄诗与之，曰："良人的的有奇才，何事年年被放回。如今妾面羞君面，君到来时近夜来。"羔见诗，即时而去，竟登第而返。

《玉泉子》

　　进士郑总，以妾病，欲不赴举。妾曰："不可为一妇人而废举。"固请之，总遂入京。其春下第东归，及家，妾卒。

《太平广记》卷三五二《鬼三十七·郑总》

　　沈攸之晚好读书，手不释卷。尝叹曰："早知穷达有命，恨不十年读书！"

《记事珠》

兰陵萧逸人，亡其名，尝举进士下第，遂焚其书，隐居潭水上，从道士学神仙。

《太平广记》卷四一三《草木八·芝·地下肉芝》

唐末，进士不第，如王仙芝辈唱乱，而敬翔、李振之徒，皆进士之不得志者也。盖四海九州之广，而岁上第者仅一二十人。苟非才学超出伦辈，必自绝意于功名之涂，无复顾藉。故圣朝广开科举之门，俾人人皆有觊觎之心，不忍自弃于盗贼奸宄。

《燕翼诒谋录》卷一《进士特奏》

附

录

附录一

特殊考试

一、 新学士入翰林院试文

　　唐制,诏敕号令皆中书舍人之职,定员六人,以其中一人为知制诰,以掌进画。翰林学士初但为文辞,不专诏命,自校书郎以上皆得为之,班次各视其官,亦无定员。故学士入皆试五题:麻、诏、敕、诗、赋。而舍人不试,盖舍人乃其本职,且多自学士迁也。学士未满一年,犹未得为知制诰,不与为文,岁满迁知制诰,然后始并直。

《翰苑遗事》卷一

　　兴元元年,敕:翰林学士朝服序班,宜准诸司官知制诰例。凡初迁者,中书门下召令右银台门候旨,其日入院,试制书答共三首,诗一首。自张仲素后,加赋一首。试毕封进,可者,翌日受宣,乃定。事下中书门下,于麟德殿候对,本院赐宴,营幕使宿设帐幕图褥,尚食供馔,酒坊使供美酒,是为敕设,序立拜恩讫,候就宴。

《翰林志》卷一

公字乐天,讳居易,前进士,避祖讳,选书判拔萃,注秘省校书。元年,对宪宗诏策,语切不得为谏官,补盩屋尉。明年试进士,取故萧遂州瀚为第一,事毕,怗集贤校。一月中,诏由右银台门入翰林院,试文五篇,明日,以所试制《加段佑兵部尚书领泾州》,遂为学士。右拾遗,满,将拟官,请掾京兆,以助供养,授户曹。

《樊南文集》卷八《刑部尚书致仕赠

尚书右仆射太原白公墓碑铭》

元和二年,十一月四日,自集贤院召赴银台候进旨。五日,召入翰林。奉敕试制诏等五首。翰林院使梁守谦奉宣:宜授翰林学士。数月,除左拾遗。

奉敕试边镇节度使加仆射制

将仕郎、守京兆府盩屋县尉、集贤殿校理、臣白居易进。

门下:镇宁三边,左右百揆,兼兹重任,必授全材。某镇节度使某乙,天与忠贞,日彰名节,德温以肃,气直而和,明略足以佐时,英姿足以遏寇。累经事任,历著勋庸。中权之令风行,外镇之威山立。戎夷慑服,汉兵无西击之劳;疆场底宁,胡马绝南牧之患。禁暴而三军辑睦,除害而百姓阜安。千里长城,一方内地。实嘉乃绩,爰简朕心。夫竭力输诚,为臣之大节;念功懋赏,有国之恒规。顾兹忠勤,宜进爵秩。尔有统戎之略,已授旌旄;尔有宣赞之猷,特加端揆。往践厥职,其惟有终! 可尚书左仆射,余如故。主者施行。

与金陵立功将士等敕书

敕：浙西立功将士等。朕自临寰宇，已再逾年；以忠恕牧万人，以恩信驭百辟；动必思于恤隐，静无忘于泣辜。庶乎驯致小康，浸兴大道也。李锜因缘属籍，践历官常；苞①藏祸心，素怀枭镜之性；彰露凶德，忽发豺狼之声。朕念以宗枝，务于容贷；谕以迷复，卒无悛心。而乃保界重江，窃弄凶器，抵捍朝命，驱胁师人，背德欺天，乱常干纪。蜂虿之毒，流于郡县；犬彘之行，肆于闱门。恶稔祸盈，亲离众叛；人神共弃，天地不容。卿等忠愤暗彰，义勇潜发；变疾风雨，谋先鬼神；中推赤心，前蹈白刃。率其膂力，死命于军前；擒其凶魁，生致于阙下。廓千里之沴气，济一方之生人。诚感君亲，义激臣子。临危见不夺之节，因事立非常之功。予嘉乃诚，一念三叹！至于图劳懋赏，询事策勋，各有等差，续当处分；故先宣慰，宜并悉之。冬寒，卿等各得平安好。遣书指不多及。

与崇文诏

为频请朝觐，并寒月跋涉意。时崇文为西川节度使。

敕：崇文：卿忠廉立身，简直成性。董戎长武，边候义安；授律西川，凶徒荡灭。是以宠崇外阃，秩进上公。而能省事安人，多方抚俗。谕朕念功之旨，勉其师徒；宣朕恤隐之心，慰彼黎庶。威立无暴，功成不居；累陈表章，恳请朝觐。虽殿邦之寄重，诚欲藉

---

① "苞"，《全唐文》卷六六五作"包"。

才;而望阙之恋深,固难夺志。且嘉且叹,弥感于怀。属时候严凝,山川修阻;永言跋涉,当甚勤劳。伫卿来思,副朕诚望,想宜知悉。冬寒,卿比平安好。遣书指不多及。

批河中进嘉禾图表

上天降休,下土效祉,将表丰年之兆,故生同颖之祥。顾惭寡德,受此嘉瑞。披图省表,阅视久之。卿发诚自中,归美于上;亦宜勉勤匡赞,驯致邕熙。庶洽升平之风,以叶和同之庆。所贺知。

太社观献捷诗

以"功"字为韵,四韵成。

淮海妖氛灭,乾坤嘉气通。班师郊社内,操袂凯歌中。庙算无遗策,天兵不战功。小臣同鸟兽,率舞向皇风。

《白居易集》卷四七《奉敕试制书诏批答诗等五首》

某启:某昨日早趋崇屏,面奉宏慈,承许与之恩言,荷提拔之隆旨,循涯自失,没齿知归。某孤拙无媒,迂疏寡合,且乏干时之具,仍惭悦世之机。一忝班行,八移年历。未绝遭逢之望,分无骞翥之期。伏以某官光辅丕图,启迪昌运。当此艰危之际,克展经纶之才,孰谓庸虚,亚尘褒采。况丹霄侍从,清籞遨游,畀资枚马之流,以阐尧汤之化。顾兹屡薄,讵可论思。倍怀感激之心,冀竭效酬之节。但以铅刀钝质,不可厕于龙泉;瓦击凡姿,固难齐于神鼎。虽感恩而载切，实顾已以难胜。

《全唐文》卷八一八《张元晏·未召试前与孙相公启》

　　某启：某人惟冗末，地匪清华，异前修稽古之勤，乏往彦求己之志。偶尘科级，旋履宦途。甘蒙碌碌之嗤，实愧堂堂之称。惟思勇退，只欲自强。孰谓仆射念及孤沉，奖兹颛僻。遇孔梨之津润，别借齿牙；因姜被之包容，俯明肝膈。昨晚面承尊旨，曲奉温言，直欲拔自尘泥，置之霄汉。恩既生于望外，喜载溢于情衷。况悯恤垂仁，念惜兼至，假毛羽而使遂骞翥，回鞭策而俾学腾骧。尽自生成，益隆邱岳。但虑艺无所取，材不足称，仰累埏镕，或孤抬举。誓节永依于门馆，酬恩冀尽于死生。苟违斯言，是欺皎日。

《全唐文》卷八一八《张元晏·未召试先与奉常启》

　　昭宗召偓入院，试文五篇：《万邦咸宁赋》《禹拜昌言诗》《武臣授东川节度制》《答佛詹国进贡书》《批三功臣让图形表》。缴状云："臣才不迈群，器非拔俗，待价既殊于椟玉，穷经有愧于籯金。遭逢清时，涵濡睿泽。峨冠振佩，已尘象阙之班；舐笔和铅，更辱金门之召。击钵谢捷，纂组非工，抚已循洭，以荣为惧。"

《金銮密记》

　　臣才不迈群，器非拔俗，待价既殊于椟玉，穷经有愧于籯金。遭遇清时，涵濡睿泽。峨冠振佩，已尘象阙之班；舐笔和铅，更入金门之召。击钵谢楗，纂组非工，抚已循洭，以荣为惧。

《全唐文》卷八二九《韩偓·御试缴状》

柳璨字炤之，……少孤贫，好学，昼采薪给费，夜然叶照书，强记，多所通涉。……颜荛判史馆，引为直学士，由是益知名。迁左拾遗。昭宗好文，……或荐璨才高，试文，帝称善，擢翰林学士。

《新唐书》卷二二三下《柳璨传》

〔后唐长兴元年二月己亥，〕翰林学士刘昫奏："新学士入院，旧试五题，请今后停试诗赋，只试麻制、答蕃书、批答共三道。仍请内赐题目，定字数，付本院召试。"从之。

《旧五代史》卷四一《唐书·明宗纪第七》

长兴元年二月，翰林学士刘昫奏："臣伏见本院旧例，学士入院，除中书舍人即不试，余官皆先试麻制、答蕃、批答各一道，诗、赋各一道，号曰五题。所试并于当日内了，便具呈纳。从前虽有召试之名，而无考校之实，每遇召试新学士日，或有援者，皆预出五题，潜令宿构，无援者即日起草，罕能成功。去留皆系于梯媒，得失尽归于偏党。今后凡本院召试新学士，欲请权停试诗、赋，只制麻制答，共三道，仍请内赐题目，兼定字数，付本院召试。"从之。

《五代会要》卷一三《翰林院》

后唐长兴元年二月，翰林学士刘昫奏："臣伏见本院旧例，学士入院，除中书舍人即不试，其余官资皆须先试麻制、答蕃书、批答各一道，诗、赋各一首，号曰五题。所试并是当日内了，便具进呈。从前虽有召试之名，而无考校之实，每值召试新学士日，或有援者，皆预出五题，暗令宿构，至时但写净本，便取职名。若无援

者，即临时特出五题，旋令起草，纵饶负艺，罕能成功。去留皆系
于梯媒，得失尽由于偏党。此乃抑挫孤寒之道，开张巧伪之门，积
弊相沿，浇风未改，将裨圣政，须立新规。况今伏值皇帝陛下德合
乾坤，明悬日月，大兴淳化，尽革浇风，矧惟翰墨之司专掌丝纶之
命，宜从正直，务绝阿私。自今后，凡有本院召试新学士，欲请权
停诗赋，只试麻制、答蕃书并批答，共三道，仍请内赐题目，兼定字
数，付本院召试，然后考其臧否，定其取舍。贵从务实，以示均平。
庶令孤进者得展勤劳，朋比者不能欺罔。事关稳便，合贡刍荛。"
从之。

《续翰林志》卷一

二、 献文章、进著述等人加试

唐成敬奇有俊才，天策中诣阙自陈，请日试文章三十道。则
天乃命王勃明抄本"勃"作"勮"。试之，授校书郎，累拜监察大理正，与
紫微令姚崇连亲。崇尝有疾，敬奇造宅省焉，对崇涕泪，怀中置生
雀数头，乃一一持出，请崇手执之而后释，祝云："愿令公速愈也。"
崇勉从之。既出，崇鄙其谀媚，谓子弟曰："此泪从何而来？"自兹
不复礼也。

《太平广记》卷二五九《嗤鄙二·成敬奇》

常举外复有通五经、一史，及进献文章，并上著述之辈，或本
司，或付中书考试，亦同制举。

开元中，有唐频上《启典》一百三十卷，穆元休上《洪范外传》
十卷，李镇上《注史记》一百三十卷、《史记义林》二十卷，辛之谔上

《叙训》两卷，卜长福上《续文选》三十卷，冯中庸上《政事录》十卷，裴杰上《史汉异议》，高峤上《注后汉书》九十五卷。如此者并量事授官，或沾赏赉，亦一时之美。

《封氏闻见记校注》卷三《制科》

杜甫字子美，本襄阳人，后徙河南巩县。曾祖依艺，位终巩令。祖审言，位终膳部员外郎，自有传。父闲，终奉天令。

甫天宝初应进士不第。天宝末，献《三大礼赋》，玄宗奇之，召试文章，授京兆府兵曹参军。

《旧唐书》卷一九〇下《杜甫传》

〔广顺〕三年五月，敕："进策献书人，宜令翰林学士申文炳，如枢密院引试定优劣，闻奏。"

《册府元龟》卷六四四《贡举部·考试二》

晋高祖天福七年五月，敕："应诸色进策人等，皆抱材能，方来投献。宜加明试，俾尽臧谋。起今后，应进策条，中书奏覆。敕下，其进策人委门下省试策三道，仍定上、中、下三等。如是，元进策内有施行者，其所试策或上或中者，委门下省给与减选或出身，优牒合格。参选日，其试策上者，委铨司超壹资注拟；其试策中者，委铨司依资注拟。如是，所试策或上或中，元进策条并不施行；所试策下，元进策条内有施行者：其本官并仰量与恩赐发遣。若或所试策下，所进策条并不施行，便仰晓示发遣，不得再有投进。余并准前后敕文处分。"

《册府元龟》卷六四四《贡举部·考试二》

贺兰正元，贞元中为昭义军节度使判官。进《用人权衡》《辅佐记》各十卷，《举选衡镜》三卷。

《册府元龟》卷六〇七《学校部·撰集》

三、 僧尼道冠试经业

调达诵六万象经，不免地狱；盘特诵一行偈，获罗汉果。笃论道也，岂关多诵！

《全上古三代秦汉三国六朝文》之
《全隋文》卷三二《智顗·谏僧尼策经落第休道》

国之大事，在祀与戎；人之所崇，惟仙与佛。伏自恒星夜陨，吉梦宵传，既脱醾象之踪，爰开白马之寺。明须慈悲结虑，忍辱凝怀，坐鸽珍以勤诚，护鹅珠而守戒。指法场之门户，豁尔天开；导智海之波澜，涣然冰释。如此之行业，乃出乎尘嚣，岂容阐提末品，沙弥浅学？不精不进，曾无罗汉之因；行嘱行赇，翻习檀施之业。四分十诵，本自面墙；六度三明，旧来胶柱。为鸡为鹜，玷鹤树之清风；如虺如蛇，秽龙宫之妙法。铨择为滥，解退为宜。

《全唐文》卷一七二《张鷟·祠部郎中孙佺状称往年度人
多用财贿递相嘱请元无经业望更铨试不任者退还本邑》

〔开元〕十二年六月二十六日，敕有司，试天下僧尼年六十已下者，限诵二百纸经，每一年限诵七十三纸，三年一试，落者还俗，不得以坐禅对策义试。诸寺三纲统，宜入大寺院。

《唐会要》卷四九《杂录》

〔开元〕十二年，诏有司试天下僧尼年六十已下者，限落者退还俗，不得以坐禅对策仪试。诸寺三阶院通入大院，不得有异。

《册府元龟》卷六〇《帝王部·立制度一》

〔开元〕二十六年正月丁丑，亲迎气于东郊，祀青帝，下制曰："……释道二门，皆为圣教，义归弘济，理在尊崇。其天下寺观有道士、女冠、僧尼者，宜量寺观大小，各度六七人，简灼然有经业戒行，为乡闾所推，仍先取年高者。……"

《册府元龟》卷八五《帝王部·赦宥四》

〔天宝〕六载正月戊子，有事于南郊，礼毕，下制曰："……崇我祖训，其惟道门，将以福助生灵，弘拯天下。诸观道士等，如闻人数全少，修行多阙，其欠少人处，宜度满七人，并取三十已上灼然有道行经业者充。仍令所隶长官精加试练，采访使重覆，勿使逾滥。度讫，挟名奏闻。其诸观有绝无人处，亦量度三两人，准此简试。"

《册府元龟》卷八六《帝王部·赦宥五》

师姓成，号神凑，京兆蓝田人。既出家，具戒于南岳希操大师，参禅于钟陵大寂大师。志在《首楞严经》，行在《四分毗尼藏》，其他典论，以有余力通。大历八年制，悬经、论、律三科，策试天下僧。师中等，得度。诏配江州兴果寺。后从僧望，移隶东林寺，即雁门远大师旧道场，有甘露坛、白莲池在焉。师既居是寺，〔嗣〕兴佛寺。

《白居易集》卷四一《唐江州兴果寺
律大德凑公塔碣铭并序》

长庆二年五月，敕："诸色人中，有情愿入道者，但能暗记《老子经》及《度人经》，灼然精熟者，即任入道。其《度人经》，情愿以《黄庭经》代之者，亦听。宜令所司，具令立文状条目，限降诞月内投名请试，今年十月内试毕。"

《唐会要》卷五〇《尊崇道教》

……其僧尼在城委功德使，其诸州府委本任长吏试经僧尼，并须读得五百纸，文字通流，免有舛误，兼数内念得三百纸，则为及格。京城敕下后，诸州府敕到后，许三个月温习，然后试练。如不及格，便勒还俗。其有年过五十以上，筋力既衰，及年齿未至，夙婴痼疾，并喑聋跛躄，不能自存者，并不在经试限。若有戒律清高、修持坚苦、风尘不杂、徒众共知者，亦不在试经限。……（太和）

《唐大诏令集》卷一一三《条流僧尼敕》

李章武学识好古，有名于时。太和末，敕僧尼试经若干纸，不通者，勒还俗。章武时为成都少尹，有山僧来谒云："禅观有年，未尝念经。今被追试，前业弃矣。愿长者念之。"章武赠诗曰："南宗尚许通方便，何处心中更有经？好去芟芟云水畔，何山松柏不青青？"主者免之。

《本事诗》

李章武学识好古，有名于时。唐太和末，敕僧尼试经若干纸，不通者，勒还俗。章武时为成都少尹，有山僧来谒云："禅观有年，未常念经。今被追试，前业弃矣。愿长者念之。"章武赠诗曰："南宗向许通方便，何处心中更有经？好去芟芟云水畔，何山松柏不青青?"主者免之。

《太平广记》卷四九六《杂录四·李章武》

〔后唐清泰二年三月〕辛亥,功德使奏:"每年诞节,诸州府奏荐僧道,其僧尼欲立讲论科、讲经科、表白科、文章应制科、持念科、禅科、声赞科,道士欲立经法科、讲论科、文章应制科、表白科、声赞科、焚修科,以试其能否。"从之。

《旧五代史》卷四七《唐书·末帝经中》

清泰二年三月,两街功德使奏:"每年诞圣节,诸道州府奏荐道士紫衣师号。今欲量立条式:经法科试义十道,讲论科试经论,文章应制科试诗,表白科试声喉,声赞科试步虚三启,焚修科试斋醮。"从之。

《五代会要》卷一二《杂录》

末帝清泰二年三月辛亥,两街功德使雍王重美奏:"每年诞节,诸道州府奏荐僧尼道士,紫衣师号渐多。今欲量立条式,僧讲论、讲经、表白各三科,文章应制十二科,持念一科,禅声赞科,并于本伎能中条贯。道士经法科试义十道,讲论科试经论,文章应制科试诗,表白科试声喉,声赞科试步虚三启,焚修科试斋醮仪。"诏曰:"重美学洞儒玄,官居尹正,因三教之议论,希千春之渥恩。特立条流,以防滥进。"从之。

《册府元龟》卷六一《帝王部·立制度二》

〔清泰二年四月〕乙酉,功德使言:"左右街僧录可肇报。在京诸寺院童子行者,于千春节考录,及限各给得文,许令披剃。及僧尼沙弥,年满二十,受具戒。伏乞开置官坛,缘四月十五日僧门结夏至七月十五日方满,至千春节前开置戒坛。"从之。时功德使奏:"每年诞节,诸州府奏荐僧道,其僧尼欲立讲论科、讲经科、表白科、文章应制科、持念科、禅刹声赞科,道士女冠经法科、讲论科、文章应制科、表白科、声赞科、焚修科,以试其能否。"从之。

《册府元龟》卷五二《帝王部·崇释氏二》

〔后周显德二年五月〕甲戌,诏曰:……男子女子如有志愿出家者,并取父母、祖父母处分,已孤者取同居伯叔兄处分,候听许方得出家。男年十五已上,念得经文一百纸,或读得经文五百纸,女年十三已上,念得经文七十纸,或读得经文三百纸者,经本府陈状乞剃头,委录事参军、本判官试验经文。其未剃头间,须留发髻。如有私剃头者,却勒还俗;其本师主决重杖,勒还俗,仍配役三年。

《旧五代史》卷一一五《周书·世宗纪第二》

显德二年五月六日,敕:

条流僧尼,画一如后:

一、今后僧尼不得私剃头,应有人志愿出家者,并取父母、祖父母处分,已孤者取同居伯叔兄处分,候听许方得出家。其师主须得本人家长听许文字,方得容受。男年十五已上,念得经文一百纸,或读得经文五百纸,女年十三已上,念得经文七十纸,或读得经文三百纸者,方得经本州陈状乞剃头,委录事参军、本判官试验经文,合敕条者,只仰闻奏。其未剃头间,留发髻。如有私剃头者,却勒还俗。其本师主徒三年,勒还俗,役配三年。其本寺院三纲知事僧尼杖八十,并勒还俗。

一、僧尼今后不得私受戒,只于两京、大名府、京兆府、青州戒坛。候受戒时,两京委祠部差官引试前项所习经业,其大名府等三处戒坛,只委本判官、录事参军引试,合敕条者分析闻奏。如有私受戒者,其本人、本师主、临坛三纲知事僧尼,并同私剃头例科罪。如引试经业不精,辄与剃头受戒者,本试官当行朝典。

《五代会要》卷一二《杂录》

陈惠虚者,江东人也。为僧,居天台国清寺。曾与同侣游山,戏过石桥。……见一叟挟杖持花而来,讶曰:"汝凡俗人,何忽至此?"惠虚曰:"常闻过石桥即有罗汉寺,人世时闻钟声,故来寻访。干僧幸会,得至此境,不知罗汉何在?"张老曰:"此真仙之福庭,天帝之下府,号曰'金庭不死之乡,养真之灵境'。周回百六十里,神仙右弼桐柏上真王君主之。列仙三千人,仙王力士、天童玉女,各万人,为小都会之所。太上一年三降此宫,校定天下学道之人功行品第。神仙所都,非罗汉之所也。……"

《太平广记》卷四九《神仙四十九·陈惠虚》

隋唐考试制度对日本的影响

日本《养老律令》选

职员令第二

图书寮

头一人。掌经籍图书,修撰国史内典,佛像,宫内礼佛,校写,装潢,功程,给纸笔墨事。助一人。大允一人。少允一人。大属一人。少属一人。写书手二十人。掌校写书史。装潢手四人。掌装潢经籍。造纸手四人。掌造杂纸。造笔手十人。掌造管。造墨手四人。掌造墨。使部二十人。直丁二人。纸户五十户。

阴阳寮

头一人。掌天文、历数、风云气色。有异,密封奏闻事。助一人。允一人。大属一人。少属一人。阴阳师六人。掌占筮相地。阴阳博士一人。掌教阴阳生等。阴阳生十人。掌习阴阳。历博士一人。掌造历及教历生等。历生十人。掌习历。**天文博士一人。**掌候天文气色。有异，密封及教天文生等。**天文生十人。**掌习候天文气色。**漏克博士二人。**掌率守辰丁，伺漏克之节。**守辰丁二十人。**掌伺漏克之节，以时击钟鼓。**使部二十人。直丁三人。**

式部省

卿一人。掌内外文官名帐，考课，选叙，礼仪，版位，位记，校定勋绩，论功封赏，朝集，学校，策试贡人，禄赐，假使，补任家令，功臣家传田事。**大辅一人。少辅一人。大丞二人。**掌勘问考课，余同中务大丞。**少丞二人。**掌同大丞。**大录一人。少录三人。史生二十人。省掌二人。使部八十人。直丁五人。**

大学寮

头一人。掌简试学生及释奠事。**助一人。大允一人。少丞一人。大属一人。少属一人。博士一人。**掌教授经业，课试学生。**助教二人。**掌同博士。**学生四百人。**掌分受经业。**音博士二人。**掌教音。**书博士二人。**掌教书。**算博士二人。**掌教算术。**算生三十人。**掌习算术。**使部二十人。直丁五人。**

....

雅乐寮

头一人。掌文武雅乐、正舞、杂乐、男女乐人音声人名帐，试练曲课事。**助一人。大允一人。少允一人。大属一人。少属一人。歌师四**

人。二人掌教歌人、歌女；二人掌临时取有声音，堪供奉者教之。歌人卅人，歌女一百人。舞师四人。掌教杂舞。舞生百人。掌习杂舞。笛师二人。掌教杂笛。笛生六人。掌习杂笛。笛工八人。唐乐师十二人，掌教乐生，高丽、百济、新罗乐师准此。乐生六十人。掌习乐。余乐生准此。高丽乐师四人，乐生廿人。百济乐师四人，乐生廿人。新罗乐师四人，乐生廿人。伎乐师一人。掌教伎乐生，其生以乐户为之。腰鼓生准此。腰鼓师二人。掌教腰鼓生。使部廿人。直丁二人。乐户。

············

典药寮

头一人。掌诸药物，疗疾病，及药园事。助一人。允一人。大属一人。少属一人。医师十人。掌疗诸疾病，及诊候。医博士一人。掌诸药方、脉经、教授医生等。医生卅人。掌学诸医疗。针师五人。掌疗诸疮病，及补写。针博士一人。掌教针生等。针生廿人。掌学针。按摩师二人。掌疗诸伤折。按摩博士一人。掌教按摩生等。按摩生十人。掌学按摩疗伤折。咒禁师二人。掌咒禁事。咒禁博士一人。掌教咒禁生。咒禁生六人。掌学咒禁。药园师二人。掌知药性色目，种采药园诸草药，及教药园生。药园生六人。掌学识诸药。使部廿人。直丁二人。药户。乳户。

············

大宰府

……博士一人。掌教授经业，课试学生。阴阳师一人。掌占筮相地。医师二人。掌诊候，疗病。算师一人。掌勘计物数。

凡国博士、医师，国别各一人。其学生，大国五十人，上国卅人，中国卅人，下国廿人。医生各减五分之四。

东宫职员令第四

傅一人。掌以道德辅导东宫。学士二人。掌执经奉说。
…………

家令职员令第五

亲王一品。
文学一人。掌执经讲授。

户令第八

…………

凡国守，每年一巡行属郡。观风俗，问百年，录囚徒，理冤枉。详察政刑得失，知百姓所患苦。敦喻五教，劝务农功。部内有好学、笃道、孝悌、忠信、清白、异行，发闻于乡闾者，举而进之。有不孝悌、悖礼、乱常、不率法令者，纠而绳之。

…………

学令第十一

1. 凡博士、助教，皆取明经堪为师者。书、算亦取业术优长者。

2. 凡大学生,取五位以上子孙,及东西史部子为之。若八位以上子,情愿者听。国学生,取郡司子弟为之。大学生式部补,国学生国司补。并取年十三以上、十六以下,聪令者为之。

3. 凡大学国学,每年春秋二仲之月上丁,释奠于先圣孔宣父。其馔酒明衣所须,并用官物。

4. 凡学生在学,各以长幼为序。初入学,皆行束脩之礼于其师,各布一端,皆有酒食。其分束脩,三分入博士,二分入助教。

5. 凡经,《周易》《尚书》《周礼》《仪礼》《礼记》《毛诗》《春秋左氏传》,各为一经。《孝经》《论语》,学者兼习之。

6. 凡教授正业,《周易》,郑玄、王弼注。《尚书》,孔安国、郑玄注。三礼、《毛诗》,郑玄注。《左传》,服虔、杜预注。《孝经》,孔安国、郑玄注。《论语》,郑玄、何晏注。

7. 凡《礼记》《左传》,各为大经。《毛诗》《周礼》《仪礼》,各为中经。《周易》《尚书》,各为小经。通二经者,大经内通一经,小经内通一经。若中经,即并通两经。其通三经者,大经、中经、小经各通一经。通五经者,大经并能,《孝经》《论语》皆须兼通。

8. 凡学生,先读经文,通熟,然后讲义。每旬放一日休假。假前一日,博士考试。其试读者,每千言内试一帖三言。讲者,每二千言内,问大义一条。总试三条,通二为第;通一及全不通,斟量决罚。每年终,大学头、助、国司艺业优长者试之。试者,通计一年所受之业,问大义八条,得六以上为上,得四以上为中,得三以下为下。频三下及在学九年,不堪贡举者,并解退。其从国向大学者,年数通计。服阕重任者,不在计限。

9. 凡博士、助教,皆分经教授。学者,每受一经,必令终讲。

所讲未终,不得改业。

10. 凡博士、助教,皆计当年讲授多少,以为考课等级。

11. 凡学生,通二经以上,求出仕者,听举送。其应举者,试问大义十条,得八以上送太政官。若国学生,虽通二经,犹情愿学者,申送式部,考练得第者,进补大学生。

12. 凡学生,虽讲说不长,而闲于文藻,才堪秀才、进士者,亦听举送。

13. 凡算经,《孙子》《五曹》《九章》《海岛》《六章》《缀术》《三开重差》《周髀》《九司》各为一经。学生分经习业。

14. 凡国郡司,有解经义者,即令兼加教授。若训导有成,即宜进考。

15. 凡书学生,以写书上中以上听贡。其算学生,辨明术理,然后为通。试《九章》三条,《海岛》《周髀》《五曹》《九司》《孙子》《三开重差》各一条。试九,全通为甲,通六为乙。若落《九章》者,虽通六,犹为不第。其试《缀术》《六章》者,准前。《缀术》六条,《六章》三条。试九,全通为甲,通六为乙。若落经者,虽通六,犹为不第。其得第者叙法,一准明法之例。

16. 凡学生请假者,大学生经头,国学生经所部国司,各陈牒量给。

17. 凡学生,自非行礼之处,皆不得辄使。

18. 凡学生在学,不得作乐及杂戏。唯弹琴、习射不禁。其不率师教,及一年之内,违假满百日者,并解退。

19. 凡学生,年廿五以下,遭丧服阕,求还入学者,听之。

20. 凡大学国学生,每年五月放田假,九月放授衣假。其路远者,仍斟量给往还程。

21. 凡学生，被解退者，皆条其合解之状，申式部，下本贯。其五位以上子孙者，皆限年廿一，申送太政官，准荫配色。

22. 凡学生，公私有礼事处，令观仪式。

选叙令第十二

1. 凡应叙者，本司八月卅日以前校定。式部起十月一日，尽十二月卅日。太政官起正月一日，尽二月卅日。皆于限内处分毕。其应叙人，本司量程，申送集省。

2. 凡内外五位以上敕授，内八位，外七位以上奏授。外八位及内外初位，皆官判授。

3. 凡任官，大纳言以上，左右大辨、八省卿、五卫府督、弹正尹，大宰帅敕任，余官奏任。主政、主帐及家令等，判任。舍人、史生、使部、伴部、帐内、资人等，式部判补。

4. 凡应选者，皆审状迹。铨拟之日，先尽德行，德行同，取才用高者；才用同，取劳效多者。

5. 凡任两官以上者，一为正，余皆为兼。

6. 凡任内外文武官，而本位有高下者，若职事卑为行，高为守。

7. 凡同司主典以上，不得用三等以上亲。

8. 凡在官身死及解免者，皆即言上。其国司，大上国介以上，中国掾以上并阙，及下国守阙者，皆驰驿申太政官。任讫，驰驿发遣。

9. 凡初位以上长官迁代，皆以六考为限。六考中中，进一阶叙。每三考中上及二考上下，并一考上中，各亦进一阶叙。一考上上，进二阶叙。其进加四阶，及计考应至五位以上，奏闻别叙。其考未满，而以理解，及考在中下以下者，不在进限。若有上考下考，准折之外，仍有上考者，各听依法加阶。即考未满，从见任迁为内外官者，并听通计前劳。其六考之外，有余考者，通充后任考。

10. 凡计考应进，而兼有上考下考者，止得准折。每一中下，得以一中上除之。每二中下及一下上，得以一上下除之。_{下上，谓非私罪者。上中以上虽有下考，即从上第。下考，谓不至解官者。}公罪下中，私罪下上，虽有上下，仍从下考。

11. 凡散位，若见官无阙，虽有阙，而才识不相当者，六位以下，分番上下。每有阙，各依本位，量才任用。其经八考者，八考中，进一阶叙；四考上，四考中，进二阶叙；八考上，进三阶叙。虽考不满八，而使蕃满四周者，亦如之。即有上考下考者，依前例，其以别敕及伎术，直诸司长上者，考限叙法，并同职事。

12. 凡考满应叙之人，有高行异才，或尤达治体，皆听擢以不次，不须限以常条。

13. 凡郡司，取性识清廉，堪时务者，为大领、少领。强干聪敏，工书计者，为主政、主帐。其大领外从八位上，少领外从八位下叙之。

14. 凡叙舍人、史生、兵卫、伴部、使部及帐内资人，并以八考为限。八考中，进一阶；四考中，四考上，进二阶；八考上，进三阶叙。

15. 凡叙郡司军团，皆以十考为限。十考中，进一阶；五考上，五考中，进二阶；十考上，进三阶叙。兼有上考下考者，准折并同八考例。其外散位者，分番上下，皆以十二考为限。十二考中，进一阶;六考上,六考中,进二阶;十二考上,进三阶叙之。其分番二考,长上八考,亦同十考例。若经三考以上者,并以十一考为限。

16. 凡帐内资人等,才堪文武贡人者,亦听贡举。得第者,于内位叙;不第者,各还本主。

17. 凡帐内资人等,本主亡者,期年之后,皆送式部省。若任职事者,即改入内位。其杂色任用者,考满之日,听于内位叙。若无位者,未满六年,皆还本贯。若回充帐内资人者,亦听通计前劳。

18. 凡长上官,以理解者,后任日,听通计前劳。其考解及犯罪解者,不用此例。虽以理解,而无故停私,过一年者,亦除前劳。

19. 凡帐内,劳满应叙。才堪理务,本主欲于内位叙者,听。

20. 凡官人至任,若无印文者,不得受代。

21. 凡官人年七十以上,听致仕,五位以上上表,六位以下申牒官奏闻。

22. 凡职事官,患经百廿日,及缘亲患,假满二百日,及父母合侍者,并解官。皆具状申太政官奏闻。其番官者,本司判解,并下本属。应解者,申后即不得理事。其以才伎长上诸司者,若充侍,遭丧、患解者,侍终,服满,及患损之日,还令上本司。应充侍者,先尽兼丁。

23. 凡经癫狂酗酒,及父祖子孙被戮者,皆不得任侍卫之官。

24. 凡散位,身才劣弱,不堪理务者,式部判补诸司使部。

25. 凡失位记者,于所在陈牒。本属本司长官,推其失由,具状申省。勘授案,申官更给,具注失落重给之状。

26. 凡位记错误,须改授者,五位以上奏闻,六位以下判改,并注授案。

27. 凡国博士、医师者,并于部内取用;若无者,得于傍国通取。补任之后,并无故不得辄解。

28. 凡内外文武官有阙者,随阙即补,不得总替。

29. 凡秀才,取博学高才者;明经取学通二经以上者;进士取明闲时务,并读《文选》《尔雅》者;明法取通达律令者。皆须方正清循,名行相副。

30. 凡秀才出身,上上第正八位上,上中正八位下;明经上上第正八位下,上中从八位上;进士甲第从八位下,乙第及明法甲第大初位上,乙第大初位下。其秀才、明经,得上中以上,有荫,及孝悌被表显者,加本荫本第一阶叙。其明经,通二经以外,每通一经加一等。

31. 凡两应出身者,从高叙。

32. 凡为人后者,非兄弟之子,不得出身。

33. 凡赠官,死王事者,与生官同,余降一等。

34. 凡授位者,皆限年廿五以上,唯以荫出身,皆限年廿一以上。

35. 凡荫皇亲者,亲王子从四位下,诸王子从五位下。其五世王者,从五位下,子降一阶,庶子又降一阶。唯别敕处分,不拘此令。

36. 凡考满应叙,若有荫高者,听从高。

37. 凡犯除名限满应叙者,三位以上,录状奏闻听敕。其正四位,于从七位下叙;从四位,于正八位上叙;正五位,于正八位下叙;从五位,于从八位上叙;六位、七位,并于大初位上叙;八位、初位,并于少初位下叙。若有出身位高此法者,仍从高。免官,免所居官亦准此。即才优擢授者,并不拘常例。

38. 凡五位以上子出身者，一位嫡子从五位下，庶子正六位上。二位嫡子正六位下，庶子及三位嫡子从六位上，庶子从六位下。正四位嫡子正七位下，庶子及从四位嫡子从七位上，庶子从七位下。正五位嫡子正八位下，庶子及从五位嫡子从八位上，庶子从八位下。三位以上荫及孙，降子一等。其五位以上，带勋位高者，即依当勋阶，同官位荫。四位降一等，五位降二等。

考课令第十四

1. 凡内外文武官初位以上，每年当司长官，考其属官。应考者皆具录一年功过行能，并集对读，议其优劣，定九等第，八月卅日以前校定。京官畿内，十月一日，考文申送太政官。外国，十一月一日，附朝集使申送。考后功过，并入来年。无长官，次官考。

2. 凡官人景迹功过，应附考者，皆须实录。其前任有犯私罪，断在今任者，亦同见任法。即考任，应计前任日为考者，功过并附。注考官人，唯得述其实事，不得妄加臧否。若注状乖舛，褒贬不当，及隐其功过，以致升降者，各准所失轻重，降所由官人考。即朝集使褒贬，进退失实者，亦如之。

3. 德义有闻者，为一善。

4. 清慎显著者，为一善。

5. 公平可称者，为一善。

6. 恪勤匪懈者，为一善。

7. 最条。

8. 神祇祭祀，不违常典，为神祇官之最。

9. 献替奏宣，议务合理，为大纳言之最。

10. 承旨无违,吐纳明敏,为少纳言之最。

11. 受付庶务,处分不滞,为辩官之最。

12. 侍从覆奏,施行不停,为中务之最。

13. 铨衡人物,擢尽才能,为式部之最。

14. 僧尼合道,谱第不扰,为治部之最。

15. 户口不滥,仓库有实,为民部之最。

16. 铨衡武官,调充戎事,为兵部之最。

17. 决断不滞,与夺合理,为刑部之最。

18. 谨于修置,明于出纳,为大藏之最。

19. 堪供食产,催治诸部,为宫内之最。

20. 访察严明,礼举必当,为弹正之最。

21. 兴崇礼教,禁断盗贼,为京职之最。

22. 监造御膳,净戒无误,为主膳之最。

23. 部统有方,警守无失,为卫府之最。

24. 音乐克谐,不失节奏,为雅乐之最。

25. 僧尼不扰,蕃客得所,为玄蕃之最。

26. 支度国用,明于勘勾,为主计之最。

27. 谨于盖藏,明于出纳,为主税之最。

28. 调肥闲马,不脱饲丁,为马寮之最。

29. 慎于曝凉,明于出纳,为兵库之最。

30. 朝夕常侍,拾遗补阙,为侍从之最。

31. 监察不怠,出纳明密,为监物之最。

32. 勤于宿卫,进退合礼,为内舍人之最。

33. 职事修理,升降必当,为次官以上之最。

34. 扬清激浊,褒贬必当,为考问之最。

35. 访察精审,庶事兼举,为判官之最。

36. 公勤不息,职掌无阙,为诸官之最。

37. 勤于记事,稽失无隐,为主典之最。

38. 详录典正,词理兼举,为文史之最。

39. 明于记事,不失敕旨,为内记之最。

40. 训导有方,生徒业充,为博士之最。

41. 占候医卜,效验多者,为方术之最。

42. 推步盈虚,究理精密,为历师之最。

43. 市廛不扰,奸滥不行,为市司之最。

44. 推鞫得情,申辩明了,为解部之最。

45. 礼仪兴行,戎具充备,为大宰之最。

46. 强济诸事,肃清所部,为国司之最。

47. 无有爱憎,供承善成,为国掾之最。

48. 防人调习,戎装充备,为防司之最。

49. 讥察有方,行人无拥,为关司之最。

50. 一最以上有四善,为上上。一最以上有三善,或无最而有四善,为上中。一最以上有二善,或无最而有三善,为上下。一最以上有一善,或无最而有二善,为中上。一最以上或无最而有一善,为中中。职事粗理,善最弗闻,为中下。爱憎任情,处断乖理,为下上。背公向私,职务废阙,为下中。居官谄诈,及贪浊有状,为下下。若于善最之外别有可嘉尚,及罪虽成殿,情状可矜,或虽不成殿,而情状可责者,校省日,皆听临时量定。

51. 凡分番者,每年本司量其行能功过,立三等考第。小心谨卓,执当干了者,为上。番上无违,供承得济者,为中。遄违不上,执当亏失者,为下。对定,讫具记送省。

52. 凡兵卫,立三等考第。恭勤谨慎,宿卫如法,便习弓马者,为上。番上不违,职掌无失,虽解弓马,非是灼然者,为中。违番不上,数有犯失,好请私假,不习弓马者,为下。

53. 凡卫门门部,立三等考第。正色当门,明于禁察,监当之处,能肃奸非者,为上。居门不怠,检校无失,至于禁察,未是灼然者,为中。不勤其门,数有违检校之所,事多疏漏者,为下。

54. 凡国郡司,抚育有方,户口增益者,各准见户,为十分论。加一分,国郡司,各进考一等。每加一分,进一等。若抚养乖方,户口减损者,各准增户法,亦减一分,降一等。每减一分,降一等。其劝课田农,能使丰殖者,亦准见地,为十分论,加二分,各进考一等。每加二分,进一等。其有不加劝课,以致损减者,损一分,降考一等。每损一分,降一等。若数处有功,并应进考者,亦听累加。

55. 凡国郡,以户口增益,应进考者,若是招慰,括出,隐首,走还者,得入功限。折生者,不合,若户口入逆,走失,犯罪配流以上,前帐虚注,及没贼以致减损者,依降考例。

56. 凡官人,因加户口,及劝课田农,并缘余功。进考者,于后事若不实,纵经恩降,其考皆从追改。

57. 凡官人,犯罪附殿者,皆据案成乃附。私罪,计赎铜一斤,为一负。公罪,二斤为一负。各十负为一殿。当上上考者,虽有殿,不降。自上中以下,率一殿降一等。即公坐殿,失应降。若当年劳剧,有异于常者,听减一殿。其犯过失杀伤人,及疑罪征赎者,并不入殿限。

58. 凡官人,有犯私罪下中,公罪下下,并解见任。即依法合除免官当者,不在考校之限,并夺当年禄。其考解者,期年听叙。

59. 凡内外初位以上长上官,计考前厘事。不满二百卅日,分番不满一百卅日,若帐内资人不满二百日,并不考。其有功过灼然,理合黜陟者,虽不满日,别记送省。其分番与长上,通计为考者,分番三日,当长上二日。每年考文集日,省勘校,色别为记,俱显功过。三位以上,奏裁。五位以上,太政官量定奏闻。六位以下,省校定,讫唱示考第,申太政官。若考当下第,状有不尽,量校难明者,附使勘覆,善恶待后年总定。若过考之后,诉理不伏,应雪者,亦如之。

60. 凡任二官以上,各依官考,省考校日,听以功过相折,累从一高官上考。若一官上犯私坐,应解者,则并解。即一官去任者,听回所累考,于见任官上论。

61. 凡大贰以下及国司,每年分番朝集。所部之内,见任及解代,皆须知,其在任以来年别状迹,随问辩答。

62. 凡内外官人,准考应解官者,即不合厘事。待符报即解。

63. 凡应考之官,犯罪案成者,考日即附考状。若他司人,有功过者,录牒本司附考。其在京断罪之司,所断之罪,九月卅日以前,并录送省。

64. 凡官人犯罪,敕断有轻重者,皆依敕断附殿。若本犯不成殿,敕令附考者,依本犯附考。即别敕放免,及会恩降者,并不入殿。若本犯免官以上,及赃罪贿入己,恩前狱成者,仍以景迹论。贬考夺禄,并依常法。即非免除者,不解官。

65. 凡每年诸司,得国郡司政,有殊功异行,及祥瑞灾蝗,户口调役增减,当界丰俭,盗贼多少,并录送省。

66. 凡家令,每年本主,准诸司考法,立考。考讫,申省案记。

67. 凡国司,每年量郡司行能功过,立四等考第。清谨勤公,勘当明审之类,为上。居官不怠,执事无私之类,为中。不勤其职,数有僭犯之类,为下。背公向私,贪浊有状之类,为下下。其军团少毅以上,统领有方,部下肃整,为上。清平谨恪,武艺可称,为中。于事无勤,武艺无长,为下。数有僭失,武用无纪,为下下。每年国司,皆考对定,讫具记附朝集使送省。其下下考者,当年校定即解。

68. 凡国博士,立三等考第。居官不怠,教导有方,为上。教授不倦,生徒充业,为中。不勤其职,教训有阙,为下。其医师,准效验多少,十得七以上,为上;得五以上,为中;得四以下,为下。

69. 凡帐内及资人,每年本主量其行能功过,立三等考第。恪勤不懈,清廉称主,为上。只承合意,产业不怠,为中。好请私假,数有僭失,为下。

70. 凡秀才,试方略策二条,文理俱高者,为上上。文高理平,理高文平,为上中。文理俱平,为上下。文理粗通,为中上。文劣理滞,皆为不第。

71. 凡明经,试《周礼》《左传》《礼记》《毛诗》各四条,余经各三条,《孝经》《论语》共三条。皆举经文及注为问,其答者,皆须辨明义理,然后为通。通十,为上上;通八以上,为上中;通七,为上下;通六,为中上;通五及一经,若《论语》《孝经》全不通者,皆为不第。通二经以外,别更通经者,每经问大义七条,通五以上为通。

72. 凡进士,试时务策二条。帖所读,《文选》上秩七帖,《尔雅》三帖。其策文词顺序,义理惬当,并帖过者,为通。事义有滞,词句不伦,及帖不过者,为不。帖策全通,为甲。策通二,帖过六以上,为乙。以外皆为不第。

73. 凡明法,试律令十条,律七条,令三条。识达义理,问无疑滞者,为通。粗知纲例,未究指归者,为不。全通,为甲;通八以上,为乙;通七以下,为不第。

74. 凡试贡举人,皆卯时付策,当日对毕,式部监试。不讫者,不考。毕对本司长官,定等第唱示。

75. 凡贡人,皆本部长官,贡送太政官;若无长官,次官贡。其人随朝集使赴集。至日皆引见辨官,即付式部。已经贡送,而有事故,不及试者,后年听试。其大学举人,具状申太政官,与诸国贡人同试。试讫得第者,奏闻留式部;不第者,各还本色。

医疾令第廿四

1. 医博士,取医人内法术优长者为之。按摩、咒禁博士,亦准此。

2. 凡医生、按摩生、咒禁生、药园生,先取药部及世习,次取庶人年十三以上、十六以下,聪令者为之。

3. 医、针生,各分经受业。医生,习《甲乙》《脉经》《本草》,兼习小品、集验等方。针生,习《素问》、《黄帝针经》、明堂、脉决,兼习流注,《偃侧》等图,《赤乌神针》等经。

4. 医、针生,初入学者,先读《本草》《脉决》《明堂》。读《本草》者,即令识药形药性;读《明堂》者,即令验图,识其孔穴;读《脉决》者,令递相诊候,使知四时浮、沉、涩、滑之状。次读《素问》《黄帝针经》《甲乙》《脉经》,皆使精熟。其兼习之业,各令通利。

5. 医生既读诸经,乃分业教习,率廿。以十二人学体疗,三人学创肿,三人学少小,二人学耳目口齿,各专其业。

6. 医、针生,各从所习。钞古方诵之。其上手医,有疗疾之处,令其随从。习知合针灸之法。

7. 凡医、针生,博士一月一试。典药头助,一季一试。宫内卿辅,年终总试。其考试法式,一准大学生例。若业术灼然,过于见任官者,即听补替。其在学九年,无成者,退从本色。

8. 学体疗者,限七年成学。少小及创肿者,各五年成学。耳目口齿者,四年成。针生七年成。业成之日,令典药寮业术优长者,就宫内省,对丞以上,精加校练。具述行业,申送太政官。

9. 有私自学习,解医疗者,投名典药。试验堪者,听准医、针生例考试。

10. 医、针生初入学,皆行束脩礼,一准大学生。其按摩、咒禁生减半。

11. 教习《本草》《素问》《黄帝针经》《甲乙》,博士皆按文讲说,如讲五经之法。

12. 医针师、典药,量其所能,有病之处,遣为救疗。每年宫内省试验其识解优劣,差病多少,以定考第。

13. 医、针生,业成送官者,式部覆试,各十二条。医生试《甲乙》四条,《本草》《脉经》各三条。针生试《素问》四条,《黄帝针经》《明堂》《脉决》各二条。其兼习之业,医、针各二条。问答法式,并准大学生例。医生全通,从八位下叙。通八以上,大初位上叙。其针生,降医生一等。不第者,退还本学。经虽不第,而明于诸方,量堪疗病者,仍听补医师。

14. 按摩生,学按摩伤折方及刺缚之法。咒禁生,学咒禁解忤持禁之法。皆限三年成。其业成之日,并申送太政官。

15. 医、针生,按摩、咒禁生,专令习业,不得杂使。

16. 女医,取官户婢年十五以上、廿五以下,性识慧了者卅人,别所安置,教以安胎产难,及创肿、伤折、针灸之法,皆案文口授。每月医博士试,年终内药司试,限七年成。

17. 凡国医生,业术优长,情愿入仕者,本国具述艺能,申送太政官。

18. 凡国医师,教授医方,及生徒课业年限,并准典药寮教习法。其余杂治,行用有效者,亦兼习之。

19. 凡国医,每月医师试,年终国司对试,并明定优劣。试有不通者,随状科罚。若不率师教,数有僭犯,及课业不充,终无长进者,随事解黜。即立替入。

20. 凡药园,令师检校。仍取园生教读《本草》,辨识诸药并采种之法。随近山泽,有药草之处,采握种之。所须人功,并役药户。

21. 药品施,典药年别支科,依药所出,申太政官散下,令随时收采。

22. 国输药之处,置采药师,令以时采取。其人功,取当处随近下配支。

23. 合和御药,中务少辅以上一人,共内药正等监视。饵药之日,侍医生尝,次内药正尝,次中务卿尝,然后进御。

24. 凡五位以上疾患者,并奏闻,遣医为疗,仍量病给药。致仕者亦准此。

25. 典药寮,每岁量合伤寒、时气、疟、痢、伤中、金创诸杂药,以拟疗治。

26. 医、针师等,巡患之家所疗,损与不损,患家录医人姓名,申宫内省,据为黜陟。

右。谨检大学诸道博士明经之学,所习惟大,故官无暂旷,五人全备。算、明、法、书、音等,生徒虽少,常补二员。文章则学业非小于明经,博士犹同于书、算,非唯乏少,又阙一员。某天性之暗,人人难堪。方今硕学成列,既有其人。伏望被补件阙,共济杂务。元庆八年二月廿五日。

《全唐文》附《唐文续拾》卷一六

《管原道真①·请被补文章博士一员阙共济杂务状》

策问征事可立限例事

右。《考课令》曰:凡秀才试方略策二条。谨按此令,问条有限,征事无期。仍天长以往,一问之中,多者四事,少者三事,尤少者每问载一事,才足于二问,通而计之,遂留二事。承和以来,二条之内,少则十二义,多则十六义,至多则一句含数义,犹谓之一征。分以言之,已及三十义。后文前质,理固虽然,陈力展材,何无程里?请立新制,将劝后贤。

律文所禁可试问否事

右。《职制律》曰:凡玄象、器物、天文、图书、谶书、兵书、七曜历、太一、雷公式,私家不得有,违者徒一年。注曰:私习亦同。然则律条所制,不得贮其书,亦无习其术,已云不习,何备试问?唯年来之例,被敕策问者题下,问中时触禁忌,然而问者无辜,对者

---

① "管原道真",应作"菅原道真",日本从五位上式部少辅兼文章博士,行左大辨、春宫大夫,为宦时期相当于唐贞观年间。

无咎，此问之事，可谓生常。今之学者，动设巢窟，不独安己，将又窥人。假令问者依例适发其微，对者固称畏法不习，则得否之决，将至申诉。诉者稍得其理，问者反坐其罪，罪科之间，不可不慎。请豫降处分，令问答如流。

对策文理可详令条事

右。《考课令》曰：文理俱高者，为上上；文高理平、理高文平，为上中；文理俱平，为上下；文理粗通，为中上；文劣理滞，为不第。谨案文辞甚美，义理皆通者，所谓上上也。文辞差鄙，义理共滞，所谓不第也。又检前例，文辞虽非绮靡，披读颇无大害，义理虽非全通，所对才及半分者，谓之文理粗通。文辞虽有可观，义理不及半目，则令条前例，共无可欺。唯至上中之文平理平，上下之文理共平，偏案令文，难可会释。更据前例，又无准的。请详释令条，明立流例。不令详定之官，有所迷谬。

以前条事如件。臣某职忝铨衡，官兼贡举，谓试评判，苟居其任。况秀才者，国家之所重，策试之道，不敢为轻。至件三事，迷途未辨，伏请处分。谨奏。元庆七年六月三日。

《全唐文》附《唐文续拾》卷一六

《管原道真·请秀才课试新立法例状》

附录三

后人对隋唐考试制度的评论

一、洪迈

唐穆宗长庆元年,礼部侍郎钱徽知举,放进士郑郎等三十三人,后以段文昌言其不公,诏中书舍人王起、知制诰白居易重试,驳放卢公亮等十人,贬徽江州刺史。白公集有奏状论此事,大略云:"伏料自欲重试进士以来论奏者甚众。盖以礼部试进士,例许用书策,兼得通宵,得通宵则思虑必周,用书册则文字不错。昨重试之日,书策不容一字,木烛只许两条,迫促惊忙,幸皆成就,若比礼部所试事校不同。"及驳放公亮等敕文,以为《孤竹管赋》出于《周礼》正经,阅其程试之文,多是不知本末。乃知唐试进士许挟书及见烛如此。

《容斋随笔》卷三《进士试题》

唐铨选择人之法有四:一曰身,谓体貌丰伟;二曰言,言辞辩正;三曰书,楷法遒美;四曰判,文理优长。凡试判登科谓之入等,甚拙者谓之蓝缕,选未满而试文三篇谓之宏辞,试判三条谓之拔萃。中者郎授官。既以书为艺,故唐人无不工楷法,以判为贵,故无不习熟。而判语必骈俪，今所传《龙筋凤髓判》及《白乐天集·甲乙判》是也。自朝廷至县邑，莫不皆然，非读书善文不可也。宰臣每启拟一事，亦必偶数十语，今郑畋敕语、堂判犹存。世俗喜道琐细遗事，参以滑稽，目为花判，其实乃如此，非若今人握笔据案，只署一字亦可。国初尚有唐余波，久而革去之。但体貌丰伟，用以取人，未为至论。

《容斋随笔》卷一〇《唐书判》

唐世士人初登科或未仕者，多以从诸藩府辟置为重。观韩文公送石洪、温造二处士赴河阳幕序，可见礼节。然其职甚劳苦，故亦或不屑为之。

《容斋续笔》卷一《唐藩镇幕府》

高锴为礼部侍郎，知贡举，阅三岁，颇得才实。始，岁取四十人，才益少，诏减十人，犹不能满。此《新唐书》所载也。按《登科记》，开成元年，中书门下奏："进士元额二十五人，请加至四十人。"奉敕依奏。是年及二年、三年，锴在礼部，每举所放，各四十人。至四年，始令每年放三十人为定，则《唐书》所云误矣。《摭言》载锴第一榜裴思谦以仇士良关节取状头，锴庭谴之。思谦回顾厉声曰："明年打脊取状头。"第二年，锴知举，诫门下不得受书题。思谦自携士良一缄入贡院，既而易紫衣，趋至阶下，白曰："军容有状荐裴思谦秀才。"锴接之，书中与求巍峨。锴曰："状元已有人，此外可副军容意旨。"思谦曰："卑吏奉军容处分：'裴秀才非状元，请侍郎不放。'"锴俯首良久，曰："然则略要见裴学士。"思谦曰："卑吏便是也。"锴不得已，遂从之。思谦及第后，宿平康里，赋诗云:"银钉斜背解明珰,小语低声贺玉郎。从此不知兰麝贵,夜来新惹桂枝香。"然则思谦亦疏俊不羁之士耳。锴徇凶珰之意,以为举首,史谓颇得才实,恐未尽然。

《容斋续笔》卷一一《高锴取士》

唐世制举,科目猥多,徒异其名尔,其实与诸科等也。张九龄以道侔伊、吕策高第,以《登科记》及《会要》考之,盖先天元年九月,明皇初即位,宣劳使所举诸科九人,经邦治国、材可经国、才堪刺史、贤良方正与此科各一人,藻思清华、兴化变俗科各二人。其道侔伊、吕策问殊平平,但云:"兴化致理,必俟得人;求贤审官,莫先任举。欲远循汉、魏之规,复存州郡之选,虑牧守之明,不能必鉴。"次及"越骑伙飞,皆出畿甸,欲均井田于要服,遵丘赋于革车",并安人重谷、编户农桑之事,殊不及为天下国家之要道。则其所以待伊、吕者亦狭矣。九龄于神龙二年中材堪经邦科,本传不书,计亦此类耳。

《容斋续笔》卷一二《唐制举科目》

唐德宗贞元十年,贤良方正科十六人,裴垍为举首,王播次之,隔一名而裴度、崔群、皇甫镈继之。六名之中,连得五相,可谓盛矣!而邪正复不侔,度、群同为元和宰相,而镈以聚敛贿赂亦居之,度、群极陈其不可,度耻其同列,表求自退,两人竟为镈所毁而去。且三相同时登科,不可谓无事分,而玉石杂糅,薰莸同器,若默默充位,则是固宠患失,以私妨公,裴、崔之贤,谊难以处也。

《容斋续笔》卷一三《贞元制科》

唐以赋取士，而韵数多寡，平侧次叙，元无定格。故有三韵者，《花萼楼赋》以题为韵是也。有四韵者，《冀莫赋》以"呈瑞圣朝"，《舞马赋》以"奏之天廷"，《丹甑赋》以"国有丰年"，《泰阶六符赋》以"元亨利贞"为韵是也。有五韵者，《金茎赋》以"日华川上动"为韵是也。有六韵者，《止水》《魍魉》《人镜》《三统指归》《信及豚鱼》《洪钟待撞》《君子听音》《东郊朝日》《蜡日祈天》《宗乐德》《训胄子》诸篇是也。有七韵者，《日再中》《射己之鹄》《观紫极舞》《五声听政》诸篇是也。八韵有二平六侧者，《六瑞赋》以"俭故能广，被褐怀玉"，《日五色赋》以"日丽九华，圣符土德"，《径寸珠赋》以"泽浸四荒，非宝远物"为韵是也。有三平五侧者，《宣耀门观试举人》以"君圣臣肃，谨择多士"，《悬法象魏》以"正月之吉，悬法象魏"，《玄酒》以"荐天明德，有古遗味"，《五色土》以"王子毕封，依以建社"，《通天台》以"洪台独出，浮景在下"，《幽兰》以"远芳袭人，悠久不绝"，《日月合璧》以"两曜相合，候之不差"，《金枙》以"直而能一，斯可制动"为韵是也。有五平三侧者，《金用砺》以"殷高宗命傅说之官"为韵是也。有六平二侧者，《旗赋》以"风日云舒，军容清肃"为韵是也。自大和以后，始以八韵为常。唐庄宗时，尝覆试进士，翰林学士承旨卢质以《后从谏则圣》为赋题，以"尧、舜、禹、汤倾心求过"为韵。旧例，赋韵四平四侧，质所出韵乃五平三侧，大为识者所诮，岂非是时已有定格乎？

《容斋续笔》卷一三《试赋用韵》

唐文宗大和二年三月，亲策制举人贤良方正，刘蕡对策，极言宦官之祸。既而裴休、李郃等二十二人中第，皆除官。考官左散骑常侍冯宿、太常少卿贾𫠊、库部郎中庞严，见蕡策，皆叹服，而畏宦官，不敢取。诏下，物论器然称屈。谏官、御史欲论奏，执政抑之。李郃曰："刘蕡下第，我辈登科，能无厚颜！"乃上疏，以为"蕡所对策，汉魏以来无与为比。今有司以蕡指切左右，不敢以闻，恐忠良道穷，纲纪遂绝。臣所对不及蕡远甚，乞回臣所授以旌蕡直"。不报。予案，是时宰相乃裴度、韦处厚、窦易直。易直不足言，裴、韦之贤，顾独失此，至于抑言者使勿论奏，岂不有愧于心乎？蕡既由此不得仕于朝，而李郃亦不显，盖无敢用之也。令狐楚、牛僧孺乃能表蕡入幕府，待以师礼，竟为宦人所嫉，诬贬柳州司户。李商隐赠以诗，曰："汉廷急诏谁先入？楚路高歌自欲翻。万里相逢欢复泣，凤巢西隔九重门。"及蕡卒，复以二诗哭之，曰："一叫千回首，天高不为闻。"又曰："已为秦逐客，复作楚冤魂。""并将添恨泪，一洒问乾坤！"其悲之至矣。甘露之事，相去才七年，未知蕡及见之否乎？

《容斋续笔》卷一六《刘蕡下第》

一世人材，自可给一世之用。苟有以致之，无问其取士之门如何也。今之议者，多以科举经义、诗赋为言，以为诗赋浮华无根柢，不能致实学，故其说常右经而左赋，是不然。……汉以经术及察举，魏、晋以州乡中正，东晋、宋、齐以门第，唐及本朝以进士，而参之以任子，皆足以尽一时之才。则所谓科目，特借以为梯阶耳！经义、诗赋，不问可也。

《容斋随笔》卷一六《一世人材》

唐末帝清泰二年二月，功德使奏："每年诞节，诸州府奏荐僧道，其僧尼欲立讲论科、讲经科、表白科、文章应制科、持念科、禅科、声赞科，道士经法科、讲论科、文章应制科、表白科、声赞科、焚修科，以试其能否。"从之。此事见《旧五代史纪》，不知曾行与否，至何时而罢也。盖是时犹未鬻卖祠部度牒耳。周世宗废并寺院，有诏约束云："男年十五以上，念得经文一百纸，或读得五百纸，女年十三以上，念得经文七十纸，或读得三百纸者，经本府陈状，乞剃头，委录事参军、本判官试验。两京、大名、京兆府、青州各起置戒坛，候受戒时，两京委祠部差官引试，其三处只委判官，逐处闻奏。候敕下委祠部给付凭由，方得剃头受戒。"其防禁之详如此，非若今时只纳钱于官，便可出家也。念经、读经之异，疑为背诵与对本云。

《容斋三笔》卷九《僧道科目》

唐进士入举场得用烛，故或者以为自平旦至通宵。刘虚白有"二十年前此夜中，一般灯烛一般风"之句，及"三条烛尽"之说。按，《旧五代史·选举志》云："长兴二年，礼部贡院奏：当司奉堂帖夜试进士，有何条格者。"敕曰："秋来赴举，备有常程，夜后为文，曾无旧制。王道以明规是设，公事须白昼显行，其进士并令排门齐入就试，至闭门时试毕，内有先了者，上历昼时，旋令先出，其入策亦须昼试，应诸科对策，并依此例。"则昼试进士，非前例也。清泰二年，贡院又请进士试杂文，并点门入省，经宿就试。至晋开运元年，又因礼部尚书知贡举窦贞固奏，自前考试进士，皆以三条烛为限，并诸色举人有怀藏书册不令就试。未知于何时复有更革。《白乐天集》中奏状云："进士许用书册，兼得通宵。"但不明言入试朝暮也。

《容斋三笔》卷一〇《唐夜试进士》

唐世科举之柄，颛付之主司，仍不糊名。又有交朋之厚者为之助，谓之通榜。故其取人也，畏于讥议，多公而审。亦或胁于权势，或挠于亲故，或累于子弟，皆常情所不能免者。若贤者临之则不然，未引试之前，其去取高下，固已定于胸中矣。

韩文公《与祠部陆员外书》云："执事与司贡士者相知识，彼之所望于执事者，至而无间。彼之职在乎得人，执事之职在乎进贤，如得其人而授之，所谓两得矣。愈之知者有侯喜、侯云长、刘述古、韦群玉，此四子者，可以当首荐而极论，期于成而后止可也。沈杞、张苰、尉迟汾、李绅、张俊余、李翊，皆出群之才，与之足以收人望而得才实，主司广求焉，则以告之可也。往者陆相公贡士，愈时幸在得中，所与及第者，皆赫然有声。原其所以，亦由梁补阙肃、王郎中础佐之。梁举八人，无有失者，其余则王皆与谋焉。陆相于王与梁如此不疑也，至今以为美谈。"此书在集中不注岁月。按，《摭言》云："贞元十八年，权德舆主文，陆傪员外通榜，韩文公荐十人于傪。权公凡三榜，共放六人，余不出五年内皆捷。"以《登科纪》考之，贞元十八年，德舆以中书舍人知举，放进士二十三人，尉迟汾、侯云长、韦纾、沈杞、李翊登第。十九年，以礼部侍郎放二十人，侯喜登第。永贞元年，放二十九人，刘述古登第。通三榜，共七十二人，而韩所荐者预其七。元和元年，崔邠下放李绅。二年，又放张俊余、张弘。皆与《摭言》合。

陆傪在贞元间时名最著，韩公敬重之，其《行难》一篇，为傪作也。曰："陆先士之贤闻于天下，是是而非非。自越州召拜祠部，京师之人日造焉。先生曰：'今之用人也不详。位于朝者，吾取某与某而已，在下者多于朝。凡吾与者若干人。'"又送其刺歙州序曰："君出刺歙州，朝廷耆旧之贤，都邑游居之良，赍咨涕洟，咸以为不当去。"则儆之以人物为己任久矣。其刺歙以十八年二月,权公放榜时既以去国,而用其言不替,其不负公议而采人望,盖与陆宣公同。

韩公与书时,方为四门博士,居百寮底,殊不以其荐为犯分。故公作《权公碑》云:"典贡士,荐士于公者,其言可信,不以其人布衣不用;即不可信,虽大官势人交言,一不以缀意。"又云:"前后考第进士及庭所策试士,踊相蹑为宰相达官,其余布处台阁外府,凡百余人。"梁肃及儆皆为后进领袖,一时龙门,惜其位不通显也。岂非汲引善士,为当国者所忌乎? 韩公又有《答刘正夫书》云:"举进士于先进之门,何所不往? 先进之于后辈,苟见其至,宁可以不答其意耶? 来者则接之,举城士大夫莫不皆然,而愈不幸,独有接后进名。"以是观之,韩之留意人士可见也。

《容斋四笔》卷五《韩文公荐士》

唐昭宗乾宁二年试进士,刑部尚书崔凝下二十五人。放榜后,宣诏翰林学士陆扆,秘书监冯渥入内,各赠衣一副及毡被,于武德殿前复试,但放十五人。自状头张贻范以下重落,其六人许再入举场,四人所试最下,不许再入,苏楷其一也。故挟此憾,至于驳昭宗"圣文"之谥。崔凝坐贬合州刺史。是时,国祚如赘旒,悍镇强藩,请隧问鼎之不暇,顾卷卷若此。其再试也,诗、赋各两篇,内《良弓献问赋》,以"太宗问工人木心不正,脉理皆邪,若何道理"十七字皆取五声字,依轮次以双周隔句为韵,限三百二十字成。贻范等六人,讫唐末不复缀榜。盖是时不糊名,一黜之后,主司不敢再收拾也。有黄滔者,是年及第,闽人也,九世孙沃为吉州永丰宰,刊其遗文,初试、覆试凡三赋皆在焉。《曲直不相入赋》,以题中"曲直"两字为韵。释云:邪正殊途,各有好恶。终篇只押两韵。《良弓献问赋》，取五声字次第用各随声为赋格。于是第一韵尾句云"资国祚之崇崇"，上平声也。第二韵"垂宝祚于绵绵"，下平声也。第三韵"曾非唯唯"，上声也。第四韵"露其言而粲粲"，去声也。而阙入声一韵。赋韵如是，前所未有。国将亡，必多制，亦云可笑矣。信州永丰人王正白，时再试中选，郡守为改所居坊名曰"进贤"，且减户税，亦后来所无。

《容斋四笔》卷六《韩宁覆试进士》

后唐裴尚书年老致政。清泰初，其门生马裔孙知举，放榜后引新进士谒谢于裴，裴欢宴永日，书一绝云："宦途最重是文衡，天与愚夫作盛名。三主礼闱今八十，门生门下见门生。"时人荣之。事见苏耆《开谭录》。予以《五代登科记》考之，裴在同光中三知举，四年放进士八人，裔孙预焉。后十年，裔孙为翰林学士，以清泰三年放进士十三人，兹所书是已。裔孙寻拜相，《新史》亦载此一句云。白乐天诗有《与诸同年贺座主高侍郎新拜太常同宴萧尚书亭子》一篇，注云："座主于萧尚书下及第。"予考《登科记》，乐天以贞元十六年庚辰中书舍人高郢下第四人登科，郢以宝应二年癸卯礼部侍郎萧昕下第九人登科，迨郢拜太常时，几四十年矣。昕自癸卯放进士之后，二十四年丁卯，又以礼部尚书再知贡举，可谓寿俊。观白公所赋，益可见唐世举子之尊尚主司也。

《容斋五笔》卷七《门生门下见门生》

唐杨绾为相，以进士不乡举，但试辞赋浮文，非取士之实，请置五经秀才科。李栖筠、贾至以绾所言为是，然亦不闻施行也。

《容斋五笔》卷一《五经秀才》

元、白习制科，其书后分为四卷，命曰《策林》。其《策头》《策项》各二道，《策尾》三道，此外曰《美谦逊》《塞人望》《政必成》《不劳而理》《风化浇朴》《复雍熙》《感人心》之类，凡七十五门，言所应对者百不用其一二，备载于文集云。

《容斋五笔》卷八《元白制科》

二、 王应麟

唐制举之名，多至八十有六，凡七十六科。至宰相者七十二人。

《困学纪闻》卷一四《考史》

唐宏词之论，其传于今者，唯韩文公《颜子不贰过》。制举之策，其书于史者，唯刘蒉一篇。不在乎科目之得失也。

《困学纪闻》卷一四《考史》

唐及国初，策题甚简，盖举子写题于试卷故也。庆历后，不复写题，浸失之繁。今有数千言者，问乎其不足疑。

《困学纪闻》卷一五《考史》

三、 马端临

按：致堂之言固善，然武后所试诸路贡士，盖如后世之省试，非省试之外再有殿试也。唐自开元以前，试士未属礼部，以考功员外郎主之。武后自诡文墨，故于殿陛间下行员外郎之事。

《文献通考》卷二九《选举二》

吴氏《能改斋漫①录》曰："《杜阳编》记，舒元舆进士既试，脂炬人皆自将。"以余考之，唐制如此耳。故《广记》云："唐制举人，试日既暮，许烧烛三条。韦永贻试日先毕，作诗云：'褒衣博带满尘埃，独上都堂纳卷回。蓬巷几时闻吉语，棘蒬何日却重来。三条烛尽钟初动，七转丹成鼎未开。残月渐低人扰扰，不知谁是谪仙才。'又云：'白莲千朵照廊明，一片升平雅颂声。才唱第三条烛尽，南宫风月画难成。'"而旧说亦言，举人试日已晚，主文权德舆于帘下戏云："三条烛尽，烧残举子之心。"举子遽答云："八韵赋成，惊破侍郎之胆。"故《国史·窦正固传》："旧制，夜试以二烛②为限，晋长兴二年改令昼试，正固以短昼奏复夜试。"周广顺中，窦仪奏复用昼，乃知本朝循周不许见烛。

《文献通考》卷二九《选举二》

江陵项氏曰："风俗之弊，至唐极矣。王公大人，巍然于上，以先达自居，不复求士。天下之士，什什伍伍，戴破帽，骑蹇驴，未到门百步辄下马，奉币刺再拜，以谒于典客者，投其所为之文，名之曰'求知己'。如是而不问，则再如前所为者，名之曰'温卷'。如是而又不问，则有执贽于马前，自赞曰'某人'上谒者。嗟乎！风俗之弊，至此极矣。此不独为士者可鄙，其时之治乱盖可知矣。"

《文献通考》卷二九《选举二》

按：唐科目考校，无糊名之法，故主司得以采取誉望。然以钱

---

① "漫"，原本作"谩"。
② "二烛"，《册府元龟》卷六四二作"三烛"。《册府元龟》卷六四二《贡举部·条制四》载，开运元年十一月，窦正固奏："进士考试杂文，及与诸科举人入策，历代已来，皆以三条烛尽为限。"

徽、高锴之事观之，权幸之嘱托，亦可畏也。东汉及魏晋以来，吏部尚书司用人之柄。然其时诿曰"取行实，甄材能"，故为尚书者必使久于其任，而后足以察识。今唐人礼部所试，不过于寸晷之间，程其文墨之小技。则所谓主司者，当于将试之时，择士大夫之有学识操守者，俾主其事可矣，不必专以礼部为之。今高锴之为侍郎知贡举也，至于三年，仇士良之挟势以私裴思谦也，至于再嘱，于是锴亦不能终拂凶珰以取祸矣。此皆预设与久任之弊也。

《文献通考》卷二九《选举二》

按：五代五十二年，其间惟梁与晋各停贡举者二年，则降敕以举子学业未精之故。至于朝代更易，干戈攘抢之岁，贡举未尝废也。然每岁所取进士，其多者仅及唐盛时之半。土宇分割，人士流离，固无怪其然。但三礼、三传、学究、明经诸科，唐虽有之，然每科所取甚少。而五代自晋、汉以来，明经诸科中选者动以百人计。盖帖书、墨义，承平之时，士鄙其学而不习，国家亦贱其科而不取，故惟以攻诗赋中进士举者为贵。丧乱以来，文学废坠，为士者往往从事乎帖诵之末习，而举笔能文者固罕见之，国家亦姑以是为士子进取之涂，故其所取反数倍于盛唐之时也。国初，诸科取人亦多于进士，盖亦承五季之弊云。

《文献通考》卷三〇《选举三》

按：自唐以来，所谓明经者，不过帖书、墨义而已。愚尝见东阳丽泽吕氏家塾有刊本《吕许公夷简应本州乡举试卷》，因知墨义之式。盖十余条，有云："作者七人矣。请以七人之名对。"则对云："七人，某某也。谨对。"有云："见有礼于其君者，如孝子之养父母也。请以下文对。"则对云："下文曰：'见无礼于其君者，如鹰鹯之逐鸟雀也。'谨对。"有云"请以注疏对"者，则对云："注疏曰云云。谨对。"有不能记忆者，则只云"对未审"。盖既禁其挟书，则思索不获者不容臆说故也。其上则具考官批凿，如所对善，则批一"通"字；所对误及未审者，则批一"不"字。大概如儿童挑诵之状，故自唐以来贱其科。所以不通者殿举之罚特重，而一举不第者不可再应，盖以其区区记问犹不能通悉，则无所取材故也。艺祖许令再应，待士之意亦厚矣。

《文献通考》卷三〇《选举三》

　　按：殿前试士，始于唐武后。然唐制以考功郎中任取士之责，后不过下行其事以取士誉，非于考功已试之后，再试之也。开元以后，始以礼部侍郎知贡举，送中书门下详覆。然惟元和间，钱徽为侍郎知贡举，宰相段文昌言其取士不公，覆试多不中选，徽坐免官。长庆以后，则礼部所取士先详覆而后放榜，则虽有详覆之名，而实未曾再试矣。五代以来，所谓详覆者，间有升黜人。

《文献通考》卷三〇《选举三》

四、　顾炎武

　　今人但以贡生为明经，非也。唐制有六科：一曰秀才，二曰明经，三曰进士，四曰明法，五曰书，六曰算。当时以诗赋取者，谓之进士；以经义取者，谓之明经。今罢诗赋而用经义，则今之进士乃唐之明经也。唐时入仕之数，明经最多。考试之法，令其全写注疏，谓之帖括。议者病其不能通经。权文公谓："注疏犹可以质验，不者，傥有司率情,上下其手,既失其末,又不得其本,则荡然矣。"今之学者并注疏而不观,殆于本末俱丧,然则今之进士又不如唐之明经也乎?

《日知录》卷一六《明经》

杜氏《通典》:"按令文,科第秀才与明经同为四等,进士与明法同为二等。然秀才之科久废,而明经虽有甲乙丙丁四科,进士有甲乙二科,自武德以来,明经惟有丙丁第,进士惟乙科而已。"《旧唐书·玄宗纪》:"开元九年四月甲戌,上亲策试应制举人于含元殿,敕曰:'近无甲科,朕将存其上第。'"《杨绾传》:"天宝十三载,玄宗御勤政楼试举人,登甲科者三人,绾为之首,超授右拾遗。其登乙科者三十余人。"杜甫《哀苏源明》诗曰:"制可题未干,乙科已大阐。"然则今之进士而概称甲科,非也。《隋书·李德林传》:"杨遵彦铨衡深慎,选举秀才,擢第罕有甲科。德林射策五条,考皆为上。"是则北齐之世即已多无甲科者矣。

《日知录》卷一六《甲科》

《唐书·选举志》:"众科之目,进士尤为贵,其得人亦最为盛焉。""文宗好学嗜古,郑覃以经术位宰相,深嫉进士浮薄,屡请罢之。""武宗即位,宰相李德裕尤恶进士,谓:'朝廷选官,须公卿子弟为之。何者?少习其业,自熟朝廷事,台阁之仪不教而自成。寒士纵有出人之才,固不能闲习也。'德裕之论偏异盖如此。然进士科当唐之晚节,尤为浮薄,世所其患也。"《金史》言:"取士之法,其来不一。至于唐宋,进士盛焉,当时士君子之进不繇是涂,则自以为慊。此繇时君之好尚,故人心之趋向然也。"

《日知录》卷一七《进士得人》

《旧唐书·杜正伦传》："正伦，隋仁寿中与兄正园、正藏俱以秀才擢第。唐代举秀才止十余人，正伦一家有三秀才，甚为当时称美。"《唐登科记》："武德至永徽，每年进士或至二十余人，而秀才止一人二人。"杜氏《通典》云："初，秀才科第最高，试方略策五条，有上上、上中、上下、中上，凡四等。贞观中，有举而不第者，坐其州长，由是废绝。士人所趋向，惟明经、进士二科而已。"显庆初，黄门侍郎刘祥道奏言："国家富有四海，于今已四十年，百姓官寮未有秀才之举，未必今人之不如昔，将荐贤之道未至，岂使方称多士，遂缺斯人？请六品以下，爰及山谷，特降纶言，更审搜访。"唐人之于秀才，其重如此。玄宗御撰《六典》，言："凡贡举人，有博识高才、强学待问、无失俊选者，为秀才。通二经已上者为明经。明闲时务、精熟一经者，为进士。"《张昌龄传》："本州欲以秀才举之，昌龄以时废此科已久，固辞，乃充进士贡举及第。"是则秀才之名，乃举进士者之所不敢当也。又，《文苑英华·判目》有云："乡举进士，至省求试秀才，考功不听，求诉不已。赵郿判曰：'文艺小善，进士之能；访对不休，秀才之目。'"是又进士求试秀才而不可得也。

《日知录》卷一六《秀才》

试判起于唐高宗时。"初，吏部选才，将亲其人，覆其吏事，始取州县案牍疑议，试其断割，而观其能否。后日月浸久，选人猥多，案牍浅近，不足为难。乃采经籍古义，假设甲乙，令其判断。既而来者益众，而通经正籍又不足以为问，乃征僻书曲学隐伏之义问之，惟惧人之能知也。佳者登于科第谓之'入等'，其甚拙者谓之'蓝缕'，各有升降。选人有格限未至而能试文三篇谓之'宏词'；试判三条谓之'拔萃'，亦曰'超绝'。词美者得不拘限而授职。"

《日知录》卷一六《判》

人主设取士之科，以待寒畯，诚不宜使大臣子弟得与其间，以示宠遇之私，而大臣亦不当使其弟子与寒士竞进。……唐之中叶，朝政渐非，然一有此事，尚招物议。长庆元年，礼部侍郎钱徽知贡举，中书舍人李宗闵子婿苏巢、右补阙杨汝士弟殷士皆及第，为段文昌所奏，指擿榜内郑郎等十四人，谓之子弟。穆宗乃内出题目重试，落朗等十人，贬徽江州刺史，宗闵剑州刺史，汝士开江令。会昌四年，权知贡举左仆射王起奏："所放进士有江陵节度使崔元式甥郑朴、东都留守牛僧孺女婿源重、故相窦易直子缄、监察御史杨收弟严，试文合格，物议以子弟非之。"敕遣户部侍郎翰林学士白敏中覆试，落下三人，唯放杨严一人。大中元年，礼部侍郎魏扶奏："臣今年所放进士三十三人，其封彦卿、崔琢、郑延休等三人实有词艺，为时所称，皆以父兄见居重任，不敢选取。"诏令翰林学士承旨户部侍郎韦琮考覆，敕放及第。大中末，令狐绹罢相，其子滈应进士举，在父未罢相前拔文解及第，谏议大夫崔瑄论滈干挠主司，侮弄文法，请下御史台推勘。疏留中不出。开平三年五月，敕："礼部所放进士薛钧，是左司侍郎薛廷珪男。方持省辖，固合避嫌，宜令所司落下。"

《日知录》卷一七《大臣子弟》

天宝二年，是时海内晏平，选人万计，命吏部侍郎宋遥、苗晋卿考之。遥与晋卿苟媚朝廷，又无廉洁之操，取舍偷滥，甚为当时所丑。有张奭者,御史中丞倚之子,不辨菽麦,假手为判,特升甲科。会下第者尝为蓟令,以其事白于范阳节度使安禄山。禄山恩宠崇盛,谒请无时,因具奏之。帝乃大集登科人,御花萼楼,亲试升第者,十无一二焉。奭手持试纸,竟日不下一字,时谓之"曳白"。帝大怒,遂贬遥为武当太守,晋卿为安康太守,复贬倚为淮阳太守。诏曰:"庭闱之间,不能训子;选调之际,乃以托人。"士子皆以为戏笑,或托于诗赋讽刺。考判官礼部郎中裴朏、起居舍人张烜、监察御史宋昱、左拾遗孟朝,皆贬官岭外。

《日知录》卷一七《大臣子弟》

〔汉献帝初平四年,诏曰:〕"唐昭宗天复元年赦文,令中书门下选择新及第进士中,有久在名场,才沾科级,年齿已高者,不拘常例,各授一官。于是礼部侍郎杜德祥奏,拣到新及第进士陈光问年六十九,曹松年五十四,王希羽年七十三,刘象年七十,柯崇年六十四,郑希颜年五十九。诏光问、松、希羽可秘书省正字,象、崇、希颜可太子较书。"此皆前代季朝之政,当丧乱之后,以此慰寒畯而收物情,非平世之典也。

《日知录》卷一七《恩科》

史言:"开元以后,四海晏清,士无贤不肖,耻不以文章达。其应诏而举者多则二千人,少犹不减千人,所收百才有一。"《文献通考》:"唐时所放进士,每岁不过二三十人。"士之及第者,未便解褐入仕,尚有试吏部一关。韩文公三试于吏部无成,则十年犹布衣,且有出身二十年不获禄者。

《日知录》卷一七《出身授官》

生员犹曰官员。有定额,谓之"员"。《唐书·儒学传》:"国学始置生七十二员,取三品以上子弟若孙为之;太学百四十员,取五品以上;四门学百三十员,取七品以上。郡县三等,上郡学置生六十员,中、下以十为差。上县学置生四十员,中、下亦以十为差。"此生员之名所始,而明制亦略仿之。

《日知录》卷一七《生员额数》

国家设科之意,本以求才,今之立法则专以防奸为主,如弥封、誊录一切之制是也。考之唐初,吏部试,选人皆糊名,令学士考判。武后以为非委任之方,罢之。……《册府元龟》:"唐宪宗元和二年十二月,敕:自今以后,州府所送进士,如迹涉疏狂,兼亏礼教,或曾为官司科罚,或曾任州府小吏,一事不合入清流者,虽薄有词艺,并不得申送。如举送以后事发,长吏停见任及已停替者殿二年,本试官及司功官并贬降。"是进一不肖之人,考试之官皆有责焉。今则借口于糊名,而曰"吾衡其文,无繇知其人也",是教之崇败行之人,而代为之谄其罪也。《容斋四笔》曰:"唐世科举之柄颛付之主司,仍不糊名。又有交朋之厚者为之荐达,谓之通榜。故其取人也,畏于讥议,多公而审。亦或胁于权势,或挠于亲故,或累于子弟,皆常情所不能免者。若贤者临之则不然,未引试之前,其去取高下固已定于胸中矣。……"

《日知录》卷一七《糊名》

今人以同举为同年。唐宪宗问李绛曰:"人于同年,固有情乎?"对曰:"同年乃九州四海之人偶同科第或登科,然后相识,情于何有?"然穆宗欲诛皇甫镈,而宰相令狐楚、萧俛以同年进士保护之矣。

《日知录》卷一七《同年》

贡举之士，以有司为座主，而自称门生。自中唐以后，遂有朋党之祸。会昌三年十二月二十二日，中书覆奏："奉宣旨，不欲令及第进士呼有司为座主，兼题名局席等条疏进来者。伏以国家设文学之科，求真正之士，所宜行崇风俗，义本君亲，然后升于朝廷，必为国器。岂可怀赏拔之私惠，忘教化之根源，自谓门生，遂为朋比？所以时风浸坏，臣节何施？树党背公，靡不由此。臣等议：今日以后，进士及第，任一度参见有司，向后不得聚集参谒，于有司宅置宴。其曲江大会朝官及题名局席，并望勒停。"奉敕："宜依。"后唐长兴元年六月，中书门下奏："时论以贡举官为恩门，及以登第为门生。门生者，门弟子也。颜、闵、游、夏等并受仲尼之训，即是师门。大朝所命春官不曾教诲，举子是国家贡士，非宗伯门徒。今后及第人不得呼春官为恩门、师门及自称门生。"

《日知录》卷一七《座主门生》

唐穆宗长庆三年二月，谏议大夫殷侑言："司马迁、班固、范晔三史为书，劝善惩恶，亚于六经。比来史学废绝，至有身处班列而朝廷旧章莫能知者。"于是立三史科及三传科。《通典》"举人条例"："其史书，《史记》为一史，《汉书》为一史，《后汉书》并刘昭所注《志》为一史，《三国志》为一史，《晋书》为一史，李延寿《南史》为一史，《北史》为一史。习《南史》者兼通《宋》《齐志》，习《北史》者通《后魏》《隋书·志》。……"

《日知录》卷一六《史学》

唐制,天子自诏曰制举,所以待非常之才。《唐志》曰:"所谓制举者,其来远矣。自汉以来,天子常称制诏,道其所欲问而亲策之。"唐兴,世崇儒学。虽其时君贤愚好恶不同,而乐善求贤之意未始少怠。故自京师外至州县有司,常选之士以时而举。而天子又自诏四方德行、才能、文学之士,或高蹈幽隐与其不能自达者,下至军谋将略、翘关拔山、绝艺奇伎,莫不兼取。其为名目,随其人主临时所欲。而列为定科者,如贤良方正直言极谏、博通坟典达于教化、军谋宏远堪任将率、详明政术可以理人之类,其名最著。

《日知录》卷一六《制科》

　　文章无定格,立一格而后为文,其文不足言矣。唐之取士以赋,而赋之末流最为冗滥。

《日知录》卷一六《程文》

　　今人论科举,多以广额为盛,不知前代乃以减数为美谈,著之于史。《旧唐书·王丘传》:"开元初,迁考功员外郎。先是,考功举人请托大行,取士颇滥,每年至数百人。丘一切核其实材,登科者仅满百人。议者以为自则天已后,凡数十年,无如丘者。"《严挺之传》:"开元中,为考功员外郎,典举二年,人称平允。登科者顿减二分之一。"《陆贽传》:"知贡举,一岁选士才十四五。数年之内,居台省清近者十余人。"此皆因减而精,昔人之所称善。今人为此,不但获刻薄之名,而又坐失门生百数十人,虽至愚者不为矣。

《日知录》卷一七《中式额数》

五、 赵翼

唐宋以来，最重进士。其所谓举人者，不过由各府解送，俾赴礼部试。……举人试礼部不第，仍须再应乡举，本无可入仕之路。

《陔余丛考》卷一八《有明进士之重》

是唐之翰林学士，虽无出身者亦得为之，其以他官入者，亦不必皆由科目。今按，李德裕以荫入官，后擢翰林学士、知制诰。刘邺由幕僚擢左拾遗，寻为翰林学士。吴通玄及弟通微，以太子友召为翰林学士。郑覃以荫补校书郎，后为翰林侍讲学士。郑朗由辟署幕僚亦为侍讲学士。王叔文以棋待诏，后为翰林学士。是皆不必进士出身也。

《陔余丛考》卷二六《唐时翰林学士不必皆进士出身》

唐初，明经、进士皆考功员外郎主试事。开元二十四年，考功员外郎李昂为举人诋诃。帝以员外郎望轻，遂移贡举于礼部，以侍郎主之。后世礼部知贡举自此始。然其时知贡举者即主司，后世则知贡举者但理场务，而主试则别命大臣。按唐制，知贡举亦有不专用礼部侍郎，而别命他官者。德宗时，萧昕以礼部尚书知贡举，则不必侍郎也。又以国子祭酒包佶知贡举，宪宗时以中书舍人李逢吉知贡举，穆宗时以中书舍人李宗闵知贡举，武宗时以太常卿王起知贡举，宣宗时以中书舍人杜审权知贡举，五代时亦或以他部尚书、侍郎为之。此又近代别命大臣主试之始也。又，唐时知贡举大臣有不必进士出身者。《旧唐书·李麟传》："麟以荫入仕，不由科第出身，后为兵部侍郎，知礼部贡举。"又，李德裕与李宗闵有隙，杜悰欲为释憾，谓宗闵曰："德裕有文才而不由科第，若使之知贡举，必喜矣。"是唐制非科第出身者亦得主试也。

《陔余丛考》卷二八《礼部知贡举》

贡院四围重墙皆插棘，所以杜传递出入之弊，古制则非为此也。《五代史·和凝传》："是时进士多浮薄，喜为喧哗，以动主司。主司每放榜，则围之以棘，闭省门。凝知贡举，撤棘开门，而士皆肃然无哗，所取称为得人。"然则设棘乃放榜时以防士子喧噪耳。

《陔余丛考》卷二八《棘闱》

《封氏闻见记》："李林甫婿王如泚以伎术供奉，玄宗欲与考官，林甫奏如泚现应进士举，乞圣恩与一及第。上许之，付礼部与及第。侍郎李昕曰：'明经、进士，国家取才之地。圣恩优异，差可与官，不宜与第。'如泚方宾朋宴集，忽中书下牒礼部：'王如泚可依例考试。'乃皆愕然失措。"可见唐时未有赐进士者。唐末始有追赐及第之例。《通鉴纪事》："宰相张文蔚奏名儒不遇者方干等五人，请赐及第，以慰其魂。"然此乃加恩于已殁之落第举子，非现在之举子也。天复元年，令新及第进士中有久在名场、年齿已高者，不拘常例，各授一官。于是陈光问、曹松等皆以年老授秘书省正字等官。此又加恩于及第进士内之老者，而非落第之老举子也。

《陔余丛考》卷二八《特赐进士》

《摭言》："唐大中中，张又新号'张三头'，谓进士状头、宏词敕头、京兆解头也。"《说储》又载唐崔元翰京兆解头、礼部状头、宏词敕头、制科三等敕头，则并中四元矣。

《陔余丛考》卷二八《三元》

"进士"之名，见于《王制》。秦、汉以来，未有此名目也。至隋炀帝始设此科，唐因之。其初虽有诸科，然大要以明经、进士二科为重，其后又专重进士。此后世进士所始也。唐初制：试时务策五道，帖一大经。经、策全通为甲第。策通四，帖过四以上为乙第。永隆二年，以刘思立言"进士惟诵旧策，皆无实材"，乃诏进士试杂文二篇，通文律者然后试策。此进士试诗、赋之始。开元二十五年，诏："进士以声韵为学，多昧古今，自今加试大经十帖。"建中二年，中书舍人赵赞权知贡举，又以箴、论、表、赞代诗、赋。太和八年，仍复诗、赋。此唐一代进士试艺之大略也。然唐制有与后世不同者。后世三岁一会试，唐则每岁皆试。后世放进士多至三四百人，少亦百余人，唐则每岁放进士不过三四十人。见《通考》所载《登科记》。

《陔余丛考》卷二八《进士》

唐、宋惟重进士一科，所谓举人者，不过由此可应进士试耳，故又谓之"举进士"。其时士之试于礼部者，在内由京兆府考试录送，李肇《国史补》所谓"京兆府考而升之，谓之等第"是也。在外由各府申送，谓之"乡贡"，则不复考试，《国史补》"谓之拔解"是也。

《陔余丛考》卷二八《举人》

唐高宗永徽二年停秀才科，开元十四年以后复有此举。主司以其科废久，不欲奖拔，多黜落之，其科遂废。《封氏闻见记》："唐初秀才试方略、策三道，其后举人惮于方略之科，为秀才者殆绝，而多趋明经、进士。"然唐时凡举子皆称秀才，见李肇《国史补》。又，韩昌黎有《燕河南府秀才》诗。其时秀才之科久停，而犹有是称，可见凡乡贡怀牒就试于州县而觅举者，皆称秀才也。

《陔余丛考》卷二八《秀才》

唐武后天授元年二月，策问贡举人于洛阳，数日方毕。此殿试之始也。然其制与后世异。其时举人皆试于考功员外郎，武后自矜文墨，故于殿陛间行考功主试之事，是殿试即考功之试，非如后世会试后再赴殿试也。武后以后，其事仍归考功，无复殿试。开元中，改命礼部知贡举，故知贡举者所放第一即为状元。《摭言》记裴思谦以仇士良关节谒礼部侍郎高锴求状头，曰"非状元，请侍郎不放"是也。穆宗时，始令知贡举官先以所取及第进士姓名文卷申送中书官，然后放榜，然亦第令礼闱所取试卷具送中书覆阅，非另于殿陛再试也。

《陔余丛考》卷二八《殿试》

《通考》："唐开元二十四年，移贡举于礼部，以侍郎主试事，其侍郎亲故则移试考功，谓之别头试。"此后世科场回避亲族及另设回避卷之始也。然《唐书》："沈绚主春闱，其母曰：'近日崔、李侍郎皆与宗盟及第，汝于诸叶中放谁耶？'曰：'莫如沈先、沈擢。'其母曰：'二子早有声价，科名不必在汝。沈儋孤寒，鲜有知者。'绚不敢违，遂放儋及第。"则宗族又似不回避。按，《齐抗传》："礼部侍郎试贡士,其姻旧悉试考功,谓之别头试。抗以为侍郎大臣皆上所任,不必别试,乃奏罢之。"沈绚之取沈儋,或齐抗奏罢之后欤?否则,先、儋等与绚本同姓不同族欤?

《陔余丛考》卷二九《科场回避亲族》

门生之礼,汉与六朝各别,说见"门生"条内。至举子中式者,对座主称门生,则自唐始。《唐书》:"权德舆门生七十人,推沈传师为颜子。"又,《权璩传》云:"宰相李宗闵,乃父门生也。"《萧遘传》:"遘为王铎所取,及与铎同为相,常奏帝曰:'臣乃铎门生。'"此座主门生之见于史册者也。门生谒座师、房师,将出,师送至二门外,不出大门。及门生为主考、同考官,例须亲率所取士谒己座师、房师,此亦有故事。《五代史》:"裴皞以文学在朝久,宰相马嗣孙、桑维翰皆皞礼部所放进士也。后马知贡举,引新进士诣皞。皞喜作诗曰'门生门下见门生',世传以为荣。维翰为相,尝过皞,皞不迎不送。或问之,皞曰:'我见桑公于中书,庶僚也;公见我于私第,门生也。何迎送之有?'"此门生见座主故事也。《唐书》:"杨嗣复知贡举,其父于陵自洛入朝,嗣复率门生出迎,置酒第中。于陵坐堂上,嗣复与诸门生坐两序。而于陵前为考功时所取李师稷,时为浙东观察使,适亦在焉。人谓杨氏'上下门生',世以为美。"此又门生见座主父之故事也。

《陔余丛考》卷二九《座主见门生礼》

今科场拆卷填榜,先从第六名起,盖是古制。《唐摭言》记:"杜黄门知贡举,第三场诸生五百余人咸在,未有填榜人。举子尹枢请任之,因令卷帘,授以纸笔,每札一人,则抗声唱名,无不念其公。唯空其元未填，枢请曰：'状元非老夫不可。'公笑诺之，因令亲笔自札之。"是唐时填榜已空状头也。然填榜何患无人，乃令举子自书？恐唐制亦未必如此，《摭言》所云，未可信也。又，李肇《国史补》："李程试《日五色赋》，既出，见杨于陵。于陵见其破题云'德动天鉴，祥开日华'，谓程曰：'君今须作状元。'翼日无名，于陵大不平，另以故册写其文见主司。主司叹赏不已，曰：'场中有此，当处以状元。'于陵乃曰：'此李程作也！'亟命取程卷对之，一字不差，遂擢为状元。"是唐时主司未放榜可以见客，然未放榜何以知其无名耶？岂穆宗以后，原有先送取中试卷姓名于中书覆阅而后放榜之例，所谓"翼日无名"者，或即送中书未放榜之先耶？然既送中书阅定，又岂能填榜时忽改一状元？是皆不可信者也。

《陔余丛考》卷二九《填榜》

"关节"二字，起于唐，然不尽指科场言也。《杜阳杂编》："元载嬖其妾薛瑶瑛，瑶瑛之父曰宗本，兄曰从义，母曰赵娟。娟与中书主吏卓倩等广购贿赂，号为关节。"是凡营私信息皆号关节矣。李肇《国史补》叙进士科云："造请权要，谓之关节。"牛轲《牛羊日历》云："轻薄奔走，扬鞭驰骛，以关节紧慢为甲乙。""杨汝士、钱徽知贡举，段文昌言于上曰：'今岁礼部殊不公，所取士皆以关节得之。'乃命覆试。""李景让最孝友，其弟属其请托主司，景让曰：'朝廷取士，自有公道，岂可效人求关节乎？'"《摭言》："高锴第一榜裴思谦，以仇士良关节来取状头，锴廷斥之。"又："广明乱后，郡国不复以贡士为意，惟江西钟传急于荐才，四方举子有以公卿关节，不远千里求首荐者。"此皆指科场之关节。盖关节之云，谓竿牍请嘱，如过关之用符节耳。至后世举子所谓关节，则用字眼于卷中以为识别者。

《陔余丛考》卷二九《关节》

"同年"之称起于唐。按,《唐书·许孟容传》:"京兆尹元义方劾宰相李绛与孟季_{孟容弟}。同举进士,为同年,才数月辄徙官。帝以问绛,绛曰:'进士、明经,岁大抵百人,吏部得官,岁至千人。私谓同年,本非亲与旧也。'"然则是时吏部同岁选官者亦号同年。

《陔余丛考》卷二九《同年》

《摭言》记:"白香山守杭州,江东进士多奔杭取解。时张祜负时名,以首冠为己任。既而徐凝至,香山请诵所为诗,祜曰:'某《甘露寺》诗曰:"日月光先见,江山势尽来。"'凝诵《匡庐瀑布》诗:'千古长如白练飞,一条界破青山色。'祜愕然,凝遂举首。"苏叔党本东坡子,蜀人也,而在杭州发解。然则唐宋时解送举子不必皆本籍人也,或解送虽不必本籍,而其人之籍贯亦不必改从取解之地耳。

《陔余丛考》卷二九《寄籍》

《唐书·选举志》:杨绾疏言"明经但记帖括"。按,《文献通考》:"唐制帖经试士,后以应试者多,至帖孤章绝言以惑之,应试者乃索幽隐,编为诗赋,不过数十篇,难者悉备。"此即所谓"帖括"也。

《陔余丛考》卷二九《帖括策括》

袁文《瓮牖闲评》谓:"唐时科场不许见烛,五代窦贞固以昼短举子不能尽所长,乃请夜试,许用三条烛。故韦贻永诗:'三条烛尽钟初动,九转丹成鼎未开。'"此五代故事也。然晚唐时有"更报第三条烛尽,文昌风景画难成"之句,则唐时已有给烛之例。

《陔余丛考》卷二九《科场给烛》

杜氏《通典》:"进士有甲、乙二科,武德以来,第进士惟乙科。"《旧唐书》:玄宗亲试,敕曰:"近无甲科,朕将存其上第。"《杨绾传》:"玄宗试举人,登甲科者三人,绾为之首。"其乙科凡三十余人。是甲、乙科俱谓进士也。

《陔余丛考》卷二九《甲榜乙榜》

唐以后始有"座主""门生"之称。

《陔余丛考》卷三六《门生》

六、 王鸣盛

虽并重明经、进士,后又偏重进士。《新志》云:"众科之目,进士尤为贵。时君笃意,以谓莫此之尚。"《摭言》会昌举格所送人数,国子监及各道皆明经多,进士少。又,《述进士·上篇》云"咸亨之后,凡由文学举于有司者,竞集于进士"。又,《散序·进士篇》云"进士盛于贞观、永徽之际,搢绅虽位极人臣,不由进士,终不为美"云云。《欧阳詹文集》第八卷《与郑伯义书》:"承今冬以前,明经赴调罢举进士。渔者所务唯鱼,不必在梁、在笱;弋者所务唯禽,不必在矰、在缴。国家设尊官厚禄,为人民,为社稷也。在求其人,非与人求;在得其人,非与人得。读往载,究前言,则曰明经。属以词，赋以事，则曰进士。未即以进士贤、明经不贤也。蚩蚩之人、贵此贱彼，是不达国家选士之意，居方宁斯人之徒与？况进士出身，十年、二十年而终于一命者有之；明经诸色入仕，须臾而践卿相者有之。才如居方，诸科中升乎一科矣，宜存一梁一笱、一赠一缴之义。"观以上各条，可见进士又在明经之上，且可见彼时明经及第者不肯即求吏部举选，往往舍去，仍应进士举。惟欧阳詹所见不然，此皆足以征唐制也。要之，积重难返，如詹之明达者已少。封演《闻见记》第三卷《贡举篇》云"代以进士登科为登龙门，解褐多拜清紧，十数年间，拟迹庙堂，轻薄者语曰：'及第进士俯视中黄郎，落第进士揖蒲华长马。'进士张绰落第，两手奉《登科记》顶戴之曰：'此千佛名经也。'"云云。此段似有误，"揖"上疑脱"平"字，"马"字疑衍。及第进士俯视中书、黄门两省郎官，落第尚可再举，一得即蹿清要，故平揖近畿蒲州、华州之令长也。其立法之弊如此，徒长浮华，终无实用，唐杨绾、李德裕已忧之。钱希白《南部新书》卷乙云："太和中，上谓宰臣曰：'明经会义否？'宰臣曰：'明经只念经疏，不会经义。'"观此则知彼时所以轻明经、重进士。

《十七史商榷》卷八一《偏重进士立法之弊》

岁举常选，备列其科之目，此定制也。而制举亦有科名，其见于各传者，若姚崇举下笔成章科，张九龄举道侔伊吕科，解琬举幽素科，房琯举任县令科，杨绾建复古孝悌力田等科，韦处厚举才识兼茂科，高适举有道科，王翃举才兼文武科，马燧举孙吴倜傥善兵法科，韦皋之侄正贯举详闲吏治科，樊宗师举军谋宏远科，郑珣瑜举讽谏主文科，方技严善思举销声幽薮科，此类不可枚举，而志中皆不列其目者。此非定制，其名皆随时而起，志中不能缕述。

《十七史商榷》卷八一《制举科目》

有得进士第后又中制科者，如《刘蕡传》，"蕡擢进士第，又举贤良方正能直言极谏科"；《儒学传》，马怀素"擢进士第，又中文学优赡科"；《文艺传》，阎朝隐"连中进士、孝悌、廉让科"；《隐逸传》，贺知章"擢进士、超拔群类科"是也。有得明经第后又中制科者，如归崇敬擢明经，调国子直讲，举博通坟典科，对策第一，迁四门博士是也。有得官后又中制科者，如张鷟登进士第，授岐王府参军，以制举皆甲科，再调长安尉；殷践猷为杭州参军，举文儒异等科是也。不能罗列，随取几条以见之。

《十七史商榷》卷八一《得第得官又应制科》

东莱吕氏云："唐制，得第后不即释褐，或再应皆中，或为人论荐，然后释褐。"此条极为中肯。如《新书·选举志》云："选未满而试文三篇谓之宏词，试判三条谓之拔萃，中者即授官。"此盖指登第后未得就选，故曰"选未满"，中宏词、拔萃即授官。此吕氏所谓"再应皆中，然后释褐"也。昌黎《上宰相书》云"愈四举于礼部乃一得，三选于吏部卒无成，九品之位其可望"云云。又云"国家仕进者必举于州县，然后升于礼部，吏部试之以绣绘雕琢之文，考之以声势之逆顺、章句之短长，中其程式者，然后得从下士之列"云云。昌黎以贞元二年始至京师，八年方及第，故历四举、三选。则公自得第后，于贞元九年、十一年，凡两应博学宏词试，皆被黜，集中《明水赋》登进士第作，《省试不贰过论》则试宏词作也。余一选无考，或又应书判，亦不中耳。宏词是大科，吏部举之，中书省试之,疑书判亦然。新《选举志》云:"进士甲第从九品上,乙第从九品下。"彼时进士初选,大约得校书郎或县尉,二者皆九品,故公望得九品之位也。礼部试进士,吏部中书试宏词,皆用诗赋,故云"绣绘雕琢",而判亦绣绘者。宏词所业,详见《玉海》。若进士程文与拔萃判载《文苑英华》甚详,可考也。观此文,足证吕氏唐制登第不即释褐,再应皆中,然后释褐,及《新志》未满选试宏词,拔萃即授官之说。若为人论荐得官,则散见新旧各列传者更多,不可枚举。公再应皆不中,九品之位、下士之列,信无望矣。乃伏光范门求贾耽、赵憬、卢迈辈,希其论荐得官,三上书皆不报,方去京师,东归图幕僚一席,宣武军节度使董晋辟公,始得试秘书省校书郎,为观察推官,晋卒,徐帅张建封又奏为武宁军节度推官,试协律郎,府罢,如京师,再从参调,竟无所成,直至贞元十八年方授四门博士。唐时士子登第后得官之艰难若此。又如李义山以开成二年高锴为礼部侍郎,知贡举,登进士第。三年,又应宏词科,不中,文集《与陶进士书》云"前年为吏部上之中书,中书长者抹去之"是也。四年,以书判拔萃,释褐为秘书省校书郎。此亦足征唐制。

《十七史商榷》卷八一《登第未即释褐》

七、 钱大昕

　　唐人应试诗赋,首二句谓之"破题"。韦彖《画狗马难为功赋》,其破题曰:"有二人于此,一则矜能于狗马,一则夸妙于鬼神。"此赋有破题也。裴令公居守东都,夜宴半酣,公索联句,时公为破题。此诗有破题也。

《十驾斋养新录》卷一〇《经义破题》

魏华父云："释老之患,几于无儒;科举之患,几于无书。"又云："古者闾月书,族时考,州岁比,乡三年而宾兴。众宾之席弗属,堂下之观礼者弗坐,无异词也。今易吏而主其事,糊名而察其言,望实之素著,或攻而去之;……宁收卑近,无拔俊尤。其幸而得之,则又将以其取于人者取人矣。"

《十驾斋养新录》卷一〇《科举之弊》

科场之法,欲其难,不欲其易,使更其法而予之以难,则觊幸之人少。少一觊幸之人,则少一营求患得之人,而士类可渐以清。抑士子知其难也,而攻苦之日多。多一攻苦之人,则少一群居终日、言不及义之人,而士习可渐以正矣。

《十驾斋养新录》卷一八《科场》

本书引用书目

《八家后汉书辑注》	周天游	上海古籍出版社（1986）
《白居易集》	白居易	中华书局（1979）
《报应记》	唐　临	《太平广记》 中华书局（1961）
《北里志》	孙　棨	《唐人说荟》 上海扫叶山房（1922）
《北梦琐言》	孙光宪	上海古籍出版社（1981）
《北齐书》	李百药	中华书局（1972）
《北史》	李延寿	中华书局（1974）
《北堂书钞》	虞世南	《钦定四库全书》
《本事诗》	孟　棨	古典文学出版社（1957）
《避暑录话》	叶梦得	《丛书集成初编》
《辨疑志》	陆长源	《太平广记》 中华书局（1961）
《才鬼记》	郑　簧	《唐人说荟》 上海扫叶山房（1922）
《册府元龟》	王钦若	中华书局（1960）
《长安志》	宋敏求	长安县志局印（1931）
《长庆集序》	元　祯	《太平广记》 中华书局（1961）
《朝野佥载》	张　鷟	中华书局（1979）
《陈伯玉文集》	陈子昂	《四部丛刊初编》
《陈书》	姚思廉	中华书局（1972）
《初学记》	徐坚等	中华书局（1962）

《吹剑录全编》	俞文豹	古典文学出版社(1958)
《春秋繁露》	董仲舒	中华书局(1957)
《次柳氏旧闻》	李德裕	《丛书集成初编》
《大唐传载》	佚　名	中华书局(1984)
《大唐新语》	刘　肃	中华书局(1984)
《大中遗事》	令狐澄	《说郛》 清宛委山堂刻本
《登科记考》	徐　松	中华书局(1984)
《定命录》	赵自勤	《太平广记》 中华书局(1961)
《东城老父传》	陈　鸿	《唐人说荟》 上海扫叶山房(1922)
《东观奏记》	裴庭裕	《丛书集成初编》
《东汉会要》	徐天麟	上海古籍出版社(1978)
《东轩笔录》	魏　泰	中华书局(1983)
《独异志》	李　冗	中华书局(1983)
《杜阳杂编》	苏　鹗	中华书局(1958)
《耳目记》	张　鹭	《太平广记》 中华书局(1961)
《樊川文集》	杜　牧	上海古籍出版社(1978)
《樊南文集》	李商隐	上海古籍出版社(1988)
《封氏闻见记校注》	封演撰	中华书局(1958)
	赵贞信校注	
《甫里先生文集》	陆龟蒙	《四部丛刊初编》
《陔余丛考》	赵　翼	商务印书馆(1957)
《甘泽谣》	袁　郊	《丛书集成初编》
《感定录》	钟　辂	《太平广记》 中华书局(1961)
《高常侍集》	高　适	上海古籍出版社(1992)
《观堂集林》	王国维	商务印书馆(1959)
《管子集校》	郭沫若等	科学出版社(1956)
《广卓异记》	乐　史	《笔记小说大观》 江苏广陵古籍刻

印社(1983)

《癸巳类稿》	俞正燮	商务印书馆(1957)
《桂苑笔耕》	崔致远	《四部丛刊初编》
《桂苑丛谈》	冯翊子	中华书局(1958)
《国语》		上海古籍出版社(1978)
《韩昌黎文集校注》	韩愈撰	上海古籍出版社(1986)
	马其昶校注	
	马茂元整理	
《韩非子集释》	王先慎	中华书局(1998)
《韩内翰别集》	韩偓	《钦定四库全书》
《韩诗外传》	韩婴	《四部丛刊初编》
《汉碑集释》	高文	河海大学出版社(1985)
《汉官六种》	孙星衍等辑	中华书局(1990)
	周天游点校	
《汉书》	班固撰	中华书局(1962)
	颜师古注	
《翰林学士院旧规》	杨钜	《知不足斋丛书》
《翰林志》	李肇	《知不足斋丛书》
《翰苑遗事》	洪遵	《知不足斋丛书》
《后汉记校注》	袁宏撰	天津古籍出版社(1987)
	周天游校注	
《后汉书》	范晔撰	中华书局(1965)
	李贤等注	
《华阳国志》	常璩撰	廖寅刻本
	顾广圻校	
《华阳集》	顾况	《钦定四库全书》 台湾商务印书馆
		影印本

《皇甫持正文集》　　皇甫湜　　《四部丛刊初编》

《会昌解颐录》　　包湑　　《太平广记》　中华书局(1961)

《霍小玉传》　　蒋防　　《唐人说荟》　上海扫叶山房(1922)

《积微居金文说》　　杨树达　　科学出版社(1959)
（增订本）

《稽神录》　　徐铉　　《丛书集成初编》

《集异记》　　薛用弱　　《丛书集成初编》

《记事珠》　　冯贽　　《说郛续》　清宛委山堂刻本

《纪闻》　　牛肃　　《太平广记》　中华书局(1961)

《贾氏谈录》　　张洎　　《说郛》　商务印书馆(1927)

《兼明书》　　丘光庭　　《丛书集成初编》

《剑侠传》　　段成式　　《唐人说荟》　上海扫叶山房(1922)

《教坊记》　　崔令钦　　《唐人说荟》　上海扫叶山房(1922)

《金华子杂编》　　刘崇远　　中华书局(1960)

《金銮密记》　　韩偓　　《说郛》　商务印书馆(1927)

《金石萃编》　　王昶　　上海扫叶山房(1921)

《晋书》　　房玄龄等　　中华书局(1974)

《经韵楼集》　　段玉裁　　北平来薰阁书店排印本(1936)

《九国志》　　路振　　《丛书集成初编》

《旧唐书》　　刘昫等　　中华书局(1975)

《旧五代史》　　薛居正等　　中华书局(1976)

《居延汉简释文合校》　　谢桂华等　　文物出版社(1987)

《剧谈录》　　康骈　　古典文学出版社(1958)

《开天传信记》　　郑綮　　《开元天宝遗事十种》　上海古籍出
版社(1985)

《刊误》　　李涪　　《百川学海》　武进陶氏影刊(1927)

《考古编》　　程大昌　　《钦定四库全书》

《困学纪闻》	王应麟	商务印书馆(1959)
《老学庵笔记》	陆 游	中华书局(1979)
《离魂记》	陈玄祐	《唐人说荟》 上海扫叶山房(1922)
《礼经会元》	叶 时	《古今图书集成》
《李北海集》	李 邕	《钦定四库全书》
《李泌传》	李 繁	《唐人说荟》 上海扫叶山房(1922)
《李卫公会昌一品集》	李德裕	《丛书集成初编》
《李文公集》	李 翱	《钦定四库全书》
《李遐叔文集》	李 华	《钦定四库全书》
《李元宾文集》	李 观	《丛书集成初编》
《历代制度详说》	吕祖谦	江苏广陵古籍刻印社(1990)
《梁书》	姚思廉	中华书局(1973)
《两汉三国学案》	唐 晏	中华书局(1986)
《麟角集》	王 棨	《丛书集成初编》
《灵怪录》	牛 峤	《唐人说荟》 上海扫叶山房(1922)
《灵鬼记》	常 沂	《唐人说荟》 上海扫叶山房(1922)
《刘宾客嘉话录》	韦 绚	《丛书集成初编》
《刘冯事始》	刘 存	《说郛》 商务印书馆(1927)
	冯 鉴	
《刘蜕集》	刘 蜕	《四部丛刊初编》
《刘希仁文集》	刘 轲	《丛书集成初编》
《刘禹锡集》	刘禹锡	中华书局(1990)
《柳河东集》	柳宗元	中华书局(1958)
《柳宗元集》	柳宗元	中华书局(1979)
《卢氏杂说》	卢 言	《太平广记》 中华书局(1961)
《芦浦笔记》	刘昌诗	《知不足斋丛书》
《录异记》	杜光庭	《太平广记》 中华书局(1961)

《吕和叔文集》	吕　温	《四部丛刊初编》
《吕氏春秋校释》	陈奇猷	学林出版社(1984)
《履斋示儿编》	孙　奕	《丛书集成初编》
《论衡》	王　充	上海人民出版社(1974)
《罗隐集》	罗　隐	中华书局(1983)
《骆临海集笺注》	骆宾王著 陈熙晋笺注	上海古籍出版社(1985)
《孟东野诗集》	孟　郊	《钦定四库全书》
《梦溪笔谈校证》	沈括著 胡道静校注	中华书局(1956)
《闽川名士传》	黄　璞	《太平广记》　中华书局(1961)
《明皇杂录》	郑处海	《丛书集成初编》
《冥报记》	唐　临	《太平广记》　中华书局(1961)
《南部新书》	钱　易	中华书局(1958)
《南楚新闻》	尉迟枢	《太平广记》　中华书局(1961)
《南汉书》	梁廷楠	广东人民出版社(1981)
《南齐书》	萧子显	中华书局(1972)
《南史》	李延寿	中华书局(1975)
《南唐书》	陆　游	《四部丛刊续编》
《能改斋漫录》	吴　曾	上海古籍出版社(1979)
《年号记》	佚　名	《太平广记》　中华书局(1961)
《廿二史考异》	钱大昕	商务印书馆(1958)
《廿二史劄记校证》	赵翼著 王树民校证	中华书局(1984)
《诺皋记》	段成式	《唐人说荟》　上海扫叶山房(1922)
《欧阳行周文集》	欧阳詹	《四部丛刊初编》
《皮子文薮》	皮日休	上海古籍出版社(1981)

《毗陵集》	独孤及	《四部丛刊初编》
《莆阳黄御史集》	黄　滔	《丛书集成初编》
《耆旧续闻》	陈　鹄	《丛书集成初编》
《前定录》	钟　辂	《百川学海》　武进陶氏影刊(1927)
《钱考功集》	钱　起	《四部丛刊初编》
《乾𦠆子》	温庭筠	《丛书集成初编》
《秦会要订补》	徐　复	群联出版社(1955)
《秦中岁时记》	李　淖	《说郛》　商务印书馆(1927)
《曲江张先生文集》	张九龄	《四部丛刊初编》
《权载之文集》	权德舆	《四部丛刊初编》
《全上古三代秦汉三国六朝文》	严可均	中华书局(1958)
《全唐诗》	彭定求等	中华书局(1960)
《全唐文纪事》	陈鸿墀	上海古籍出版社(1987)
《全唐文》	董浩等	中华书局(1983)
《却扫篇》	徐　度	《丛书集成初编》
《人虎传》	李景亮	《唐人说荟》　上海扫叶山房(1922)
《日知录集释》	顾炎武撰 黄汝成集释	上海古籍出版社(1984)
《容斋随笔》	洪　迈	中华书局(2005)
《三国会要》	杨　晨	中华书局(1956)
《三国志集解》	卢　弼	中华书局(1982)
《三国志》	陈　寿	中华书局(1982)
《三水小牍》	皇甫枚	中华书局(1958)
《尚书故实》	赵　郡 李　绰	《丛书集成初编》
《邵氏闻见录》	邵伯温	中华书局(1983)

《申鉴》	荀 悦	《四部丛刊初编》
《神仙感遇传》	杜光庭	《太平广记》中华书局(1961)
《沈下贤文集》	沈亚之	《四部丛刊初编》
《渑水燕谈录》	王辟之	中华书局(1981)
《十国春秋》	吴任臣	中华书局(1983)
《十驾斋养新录》	钱大昕	上海书店(1983)
《十六国春秋辑补》	汤 球	商务印书馆(1958)
《十七史商榷》	王鸣盛	中国书店(1987)
《十三经注疏》	阮元校刻	中华书局(1980)
《史记》	司马迁	中华书局(1959)
《世说新语》	刘义庆	文学古籍刊行社(1955)
《睡虎地秦墓竹简》	睡虎地秦墓 竹简整理小组	文物出版社(1978)
《顺宗实录》	韩 愈	《丛书集成初编》
《说文解字》	许 慎	中华书局(1963)
《说苑》	刘 向	《四部丛刊初编》
《松窗杂记》	杜荀鹤	《唐人说荟》 上海扫叶山房(1922)
《松窗杂录》	李 濬	中华书局(1958)
《宋史》	脱脱等	中华书局(1976)
《宋书》	沈 约	中华书局(1974)
《苏氏演义》	苏 鹗	《丛书集成初编》
《隋书》	魏 徵 令狐德棻	中华书局(1973)
《隋唐嘉话》	刘 𫫇	中华书局(1979)
《孙樵集》	孙 樵	《四部丛刊初编》
《太平广记》	李昉等	中华书局(1961)
《太平御览》	李昉等	中华书局(1960)

本书引用书目

《谭宾录》	胡璩	《太平广记》 中华书局(1961)
《唐才子传校笺》	傅璇琮	中华书局(1987)
《唐大诏令集》	宋敏求	商务印书馆(1959)
《唐国史补》	李肇	上海古籍出版社(1979)
《唐会要》	王溥	上海古籍出版社(1991)
《唐两京城坊考》	徐松	中华书局(1985)
《唐六典》	李隆基	《钦定四库全书》
《唐陆宣公翰苑集》	陆贽	《四部丛刊初编》
《唐律疏议》	长孙无忌	商务印书馆(1933)
《唐阙史》	高彦休	《丛书集成初编》
《唐诗纪事》	计有功	中华书局(1965)
《唐太宗集》	李世民	陕西人民出版社(1986)
《唐文粹》	姚铉	《四部丛刊初编》
《唐文拾遗》	陆心源	中华书局(1983)
《唐文续拾》	陆心源	中华书局(1983)
《唐语林》	王谠	古典文学出版社(1957)
《唐摭言》	王定保	古典文学出版社(1957)
《通典》	杜佑	中华书局(1954)
《通志略》	郑樵	上海古籍出版社(1990)
《通志》	郑樵	中华书局(1987)
《王国维遗书》	王国维	商务印书馆(1940)
《王右丞集笺注》	王维撰 赵殿成笺注	上海古籍出版社(1984)
《王子安集》	王勃	《四部丛刊初编》
《纬略》	高似孙	《丛书集成初编》
《魏书》	魏收	中华书局(1974)
《魏郑公谏录》	王方庆	《丛书集成初编》

《魏郑公谏续录》	翟思忠	《丛书集成初编》
《文献通考》	马端临	中华书局(1986)
《文选》	萧统编 李善注	中华书局(1977)
《文苑英华》	李昉	中华书局(1966)
《文忠集》	颜真卿	《丛书集成初编》
《文庄集》	夏竦	《钦定四库全书》
《闻奇录》	于逖	《太平广记》 中华书局(1961)
《五代会要》	王溥	上海古籍出版社(1978)
《五代史补》	陶岳	《钦定四库全书》
《武则天集》	武则天	山西人民出版社(1987)
《仙传拾遗》	杜光庭	《太平广记》 中华书局(1961)
《谐噱录》	刘讷言	《说郛》 清宛委山堂刻本
《新唐书》	欧阳修 宋祁	中华书局(1975)
《新五代史》	欧阳修撰 徐无党注	中华书局(1974)
《新序》	刘向	《丛书集成初编》
《幸蜀记》	宋居白	《说郛》 商务印书馆(1927)
《徐公钓矶文集》	徐寅	《四部丛刊三编》
《徐公文集》	徐铉	《四部丛刊初编》
《续定命录》	温畲	《太平广记》 中华书局(1961)
《续翰林志》	苏易简	《知不足斋丛书》
《续后汉书》	郝经	商务印书馆(1958)
《续事始》	冯鉴	《说郛》 商务印书馆(1927)
《续仙传》	沈汾	《太平广记》 中华书局(1961)
《续玄怪录》	李复言	上海古籍出版社(1985)

《宣室志》	张 读	中华书局（1983）
《学校贡举论》	吴德旋	《皇朝经世文编》
《学校考》	董丰垣	《识小编》 商务印书馆（1936）
《学校篇》	汤成烈	《皇朝经世文续编》
《学校问》	毛奇龄	《丛书集成初编》
《学制考》	金 鹗	《求古录礼说》
《荀子》	荀 况	文物出版社（1976）
《颜鲁公文集》	颜真卿	《四部丛刊初编》
《颜氏家训集解》（增补本）	王利器	中华书局（1993）
《演繁露》	程大昌	《学津讨原》 商务印书馆（1922）
《晏子春秋集释》	吴则虞	中华书局（1962）
《燕翼诒谋录》	王 栐	中华书局（1981）
《杨盈川集》	杨 炯	《四部丛刊初编》
《姚少监诗集》	姚 合	《四部丛刊初编》
《邺侯外传》	李 繁	《太平广记》 中华书局（1961）
《夜怪录》	王 洙	《唐人说荟》 上海扫叶山房（1922）
《猗觉寮杂记》	朱 翌	《知不足斋丛书》
《义山杂纂》	李商隐	《丛书集成初编》
《艺文类聚》	欧阳询	《钦定四库全书》
《异闻集》	陈 翰	《太平广记》 中华书局（1961）
《异闻实录》	李 玫	《太平广记》 中华书局（1961）
《逸史》	卢 肇	《太平广记》 中华书局（1961）
《因话录》	赵 璘	上海古籍出版社（1979）
《殷契粹编》	郭沫若	科学出版社（1965）
《幽闲鼓吹》	张 固	中华书局（1958）
《酉阳杂俎》	段成式	中华书局（1981）

《玉泉子》	失名等	中华书局（1958）
《玉堂闲话》	范 资	《太平广记》 中华书局（1961）
《御史台记》	韩 琬	《太平广记》 中华书局（1961）
《寓简》	沈作喆	《丛书集成初编》
《元次山文集》	元 结	《四部丛刊初编》
《元稹集》	元 稹	中华书局（1982）
《云麓漫钞》	赵彦卫	古典文学出版社（1957）
《云溪友议》	范 摅	古典文学出版社（1957）
《云仙散记》	冯 贽	《丛书集成初编》
《战国策》	高诱注	商务印书馆（1958）
《张说之文集》	张 说	《四部丛刊初编》
《张燕公集》	张 说	《丛书集成初编》
《贞观政要》	吴 兢	上海古籍出版社（1978）
《振兴学校论》	佚 名	《皇朝经世文四编》
《郑谷诗集》	郑 谷	《太平广记》 中华书局（1961）
《支诺皋》	段成式	《唐人说荟》 上海扫叶山房（1922）
《制科取士之法考》	刘子壮	《皇朝经世文编》
《中朝故事》	尉迟偓	中华书局（1958）
《中国制度史》	吕思勉	上海教育出版社（1985）
《中论》	徐 幹	《四部丛刊初编》
《中吴纪闻》	龚明之	《知不足斋丛书》
《周书》	令狐德棻等	中华书局（1971）
《周彝中之传统思想考》	郭沫若	《金文丛考》 人民出版社（1954）
《卓异记》	李 翱	《丛书集成初编》
《资治通鉴》	司马光编著 胡三省音注	古籍出版社（1956）
《纂异记》	李 玫	《太平广记》 中华书局（1961）

编后记

　　1990 年代初,当时的国家教育委员会考试中心向全国高校和科研机构招标,组织编选《中国考试史文献集成》,按时代分段立项,作为全国教育科学"八五"规划重点课题,由国家教育委员会考试中心组织。得到消息后,孙老师找到我,问是否愿意一起申报。孙老师是一贯地客气,我明白他的意思。当时科研立项还不像现在这样机会频繁,类别多样,想到能有此机会,就有些踊跃,表示愿意参加。

　　差不多是在这之前十年,那时我还在教育系读本科,系里给我们开了一门选修课程"中国教育史专题研究",孙老师讲了其中一个专题"隋唐五代教育研究"。为了教学需要,他编了几本教学参考资料,有的是教育制度文献的,有的是教育文选的,作为我们的课程阅读材料,我们都感到极大的便利。想到这件往事,就表示:"孙老师,可以申报隋唐五代这卷,这卷您有研究基础。"当时,国家教育委员会考试中心有一个宏大的计划:先是编选多卷本《中国考试史文献集成》,在此基础上继续编写《中国考试大辞典》,同时开展多卷本《中国考试通史》编撰,计划用上十年时间,在科举制度终结百年纪念的时候,形成一套完整的科举考试史研究成果。考试中心表示,中标《中国考试史文献集成》的项目组,将继续承担相应的后续两项研究任务。直觉告诉我,凭孙老师的前期基础,我们华东师范大学有条件承担这项系列研究工作。

孙老师认可我的意见,提出以华东师范大学教育系教育古籍研究室的名义申报。但让我没有想到的是,他却嘱我填写项目申报书。这是我第一次正式设计和填写科研项目书,很有幸,却也有压力,但因为有孙老师当年编的那些参考资料,研究基础比较厚实,很快就将项目书写出来了。当时听说,武汉大学的中国三至九世纪研究所也投标申报了,感到竞争对手十分强大。很幸运,华东师范大学教育系获得了立项!

全部的项目启动会议是在南京举行的,而项目工作的讨论会则渡过长江,移师扬州师范学院继续进行。扬州师范学院是当时全国最早进行高校合并的单位,我们在那里召开项目研讨会,也是新扬州大学合并筹建紧锣密鼓进行时。这也是我留校任教后第一次参加学术会议,会上结识了来自全国各地的科举考试研究专家学者,感到受益匪浅!至今还记得那时的学术会议,与会者不问老少,相处平等、关系简单,氛围积极向上,质朴热烈。会议结束后,我随孙老师又渡江返回镇江,坐火车返回上海,顺道观览了著名的金山寺。当来到这寺在山中、山在寺中的南朝古刹,还是为它的金碧辉煌而感叹。当时无论扬州还是镇江,都还比较冷僻。尤其是在车轮渡口等候过长江时,江风浩荡,水天一色,遥望江两岸那影影绰绰的一个个历史故地,感觉时间凝固了。这也是我第一次与孙老师同游南京、扬州、镇江。

之后,《中国考试史文献集成·隋唐五代卷》的编纂工作进展得比较顺利。孙老师陪我去上海南京东路新华书店采购了大批隋唐五代的文献古籍，成为我编纂工作的基本装备，由此也知道了编纂隋唐五代教育与考试历史的基本古籍，以及怎么使用这些古籍。项目进行过程中，考试中心还委派专家组前来检查督导工作，记得全国高等院校古籍整理研究工作委员会安平秋先生、武汉大学历史系卢开万先生、华东师范大学古籍研究所李国钧先生等，都曾来教育系视察项目工作的进展，给予我们很多指点。

当时的工作手段比较原始，主要还是靠手工，全书一百多万字篇幅基本是靠手抄。于是，比我更年轻的师兄弟们就成了帮手，如李军、刘桂林、胡国勇、李剑萍等同学都贡献过书法。还有当时我在教育系任教的班级，有一些同学是从中师挑选来的优秀学生继续到大学深造，能写一手好字的不乏其人，记得有陈洁、钱欣、袁文辉、魏强、陈宝辉、高俊华、吴亲平等人。孙老师曾经很诚恳地说过：感谢大家以负责的态度、协作的精神，共同努力，使本书得以如期编成。

记得两三年后的一天，我们将一百多万字的稿纸装进一个大纸盒，封严实了，抬去邮局寄去北京，心情十分愉快！

这是跟着孙老师做的第一个项目。十年之后，又在这个项目基础上完成了《隋唐五代考试研究》。

此次编纂《孙培青文集》，《隋唐五代考试文献集成》的编排结构未作改动，一仍其旧。只是请我的两位研究生蒋丽萍、黄一庆校对了全部文献的出处。

杜成宪

记于 2022 年 12 月